KB242202

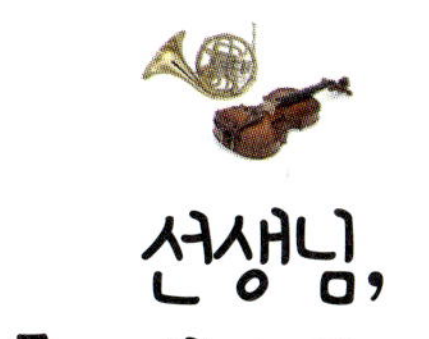

선생님,
클래식이 뭐예요

선생님, 클래식이 뭐예요

초판발행 · 2013년 7월 30일
3쇄 발행 · 2015년 5월 15일

지 은 이 · 윤희수
펴 낸 이 · 고명진
펴 낸 곳 · 가람누리

출판등록 · 2011년 7월 29일 제312-2011-000040호
주   소 · 경기도 고양시 덕양구 통일로 140(동산동)
              삼송테크노밸리 B동 329호
전   화 · (02)396-9651 / FAX (02)396-9653
E-Mail · garamnuri@daum.net
홈페이지 · www.munyei.com

I S B N   978-89-97272-15-0 (03670)

* 잘못된 책은 바꾸어 드리겠습니다.
* 저자와의 협의에 의하여 인지는 생략합니다.
* 이 도서의 국립중앙도서관 출판시도서목록(CIP)은 서지정보유통지원시스템
  홈페이지(http://seoji.nl.go.kr)와 국가자료공동목록시스템
  (http://www.nl.go.kr/kolisnet)에서 이용하실 수 있습니다.
  (CIP제어번호: CIP2013011374)

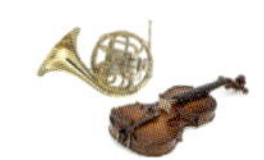

선생님,
클래식이 뭐예요

윤희수 지음

가람누리

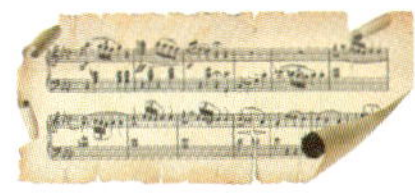

음악 감상은 연주하는 것에 버금가는
고차원적인 예술 활동

"음악을 재밌게 감상할 수 있는 법을 알려주세요."

"클래식 음악을 배워보려고 CD를 사서 들었는데 졸리기만 하고 끝까지 들어본 적이 없습니다. 몇 번 시도해봤지만 결국 한 번도 제대로 듣지 못했습니다. 그리고 조금 들어본 것도 뭘 들었는지 잘 생각이 안 납니다. 클래식 음악을 쉽게 감상할 수 있는 법을 알려주세요."

필자가 자주 듣는 질문입니다. 대개 음악 감상은 아주 쉬운 취미활동 중 하나라고 생각하기 쉽습니다. 그러나 윗글처럼 정작 음악과 친해지려고 처음 시도해본 분들은 음악을 감상한다는 것이 말처럼 쉬운 일이 아니라는 것을 느낄 수 있습니다.

아주 쉬운 취미활동이라고 여겼던 음악 감상을 막상 실제로 하려고 하니 간단치 않다는 것을 느끼고는 스스로의 음악적 재능을 탓하거나 자신과는 전혀 맞지 않는 분야라고 속단하고 음악과 멀어지는 사람들도 참 많은 것 같습니다.

음악을 감상하는 것은 쉬운 일이 아닙니다. 음악에 대한 기본적인 지식을 갖추고 여러 번 반복해서 들어보지 않고는 쉽게 이해하고 감상하기 어렵습니다. 시간만 있으면 저절로 음악 감상을 잘할 수 있을 것이라는 선입견이 음악과 가까이할 수 있는 기회를 더욱 멀어지게 하는 것입니다.

음악 감상은 연주하는 것에 버금가는 고차원적인 예술 활동입니다. 피아노를 처음 본 사람도 건반을 두드려 소리를 낼 수 있지만 아름다운 연주를 위해서는 반복적이고 체계적인 교육과 훈련이 필요한 것과 마찬가지입니다. 누구나 들을 수 있는 소리로 표현되니까 쉽게 감상할 수 있을 것 같지만 제대로 감상하기 위해서는 여러 차례 반복해서 듣고 체계적인 학습을 거쳐야만 합니다.

특히 클래식 음악을 제대로 감상하기 위해서는 적지 않은 노력이 필요합니다. 물론 그냥 듣기만 해도 감정을 전달받고 감동을 얻을 수 있지만 그 감동과 이해의 폭을 더 넓게 하기 위해서 음악 예술이 발전해온 역사와 배경에 대해 알아두는 것이 중요합니다. 작곡가들의 삶과 음악을 통해 표현하려고 했던 사상에 대해 알아두는 것도 빼놓을 수 없습니다.

　그리고 클래식 음악과 친해지는 데는 음반을 듣는 것보다 실제 공연을 보고 감상하는 것이 훨씬 좋은 효과를 얻을 수 있습니다. 실제로 눈으로 공연을 보면서 감상하는 효과도 크고, 악기의 실제 연주음을 공연장의 적당한 울림을 통해서 듣다 보면 음반으로 듣는 것보다 훨씬 더 집중해서 감상할 수 있고 감동도 크게 느껴집니다.

　모든 것을 쉽게 얻으려고만 하는 사람들에겐 클래식 음악과 친해지기 위한 노력이 거추장스럽게 여겨질 수 있습니다. 여러 핑계를 대면서 클래식 음악의 가치를 깎아 내리기도 합니다. 더욱이 어려서부터 TV와 같은 대중매체를 통해 쏟아지는 인스턴트 같은 대중음악의 홍수 속에서 살아가는 어린이들에게 클래식 음악과 친해지도록 하는 것은 불가능한 일처럼 생각되기도 합니다. 그런데 어떤 연구에 따르면 사람의 음악적 취향은 대략 12세 전후에 결정된다고 합니다. 10세에서 14세 사이에 좋다고 느꼈던 음악적 취향을 평생토록 기억한다는 것이지요. 어릴 때 클래식 음악에 익숙해지지 않으면 좀처럼 클래식 음악과 친해지기 어렵다고 할 수도 있습니다.

　클래식 음악은 시간과 공간을 초월한 인류의 보편적 감정과 사상을 담고 있어 예술적 가치가 매우 높습니다. 클래식 음악에 대한 이해를 높이고 자주 감상하는 것은 여러분들의 창의적 사고력을 향상시키는 데 많은 도움이 됩니다. 집중력과 과학적 사고력을 높이는 데도 큰 도움을 얻을 수 있습니다. 그러나 음악을 통해 얻을 수 있는 것들 중에서 가장 중요한 것은 무엇보다 감동을 느끼고 마음을 정화시킬 수 있다는 점입니다.

　이 책은 바로 어린이들이 음악과 친해지는 방법에 대해 쓴 것입니다. 클래식 음악을 이해하는 데 필요한 다양한 이야기들을 가능하면 쉽게 재미있게 이해할 수 있도록 간단하게 풀어서 쓰려고 노력했습니다. 이 책을 통해 많은 어린이들이 위대한 음악가들의 아름다운 음악 세계에 한 걸음 가깝게 다가서고 감동을 나누는 계기가 되기를 진심으로 바랍니다.

지은이 씀

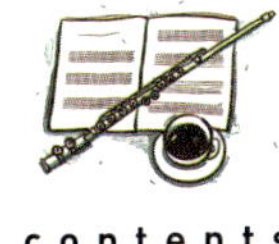

contents

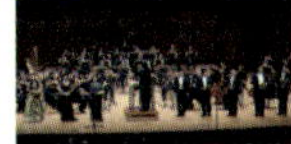

Part 1. 음악의 기원과 역사

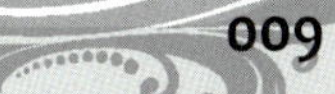

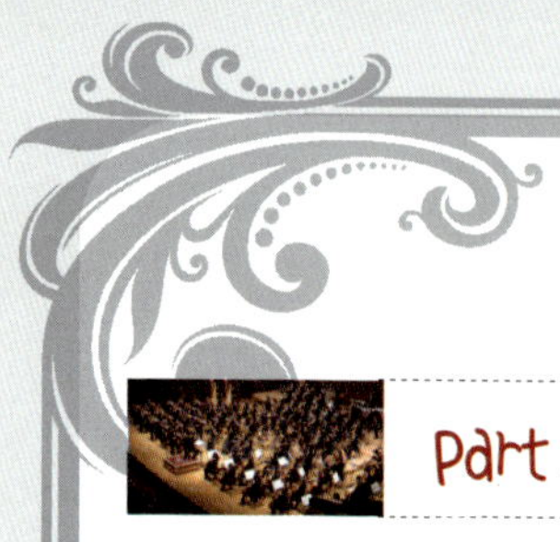

Part 2. 바로크 음악

Part 3. 고전파 음악

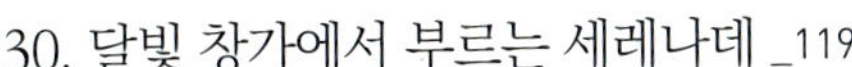

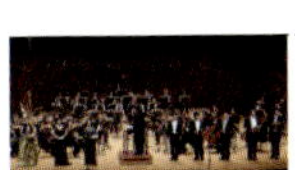

Part 4. 낭만파 음악

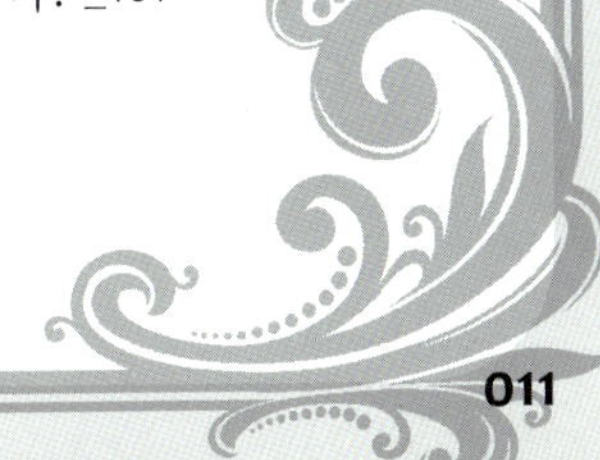

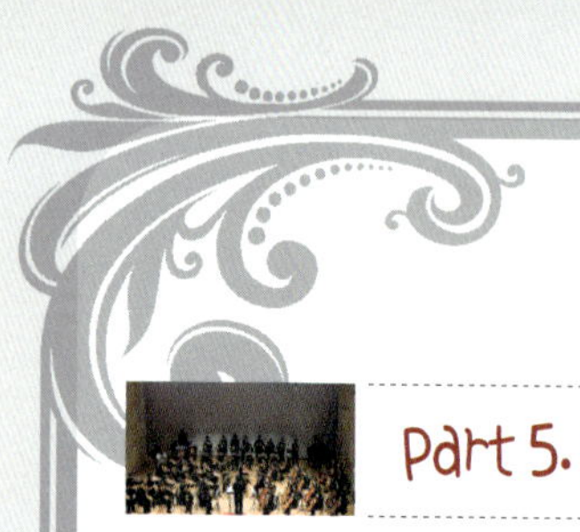

Part 5. 클래식 음악 산책

Part 6. 공연장으로 가요

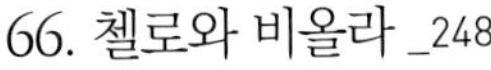

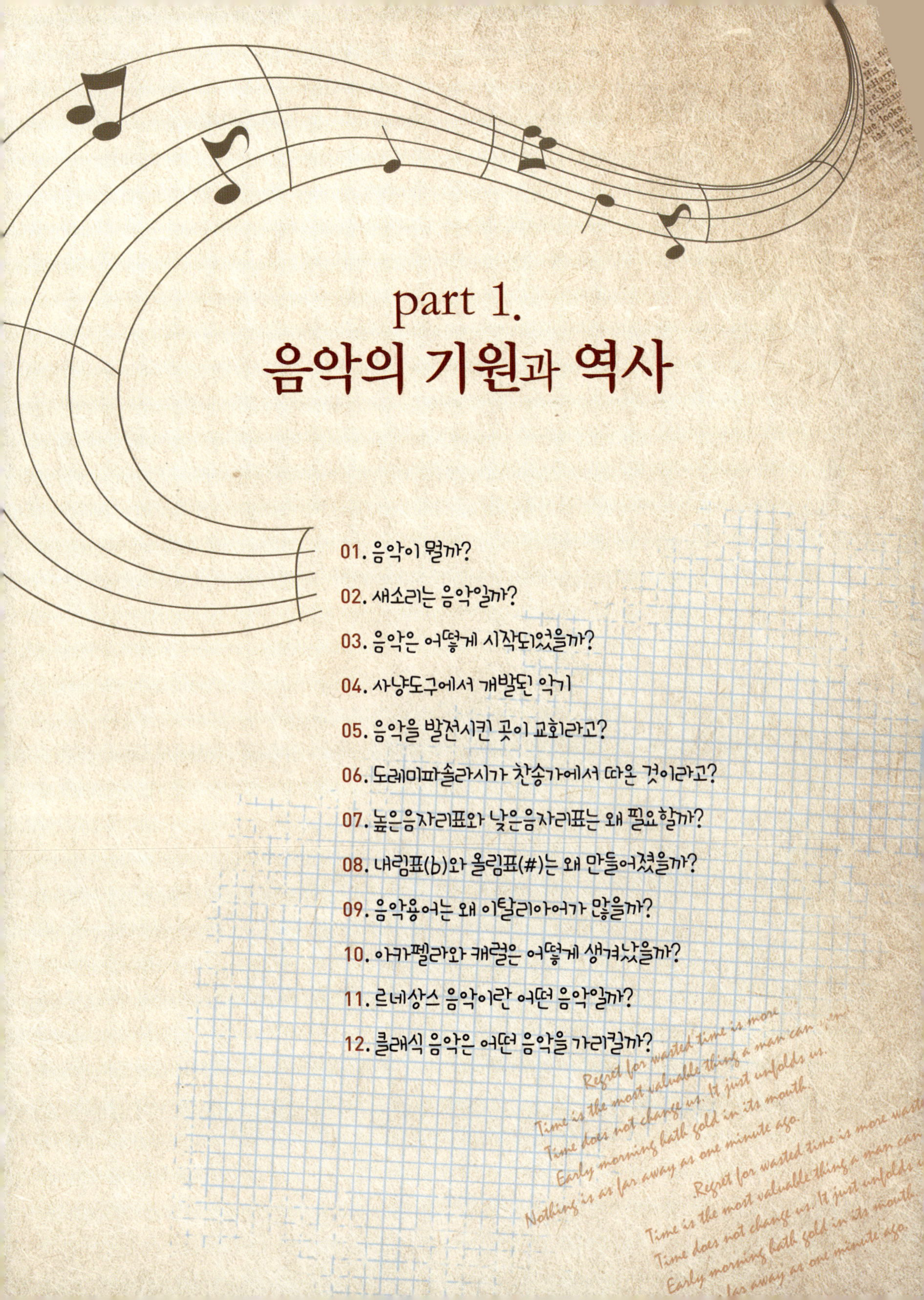

part 1.
음악의 기원과 역사

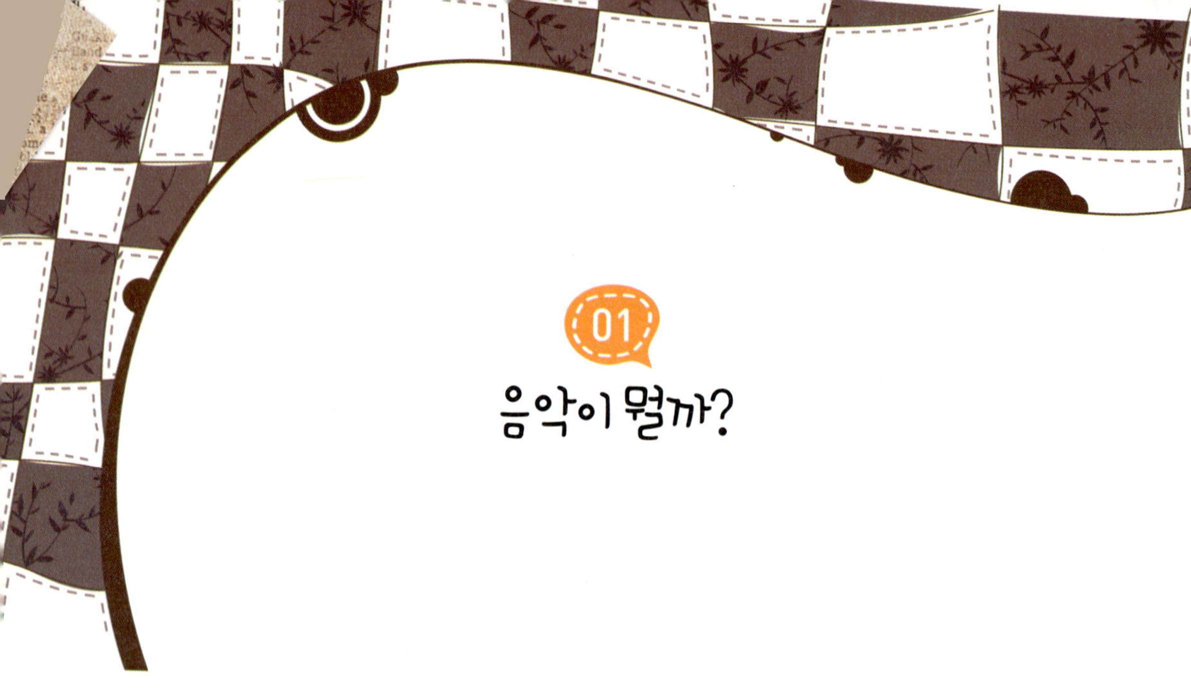

음악이 뭘까?

예술은 여러 가지가 있습니다. 그런데 음악만큼 우리의 생활과 가까운 예술은 드물 겁니다. 텔레비전에서는 시도 때도 없이 음악이 나오지요. 휴대전화 벨소리도 음악이고 만화영화 주제가도 엄연히 음악이랍니다.

이렇게 흔한 게 음악인데, 우리는 음악을 너무 어려워하는 것 같습니다. 음악이 뭐니? 하고 물으면 제대로 대답하는 사람이 별로 없어요. '귀로 듣는 예술'이라고 하면 될 텐데 다들 왜 그렇게 어렵게 생각하나요? 조금 더 구체적으로 설명하면 음악은 '소리를 높이와 길이로 표현하는 예술'이라고 할 수 있습니다.

'즐거운 소리'라고 대답하면 100점입니다. 음악을 한자로 풀이하면 '소리(음)+즐겁다(악)'랍니다. 국어, 영어, 수학, 과학 등 여러 과목이 있지만 과목 이름에 즐거움이 붙은 것은 음악뿐이에요. 그러니까 음악은 어려운 게 아니라 즐거운 과목이랍니다.

그런데 한 가지는 인정합니다. 음악에 쓰이는 용어들은 약간 어려워요. 외국어가 많아서 그렇습니다. 음악 이야기를 하다 보면 우리나라 말로 바꾸는 것보다 그냥 사용해야 하는 게 많아요. 그렇다고 어려워할 필요는 없습니다. 구구단 외우는 것보다는 쉽거든요. 음악용어를 외울 필요까지는 없으니까요. 음악을 많이 듣다 보면 저절로 알게 되지요.

그리고 중요한 건, 음악은 정답을 구하는 과목이 아니라는 것이에요. 음을 듣고 나만의 느낌을 가지면 되는 겁니다. 어떤 음악이든 느낌이 있고, 그 느낌은 사람마다 차이가 있는 것이니까요.

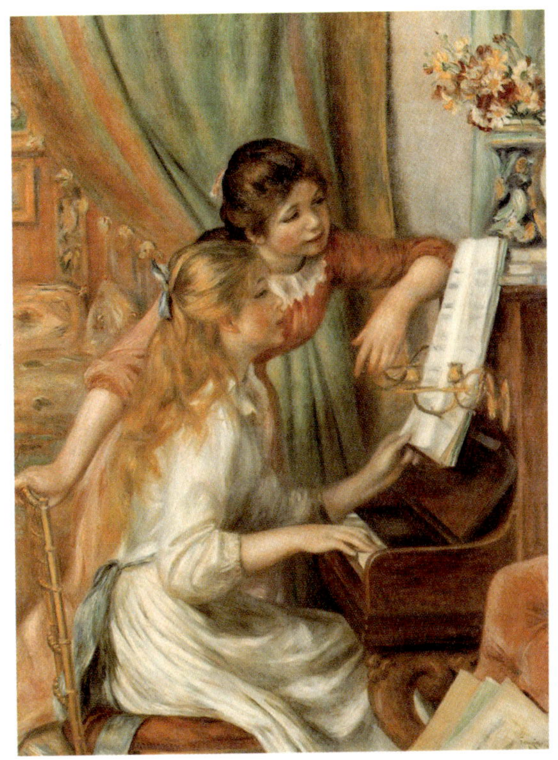

르누아르의 〈피아노를 치는 소녀〉

그러니까 이제부터 음악에 대해서는 당당하게 말하도록 해요. 음악을 듣고 슬프게 느꼈으면 슬프다, 기쁘게 느꼈으면 기쁘다, 이렇게 말이에요. 다른 친구가 느낀 것과 달라도 상관없어요. 그냥 내가 느낀 대로 표현하면 되는 겁니다. 그것이 바로 음악을 받아들이는 기본자세라고 할 수 있어요.

그리고 음악이 무섭다고 하는 친구도 있는데, 음치라서 노래하는 게 두려운가 보군요. 음악과 음치가 무슨 상관이 있나요? 노래를 잘 부르지 못한다고 해서 음악을 듣지 못하는 건 아니잖아요. 노래는 음악의 일부일 뿐 전부는 아닙니다. 노래를 부르는 것보다 중요한 것은 음악을 듣는 것이지요.

음악에 대해 한 가지 더 알아둘 것은 음악은 시간예술이라는 거예요. 그림이나 조각은 화면에 구성되는 공간예술이지만 음악은 시간이 흐르며 음이 어울리고 구성되니까요.

또 음악은 언어나 무용, 연극과도 깊은 관계가 있지요. 그림은 그때마다 보면서 느끼면 되지만 음악이나 무용, 연극 등은 재현해내는 예술이라는 공통점이 있거든요.

자, 음악이 무엇인지, 그리고 음악의 특성이 무엇인지에 대해 대강 알아보았으니까 이제부터 본격적으로 음악에 대해서 깊이 알아보기로 해요.

음악의 사전적인 정의

사전에는 음악을 '박자나 가락, 음성을 조화 있게 결합하여 사상이나 감정을 나타내는 예술'로 정의하고 있다. 또 간단히 '소리를 바탕으로 하는 시간예술'이라고 정의하기도 한다.

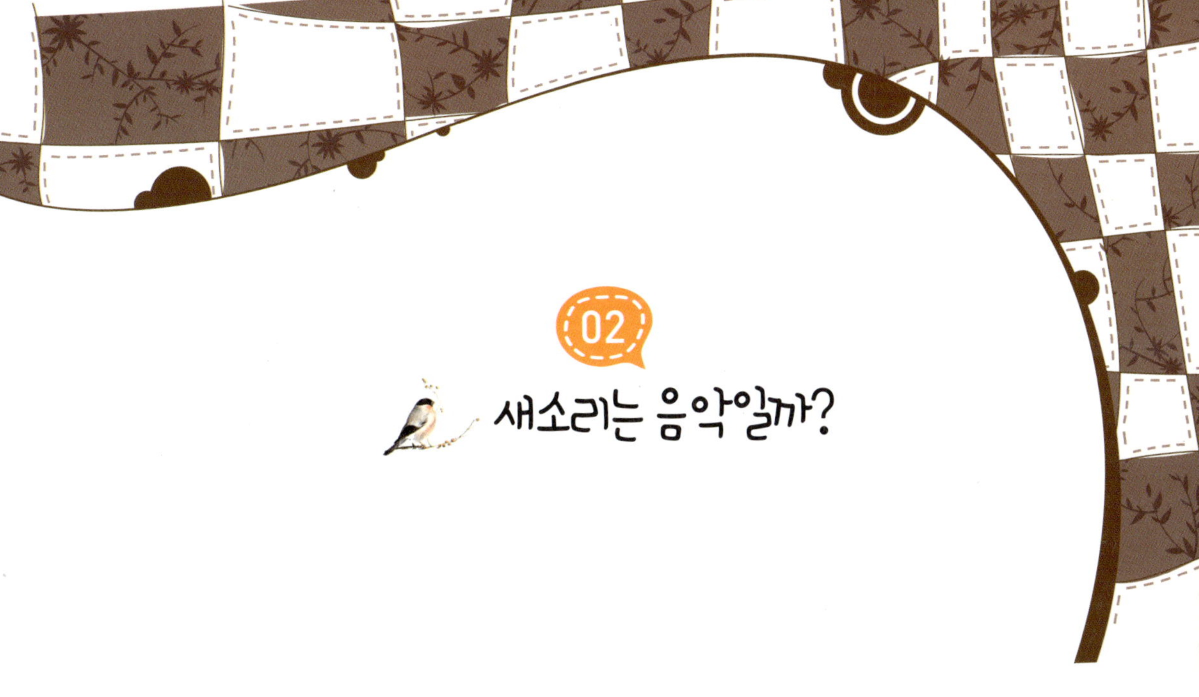

'새는 아름답게 노래를 부르고'

이런 표현 어디선가 들어봤을 겁니다. 시나 노래에 많이 나오는 문장이에요. 새 소리를 가만히 들어보면 정말 노래처럼 들리기도 합니다. 하지만 새가 음악을 하는 건 아니죠. 새가 지저귀는 소리는 산에서 늑대가 으스스하게 우는 소리나 어두운 골목에서 고양이가 소름 끼치게 우는 소리랑 비슷한 것입니다. 대부분 동료들에게 무언가를 알리는 것이거든요.

음악이 되려면 몇 가지 조건이 있습니다.

음악의 3요소

리듬 : 긴 소리와 짧은 소리, 센 소리와 여린 소리를 규칙적으로 내는 것

가락 : 높고 낮은 음을 리듬에 맞춰 연결해놓은 것(=멜로디)

화성 : 높이가 다른 두 개 이상의 음을 동시에 울리는 것(=하모니)

바로 음악의 3요소입니다. 음악이라면 적어도 이 세 가지를 갖춰야 한다는 것이지요.

"그래도 새소리는 음악 아닌가요?"

아직도 새소리가 음악이라고 생각된다면 새소리에 맞춰 춤을 춰보세요. 아무리 막춤이라도 박자가 있어야 출 수 있는데, 아마 새소리를 들으며 춤을 추긴 어려울 겁니다. 새소리만으로는 음악이라고 하기 어렵다는 것을 알 수 있지요.

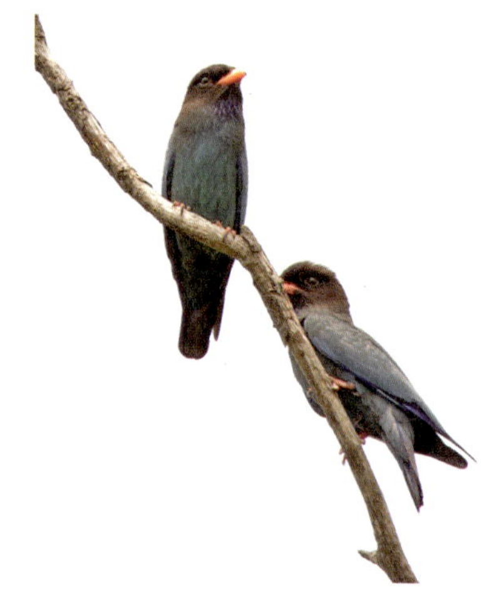

새소리는 음악일까, 아닐까?

하지만 요즘엔 음악이 발달해서 새소리는 물론 바람 소리, 물소리도 음악으로 만들기도 해요. 주로 명상을 위한 음악으로 사용됩니다. 또 새소리나 다른 동물의 소리, 엔진 소리, 소음이나 악기 소리를 녹음해서 잘 조화시킨 것도 있는데 이런 음악을 '구체 음악'이라고 하지요.

음악가 중에는 새소리에 완전히 미친 사람도 있었습니다. 프랑스의 메시앙(1908~1992)은 '새소리는 신이 만든 음악'이라고 여겼어요. 그는 전 세계를 돌아다니며 새소리를 녹음해 음악으로 만들었습니다. 〈새의 눈물〉, 〈새의 카탈로그〉 등이 메시앙이 남긴 새 음악이에요.

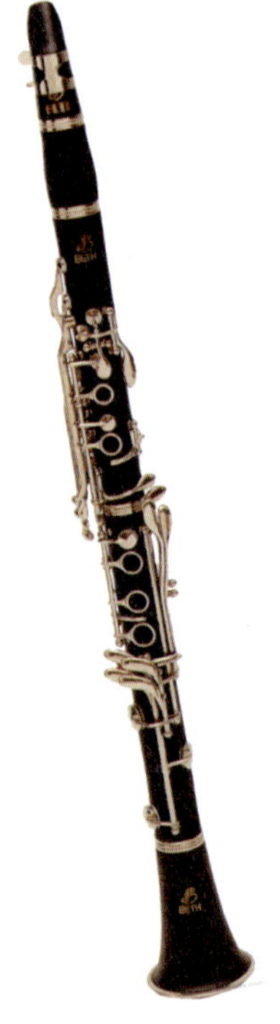

클라리넷

쇤베르크의 12음기법

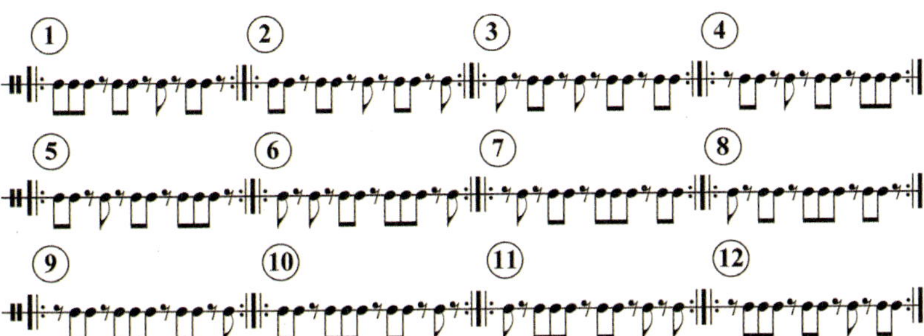

　그러면 새소리를 가장 잘 표현할 수 있는 악기는 무엇일까요? 바로 클라리넷입니다. 클라리넷은 인간의 목소리와 가장 가까운 소리를 내는 악기로도 잘 알려져 있어요.

　현대 음악에서는 앞에 소개한 음악의 3요소와 상관 없는 음악도 많이 만들어지고 있어요. 특히 '음렬 음악'이라고 해서 음의 높이와 길이, 세기와 음색 등을 중요하게 취급하는 음악이 대표적이지요. 음렬 음악은 옥타브 내의 모든 음을 평등하게 사용하는 음악인데, 예를 들면, '도레미파솔라시도' 이외에도 그 사이에 있는 반음들을 모두 사용하는 것이에요.

　피아노 건반을 보면 쉽게 알 수 있어요. 도에서 다시 도까지 건반을 잘 보면 흰 건반이 7개, 검은 건반(반음)이 5개, 음이 모두 12개 있지요. 이 12개 음을 모두 다 사용한다고 해서 이런 식으로 작곡하는 방법을 '12음 기법'이라고 합니다. 오스트리아의 쇤베르크(1874~1951)가 창안한 음악이지요.

귀를 기울여봐요. 우리 주변에서는 참 많은 소리가 들립니다. 새소리가 음악인가 아닌가는 중요하지 않아요. 어떤 소리가 아름답게 들리면 음악이고, 시끄럽게 들리면 소음인 것으로 생각하면 되죠. 우리는 그저 소리를 듣고 느끼면 됩니다. 그 소리가 우리의 머리를 맑게 하고 가슴을 울릴 수 있다면 음악이라고 불러도 괜찮습니다.

구체 음악

프랑스 국영 방송국 기사였던 피에르 셰페르가 처음 만든 음악으로, 새소리와 증기기관차 엔진 소리, 소음과 악기 등 구체적인 소리를 녹음한 뒤 음향기기를 이용해 음을 변형하거나 짜맞춰서 만든 음악을 말한다.

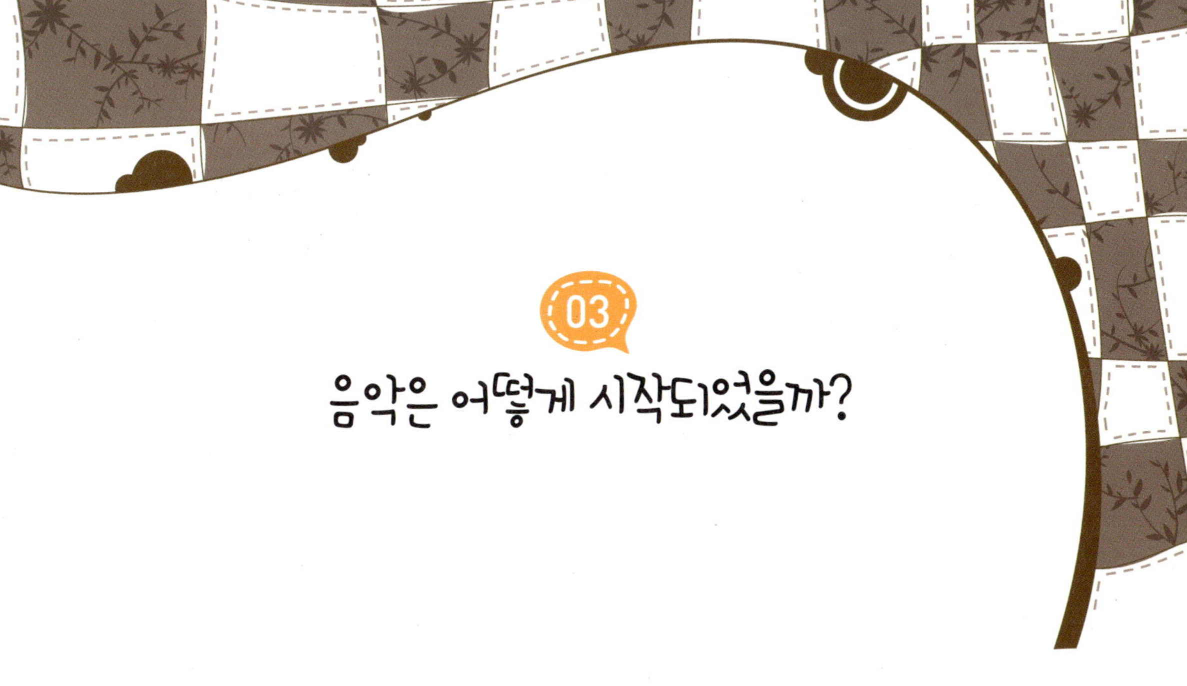

우리는 음악 속에 파묻혀 살고 있습니다. 어디를 가도 주변에 음악이 흐르지요. 그런데 이건 우리들만의 이야기는 아닌 것 같아요. 옛날 원시인들도 음악 속에 살았을 겁니다. 예를 들어 커다란 동물을 사냥해 올 때는 콧노래가 절로 나왔을 거고 모든 사람들이 모여 맛나게 요리를 해 먹으면서 춤도 췄을 거예요. 또 북을 두드리고 피리를 부는 등 악기도 연주했을 겁니다. 1994년 독일 슈바벤에서 발굴된, 백조의 뼈로 만든 피리는 3만 6천 년 전에 사용된 것이라고 하지요. 구석기 시대 사람들도 악기를 사용했다는 증거입니다.

역사학자들에 따르면 원시인들은 종교의식을 할 때 춤을 추고 노래를 불렀을 것이라고 해요. 아프리카나 남태평양 섬 등에 가면 아직도 원시생활을 하는 사람들이 있는데, 그들의 생활을 살펴보면 충분히 추측할 수 있답니다.

그리스 신화에 나오는 음악 이야기가 재미있습니다. 그리스 신화에는 '뮤즈'라는 신이 나와요. 음악을 뜻하는 '뮤직(Music)'은 바로 뮤즈에서 나온 말이지요. 그런

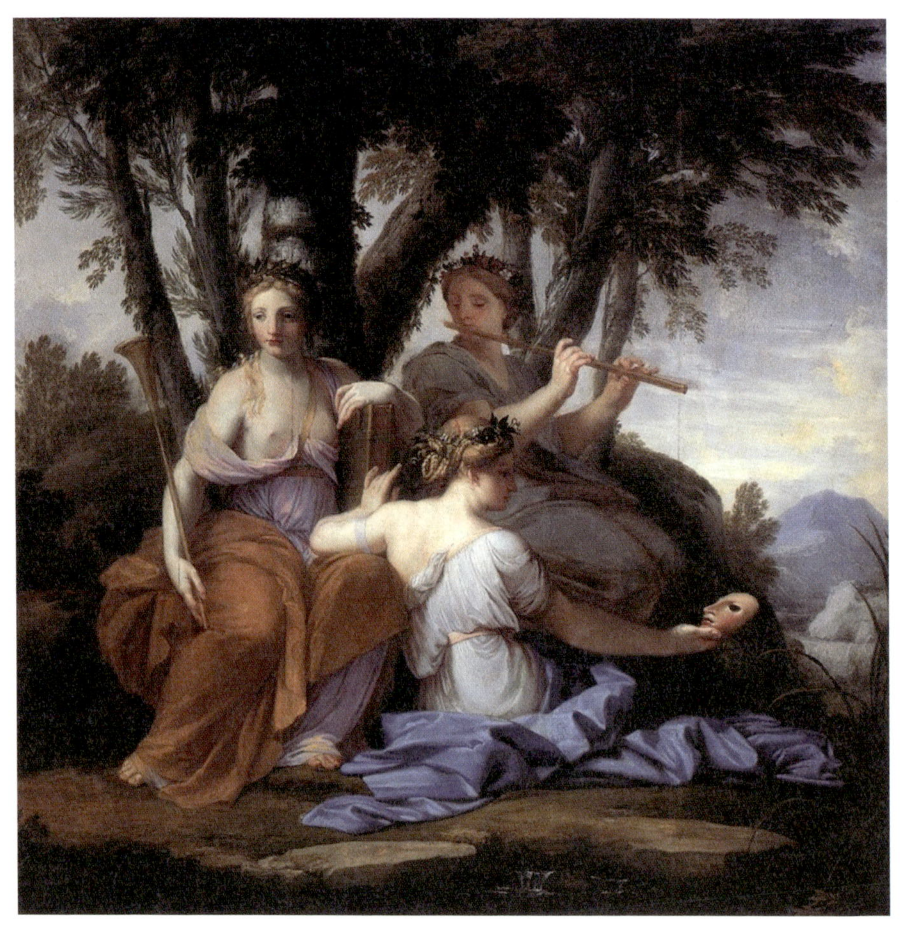

시와 음악의 신 뮤즈들

데 뮤즈가 한 명이 아니라 여러 명이라고 합니다. 어떤 뮤즈는 음악을 다루고, 어떤 뮤즈는 시를, 어떤 뮤즈는 역사를 다룬다고 해요. 천문을 다루는 뮤즈도 있고, 희극이나 비극을 다루는 뮤즈도 따로 있습니다. 즉 음악 이외에도 역사와 문학, 천문을 다루는 신들을 뮤즈라고 부르는 것입니다. 뮤즈가 여러 명이라는 사실은 음악이 여러 분야와 함께 다뤄지는 예술이지 않았을까 하는 생각을 하게 하죠.

뮤즈는 마치 주술사 같아요. 주술사는 의식을 할 때 주문을 외우고 노래를 부르고 춤을 추잖아요. 옛날 주술사는 시인이며 음악가이고 역사가이자 천문가이기도 했답니다. 신에게 제사를 올릴 때 그런 여러 가지 예술을 주술사가 행했어요.

음악의 역사는 크게 고대 음악과 중세 음악, 르네상스 음악, 근대 음악, 현대 음악으로 구분합니다. 지금까지 알아본 것은 고대 음악 이전이라고 할 수 있습니다.

고대 음악은 문명이 발달하면서 시작되었어요. 약 5천 년 전 메소포타미아와 인도, 중국, 이집트 등이 바로 문명의 발상지로, 고대 음악도 이들 지역에서 시작되었지요.

특히 지금의 이라크 지역에 살던 메소포타미아의 수메르인들은 하프와 리라, 트럼펫, 타악기 등 열댓 가지 악기를 다뤘다고 합니다. 벽화는 물론 유물로도 발굴되었지요. 이후 고대 인도와 이집트, 중국에서도 음악이 성행했습니다. 그리고 그리스와 로마로 건너가 오늘날 우리가 즐겨 듣는 클래식 음악의 기원이 되었습니다.

고대 음악이 언제 끝나고 중세 음악이 언제 시작되었는지에 대해서 정확히 구분하

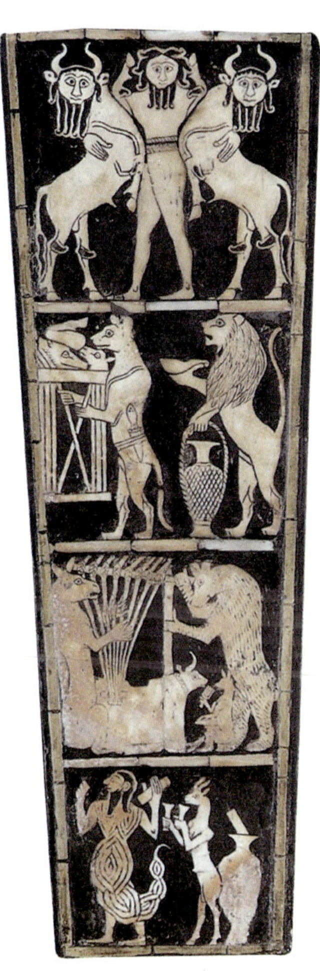

고대 메소포타미아의 도시 우르의 벽화에 그려진 리라

기는 어려워요. 단지 유럽에 기독교가 널리 전파되면서 중세 음악이 시작된 것으로 봅니다. 유럽에서 기독교가 공식 종교로 인정된 것은 313년이에요. 콘스탄티누스 1세가 밀라노 칙령을 발표하면서 기독교를 공인했지요. 이후 교회 음악이 널리 퍼졌답니다. 그래서 중세 음악 시대는 대략 5세기부터 르네상스 시대가 시작되는 1450년까지로 봅니다.

어쨌든 음악은 어느 날 갑자기 시작된 것이 아니라 인간의 역사와 함께 발전해 왔다는 것만은 알아두기 바랍니다.

음악의 악(樂)은 악기를 걸어두던 곳

음악은 소리 음(音)과 즐거울 락(樂)을 모은 거예요. 소리가 즐겁다, 또는 즐거운 소리가 곧 음악인 것이죠. 이 중 '락' 자는 좀 복잡한데, 한번 자세히 보세요. 아래 나무(木)에 악기(윗부분)를 걸어놓은 모양에서 본 딴 글자입니다.

04

사냥도구에서 개발된 악기

앞에 악기 몇 가지가 나왔어요. 그 중 하프는 소리도 아름답지만 역사도 오래된 악기입니다. 오리엔트(고대 이집트 메소포타미아)에서부터 사용되었는데, 메소포타미아 지방에서 5천 년 전의 하프가 발굴되기도 했어요. 이후 하프는 고대 이집트와 페르시아에서 널리 쓰였지요.

하프는 나무로 된 큰 삼각형 받침에 줄이 여러 개 연결되어 있는 모양입니다. 이 줄은 길이와 굵기가 달라서 줄을 튕기면 서로 다른 음이 나게 되어 있지요.

그런데 한번 자세히 보세요. 하프의 모양이 활과 비슷하지 않나요? 바로 하프

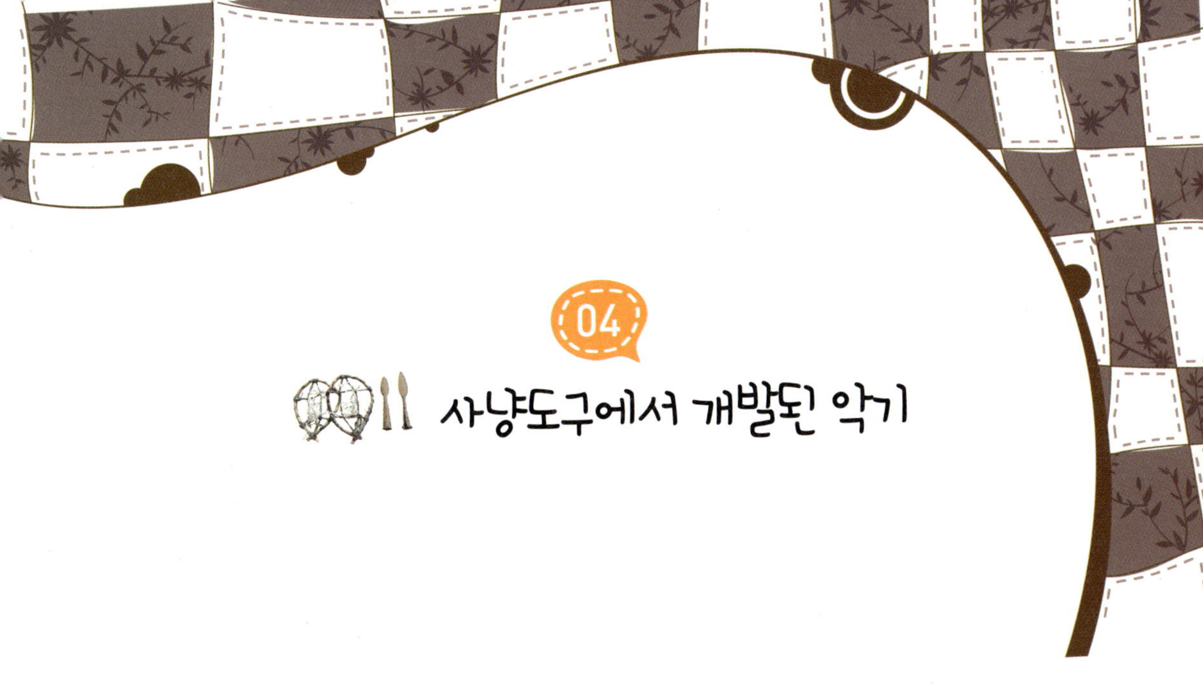

활에서 개발된 하프는 가장 오래된 악기다.
고대 이집트 벽화에 등장하는 하프

는 활에서 유래했답니다. 활시위를 당겼다 놓으면 티잉~ 하는 소리가 나는데, 그
것을 악기로 개발한 거예요.

하프만큼 재미난 이야기를 지니고 있는 악기도 드물어요. 그리스 신화에도 하
프가 나옵니다. 그리스 신화에 따르면 하프는 헤르메스라는 신이 만들었대요. 헤
르메스는 올림포스 12신 중 전령의 신입니다. 그는 거북 껍데기와 양의 창자로 하
프를 만들어서 아폴론에게 바쳤어요. 아폴론은 이것을 아들인 오르페우스에게

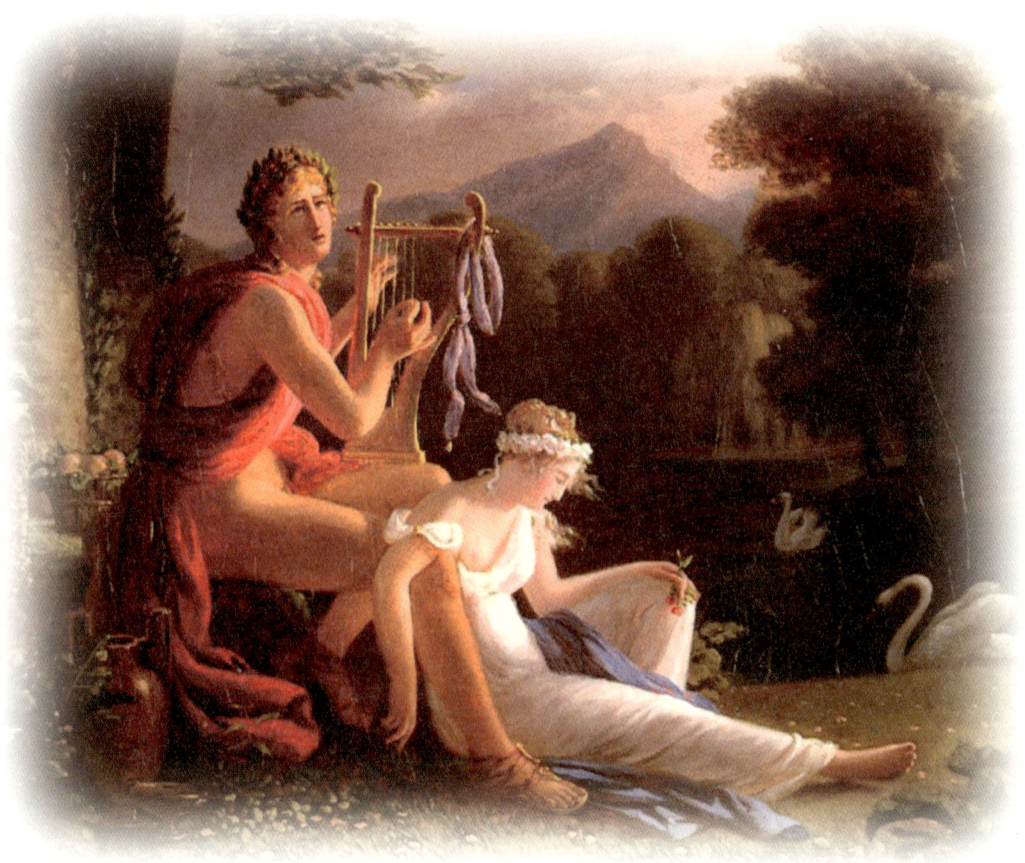

오르페우스와 에우리디케

주었지요.

오르페우스는 신들 중 최고의 음악가였습니다. 그는 사랑하는 아내 에우리디케가 죽자 하프를 메고 지하세계의 왕 하데스를 찾아갔습니다. 그러고는 하프를 연주하여 그곳 신들을 감동시켰고, 결국 아내를 데리고 나올 수 있었습니다. 단, 하데스는 지하세계에서 나가면서 절대 뒤를 돌아보지 말라고 했어요. 하지만 오르페우스는 과연 아내가 잘 따라오고 있는지 너무 궁금했습니다. 그래서 뒤를 돌아보고 말았지요. 그러자 아내는 다시 지하세계로 빨려 들어가고 말았어요.

슬픔을 이기지 못한 오르페우스는 시름시름 앓다 죽었고, 이를 가엽게 여긴 제우스는 오르페우스가 지니고 있던 하프를 별자리로 만들었습니다. 그것이 바로 거문고자리입니다. 우리는 거문고로 생각하지만 서양에서는 하프로 여기지요.

그리스 신화에까지 등장하는 하프는 세상에서 가장 오래된 악기로 여겨집니다. 이 악기는 세계 곳곳으로 전래되어 우리나라에까지 들어왔지요. 중국을 통해 들어온 공후라는 옛 악기가 바로 하프가 변형된 것이라고 해요.

참, 궁금한 것 또 한 가지. 하프의 줄이 대체 몇 개나 되는지 모를 거예요. 적게는 2~3줄밖에 없는 하프도 있지만 대개 줄이 30~50개 있지요. 그중 47줄이 표준입니다.

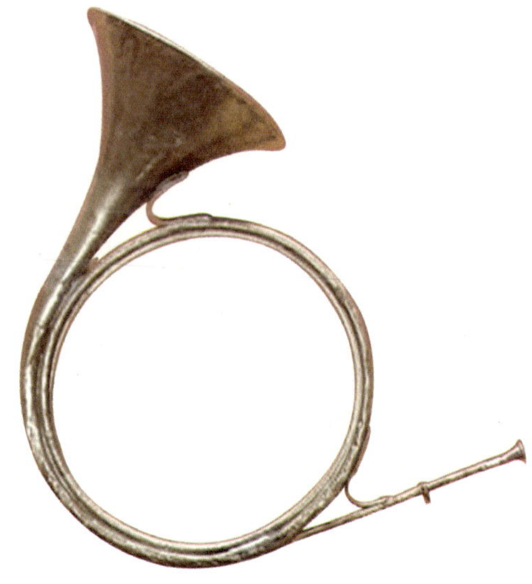

1600년대에 사용된 사냥용 호른.
이것이 발전해 오늘날의 호른이 되었다.

한 가지 악기를 더 알아볼까요? 호른 아시나요? 사진을 잘 보세요. 호른은 나팔처럼 된 부분과 둥근 부분, 그리고 부는 곳으로 나뉘어 있습니다. 이것도 사냥용 도구에서 개발된 것이지요. 옛날에 사냥꾼들이 사냥을 가서 서로 연락을 하려고 불던 것이에요. 호른이란 이름은 동물의 뿔을 의미합니다. 약 400년 전 프랑스에서 처음 악기로 개발되었다고 해요.

갈대로 만든 팬플루트

아름다운 소리를 내는 팬플루트는 목신인 판이 요정 시링크스를 쫓아다니다 만들었다고 한다. 쫓기던 시링크스가 물가에 몰리자 갈대로 변했는데, 바람에 흔들리는 갈대의 소리가 무척 아름다웠다. 그래서 시링크스를 쫓던 판이 갈대를 꺾어 악기를 만들었는데 그것이 바로 팬플루트라는 것이다.

05

음악을 발전시킨 곳이 교회라고?

옛날 음악은 사람 목소리가 중심이었습니다. 악기는 단지 노래를 돕는 역할을 할 뿐이었지요. 뒤에 자세히 알아보겠지만 악기의 발달이 음악을 놀라울 만큼 발전시켰어요. 클래식 음악도 바로 악기의 발달로 이루어진 것이지요.

사람의 목소리, 즉 노래가 음악의 중심이던 시대에 중요한 역할을 한 것은 교회입니다. 그때는 찬송가가 음악의 중심이었어요. 기독교가 유럽에서 발전하면서 찬송가도 중요한 역할을 하기 시작했지요.

특히 교황 그레고리우스 1세(540년~604년)는 여러 지역에 전해지는 찬송가들을 모아 전례 음악으로 제정했어요. 전례 음악이란 종교적인 의식에 쓰이는 음악을 말합니다. 이것을 그레고리

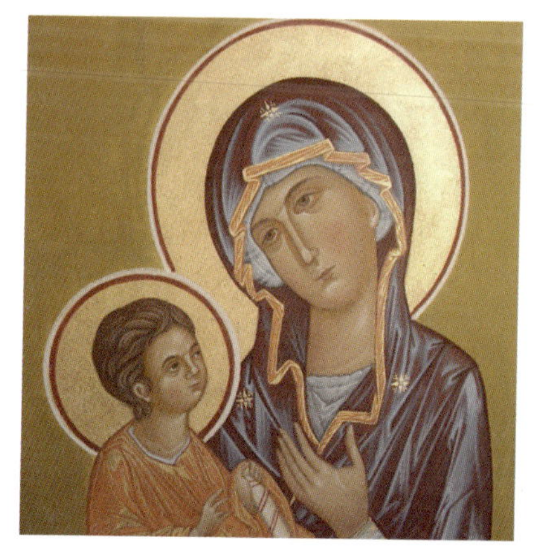

그레고리오 성가 앨범

오 성가라고 부르지요.

그레고리오 성가는 중세 음악을 발달시켰어요. 중세라는 말을 잘 알아두기 바랍니다. 음악뿐만 아니라 미술이나 문학은 물론 역사에서도 자주 나오는 말이거든요. 중세라는 말은 고대와 근대를 잇는 중간을 말합니다. 유럽에서 중세는 진짜 유럽이 시작된 시대로 볼 수 있어요. 그 이전까지 유럽은 별 볼 일 없던 곳이었지요. 중세에 접어들면서 국가들이 성립되고, 발전하기 시작했어요.

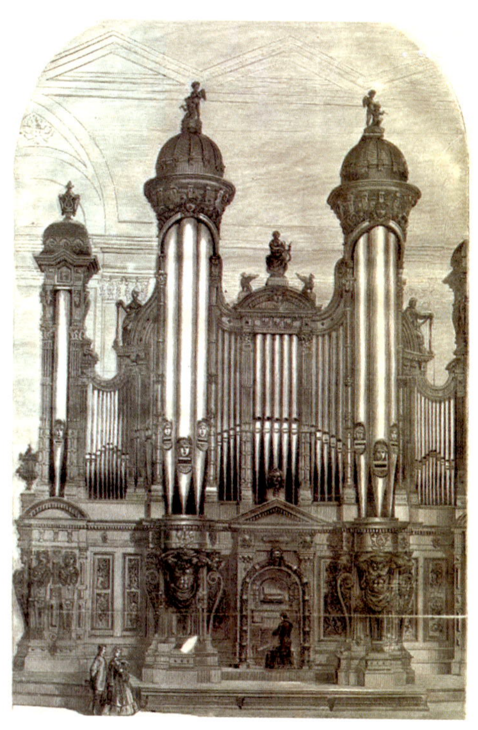

중세 교회 음악의 상징인 파이프오르간

중세는 1450년 정도까지 계속되었습니다. 거의 1천 년이나 말이죠. 이 기간 음악은 그레고리오 성가와 같은 전례 음악이 중심을 이루었어요. 많은 음악가들이 전례 음악을 위해 일했지요. 성당에 가보면 반주로 오르간이 쓰이는데, 오르간은 중세 음악에서 가장 중요하게 사용된 악기입니다.

그런데 한 가지 더 생각할 것은 중세 시대를 어떻게 볼 것인가 하는 것입니다. 중세 시대에는 예술과 과학의 발전이 아주 더뎠거든요. 모든 기준을 기독교에 두고 있었기 때문이에요. 태양도 신이 만들었기 때문에 지구 주위를 돈다고 생각했어요. 사실은 지구가 태양 주위를 도는데 말이에요. 음악 역시 '성가'를 신이 내린 노래로 여기고 새로운 음악을 만들어내는 것을 금기시할 정도였지요. 그래서 사람들은 이렇게 표현하기도 합니다.

"유럽 중세의 음악은 기독교에 의해서 이상한 발전을 거듭했다."

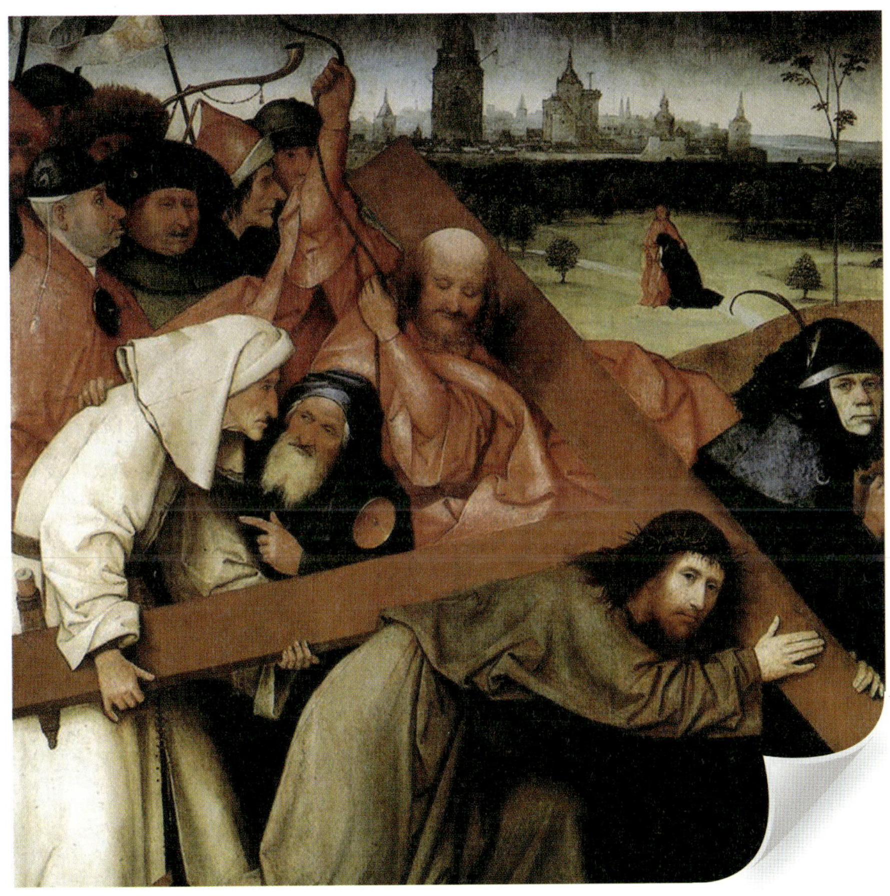

십자가를 지고 가는 예수

이상한 발전이란 정상적인 발전이 아니라는 말입니다. 무려 1천 년 동안 음악은 기독교 안에 갇혀 있었어요. 발전을 했어도 그 테두리 안에서만 발전한 것이지요. 음악이 인간의 순수한 감정을 표현하기보다는 신을 찬미하는 데 머물렀던 시대입니다. 이것을 진정한 발전이라고 할 수 있을까요? 그래서 이상한 발전이라고 한 것이에요.

그래도 교회가 음악을 발전시켰다고 볼 수 있어요. 오르간을 건반악기로 정착시킨 곳이 바로 교회지요. 또 악보를 처음으로 사용한 곳도 교회고, '도레미파솔라시도'를 만든 곳도 교회지요. 성악이 발전한 것도 교회 때문입니다.

음악 이야기를 하면서 역사 이야기를 하니까 약간 어렵지요? 하지만 이 정도는 알아두어야 나중에 나오는 베토벤이나 모차르트 음악을 아는 데에도 도움이 된답니다.

아무튼 이렇게 정리해봅니다. '중세 시대는 기독교가 세상을 지배하는 시대였고, 음악 역시 기독교에 의해 발전되었다. 당시는 악기보다 사람의 노래가 음악의 중심이었다.'

찬송가

찬송가는 구약성서 시대까지 거슬러 올라간다. 구약성서의 시편에 있는 150여 편의 시로 하나님을 찬양하였다. 여기에 신약 시대의 여러 찬송가들이 추가되어 중세 시대 때 널리 불렸다.

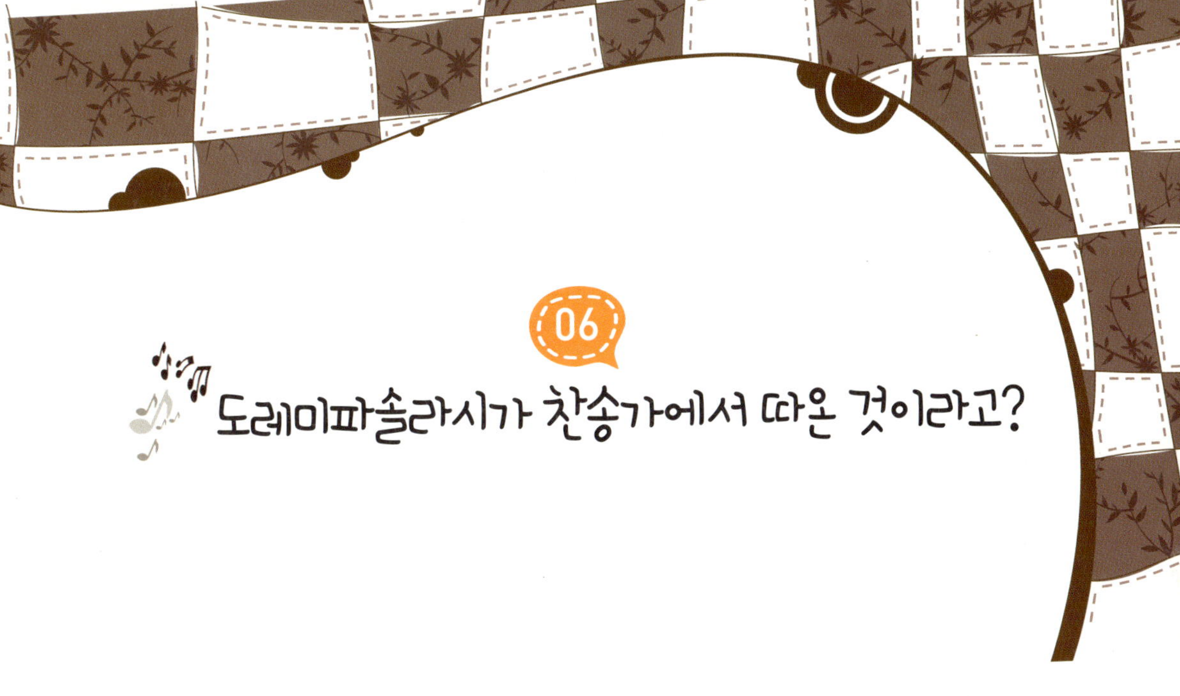

음계와 악보도 중세 시대 때 만들어졌습니다. 음계라고 하면 좀 어렵지요? 도레미파솔라시를 말해요. 옛날 악보는 네 줄이었습니다. 여기에 여러 가지 음계를 표시했지요. 그런데 1천 년 전까지만 해도 그 음계를 부르는 명칭이 없었어요.

음계에 이름을 붙인 사람은 이탈리아 성직자 구이도 다레초(992~1050)입니다. 1025년경 다레초는 성가대가 음을 제대로 잡을 수 있도록 계명을 만들었어요. 당시 그가 만든 계명은 〈성요한 찬가〉라는 성가에서 따온 것입니다.

Ut queant laxis(후에 Do로 바뀜 : 신을 뜻함)

Resonare fibris(하나님의 음성)

Mira gestorum(기적)

Famuli tuorum(제자)

Solve poluti(사랑)

Labii reatum(스승)

Sancte Ioannes!(거룩한 성령)

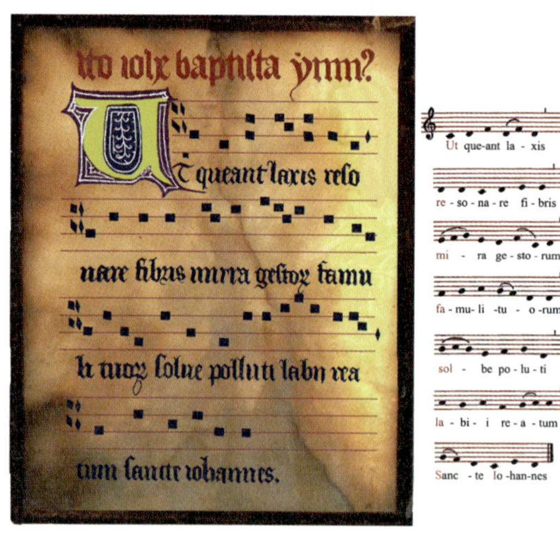

구이도 다레초 악보

이것은 라틴어입니다. 각 구절의 첫 음절에서 따 '우트, 레, 미, 파, 솔, 라'를 만든 것이지요. 마지막 줄의 '시'는 17세기에 만들어졌다고 해요. 아무런 뜻도 없는 줄 알았던 도레미파솔라시에 이렇게 놀라운 뜻이 숨어 있는 것이죠!

그런데 도가 아니고 왜 우트지? 하는 궁금증이 생기지요? 우트가 도로 바뀐 것은 17세기에 들어와서입니다. 하나님을 뜻하는 도미누스(Dominus)에서 도를 따와 우트 대신 쓴 거예요. 아직도 프랑스에서는 우트를 도 대신 쓰고 있어요. 이렇게 완성된 것이 바로 '도레미파솔라시'라는 계명입니다.

참, 콩나물 대가리처럼 생긴 음표는 대체 어떻게 만들어졌을까요? 앞에서 살펴본 그레고리오 성가가 만들어진 뒤에 악보가 생겨났습니다. 자주 부르지 않는 성가의 경우 어떻게 부르는지 표시를 해야 하는데, 그것을 가사 위에 표시한 거예요. 이것을 네우마 기보라고 합니다.

이후 그 음의 높이를 보다 정확하게 나타내기 위해 보표선을 만들었고, 보표선은 12세기에 들어서 4줄이 되었습니다. 4줄이 5줄, 즉 오선지로 바뀐 것은 13세기부터라고 해요. 5줄이 음표를 표시하는 데 가장 효율적인 방법이라고 합니다.

그리고 음표를 우스갯소리로 콩나물 대가리라고 부르기도 하는데, 절대 오해하지 마세요. 악보에 표시된 음표는 콩나물 대가리를 보고 만든 게 아니거든요. 사실 유럽에는 콩나물이 없습니다.

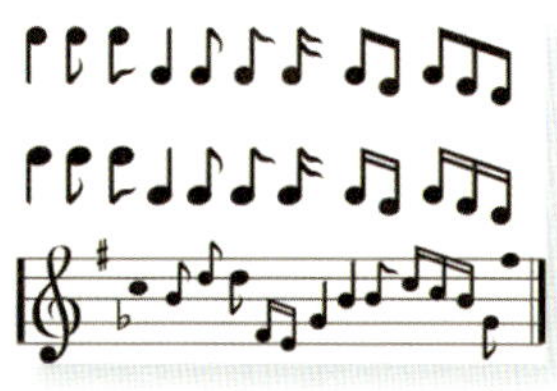
다양한 음표

참고로 서양에서는 음계가 7개지만 우리나라에서는 황종, 대려, 태주, 협종, 고선, 중려, 유빈, 임종, 이칙, 남려, 무역, 응종이라고 하여 12율명을 썼어요. 이 중 많이 사용되던 것은 황태중임남, 즉 황종, 태주, 중려, 임종, 남려입니다.

그리고 중국에서는 궁상각치우, 5개 음계를 썼답니다.

음표의 유래

처음 네우마 기보에 표시된 것은, 긴 음은 사선(/), 짧은 음은 콤마(,)였다. 이후 12세기에 들어와서 짧은 음은 마름모(◇)로 바뀌었고, 긴 음은 마름모에 작대기를 붙이게 되었다. 나중에 마름모가 타원으로 바뀌어 꼭 콩나물 대가리처럼 보이게 된 것이다.

높은음자리표와 낮은음자리표는 왜 필요할까?

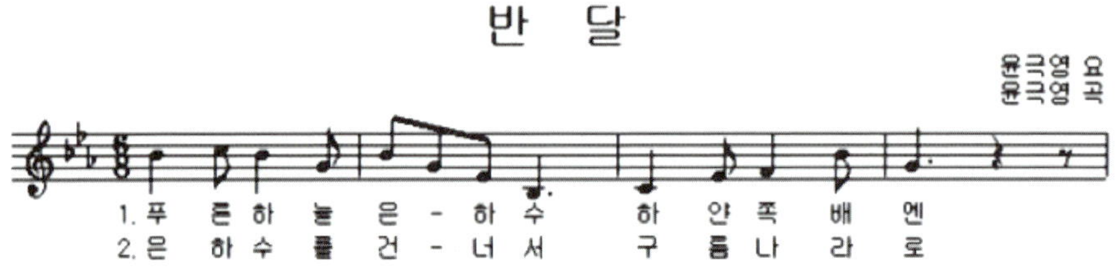

위 노래 알지요? 악보를 잘 보시기 바랍니다. 오선지에 음표들이 그려져 있어요. 맨 앞에 𝄞, 이 부호는 높은음자리표라고 합니다. 이 음악은 높은음자리가 기준이 된다는 표시지요. 그럼 기준이 어디인지 알아야겠지요? 그 답은 바로 𝄞에 있습니다. 𝄞는 알파벳 G를 휘갈겨 쓴 것이거든요. 즉, G음이 기준이라는 것이지요. 다음 그림을 보세요.

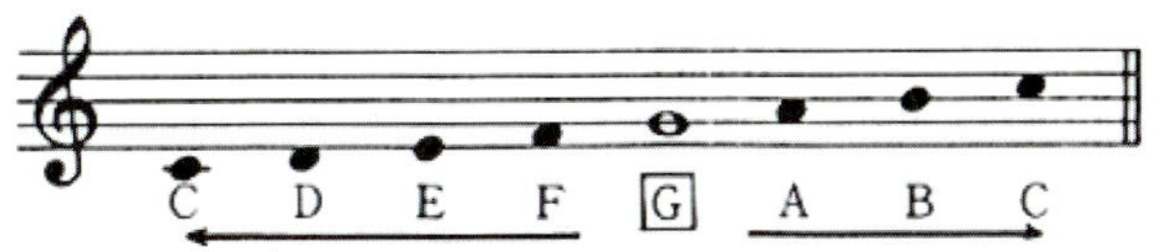

음이름이 이렇게 C에서 다시 C로 되어 있습니다. 여기서 G음이 바로 기준이라는 것이지요. C에서 다시 C까지를 '다라마바사가나다'라고 합니다. 즉, G를 '사'라고도 하지요. 그래서 𝄞를 G음자리표 또는 사음자리표라고 부릅니다.

한편 𝄞 대신 𝄢로 시작하는 것도 있습니다. 𝄢는 낮은음자리표입니다. 𝄢 역시 알파벳을 멋들어지게 휘갈겨 쓴 것이죠. 무슨 글자일까요? 바로 F입니다. 아무리 봐도 F처럼 생기지 않았지만 어쩌겠어요? 음악가들이 그렇게 정했으니 말입니다. 아래 그림을 보세요.

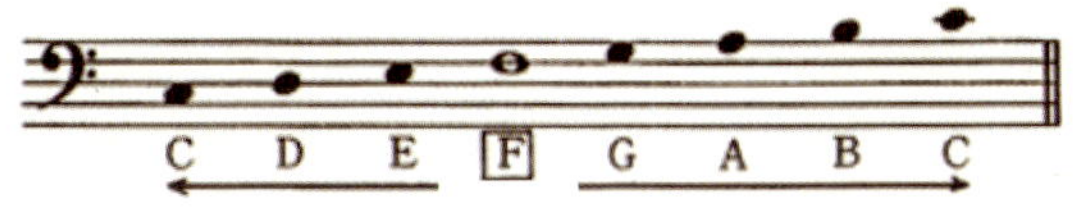

낮은음자리표는 F음이 기준 음이 되는 것이지요.

높은음자리표와 낮은음자리표는 왜 필요할까요? 음을 표시하기 쉽게 하기 위해서입니다. 만일 음자리표가 없다면 아주 높은 고음이나 아주 낮은 저음을 표기하기가 여간 성가신 게 아닐 거예요. 예를 들어 다음의 평범한 오선지에 그릴 수 있는 음이 몇 개일까요?

피아노를 생각해보면 됩니다. 아무리 작은 피아노라도 맨 왼쪽부터 맨 오른쪽까지 건반이 49개 이상인데, 위의 오선에 다 표현할 수는 없잖아요. 그래서 높은음들이 중심이 되는 악보와 낮은음들이 중심이 되는 악보를 따로 만드는 것이고, 그 표시를 𝄞 또는 𝄢로 하는 것입니다. 피아노의 경우 오른손이 두드리는 건반들은 𝄞 악보에, 왼손이 두드리는 건반들은 𝄢 악보에 기록하지요.

가온음자리표

높은음자리표와 낮은음자리표만으로도 대부분의 음은 다 표시할 수 있지만, 더러 불편한 경우도 있다. 이때 사용하는 것이 가온음자리표이다. 이 음자리표는 기준 음을 정해놓은 게 아니라 필요에 따라 옮겨 적을 수 있도록 한 것이다.

내림표(b)와 올림표(#)는 왜 만들어졌을까?

앞 장을 다시 넘겨보시기 바랍니다. 〈반달〉 악보에 b 세 개가 뭉쳐 있는 것이 보이지요? b는 내림표라고 하는데, 반음을 내리라는 것입니다. 영어로는 플랫(flat)이라고 하지요. 이와 반대로 반음을 올리라는 표시는 #입니다. 이것은 올림표라고 하고 영어로는 샤프(sharp)라고 읽습니다. 도대체 왜 이런 것이 필요할까요?

음악을 하다 보면 도와 레 사이의 음을 내고 싶을 때도 있거든요. 그 음을 표시하기 위한 것입니다. 아래 건반을 보세요. 도와 레 사이에 검은색 건반이 하나 있지요? 이걸 누르면 바로 도와 레의 중간 음이 나는 거예요. 그러니까 C#나 Db는 그 검은 건반을 두드리라는 표시입니다.

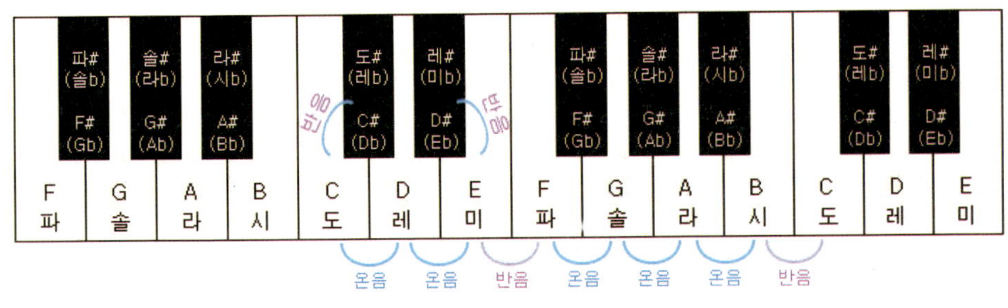

C에서 B까지는 건반이 모두 12개 있어요. 흰 것 7개, 검은 것 5개. 즉 도레미파솔라시 한 옥타브는 12개의 건반으로 이루어져 있습니다. 이 12개 건반 사이가 각각 반음이라고 보면 딱 맞습니다.

온음은 반음 2개를 합한 것을 말하지요. 앞의 건반에서 C와 D 사이는 온음입니다. 중간에 검은색 건반 즉, 반음이 하나 더 있으니까요. 그런데 E와 F 사이는 반음입니다. 중간에 아무것도 없으니까요. 그래서 아래 악보에서 보는 것처럼 중간에 검은 건반이 없는 미와 파 사이, 그리고 시와 도 사이는 반음인 것이지요.

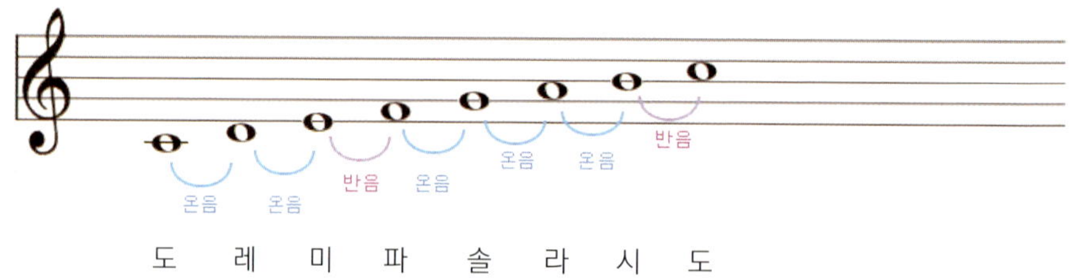

내림표와 올림표 이 두 가지는 악보 맨 앞에 붙기도 하지만 악보 중간 음 앞에 붙어서 반음을 내리거나 올리는 역할도 하는데, 그럴 때는 임시표라고 합니다.

음악이 점점 어려워지나요? 그렇다면 그냥 읽고 지나가도록 해요. 피아노를 배우거나 악기를 다룬다면 더 구체적으로 배워야 하지만 음악과 친해지려는 생각이라면 너무 자세하게 알 필요는 없습니다. 그냥 올림표는 어떻게 생겼고, 내림표는 어떻게 생겼는지 알면 됩니다.

그런데 〈반달〉 악보를 보면 b가 하나가 아니라 세 개가 있지요. 시와 미, 라의 위치에 붙어 있습니다. 이는 마지막에 붙은 b를 파로 계산해서 도 자리를 찾으라는 표시입니다.

참, 장조와 단조라는 말을 들어봤을 거예요. 장조는 밝고 경쾌한 느낌을 주고 단조는 어둡고 쓸쓸하며 우울한 느낌을 줍니다. 그래서 작곡가가 장조와 단조를 사용해 곡의 성격을 표시하지요. 장조의 음계는 도레미파솔라시도이고 단조의 음계는 라시도레미파솔라입니다. 곧 장조는 '도'로 시작하고 단조는 '라'로 시작하지요.

이렇게 내림표와 올림표를 붙이면 다양한 표현이 가능해집니다. 예를 들어 샤프가 하나 붙으면 사장조 혹은 마단조, 플랫이 하나 붙으면 라단조 혹은 바장조가 됩니다. 더 깊이 들어가면 머리 아프니까 이쯤에서 멈추도록 하죠.

옥타브

옥타브는 진동수로 따진다. 소리가 나는 것은 진동을 하는 것인데, 1옥타브는 진동수의 비율이 2가 될 때까지의 음정이다. 피아노의 경우 '도'와 다음 '도'는 진동수가 1:2이다. 즉 1옥타브 높은 도가 낮은 도보다 진동수가 2배 많다.

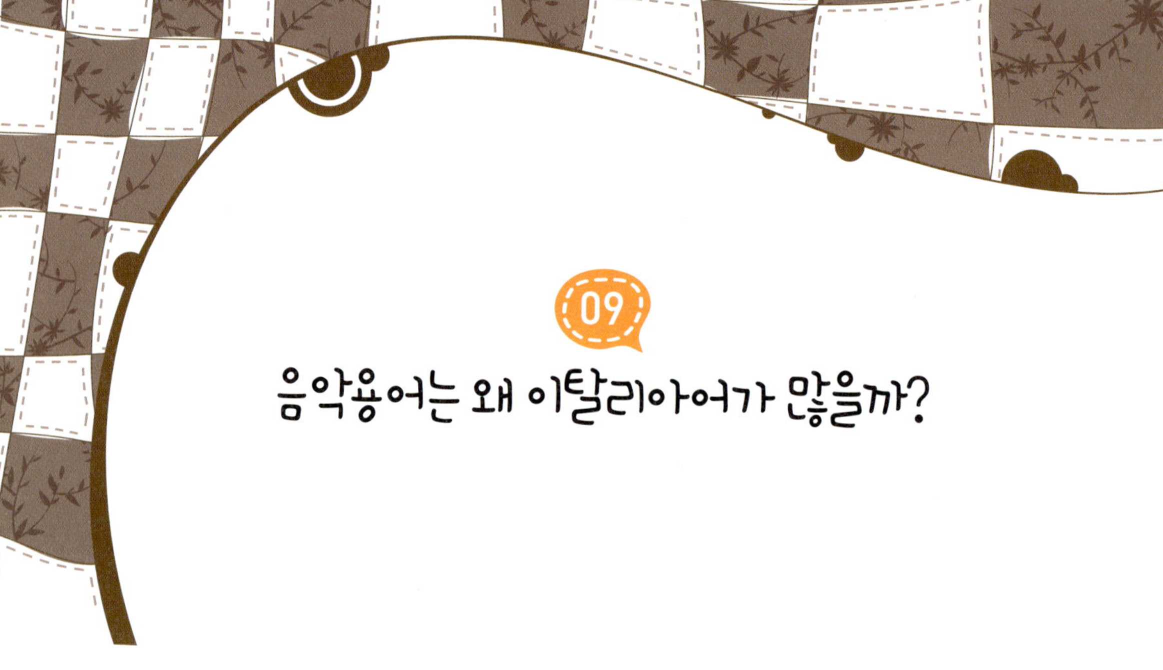

안단테, 알레그로, 아다지오…. 어디에서 많이 들어본 것 같지 않습니까? 바로 음악에서 쓰이는 용어들입니다. 안단테(Andante)는 느린 걸음의 빠르기로, 알레그로(Allegro)는 빠르고 유쾌하게, 아다지오(Adagio)는 느리고 장중하게 연주하라는 뜻입니다.

이 밖에도 곡 전체의 빠르기를 나타내는 말은 다음과 같은 것들이 있지요.

라르고(Largo) - 느리고 폭넓게

렌토(Lento) - 느리고 무겁게

안단티노(Andantino) - 안단테보다 조금 빠르게

모데라토(Moderato) - 보통 빠르기로

비바체(Vivace) - 빠르고 경쾌하게

프레스토(Presto) - 빠르고 성급하게

이 용어들은 전부 이탈리아어입니다. 이외에도 많은 음악용어들이 이탈리아어로 되어 있어요. 도대체 왜 음악용어들은 이탈리아어로 된 게 많은 걸까요?

한마디로 말하자면 '모든 길은 로마로 통해서'이지요. 로마는 현재 이탈리아의 수도입니다. 옛날 로마는 유럽의 중심이었어요. 로마제국은 아주 강대했지요. 세상 곳곳에서 로마로 문물이 모여들었어요. 그래서 '모든 길은 로마로 통한다'는 말이 나왔답니다. 음악은 물론 미술과 건축, 기타

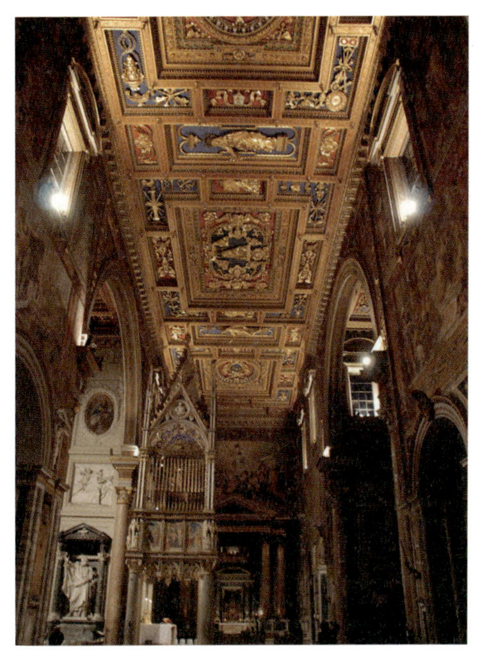

로마의 성 요한 대성당 내부 모습

여러 학문들이 로마에서 발달해 유럽 전역으로 퍼져나갔지요.

로마는 특히 교황청이 있는 곳입니다. 1천 년 동안이나 계속된 중세 시대에 교황청은 음악의 중심지였지요. 많은 음악가들이 로마에서 배출되었고, 주변국에서 음악을 배우기 위해 로마로 몰려들었어요. 중세가 끝난 뒤 르네상스 시대에도 로마는 음악의 중심지였고, 클래식 음악이 시작되는 바로크 시대에도 역시 마찬가지였어요. 오페라도 이탈리아에서 시작되었습니다.

이렇게 1천 년이 넘는 동안 이탈리아 로마가 음악의 중심지였기 때문에 음악용어 대부분이 이탈리아어로 되어 있는 것입니다. 영어라면 그래도 나을 텐데 이탈리아어라니! 그러나 걱정할 필요는 없어요. 음악을 자주 듣다 보면 음악용어들은

자연스럽게 들리게 될 것이니까요.

　참, 모데라토는 보통 빠르기라는 뜻인데, 도대체 보통 빠르다는 기준이 뭘까요? 일반 사람의 맥박 수를 기준으로 삼고 있다는 것을 알아두기 바랍니다. 일반인의 맥박은 분당 60~80회입니다. 음악에서는 80을 기준으로 잡았지요.

　이것을 더욱 정확하게 나타내기 위해 '♩ = 60'과 같이 표시해요. 이것은 1분에 4분음표(♩)를 60개 연주하라는 것입니다. 만일 ♩ = 120이라면 그보다 더 빠르게 연주해야겠지요.

　그런데 옛날에는 빠르기보다는 음악의 분위기를 나타냈어요. 예를 들어 아다지오는 '마음을 가다듬어', 알레그로는 '생기 있게'를 의미했지요.

　오늘날에는 과학이 발달해서 음악에서도 빠르기를 정확하게 나타낸답니다. 특히 빠르기를 재는 메트로놈은 음악에서 매우 중요하게 쓰이고 있어요.

　여러분, 음악용어는 절대 외우려고 하지 마세요. 그냥 음악을 들으면서 악보를 보다 보면 저절로 알게 된답니다.

메트로놈

1812년 네덜란드의 빈켈이 발명했고, 1816년 독일의 멜첼이 그것을 개량해 특허를 받았다. 시계추의 원리를 이용한 것으로, 베토벤과 체르니가 작곡하는 데 사용했다고 한다. 오늘날 피아노 연습할 때 꼭 필요한 기계이다.

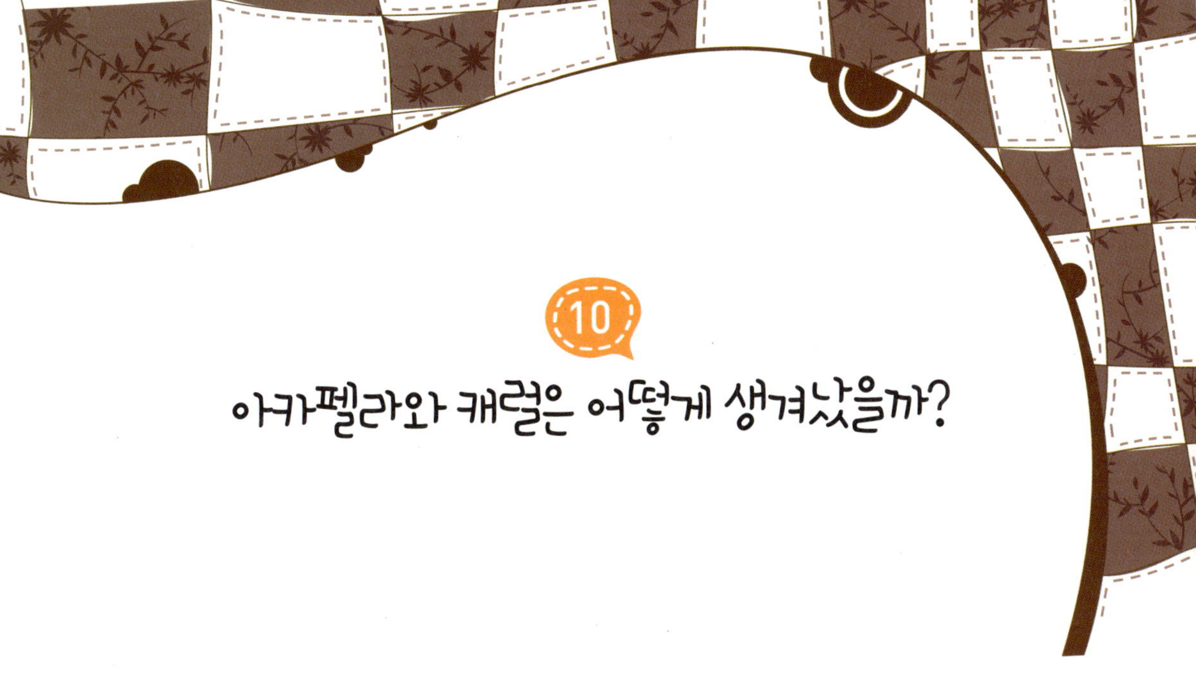

아카펠라와 캐럴은 어떻게 생겨났을까?

세상에서 가장 완벽한 악기는 무엇일까요? 바로 사람 목소리입니다. 사람 목소리가 왜 악기냐고요? 음을 내는 게 악기잖아요. 사람 목소리는 다양하면서도 아름다운 음을 내니까 최고의 악기랍니다. 아닌 것 같나요? 혹시 아카펠라를 들어 봤습니까? 여러 명이 부르는 합창인데 악기 반주가 전혀 없는데도 듣기가 아주 좋아요. 어떤 악기보다도 아름답답니다.

아카펠라는 이탈리아어입니다. 옛날 이탈리아의 성당 안에는 좌우로 작은 방 같은 것들이 있었어요. 주로 귀족들이 그 안에서 기도를 하는데, 성당 안쪽으로 철문이 있어서 미사를 할 때는 성당 안을 들여다보며 참가했지요.

이 방을 카펠라(cappella)라고 부릅니다. 성당 안의 작은 성당, 즉 소성당이지요. 아카펠라는 카펠라 앞에 '아(a)'를 붙인 것이에요. '아'는 '~풍으로'라는 뜻이랍니다. 그러니까 아카펠라(a cappella)라고 하면 '소성당풍으로'라는 뜻이지요. 또 '성가대풍으로'라는 뜻이기도 합니다.

아카펠라는 성당에서 악기 반주 없이 불리는 합창을 말합니다. 목소리만으로

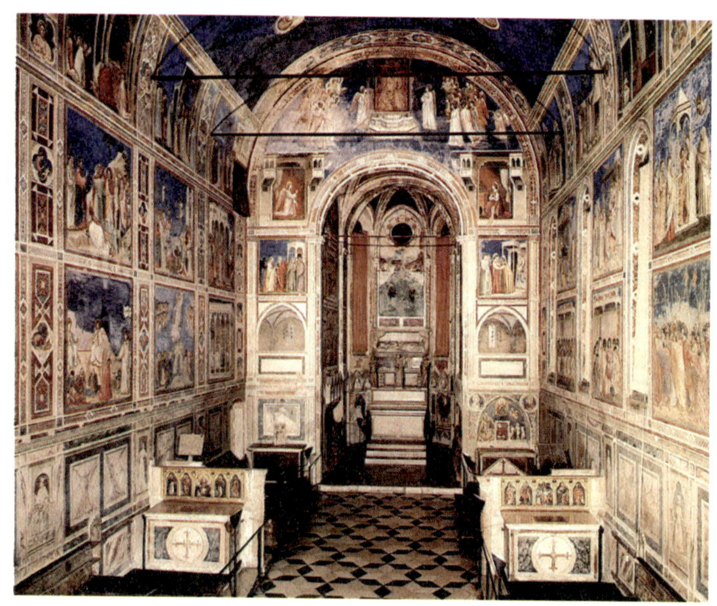

카펠라 모습

하는 음악은 의외로 긴장감이 넘친답니다. 또 순수한 느낌도 나지요. 아카펠라는 성당에서 신에 대한 찬미를 순수한 목소리로 표현하려고 한 음악이기 때문이에요.

아카펠라라는 명칭이 나온 것은 16세기입니다. 그러나 그 훨씬 이전부터 많이 불려왔다고 볼 수 있어요. 아카펠라는 오늘날 일반 음악으로도 많이 불리고 있습니다. 특히 1900년대 초반부터 아카펠라를 전문으로 부르는 가수들이 등장했고, 영화나 뮤지컬을 통해 대중 음악으로 성장하기도 했답니다.

한편, 캐럴도 종교 음악으로 유명합니다. 특히 크리스마스 때에는 온 세상이 캐럴송으로 넘쳐나지요. 그러나 본래 캐럴은 크리스마스 때에 부르는 노래만을 가리키지는 않았습니다. '즐거운 음악'이라는 뜻을 지닌 말로, 야외에서 부르는 합창을 뜻했거든요. 특히 프랑스어로 캐럴은 둥글게 모여 춤을 추는 원무를 말합니다. 크리스마스 때 많이 불러서 캐럴 하면 흔히 크리스마스 캐럴을 가리키게 되었지요.

크리스마스 캐럴 중 가장 유명한 것은 〈고요한 밤 거룩한 밤〉입니다. 이 곡은 1818년 오스트리아에서 작곡되었어요. 오스트리아 산골 마을 오베른돌프의 한 성당에서 만들어졌

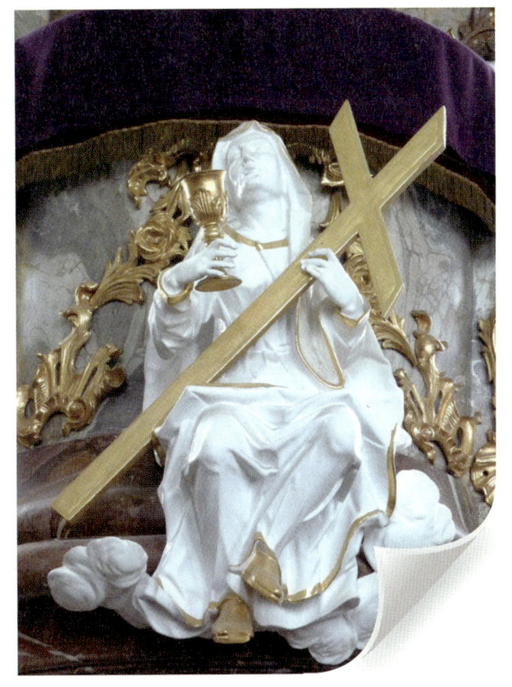

베른돌프 성 니콜라우스 교회 안의 조각상

지요. 크리스마스를 앞두고 있는데 파이프오르간이 고장이 났대요. 요셉 모르 사제는 평소 알고 지내던 초등학교 교장을 찾아가 상황을 말했습니다. 프란츠 구르버라는 교장은 오르간의 반주 없이 합창으로 할 수 있는 곡을 만들었지요. 그러고는 제목을 '악기 소리가 없는 밤'이라는 뜻으로 〈사일런트 나이트(고용한 밤)〉라고 붙였대요. 이것이 훗날 〈고요한 밤 거룩한 밤〉으로 바뀐 것입니다.

〈징글벨〉은 1857년 미국 작곡가 제임스 피어폰트가 만들었습니다. 본래 추수감사절에 행사용으로 만든 음악이지요. 그런데 노래가 무척 좋았나봐요. 그래서 크리스마스 때 다시 불렀고, 나중에는 크리스마스 캐럴로 자리 잡게 되었어요.

'징글'이라는 뜻은 '딸랑'이라는 뜻입니다.

우리나라에 알려진 크리스마스 캐럴 중에는 미국에서 건너온 것이 많아요. 〈화이트 크리스마스〉는 1942년에 작곡되었고, 〈루돌프 사슴코〉는 1948년에 작곡된 뒤 라디오 방송을 타고 유명해졌습니다. 또 〈실버벨〉은 1951년에 영화를 통해 더욱 유명해졌지요. 이 캐럴들은 한국전쟁 이후 우리나라에 들어와 널리 불렸답니다.

아카펠라와 캐럴은 누구나 좋아하는 음악이지요. 종교와 상관없이 즐겨 듣잖아요. 음악은 종교나 이념, 사상을 넘는 만국인의 공통어라는 것을 알 수 있어요.

루돌프(Rudolph)는 어떤 사슴일까?

코가 빨간 가공의 사슴이다. 산타의 썰매를 끄는 9번째 사슴으로 알려져 있는데, 크리스마스 때 썰매를 끄는 우두머리라고 한다.

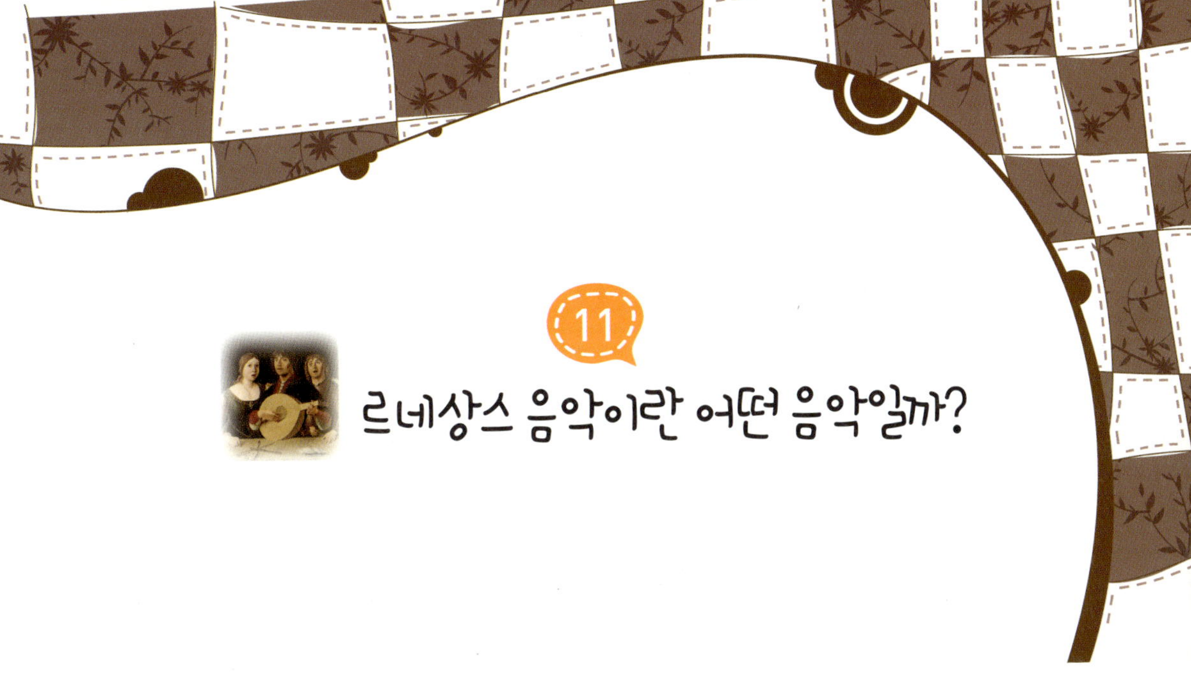

르네상스 음악이란 어떤 음악일까?

교회 음악을 중심으로 하는 중세 음악은 1450년까지 이어졌다고 한 것 기억나나요? 1450년부터는 르네상스 음악 시대가 시작됩니다. 르네상스란 대체 뭘까요? 이 말은 학문 또는 예술의 부활을 뜻합니다. 중세 시대는 기독교가 중요시되던 때라 예술이나 학문도 기독교에 맞춰져 있었어요. 고대 그리스와 로마의 예술과 학문은 인간 중심이었는데 신 중심으로 바뀐 것이지요. 바로 르네상스란 고대 그리스와 로마 때의 예술과 학문을 다시 살리자는 뜻입니다.

르네상스 시대에는 음악도 변화했어요. 전과는 다르게 음역이 넓어졌습니다. 미술에 원근법이 사용되며 공간이 넓어진 것처럼 음악에서도 공간이 넓어진 것이지요. 또 인쇄술이 발달하면서 악보를 많이 만들어낼 수 있게 되었습니다.

르네상스 운동은 유럽 여러 나라에서 일어났고, 새로운 음악 역시 곳곳에서 나오기 시작했어요. 특히 프랑스 북부와 벨기에 남부 지역에서 많은 음악가들이 배출되었는데, 그들을 '플랑드르악파'라고 합니다. 플랑드르악파는 유럽 음악을 이

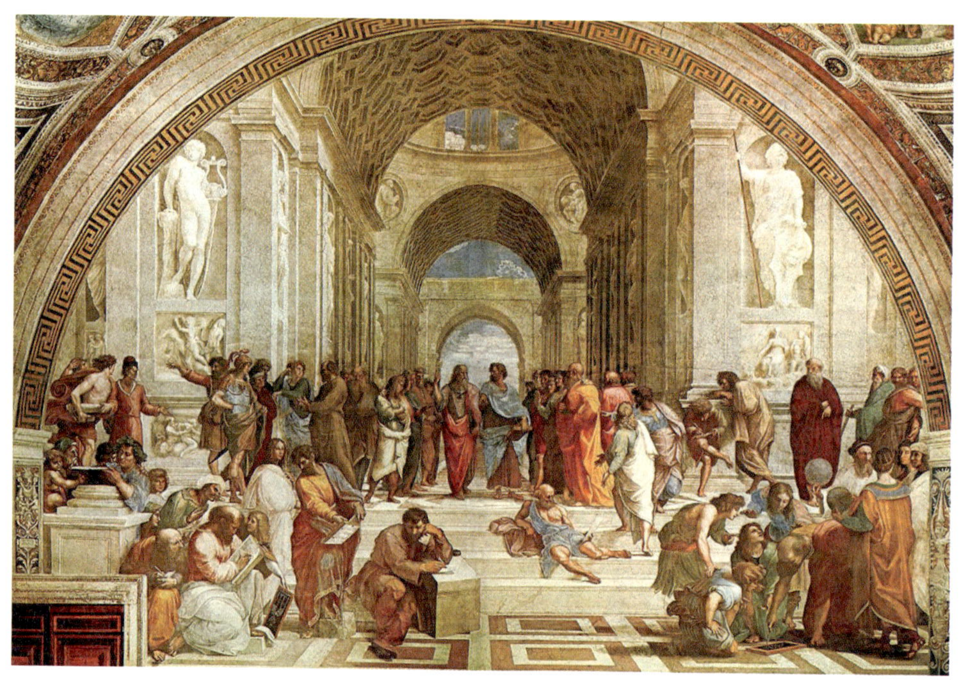

르네상스 시대 화가 라파엘로의 〈아테네 학당〉

끌었습니다. 미사나 모테토(무반주 다성 성악곡) 등의 종교곡도 만들어냈고 샹송(프랑스의 세속가곡)이나 마드리갈(이탈리아 시에 붙여진 곡) 등과 같은 세속곡도 많이 만들었습니다. 또 합창 음악을 발전시키는 데 큰 역할을 했지요.

플랑드르악파와 함께 르네상스를 이끈 것은 이탈리아입니다. 이탈리아는 음악의 나라답게 르네상스 시대에도 음악을 주도했어요. 세속 합창곡을 발전시켰으며, 오르간 등을 이용하는 음악, 즉 기악곡을 발전시켰어요. 이것이 중요합니다. 중세 음악까지는 성악이 중심이었으나 슬슬 악기 연주가 중심이 되기 시작한 것이지요. 음악의 수준이 그만큼 높아지고 있다는 것을 말해요.

르네상스 음악의 특징을 요약하면 첫째, 시를 음악으로 많이 만들었어요. 둘째, 시처럼 음악의 느낌을 살리려고 했어요. 셋째, 악절과 악절 사이가 뚜렷하게 구분되었어요. 넷째, 소리의 울림과 높낮이가 다양해졌어요.

그렇지만 이 시대에도 종교 음악은 훨씬 많이 만들어졌습니다. 단지 전의 종교 음악과는 약간 달랐지요. 특히 1517년 마르틴 루터에 의해 종교개혁이 시작된 뒤에는 기존 교회의 음악과 새로운 교회, 즉 신교의 음악이 크게 달라졌어요. 새로운 찬송가도 많이 만들어졌으며, 민속 음악도 유행하게 되었지요.

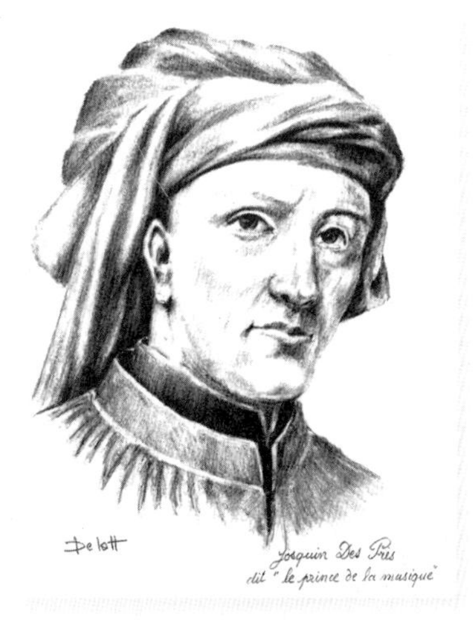

조스캥 데프레

음악이 비로소 예술로 자리 잡은 건 르네상스 시대라고 할 수 있습니다. 새로운 형태의 종교 음악과 민속 음악을 토대로 새로운 음악도 많이 창작되었거든요. 작곡가들이 자기의 뜻이나 느낌을 제대로 표현해내기 시작한 것입니다.

르네상스 음악 시대는 음악사에서 150년이라는 짧은 기간에 불과합니다. 그러나 매우 중요한 역할을 했지요. 음악을 진정한 예술로 승화시켰거든요. 그래서 우리가 현재 즐겨 듣고 있는 클래식 음악의 기초를 닦았지요.

르네상스 음악 시대에 활약한 음악가 중 유명한 사람을 꼽으라면 플랑드르악파의 거장인 조스캥 데프레(1440년경~1521)를 들 수 있습니다. 데프레는 당시 최고의 음악가, 음악가들의 아버지로 추앙받았어요. 종교개혁을 이끈 루터도 그를 가장 좋아했습니다. 〈아베마리아〉를 비롯해 미사곡 17곡과 샹송 70곡, 모테토 100여 곡, 세속 성악곡 70여 곡을 남겼답니다. 흔히 그를 '르네상스의 모차르트'라고 부르지요.

음악을 이론적으로 깊이 파고 들어가면 복잡하고 어려운 게 많습니다. 하지만 기본적인 상식으로 알아두기 바랍니다.

모테토(Motetto)

중세 르네상스 시대를 주름잡던 성악곡을 말한다. 주로 성경 속에 나오는 구절을 노래로 만들었다. 무반주로 노래하는 것이 보통이지만 가끔은 오르간으로 반주를 하기도 했다.

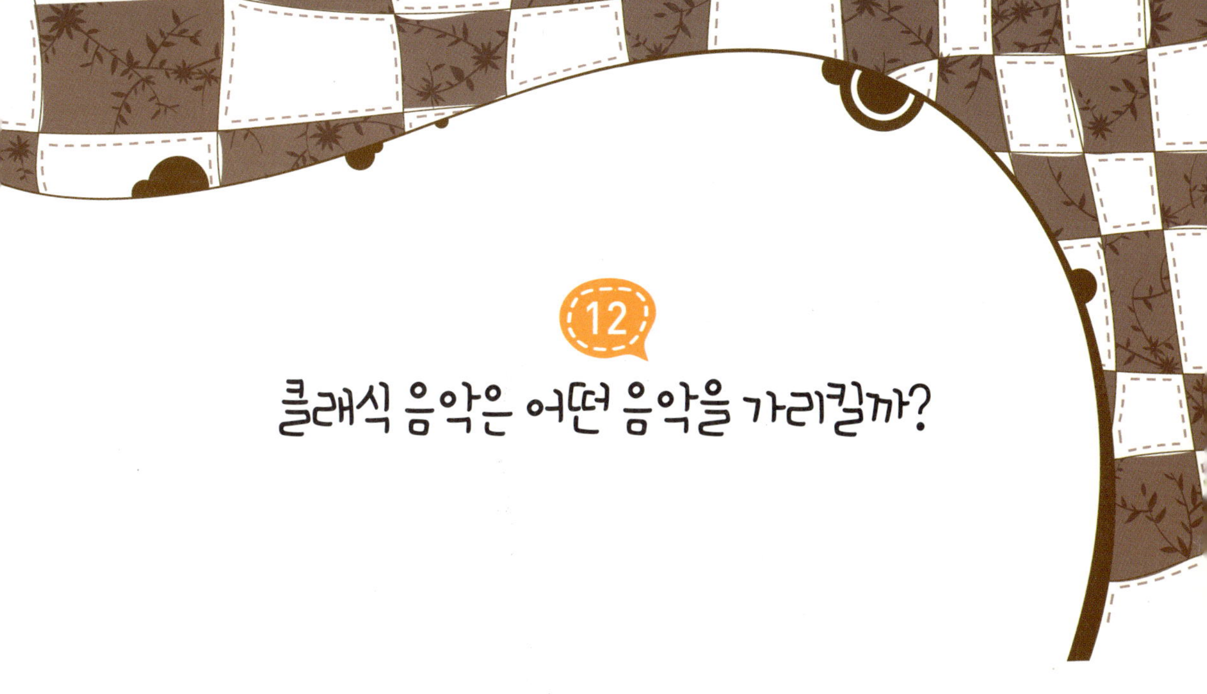

클래식 음악은 어떤 음악을 가리킬까?

모차르트나 베토벤 음악 들어봤지요? 사실 모차르트나 베토벤의 음악은 하루에도 몇 번이나 들을 수 있답니다. 텔레비전을 볼 때도 나오고 레코드 가게나 커피전문점에서도 나오지요.

모차르트와 베토벤 음악은 클래식 음악 중에서도 최고로 칩니다. 그런데 클래식 음악이 뭐냐고요? 드디어 본론으로 들어갑니다. 이 책은 클래식 음악을 쉽게 소개하려고 쓰고 있거든요.

클래식 음악에서 클래식은 클래스(class)에서 나온 말입니다. 클래스는 등급 또는 학급을 뜻하는 말이지요. 고대 로마에서 클래스는 '군인의 최고 지위'를 의미했어요. 이 의미가 문화예술에서는 '최고급'으로 바뀌었습니다.

르네상스 시대에 들어서자 고대 그리스와 로마의 문화를 부활시키려는 운동이 일어났어요. 고대 그리스와 로마의 문화를 최고급으로 여기고 '클래식'이라고 하였지요. 지금도 유럽에서 클래식이라고 하면 고대 그리스와 로마의

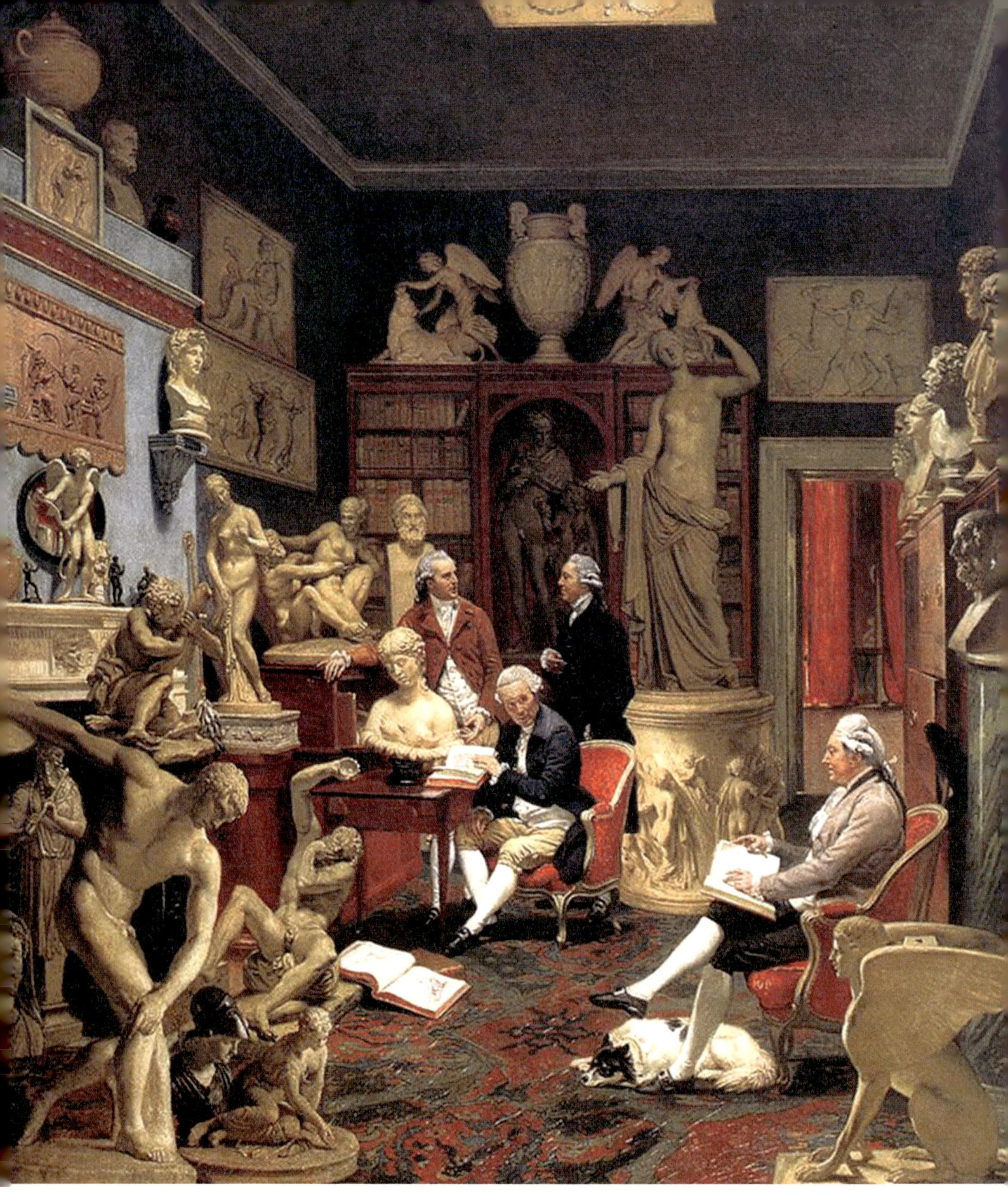

음악, 미술, 문학 등 모든 분야에서 눈부신 성과를 이룬 르네상스 시대

예술, 문화를 가리키기도 합니다.

그런데 음악의 역사에서 클래식 음악이라고 하면 대개는 중세 음악 이후부터 1900년 사이에 만들어진 음악으로 여겨요. 왜냐하면 바로 이 시기의 음악이 최고의 음악이기 때문입니다. 그 전 음악과는 확실하게 구분할 수 있는, 수준 높은 클래스의 음악이라는 이야기지요.

자, 그러니까 클래식 음악은 다음 두 가지로 생각하면 됩니다. 첫째, 오랫동안 사람들에게 사랑받아온 고전 음악, 둘째, 르네상스 음악 이후부터 현대 음악 이전까지의 음악이 그것이에요.

여기에서 한 가지 더 살펴볼 것은 클래식은 '고전'이라는 말로 번역된다는 점입니다. 고전 알지요? 〈흥부전〉이나 〈춘향전〉은 우리나라 고전이잖아요. 고전은 오랜 옛날부터 많은 사람들에게 사랑받아온 예술작품을 말합니다. 그만큼 시대를 초월하는 우수한 작품들이지요. 바로 1600년에서 1900년 사이에 만들어진 서양의 음악들이 그렇게 훌륭하기 때문에 고전 음악, 또는 클래식 음악이라고 하는 것이지요.

물론 여기에는 다른 의견도 있어요. 11세기에 만들어진 음악부터 클래식 음악이라고도 하고, 1550년부터 1900년 사이에 만들어진 음악을 가리킨다고도 합니다.

클래식 음악은 시대별로 바로크 음악과 고전파 음악, 낭만파 음악으로 나눌 수 있습니다. 바로크 음악은 1600년부터 1750년 사이, 고전파 음악은 1750년에서 1830년 사이, 낭만파 음악은 1830년에서 1900년 사이의 음악을 가리키지요. 클래식 음악은 바로크 음악 시대에 기초가 세워졌고, 고전파 음악 시대에 전성기를 맞았으며, 낭만파 음악 시대에 다양하게 발전했다고 할 수 있어요.

흔히 클래식 음악 하면 모차르트와 베토벤을 떠올리지요. 위의 시대구분에서 이 두 음악가가 활동한 시대는 고전파 음악 시대예요. 고전파라는 이름 안에는 바로 최고라는 뜻이 숨어 있지요. 300년 클래식 음악 시대에서도 최고라는 뜻입니다. 그래서 어떤 사람들은 이 시기의 음악만을 클래식 음악이라고 부르기도 해요.

클래식 음악이 어떤 음악인지 알았지요? 이제 클래식 음악을 본격적으로 알아보기로 해요.

고전파 음악

하이든, 모차르트, 베토벤 3인의 음악가로 대표되며 교향곡, 협주곡, 소나타, 현악 4중주 등 클래식 음악의 형식적 틀이 완성된 시기이다.

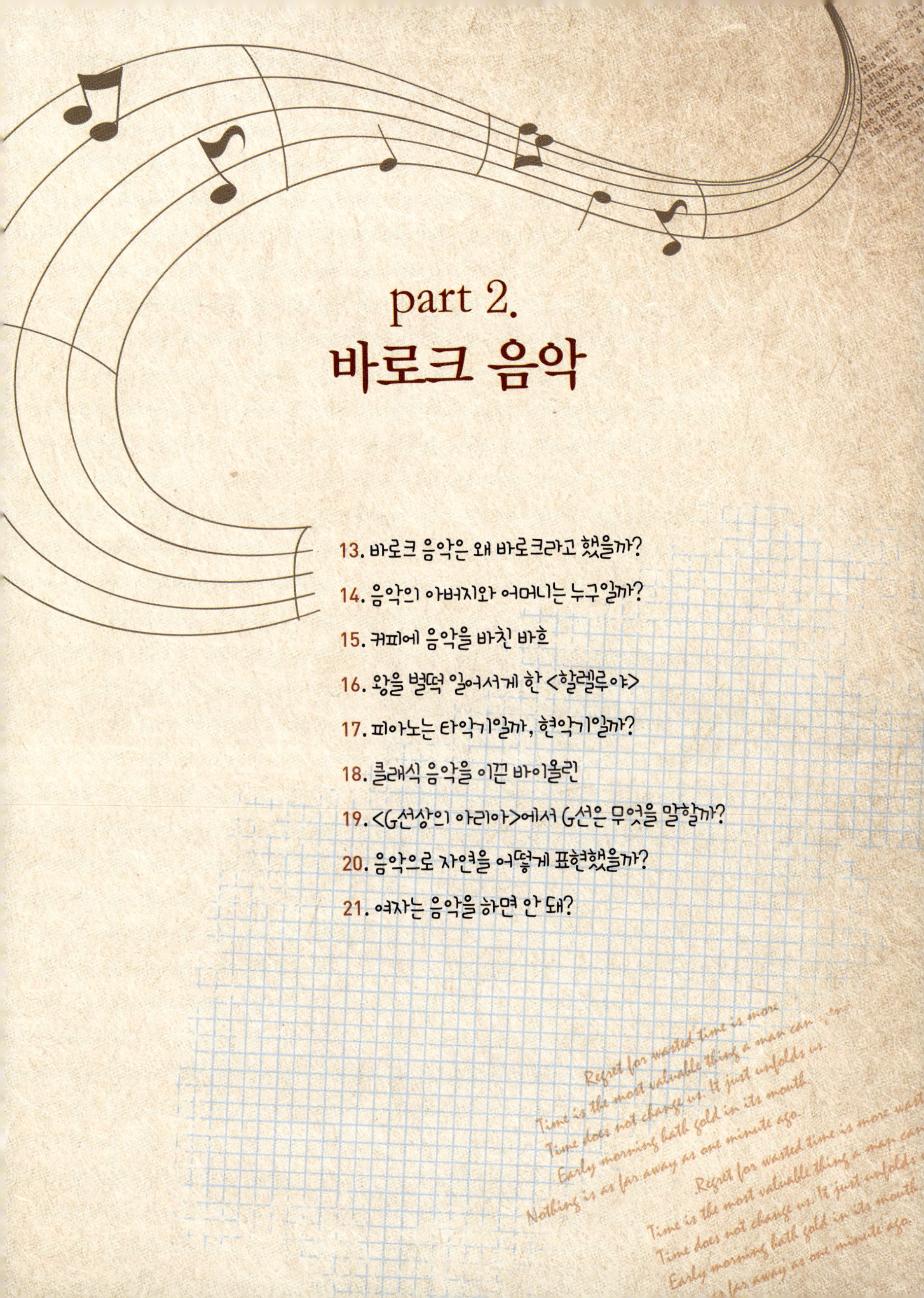

part 2.
바로크 음악

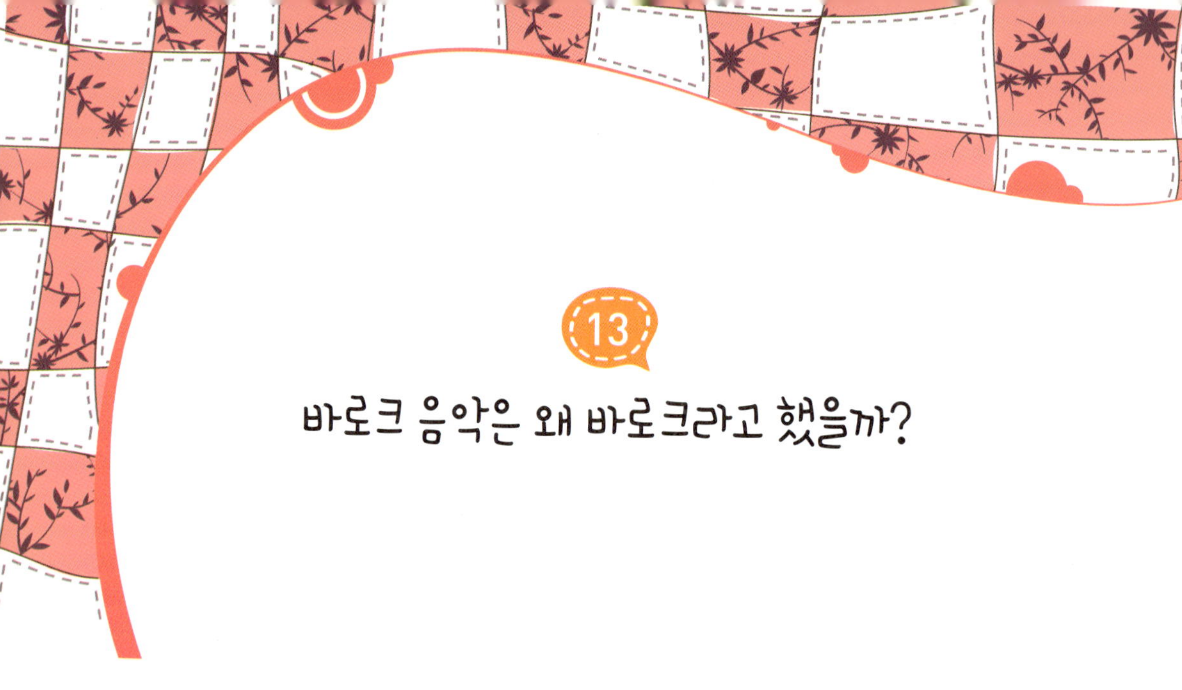

바로크 음악은 왜 바로크라고 했을까?

르네상스 음악 시대가 끝나고 드디어 클래식 음악 시대가 시작됩니다. 첫 번째는 바로크 음악 시대입니다. 바로크(Baroque)라는 말은 본래 음악이 아니라 미술에서 사용되던 용어예요. 포르투갈어로, '찌그러진 진주'를 뜻하는 말이지요. 시대 구분에 도대체 왜 이런 말을 붙인 걸까요?

여기에는 살짝 깔보는 의미가 들어 있습니다. 후대 예술가들이 보기에 뭔가 좀 모자라다고 느낀 것이죠. 특히 고전주의 예술가들은 균형이나 조화를 중요하게 여겼습니다. 고전주의 예술을 진주라 하고 그 전의 예술은 찌그러진 진주, 즉 바로크라고 부른 것이지요.

그렇지만 오늘날에는 깔보는 의미로 쓰이지 않습니다. 오히려 감정을 풍부하게 표현한 예술로 받아들이는 경향이 있지요.

음악 역사에서 바로크 음악이 끼친 영향은 대단합니다. 우선 여러 가지 악기들을 음악에 사용했습니다. 중세 음악에서도 많이 쓰던 오르간을 더욱 발전시켰으

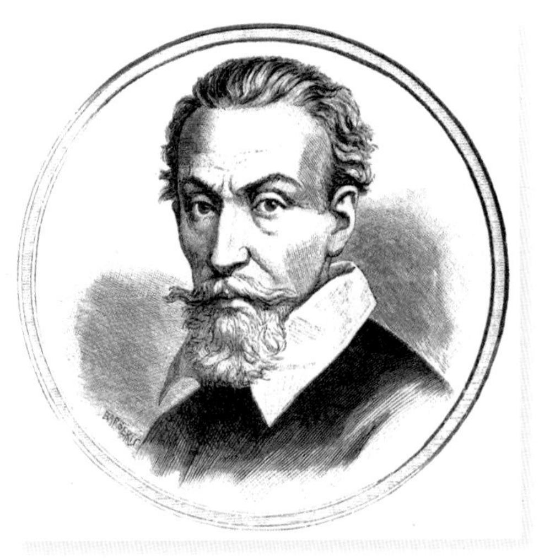

몬테베르디

며, 바이올린이나 피아노도 바로 바로크 음악에서 쓰이기 시작했지요.

또 오페라가 처음으로 등장한 것도 바로크 시대입니다. 오페라는 1600년 이탈리아에서 처음으로 공연되었는데, 바로 이때부터를 바로크 음악 시대로 구분합니다.

물론 오페라가 1600년에 갑자기 만들어진 것은 아닙니다. 그 전에도 전례극이라는 게 있었지요. 전례극은 크리스마스나 부활절에 그리스도의 탄생과 부활을 축하하는 음악극이에요. 또 수도원이나 학교에서 합창과 노래를 함께 하는 학예회도 많이 열렸습니다. 그런 바탕 위에서 극과 음악을 함께 공연하는 방식이 발전해 마침내 오페라가 탄생한 것이지요.

바로크 시대의 음악가를 들라면 몬테베르디와 비발디, 바흐, 헨델을 손꼽습니다.

　이 중 몬테베르디(1567~1643)는
오페라 발전에 큰 역할을 한 음악
가입니다. 오페라를 통해 귀족이
아닌 일반인들도 음악을 접할 수
있게 했지요. 몬테베르디는 르네
상스 음악을 배운 사람으로, 바로크
음악을 연 음악가라고 할 수 있습니
다. 오페라 《오르페우스》와 《율리
시스의 귀환》 등이 대표곡이지요.

　비발디(1678~1741)는 이탈리아 베
네치아 출신으로, 흔히 '빨간 머리
의 신부'로 불려요. 머리카락이 유

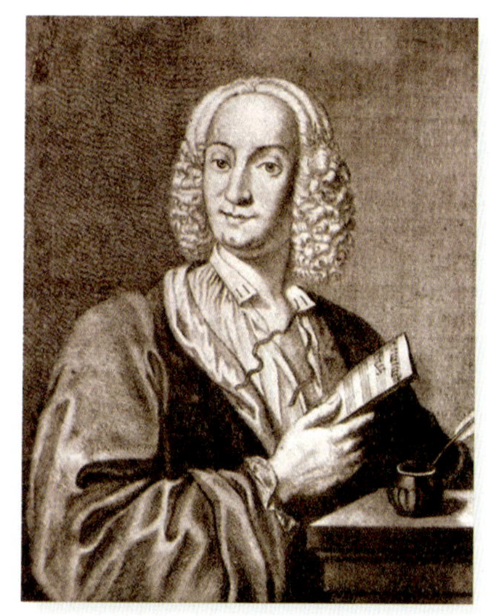

비발디

난히 빨갛고, 신부였기 때문입니다. 그러나 건강이 좋지 않아 신부를 포기하고
음악가가 되었지요. 비발디는 특히 바이올린을 잘 다룬 음악가입니다. 바이올
린 협주곡을 확립했지요. 바이올린 협주곡 79곡, 소나타곡 18곡, 오페라 38곡
등 많은 음악을 남겼답니다. 〈사계〉가 유명하며, 바흐와 헨델에게 큰 영향을 주
었지요.

　바흐와 헨델은 음악사에서 매우 중요한 위치를 차지하는 사람들입니다. 두 사
람에 대해서는 뒤에서 더 자세히 다루기로 해요.

　이 밖에도 바로크 시대 주요 음악가는 다음과 같습니다.

프레스코발디(1583~1643) : 이탈리아, 작곡가, 로마 교황청 성 베드로 대성당 오르간 연주자

쉬츠(1585~1672) : 독일, 작곡가, <마태의 복음서>, <요한의 복음서>, <누가의 복음서>, <크리스마스 오라토리오>

샤인(1586~1630) : 독일, 작곡가, 교회 음악 발전에 공헌

샤이트(1587~1654) : 독일, 작곡가, 오르간 연주자로 유명, 오르간의 기보법 혁신

코넬리(1653~1713) : 이탈리아, 합주곡과 소나타 발전에 큰 역할

필립 텔레만(1681~1767) : 독일, 작곡가, 교회 칸타타·실내악곡·관현악곡 등 3000곡 남김

바로크 시대의 음악은 성악과 바이올린, 오르간이 가장 특징이에요. 당시 유행한 화려한 의상처럼 음악도 대체로 꾸밈이 많고 역동적인 느낌을 줍니다.

바로크풍이란?

바로크는 예술의 시대구분 중 한 종류지만 그와 비슷한 특징을 지닌 것을 지칭하여 바로크풍이라고도 부른다. 자유분방하면서도 화려하고, 또 질서도 잡혀 있는 것을 말한다. 건축, 가구, 의상 등 다양한 방면에서 사용되는 용어이다.

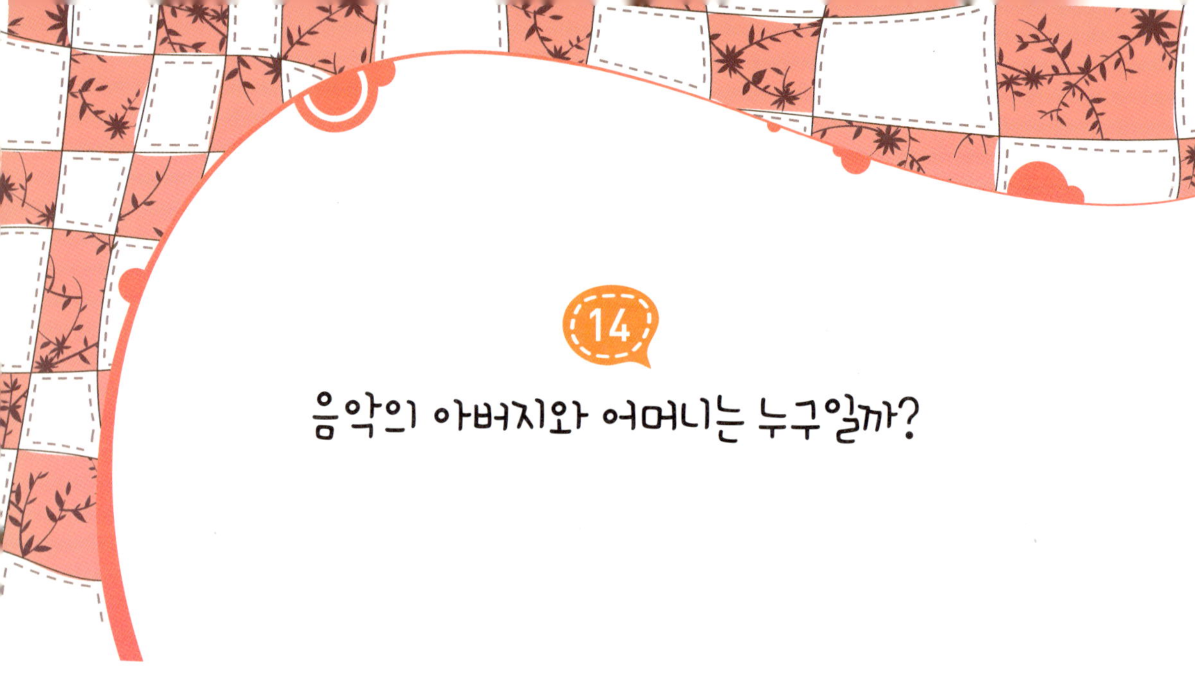

음악의 아버지와 어머니는 누구일까?

음악에도 아버지와 어머니가 있습니다. 바로 바흐가 음악의 아버지, 헨델이 어머니이지요. 두 음악가 모두 바로크 음악을 대표하는데, 특히 바흐가 죽은 1750년은 바로크 음악 시대가 끝나고 고전파 음악 시대로 들어가는 기준이 됩니다.

바흐와 헨델은 둘 다 1685년 독일에서 태어났습니다. 같은 시대를 살았지만 서로 만난 적은 한 번도 없어요. 헨델이 주로 여러 나라를 돌아다니며 활동했고, 나중에는 아예 영국으로 귀화했기 때문입니다. 두 음악가가 음악의 아버지와 어머니로 불리는 이유는 뭘까요? 그것은 두 음악가 음악의 특징 때문이에요. 바흐는 엄숙한 음악을 많이 만들었고, 헨델은 친근한 음악을 많이 만들었지요.

바흐(1685~1750)는 음악가 집안에서 태어났어요. 그러나 9세 때 부모를 여의고 어렵게 음악 공부를 했지요. 14세에 교회의 합창단원이 되어 학비를 면제받고 고등학교를 마친 후 교회를 전전하며 음악을 했습니다. 1723년에는 라이프치히의 성토마스 교회에 칸토르로 취임했어요. 칸토르는 예배 음악을 만들고 합주

단과 합창단을 지도하는 음악감독입니다.

바흐는 평생을 그곳에서 지냈어요. 그래서 그가 남긴 음악은 대부분 종교 음악이지요. 특히 칸타타는 약 200곡이나 됩니다. 비록 종교 음악이긴 하지만 아름답게 만들어 음악 발전에 큰 공을 세웠답니다.

바흐라는 이름은 '작은 시냇물'이라는 뜻이에요. 이에 대해 베토벤은 이렇게 말했다고 해요.

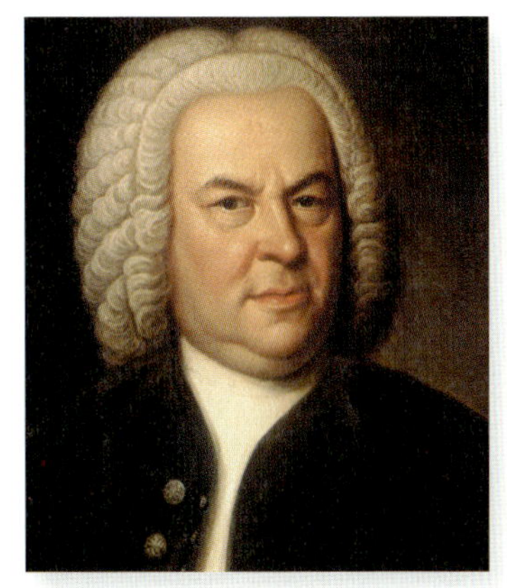

음악의 아버지, 바흐

"바흐는 작은 시냇물이 아니라 크고 광활한 바다라고 해야 적당하다."

한편 헨델(1685~1759)은 외과의사의 아들로 태어났어요. 어려서부터 음악을 좋아했지만 아버지는 헨델이 법관이 되기를 바랐습니다. 그래서 어릴 적 아버지의 눈을 피해 다락방에서 달빛에 비추며 악보를 적기도 했지요.

헨델은 음악도 잘했지만 사업도 잘했어요. 연주회를 열어 돈을 벌었고, 오페라단을 운영했지요. 그래서 음악사에서는 헨델을 가리켜 음악으로 돈을 번 최초의 음악가라고 합니다.

그러나 좋지 않은 평도 있어요. '돈을 벌기 위해 음악을 팔아먹는 사기꾼'이라는 평도 들었지요. 하지만 음악을 많은 대중에게 소개한 점, 그리고 음악을 통해 살림을 일구어내는 능력이 뛰어나다는 점을 들어서 그를 '음악의 어머니'라고 부르게 되었어요.

그는 영국으로 건너가 음악을 하며 살다 영국으로 귀화했기 때문에 어떤 자료에는 헨델을 영국인으로 표시하기도 해요.

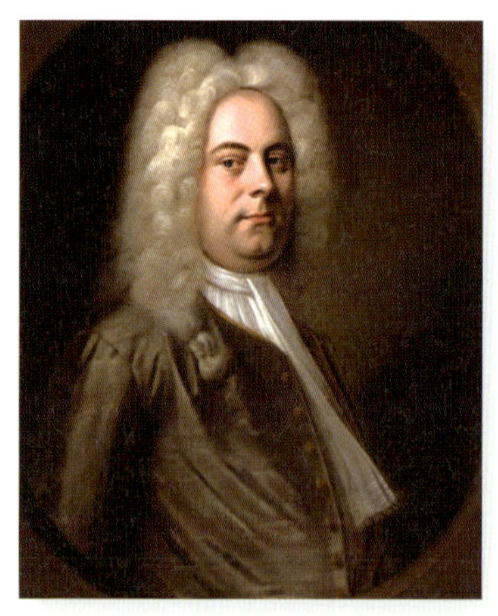

음악의 어머니, 헨델

바흐와 헨델은 독일에서 같은 해에 태어났다는 공통점은 있지만 음악은 아주 다릅니다. 바흐의 음악이 본질적인 요소에 충실하며 단순한 진리와 아름다움을 표현했다면, 헨델은 기교가 넘치고 화려한 음악을 추구했어요. 또 바흐는 독일의 한적한 도시에 파묻혀 살아서 대중들에게 인기가 없었으나 헨델은 세계 곳곳으로 다니며 음악을 하고 돈을 벌어들이는 등 많은 사람들에게 인기가 높았던 점도 다르지요.

특히 바흐는 사후 100년이 지난 뒤에야 음악성이 알려지기 시작했어요. 멘델스존이 그의 악보들을 수집해 역사에 그냥 묻힐 뻔했던 바흐의 음악성을 되살렸답니다.

바흐를 재발견한 멘델스존

멘델스존은 바흐뿐만 아니라 슈베르트의 작품도 재발견했다. 그는 다른 음악가의 곡을 재발견해 그 가치를 세상에 알리는 역할을 했는데, 특히 독일 음악가들이 유럽에서 유명해지도록 힘을 썼다고 한다.

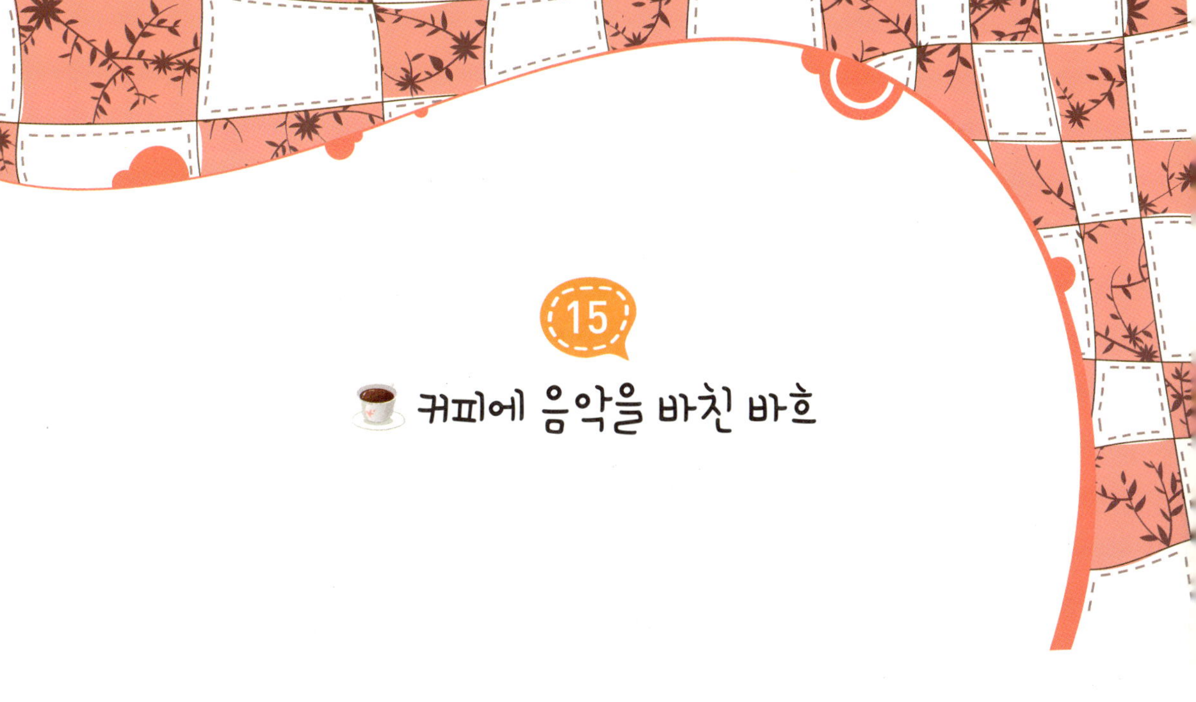

커피에 음악을 바친 바흐

칸타타가 무엇인지 아나요? 칸타타는 광고에도 나왔어요. 칸타타라는 커피 광고입니다. 이 광고 때문에 칸타타 하면 커피의 한 종류처럼 생각되지만 칸타타는 엄연히 음악용어입니다. 바로크 시대에 독창과 중창, 합창 등으로 이루어졌던 음악형식을 말해요. 여러 가지 악장의 음악을 선보인다는 점에서 오페라나 오라토리오와 비슷한 점이 많지만 기악곡이 아니라 성악곡을 가리키는 말이지요.

사실 칸타타(cantata)라는 말 자체가 성악을 말해요. 노래한다는 뜻을 지닌 이탈리아어 칸타레(cantare)에서 유래한 말입니다. 기악곡을 뜻하는 소나타(sonata)와 대비되는 성악곡이라고 할 수 있습니다.

커피 브랜드인 칸타타는 나중에 붙여진 것이지만 본래 〈커피 칸타타〉라는 곡이 있어요. 바로 바흐가 1732년 작곡한 음악입니다. 도대체 바흐가 왜 이런 곡을 만들었을까요? 당시에는 커피가 대유행이었어요. 집집마다 커피를 마시고 시내에도 커피하우스가 많이 있었지요. 커피하우스에서 많은 사람들이 커피를 마시며 담소를 즐겼고 작은 음악회가 열리기도 했어요.

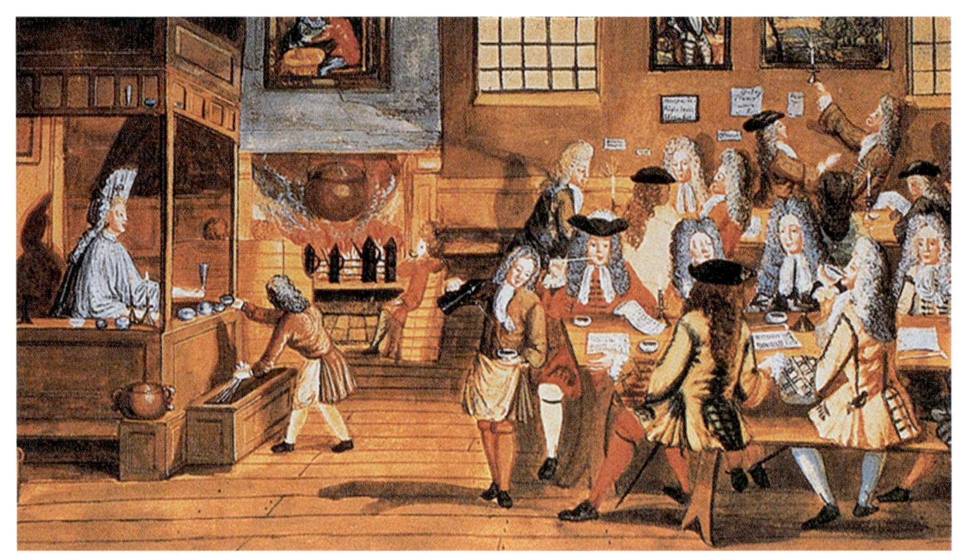

커피하우스

바흐 역시 커피를 아주 좋아했고 커피하우스도 자주 드나들었어요. 그래서 커피하우스에서 공연할 음악으로 〈커피 칸타타〉를 만들었지요. 그런데 처음에는 이 작품을 〈커피 칸타타〉로 부르지 않았어요. 〈가만히 입 다물고 말하지 마요〉가 바로 곡명이랍니다. 이 곡에는 재미있는 이야기가 담겨 있지요. 커피를 너무 좋아하는 딸과 커피에 중독되는 것을 못마땅하게 여긴 아버지의 이야기입니다. 아버지는 딸에게 커피를 너무 많이 마시지 말라고 하지만 딸이 말을 듣지 않자 이렇게 말하죠.

"커피를 끊지 않으면 시집을 보내지 않겠다."

그 말에 딸은 깜짝 놀라며 당장 커피를 끊겠으니 신랑을 보게 해 달라고 했어요. 아버지가 신랑을 구하러 간 사이 딸은 영악한 계획을 꾸밉니다. 자신과 결혼할 사람은 자신이 커피를 마시도록 허락해야 된다는 약속을 결혼계약에 몰래 써 넣은 것이죠. 이 이야기는 바흐와 음악을 많이 만든 크리스티안 프레드리히 헨리

키라는 사람이 썼어요.

이 음악은 커피하우스에서 연주되었어
요. 당시에는 여자가 성악을 하지 않아서 소
프라노 부분을 남자가 불렀고, 그래서 더욱
재미있는 공연이 되었다고 합니다.

바흐는 위와 같은 세속적인 칸타타도 남
기긴 했지만 종교 음악에 쓰이는 칸타타도
많이 남겼어요. 모두 200여 곡이나 됩니다.
그러나 바흐 자신은 칸타타라는 말이 천박
하다면서 옛날 용어인 모테토나 콘체르토,
오드라고 했어요. 그러나 그가 죽은 후에
사람들이 칸타타로 불렀죠.

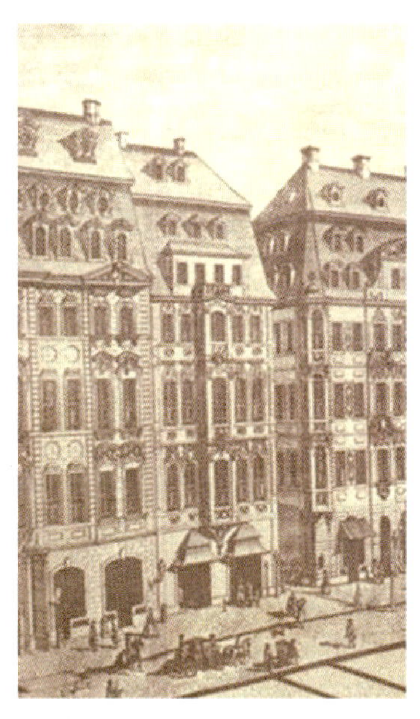

〈커피 칸타타〉가 초연되었던
라이프치히의 짐머만의 커피하우스

칸타타는 이후로도 오랫동안 이어졌어요. 모차르트나 베토벤도 칸타타를 작곡
했고, 멘델스존은 칸타타를 교향곡에 결합시켜 1840년에 교향적 칸타타 〈찬미의
노래〉를 남기기도 했답니다.

커피와 음악

커피가 널리 퍼진 것은 17~18세기, 바흐가 살았던 시대이다. 당시에 유럽에는 많은
커피하우스가 생겨 너도나도 커피를 즐겼는데, 바흐 이후로 베토벤과
브람스도 커피를 매우 좋아했다고 한다.

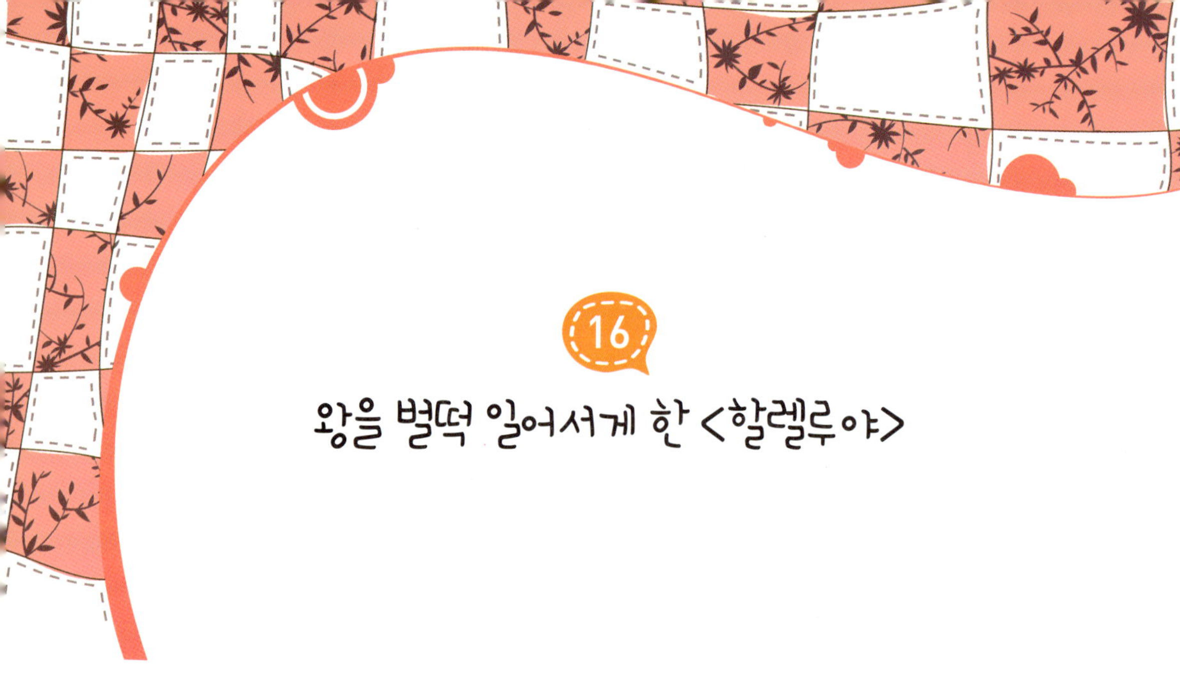

왕을 벌떡 일어서게 한 〈할렐루야〉

헨델의 대표곡은 〈할렐루야〉입니다. 이 곡은 독립된 것이 아니고 《메시아》라는 오라토리오 곡의 일부지요. 메시아는 '구세주'라는 뜻으로 예수 그리스도를 가리키며, 오라토리오는 오페라처럼 작곡한 교회 음악을 말합니다. 규모가 오페라 못지않지만 무대나 연기가 없고 독창과 합창, 관현악으로 구성됩니다.

곡명 〈할렐루야〉는 히브리어로, '하나님을 찬양하라'라는 뜻이에요. 옛 이스라엘에서 예배나 찬송을 할 때 자주 쓰던 말입니다. 보통 환호하거나 감사할 때, 승리했을 때 하나님을 찬양하는 감탄사로 사용합니다.

《메시아》는 모두 3부로 구성되어 있습니다. 1부 예언과 탄생, 2부 수난과 승리, 3부 부활과 영생이 그것인데, 이 중 〈할렐루야〉는 2부 끝 곡으로 나오지요. 1742년 런던에서 초연되었을 때 영국의 왕 조지 2세가 〈할렐루야〉 합창이 울려 퍼지자 몹시 감동하여 벌떡 일어섰다고 해요. 그래서 요즘도 이 부분이 나오면 청중들이 모두 기립하는 전통이 있어요.

그런데 〈할렐루야〉를 만든 일화가 흥미롭습니다. 본래 이 곡을 쓰기 전 헨델은 곤경에 처해 있었어요. 그가 성공한 것을 시기하는 사람들의 방해가 많았고 그가 운영하던 극장도 1737년 경영난으로 파산했지요. 게다가 과로로 뇌일혈을 일으켜 쓰러지고 말았어요. 당시 헨델은 신체의 오른쪽이 마비되어 걷기도 어렵고 말을 하거나 글을 쓰기도 쉽지 않았어요. 의사는 헨델이 회복할 가망이 없다고 말했지요.

그러나 헨델은 요양을 떠나 불사조처럼 건강을 되찾았습니다. 런던에 돌아온 그는 오페라 대신 오라토리오 작곡에 눈을 돌렸어요. 그가 오라토리오 《메시아》를 완성한 것은 56세 때인 1741년입니다. 그는 3주 만에 이 곡을 완성했는데, 곡을 쓰면서 몇 번이나 스스로 감동했다고 해요. 특히 〈할렐루야〉 합창 부분을 작곡했을 때는 이렇게 외쳤다고 해요.

"하늘이 열리며 위대한 신의 모습이 보였다."

《메시아》의 초연은 1742년 더블린에서 열렸어요. 출감자 보호회 및 자선병원의 기금 마련을 위한 자선 음악회였지요. 헨델은 수익금 전부를 자선사업에 기부

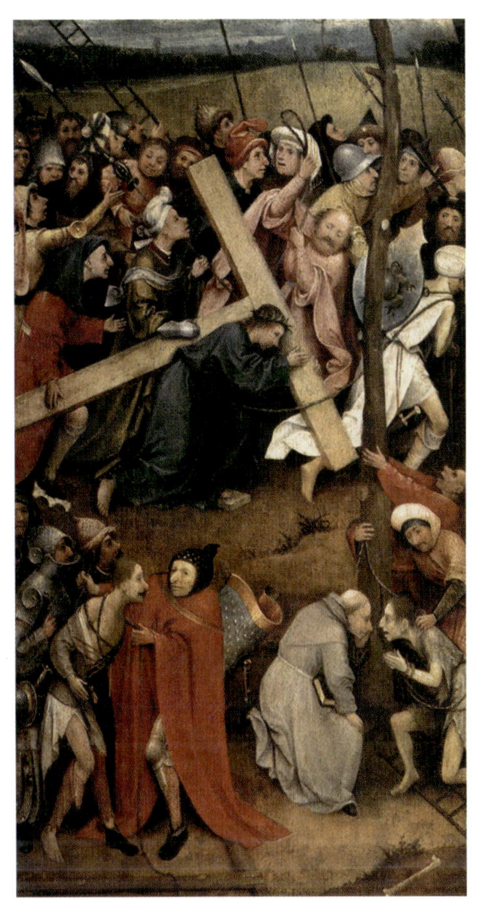

십자가를 메고 가는 예수

해서 사람들로부터 칭송을 받았으며, 음악도 큰 성공을 거두었습니다. 전에는 돈을 벌려고만 했지만 《메시아》가 성공한 이후 나중에는 가난한 사람을 도우려고 노력했답니다.

그는 살아 있는 동안 《메시아》를 32회나 직접 지휘하며 공연했어요. 1759년 죽기 직전에도 공연했다고 하지요. 마지막 공연을 하던 중 '아멘' 코러스 부분이 끝나자 쓰러졌고 며칠 뒤 숨을 거두었는데, 그의 나이 74세였습니다. 그는 평소 소원대로 웨스트민스터 대성당에 묻혔습니다. 독일인 헨델이 아니라 영국 애국자가 된 것이지요.

《메시아》는 사후에도 계속 연주되었어요. 특히 악기가 점점 발달하면서 전보다 더 풍부한 음을 내기 위해 편곡이 필요했는데, 모차르트와 멘델스존 등이 멋진 편곡을 한 곡이 오늘날까지 전해집니다.

《메시아》는 할렐루야를 반복하는 부분이 가장 감동적입니다. 할렐루야가 차츰 드높이 치달아 오르는 순간 우리의 가슴도 벅차오르지요. 인터넷으로도 들어볼 수 있으니 꼭 한번 들어보기 바랍니다.

웨스트민스터 사원

헨델은 사후에 런던에 있는 웨스트민스터 사원에 묻혔습니다. 영국 왕가의 대관식이 열리는 이 사원에는 영국의 국왕과 왕비, 대표적인 정치가와 예술가, 과학자 등이 잠들어 있어요. 곧 이곳에 묻히는 것은 가문의 영광이지요.

피아노는 타악기일까, 현악기일까?

악기 중 피아노만큼 널리 사용되는 악기도 드물어요. 피아노는 바이올린과 함께 클래식 음악 시대를 이끈 악기로 손꼽습니다. 피아노는 건반을 두드려서 소리를 내요. 두드리는 악기는 타악기지요. 그런데 과연 피아노는 타악기일까요?

꼭 타악기로만 볼 수는 없습니다. 왜냐하면 피아노 안을 살펴보면 선들이 많이 들어 있는데, 건반을 두드리면 그에 해당되는 선을 작은 해머가 두드려 소리를 내거든요. 줄로 된 악기는 현악기라고 부르지요. 즉, 피아노는 겉만 보면 타악기이지만 안을 들여다보면 현악기입니다. 그래서 피아노는 타악기 겸 현악기이자 건반악기로 분류됩니다.

피아노와 비슷한 악기로 오르간이 있지요. 오르간도 건반악기예요. 겉모양도 비슷해서 피아노와 같은 악기로 생각할 수 있지만 전혀 다르답니다. 피아노의 내부에는 줄이 있지만 오르간의 내부에는 통이 있어요. 오르간의 건반을 누르면 그에 해당되는 통으로 공기가 들어가 울리면서 소리가 나지요. 통을 이용하는 악기

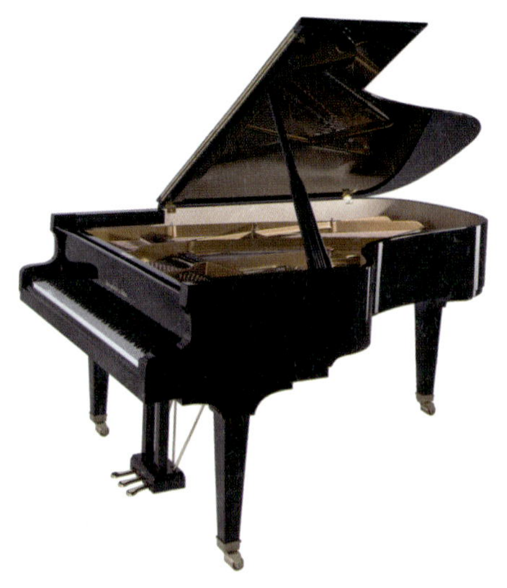

그랜드피아노

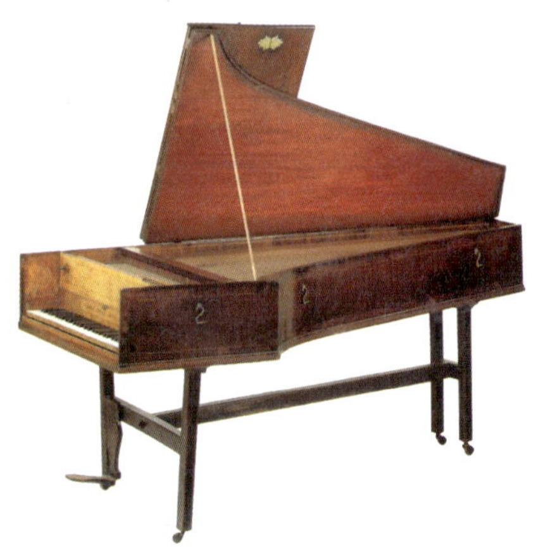

첼발로

는 관악기라고 해요. 그래서 오르간은 타악기이자 관악기인 건반악기로 분류됩니다.

혹시 오르간은 피아노를 본 따 만든 악기가 아닐까 하는 생각도 해볼 수 있습니다. 하지만 오르간이 피아노보다 역사가 훨씬 오래되었어요. 기원전 265년 이집트의 크테시비오스라는 사람이 풀을 이용해 만든 시링크스가 오르간의 원조라고 하지요. 시링크스는 앞에서도 나온 바 있지만 피리의 일종이에요. 오르간의 원조는 놀랍게도 피리랍니다!

피아노는 1709년 이탈리아의 크리스토포리가 발명했어요. 그는 쳄발로라는 악기를 개량해 피아노를 만들었지요. 그가 피아노를 발명한 뒤 여러 사람들이 피아노를 개발했는데, 쳄발로 이외에도 해머클라비어와 클라비코드, 스피넷, 버지널 등과 같은 악기들이 피아노로 속속 개량되었어요. 피아노의 조상이 여러 악기라는 것도 특이하지요.

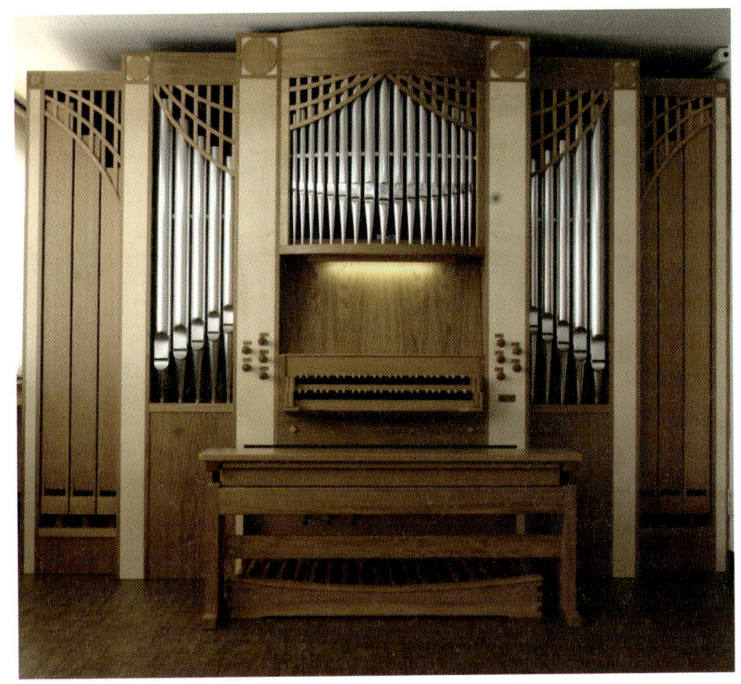

파이프오르간

이 중 버지널은 탁상 위나 무릎 위에 올려놓고 치는 건반악기예요. 15세기경에 발명되어 많이 사용되었지요. 스피넷은 15세기 말에 개발되어 18세기 말까지 쓰였고, 쳄발로는 1500년에 이탈리아에서 만들어진 악기로, 소리가 맑고 고와 많이 쓰였어요. 영어로는 하프시코드라고 합니다.

참, 피아노라는 이름은 어떻게 생긴 걸까요? 본래 명칭은 '피아노포르테'입니다. 피아노라는 말은 '여리게'라는 뜻이며, 포르테란 '세게'라는 뜻이에요. 즉 아주 낮은 음부터 높은 음까지 동시에 낼 수 있는 악기라는 뜻이 담겨 있지요. 피아노포르테가 나중에 피아노라고 줄어든 거예요.

피아노는 해머식 피아노와 영국식 피아노, 그랜드피아노 등 종류가 굉장히 많아요. 이 중 1773년 슈타인과 슈트라이허가 개발한 해머식 피아노는 망치를 이용해 줄을 쳐서 소리를 내는 것으로, 음악 발달에 큰 공헌을 했습니다.

바로크 음악 시대에 피아노가 개발되긴 했지만 당시 많이 사용된 것은 오르간입니다. 특히 바흐는 오르간의 명연주자였지요. 흔히 바로크 시대를 '오르간의 전성시대', 고전파 시대를 '피아노의 전성시대'로 구분하기도 합니다.

피아노는 모든 악기 중 음역이 가장 넓고 선율과 화성을 동시에 연주할 수 있어서 오케스트라의 축소판이라고도 하고 악기계의 팔방미인이라고도 불립니다. 피아노 건반을 보면 흰 것과 검은 것이 있는데 모두 88개이며 옥타브로 치면 4옥타브나 되지요. 여기에 소리를 더욱 아름답게 해주는 페달이 있어요. 이렇게 완벽한 악기이다 보니 솔로 연주는 물론 여러 악기의 독주 연주에도 반주를 해주는 악기로 사용되고 있어요.

그랜드피아노

사전을 찾아보면 그랜드피아노는 '눕힌 꼴의 피아노'라고 나온다. 이는 현을 수평으로 설치한 것을 이른다. 보통 피아노는 세운 꼴 피아노이다.

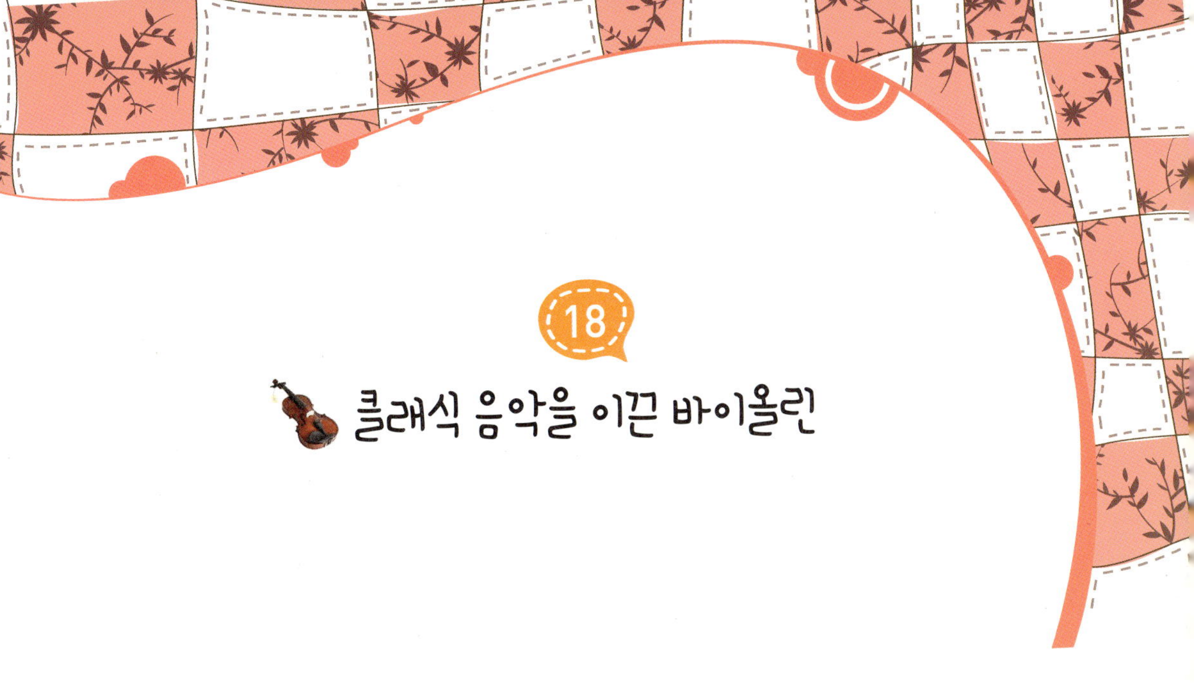

클래식 음악을 이끈 바이올린

바이올린은 마치 소프라노 같지요. 높으면서도 맑은 소리가 나요. 실제로 악기들도 소프라노와 알토, 테너, 바리톤 등 성악가처럼 나눌 수 있어요. 바이올린은 소프라노를 담당하고, 비올라는 중저음을 내어 알토를 담당해요. 또 울림통이 큰 첼로는 바리톤을 담당합니다. 그래서 현악기들로만 연주해도 훌륭한 소리를 낼 수 있는데, 대표적인 것이 현악 4중주예요. 현악 4중주에서 바이올린이 가장 중요한 역할을 맡으므로 두 개가 들어가고, 첼로와 비올라가 한 개씩 들어갑니다.

바이올린은 1520년경 북이탈리아의 브레시아와 크레모나가 만들었다고 해요. 그들은 당시에 사용되던 레벡과 리라 다 브라치오, 피들 등의 악기에서 바이올린을 개발했지요. 당시 그들이 만든 것은 줄이 3개인 바이올린이었어요. 이후 오늘날처럼 4줄로 된 형태로 완성된 것은 1550년경입니다.

바이올린이 발명된 것은 르네상스 시대였지만 당대에는 그다지 사용되지 못했어요. 당시에는 비올이라는 악기가 더 많이 쓰였지요. 그러나 시간이 흐르자 상황이 역전되었어요. 바이올린의 풍부한 성량과 고음이 많은 음악가들을 사로잡은

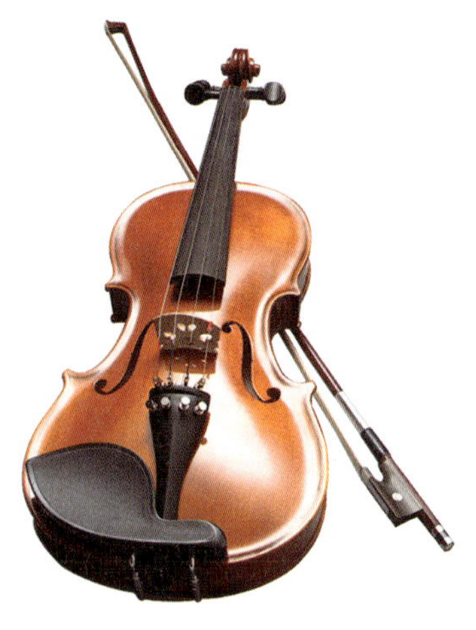

바이올린

것이지요.

바이올린은 아주 작은 악기예요. 길이가 35.5센티미터밖에 안 되지요. 그러나 4옥타브나 연주할 수 있는 넓고 높은 음역을 자랑합니다. 표현력이 뛰어나고 음색이 다양해서 흔히 '악기의 여왕'으로 불리지요. 또 크기가 작은 만큼 민첩성이 뛰어나 기교를 부리는 데 최고의 악기입니다. 그래서 교향악단에서도 가장 중요한 악기로 손꼽지요.

바이올린 하면 이탈리아가 유명해요. 이탈리아에서 특히 유명한 바이올린이 많이 탄생했지요. 스트라디바리, 아마티, 구아르네리는 바이올린 제작 3대 가문으로 여겨집니다. 스트라디바리가 만든 바이올린은 요즘 한 대에 수십억 원도 하지요. "아니 무슨 악기가 그렇게나 비싸?" 그런 의문이 들 거예요. 하지만 당시에 만든 바이올린은 얼마나 소리가 좋은지 오늘날 어떤 기술로도 재현해내기 힘들다고 해요. 마치 고려청자를 완벽하게 재현하지 못하는 것처럼 말이에요.

여기에는 일화가 하나 전해져요. 우리나라 유학생이 비싼 바이올린을 빌려서 연습하다 잃어버렸대요. 점심을 먹고 있는 사이에 도둑맞은 것이죠. 그런데 도둑들이 길거리에서 바이올린을 팔려다가 경찰에게 붙잡혔어요. 우리 돈으로 겨우 100만 원에 팔려고 했대요. 나중에 20억 원짜리라는 얘기를 듣고 도둑들이 얼마나 놀랐을까요?

　　바이올린의 귀재는 단연 파가니니 (1782~1840)입니다. 파가니니의 연주는 음색이 뛰어났어요. 그는 즉흥연주도 잘했지요. 그러나 그의 신들린 연주 솜씨는 오늘날까지 이어지지 않아요. 대개 훌륭한 연주자들은 자신의 연주법을 제자를 통해 후세로 이어주는데, 파가니니는 제자를 키우지 못했기 때문이에요.

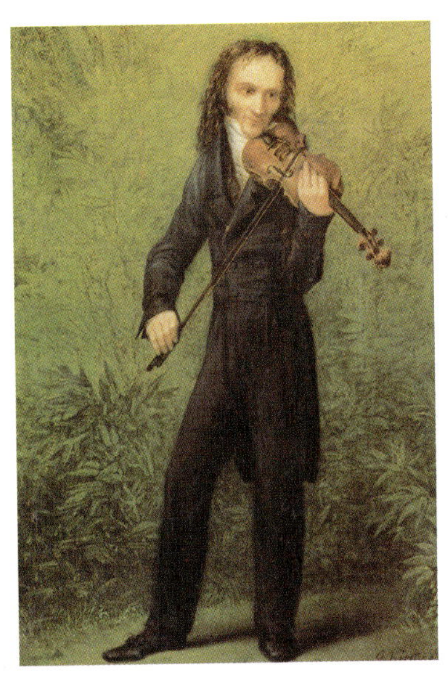

바이올린을 연주하는 파가니니

　　바이올린과 비슷한 악기들을 흔히 '바이올린족'이라고 해요. 그중 비올라는 바이올린의 바로 아래 음역을 맡고 있습니다. 16세기 비올라 다 브라치오에서 발전된 것인데, 비올라 다 브라치오는 '손에 들고 연주하는 비올'이라는 뜻이에요. 비올리노, 비올리노 피콜로, 비올레타로 불리다 나중에 비올라가 되었어요.

첼로의 원래 이름은 비올론첼로

첼로는 바이올린족 악기로, 본래 이름은 비올론첼로이다. 모양이나 구조가 바이올린과 같으나 2배나 커서 저음이 난다. 16세기 초에 개발되었다.

<G선상의 아리아>에서 G선은 무엇을 말할까?

바흐의 대표곡은 <G선상의 아리아>입니다. 아리아는 오페라나 오라토리오, 칸타타 등에 나오는 기악 반주의 선율적인 독창곡을 말해요. 그런데 대체 G선상이란 무엇을 말할까요?

바이올린에는 줄이 모두 네 개 있어요. 이 네 현만으로도 4옥타브를 연주하고 반음도 낼 수 있으니 바이올린은 대단히 진화한 악기로 볼 수 있지요. 현은 초기에는 양의 창자로 만들었고, 1700년 이후부터 음색을 개량하려고 G선만 은선으로 감았대요.

바이올린을 정면에서 볼 때 왼쪽이 저음, 오른쪽이 고음을 내는 선이에요. 선은 높은 소리 순서대로 E선, A선, D선, G선이라고 합니다. 그러니까 G선이란 네 개의 선 중 가장 저음을 내는 선을 말하고, G선상의 아리아란 G선으로만 연주를 하는 아리아라는 말이에요.

바이올린에서는 선이 가장 중요하지만 활도 아주 중요해요. 활은 나무 막대에 설치되는데, 말 꼬리털을 붙이고 송진(소나무와 잣나무에서 나오는 끈적끈적한 액체)을 바른다고 해요. 그래야 마찰을 강하게 할 수 있답니다.

　그러면 다시 〈G선상의 아리아〉라는 이름이 붙은 이유를 살펴볼까요? 본래 이 곡은 유명하지 않았어요. 사실 바흐라는 음악가도 그가 활동하던 당시에는 유명하지 않았지요. 그런데 바흐가 죽은 지 100년이 지나서 멘델스존이 바흐의 음악을 세상에 널리 알린 뒤 음악의 아버지라는 칭호까지 듣게 되었답니다.

　당시 바흐가 세상에 알려지지 않았던 것은 독일에서만 음악을 했기 때문이에요. 또 그에게는 자식들이 많았는데, 자식들이 그의 악보를 팔아버려서 여기저기 흩어져 있었던 것도 한 가지 이유지요. 이것을 멘델스존이 수집해서 바흐 탄생 100주년을 맞아 바흐를 위한 음악회를 열었어요. 그 뒤 바흐는 위대한 음악가로 유명해졌답니다.

　그때 〈G선상의 아리아〉라는 곡은 관현악 모음곡 중 3번 2악장의 아리아로만 소개되었어요. 그런데 이 곡을 바이올리니스트인 빌헬리가 1871년에 독주 바이올린의 G선용으로 편곡했지요. 그가 편곡을 아주 멋지게 해서 그 후로 〈G선상의 아리아〉라고 부르게 되었답니다.

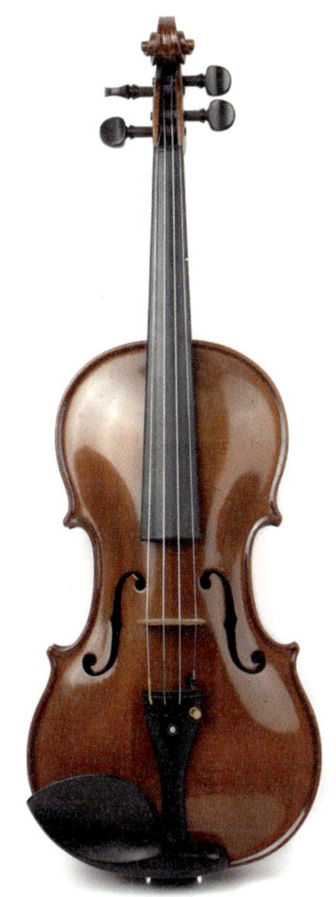

바이올린

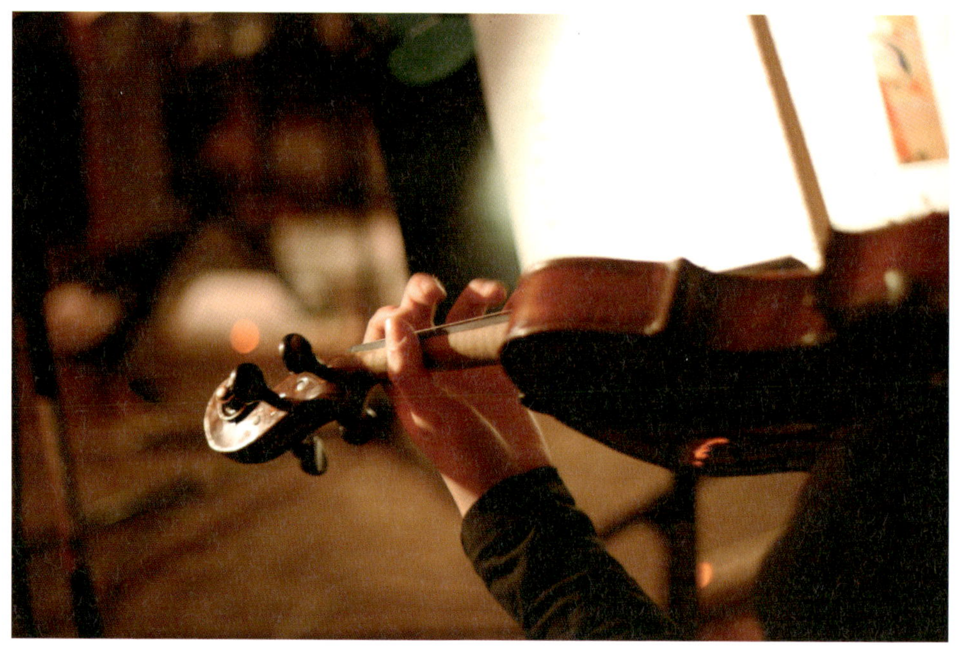

바이올린은 손가락으로 줄을 누르고 활로 문질러 연주한다

그런데 바이올린에는 E선, D선, A선도 있는데 왜 하필 G선일까요? G선은 다른 선보다 능률적이라고 해요. 다른 선보다 더 낮은 저음도 낼 수 있고, 또 웬만한 고음도 낼 수가 있기 때문이지요. 실제로 G선을 바이올린의 몸통 쪽으로 최대한 옮겨서 손으로 짚고 연주를 하면 고음이 나요. 그러나 고음을 내는 선들은 아무리 저음을 내려고 해도 안 되지요.

이 아리아에는 아름다운 이야기가 숨어 있어요. 아름다운 한 여인의 사랑과 엄숙하고 경건한 인간적 고뇌를 표현하고자 했답니다. 특히 바흐가 가장 행복하던 시절인 1730년경에 작곡한 곡이라서 부드러움과 고요함, 편안한 느낌을 주는 곡으로 유명해요. 언제 어디서 들어도 마음을 차분하게 해주는 곡으로도 잘 알려져 있지요. 그래서 이 곡을 들으면 불면증 치료에도 도움이 되며, 식물이 자라는 데 좋은 영향을 준다는 이야기도 있답니다.

현재는 현악 합주의 반주로 연주되는 경우가 많습니다. 악기 편성은 2개의 오보에와 3개의 트럼펫, 팀파니, 2개의 바이올린과 비올라, 쳄발로로 구성됩니다. 또 오늘날에는 바이올린 이외에도 플루트와 첼로, 팬플루트 등 다양한 악기들이 독주 연주를 하고 있지요.

파가니니의 한 줄 연주

바이올린을 처음 한 줄로 연주한 사람은 파가니니로 알려져 있다. 그는 프랑스혁명 때 감옥에 갇혔는데, 바이올린 줄이 습기로 썩고 한 줄만 남았다고 한다. 간수에게 줄을 구해 달라고 했으나 거절당하자 그 한 줄만으로 아름다운 연주를 했다는 것이다.

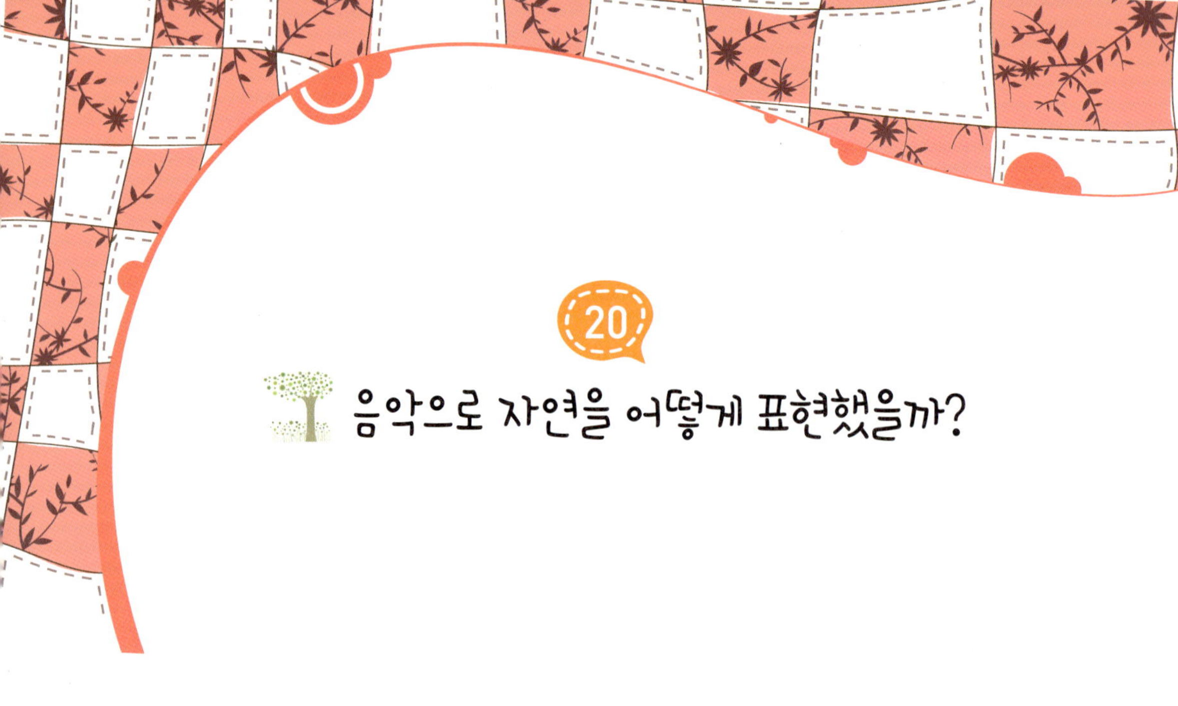

베토벤의 〈운명 교향곡〉과 함께 가장 많이 듣는 음악으로 비발디의 〈사계〉가 있어요. 〈사계〉란 사계절, 즉 봄, 여름, 가을, 겨울을 표현한 곡이지요. 그런데 정말 음악만 들어도 계절을 떠올릴 수 있을까요? 그리고 도대체 비발디는 어떻게 사계절을 음악으로 표현한 것일까요?

비발디의 〈사계〉는 완전한 오케스트라로 편성한 곡이 아니라 현악기 중심으로 구성된 작은 오케스트라용 곡이에요. 악기 수도 적고 현악기 위주로 되어 있는데도 풍부한 화음과 아름다운 선율을 들려줍니다. 그리고 쳄발로라는 악기도 등장하는데, 피아노보다 소리는 못하지만 제법 들을 만하지요.

그렇지만 역시 〈사계〉는 계절을 느낄 수 있는 음악이라는 것이 감상 포인트입니다. 봄날의 새소리, 여름의 천둥소리, 가을의 풍성한 수확의 느낌, 겨울의 차가운 바람 소리 등은 정말 자연의 소리를 담아낸 것 같지요. 이런 소리들을 어떻게 만들어냈을까 생각해보면 음악 듣는 재미가 쏠쏠해집니다.

〈사계〉는 1723년에 작곡한 바이올린 협주곡이에요. 봄부터 겨울까지 각 계절마다 3악장으로 구성되어 모두 12악장이지요. 계절에 따라 변하는 자연의 모습과 그 속에서 살아가는 인간을 아름답게 표현한 곡으로 사랑받고 있습니다. 음악으로도 충분히 계절감을 낼 수 있다는 것을 〈사계〉를 통해 확인할 수 있지요.

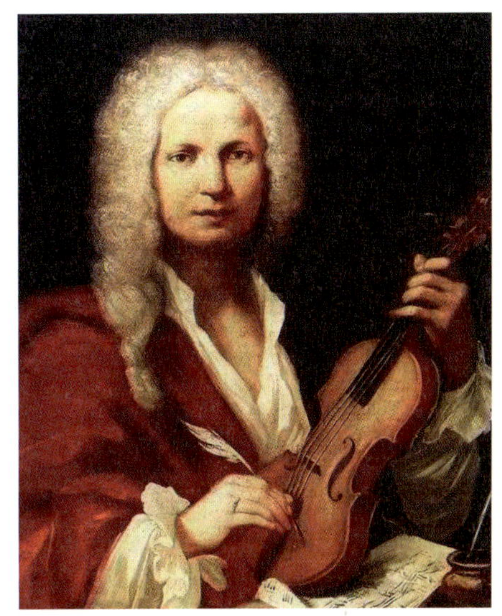

비발디

우선 봄을 들어볼까요? 봄을 표현한 1악장을 들으면 먼저 새소리가 나옵니다. 그리고 시냇물이 흐르는 소리가 나지요. 이렇게 평온하다가 갑자기 천둥도 치고 번개도 떨어집니다. 그런 뒤 다시 경쾌한 새소리와 시냇물 소리가 들리지요. 2악장에서는 한가로운 목장 분위기를 표현하고 있어요. 그러다 개가 짖는 부분이 나오는데, 비올라의 짧으면서도 강한 소리가 일품이에요. 3악장은 요정들과 양치기들이 전원에서 춤추는 것을 표현하고 있지요. 봄날의 즐거운 한때를 떠오르게 해줍니다.

봄은 〈사계〉 중 사람들이 가장 많이 듣는 부분이에요.

여름은 거친 폭풍이 불고 바람 소리도 거셉니다. 대체로 음악이 거칠지요. 이것을 보면 비발디가 여름은 그다지 좋아하지 않았던 것 같아요. 바이올린으로 표현한 뻐꾸기 울음과, 비올라와 첼로가 으르릉거리듯 내는 천둥소리가 일품이지요. 특히 3악장에서 천둥이 치고 우박이 떨어지는 부분은 이 곡에서 가장 격렬한 느낌을 줍니다.

　어느덧 가을이 왔습니다. 가을은 수확의 계절이에요. 음악 역시 수확의 기쁨을 표현했지요. 마을 사람들이 모여서 춤추고 노래 부르며 축제를 벌이는 듯한 음악이 흐릅니다. 1악장에서 특이한 부분은 주정뱅이를 표현한 거예요. 음악을 들으면 정말이지 몸을 가누지 못하고 비틀대는 사람이 떠오를 정도지요. 그런데 2악장에 들어서면 사람들이 조용히 잠든 것을 표현한 듯 꿈결 같은 소리가 주류를 이룹니다. 그리고 3악장은 특이하게도 사냥하는 모습을 표현했지요. 사냥꾼에게 쫓기는 동물들의 긴박한 소리와 개 짖는 소리, 총소리 등이 이 부분의 특징입니다.

　마지막 겨울 부분은 차가운 바람 소리에 절로 추워지는 느낌을 줍니다. 도입부부터 짧은 음표를 날카롭게 연주하여 마치 얼음 같은 느낌을 받아요. 겨울비가 내리는 것을 방에서 지켜보는 듯한 표현도 있고, 얼음 위를 걷다가 넘어지는 표현도 있지요. 겨울의 마지막 부분은 그러나 왠지 기쁜 느낌을 줘요. 아마도 다시 봄이 온다는 것을 표현하지 않았나 생각합니다.

계절과 음악

클래식 음악에는 계절에 딱 맞는 음악이 많다. 봄에는 차이콥스키의 〈꽃의 왈츠〉나 모차르트의 〈클라리넷 협주곡〉, 여름에는 베토벤의 〈월광 3악장〉, 가을에는 쇼팽의 〈녹턴 27-2〉나 〈발라드 2번〉, 겨울에는 슈베르트의 〈겨울 나그네〉를 들으면 계절감을 잘 느낄 수 있다.

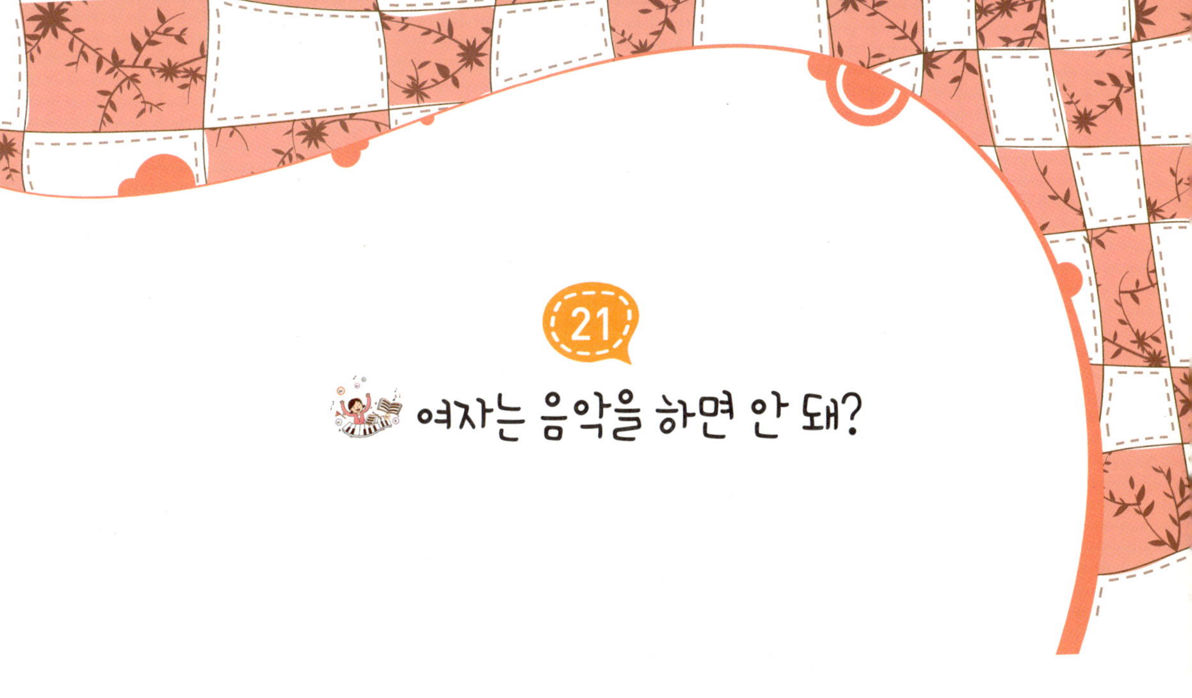

혹시 바흐의 〈커피 칸타타〉 이야기 부분에서 이상한 것 못 느꼈나요? 커피하우스에서 〈커피 칸타타〉를 공연할 때 '당시에는 여자가 성악을 하지 않아서 소프라노 부분을 남자가 불렀다'고 한 부분 말이에요. 어이없게도 한때는 음악을 남자만 했답니다.

1688년의 일이에요. 당시 교황인 클레멘스 9세는 "여자들은 음악을 위한 노래 교육을 받을 수 없으며 노래를 할 수도 없다"고 선언을 했죠. 그래서 성악은 물론 오페라 등에도 여성들은 참가하지 못했어요. 도대체 왜 그랬을까요? 성서에 나오는 다음 구절 때문이라고 해요.

'여자는 교회에서 잠잠하라. 그들에게는 말하는 것을 허락함이 없나니 율법에 이른 것같이 오직 복종할 것이요, 만일 무엇을 배우려거든 집에서 자기 남편에게 물을지니 여자가 교회에서 말하는 것은 부끄러운 것이라.' (고린도 전서 14장 34절)

이 말은 성 바오로가 한 말입니다. 이 구절 때문에 당시 교회에서 여성은 설교할

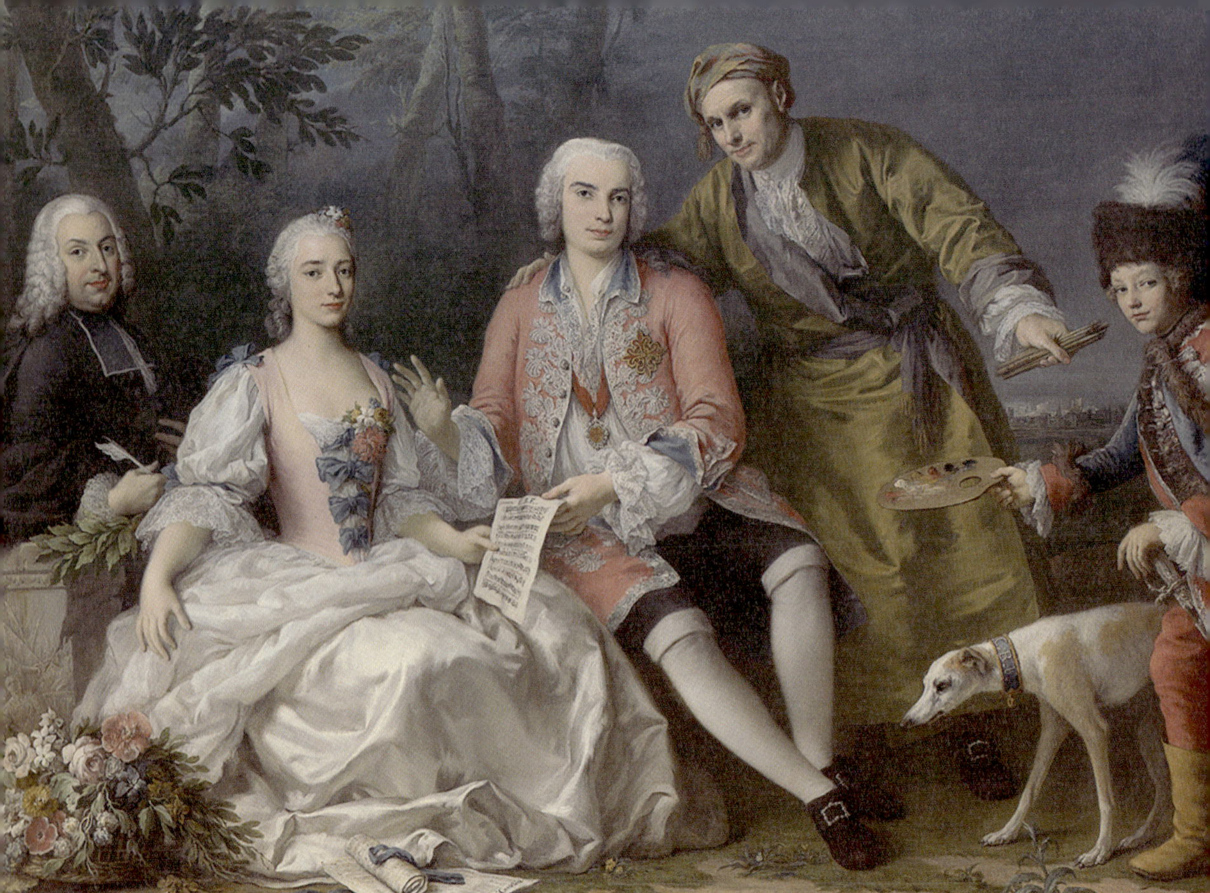

파리넬리(가운데)와 그의 친구들

자격이 없었을 뿐 아니라 노래도 부를 수 없었습니다. 지금으로서는 전혀 이해가 가지 않는 부분이겠지만 당시 사회는 철저한 기독교 사회였으니까 그런 일이 일어난 것이지요.

여성 음악 금지령이 발표된 후 교황의 영향력 아래 있는 지역에서는 여성이 음악을 할 수 없었어요. 음악 공부는 물론, 성악이나 오페라에도 참여할 수 없었고, 성가대에 설 수도 없었지요. 그러나 음악에는 여성이 절대적으로 필요해요. 소프라노가 있어야 하니까요. 그래서 당시에는 여성 대신 어린이들이 소프라노를 담당했어요. 또 놀라운 것은 변성기가 되지 않은 남자 어린이를 거세시켜 소프라노 가수로 만들었다는 것이지요.

여기에서 거세한다는 끔찍한 말에 대해 생각해보죠. 거세라는 것은 마치 옛날 궁궐에서 일하던 내시처럼 고환을 제거하는 것을 말해요. 그렇게 하면 남성 호르몬이 억제되어 목소리가 굵고 낮고 어른스럽게 바뀌는 것을 막을 수가 있습니다. 그런 어린이가 자라 어른이 되면 힘 있는 목소리를 낼 수 있어 소프라노나 알토를 맡으면 멋진 노래가 나오지요.

그런 사람들을 카스트라토라고 불렀습니다. 여성이 음악을 하는 것이 금지된 뒤로 카스트라토가 많이 배출되었지요.

영화 〈파리넬리(Farinelli The Castrato)〉는 카스트라토의 삶을 엿볼 수 있는 영화예요. 특히 주인공이 부르는 노래는 소름이 끼치도록 아름답지요. 물론 목소리를 컴퓨터로 합성했다고는 하지만 말입니다. 이 영화는 카스트라토로 명성을 얻은 가수 카를로 브로스키(1705~1782)라는 실존 인물을 영화화한 것이에요.

카스트라토는 17세기 중엽부터 18세기 말까지 왕성한 활동을 했습니다. 많을 때는 한 해에 카스트라토가 4천 명이나 나왔다고 합니다. 처음에는 여성 역할만 맡았지만 점차 알토와 테너 등 남성 역할까지 맡게 되었지요.

이러한 카스트라토는 거세라는 잔인하고 비인간적인 면 때문에 점차 줄어들었으며, 19세기 후반에 들어와서는 교황청에서 카스트라토를 금지한다고 발표했습니다. 그럼에도 계속 카스트라토가 나타났는데, 한 번 성공하면 부와 명예를 다 얻을 수 있었기 때문이라고 해요. 그러나 결국 1922년에 죽은 알렉산드로 모레스키 이후로 카스트라토는 더 이상 나타나지 않았습니다.

카스트라토가 다 성공한 것은 절대 아닙니다. 아니 오히려 실패할 확률이 커서

99퍼센트가 실패했다고 하네요. 실패하면 남자도 아니고 여자도 아닌 이상하고 비참한 삶을 살아야 하는 것이었지요.

아무튼 카스트라토가 줄어들면서 자연스럽게 여성들이 음악에 참여했습니다. 그러나 처음에는 남장을 하고 참가했지요. 그래서 그런 여성들을 '바지 역할'이라고 불렀답니다.

카운터테너

바지 역할의 여성들이 부자연스럽게 느껴지자 다시 남성들이 여성 가수 역할을 하였다. 그들은 고된 훈련을 통해 여성 성부를 맡았는데, 이들을 카운터테너라고 부른다.

part 3.
고전파 음악

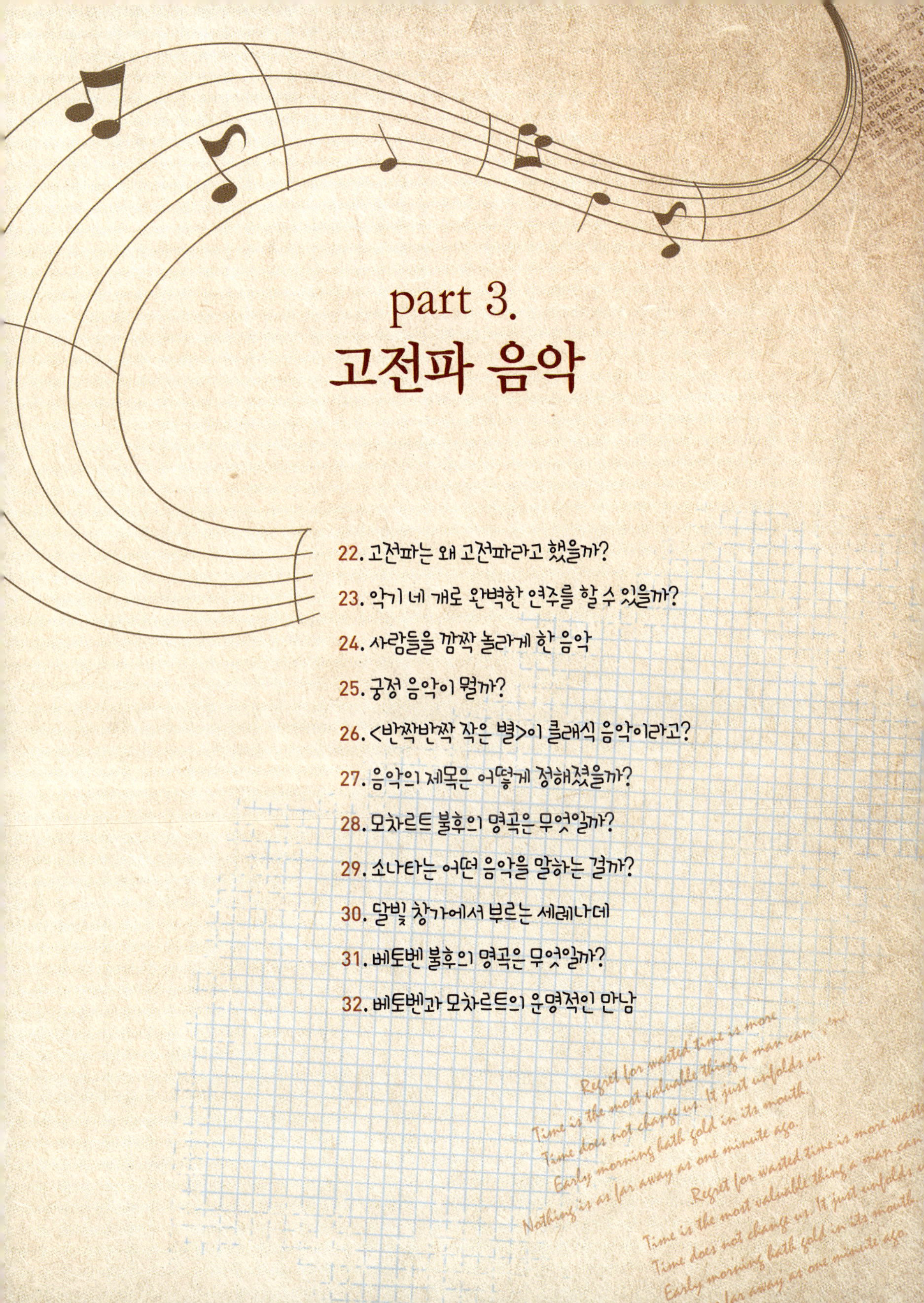

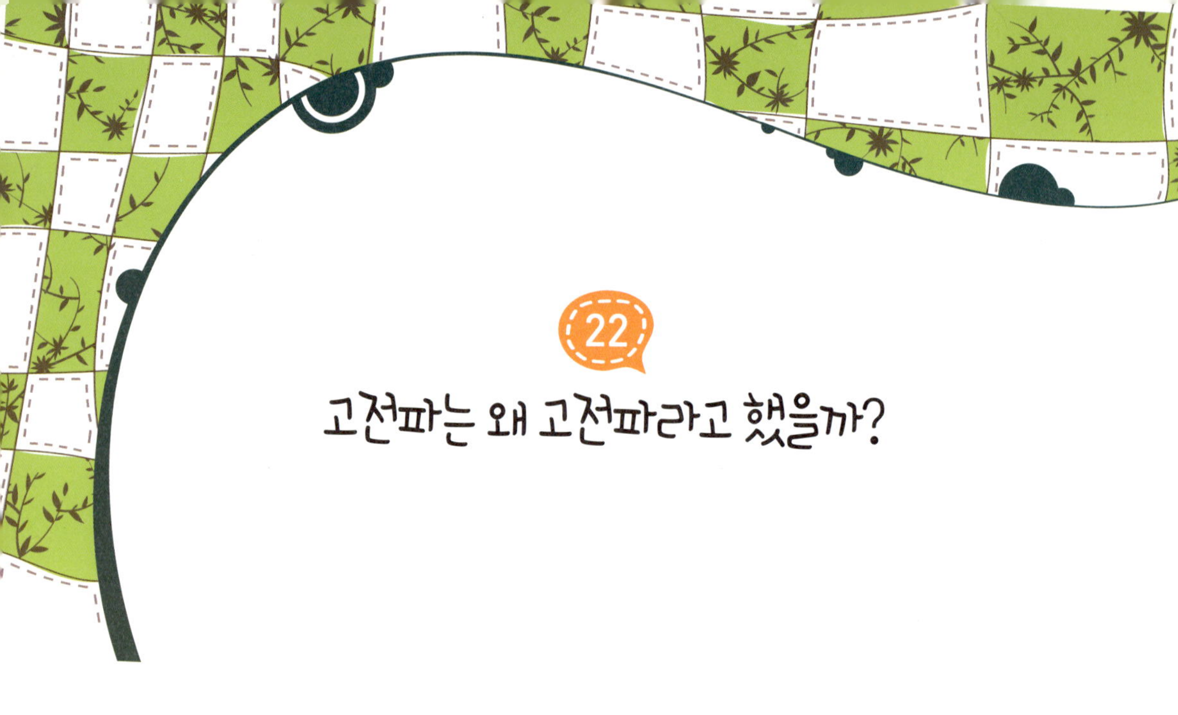

고전파는 왜 고전파라고 했을까?

　우리는 모차르트나 베토벤 등 서양의 유명한 음악가들이 남긴 음악을 많이 듣고 있습니다. 바로크 음악의 뒤를 잇는 모차르트와 베토벤의 음악을 고전파 음악이라고 하는 것은 최고의 음악이라는 의미가 숨어 있답니다.

　그러면 과연 고전파 음악은 바로크 음악과 무엇이 다를까요? 바로크 음악은 다성부 음악이 대부분이었어요. 다성부란 여러 가지 성부가 모여 음악을 구성하는 걸 말하는데 주로 성악으로 이루어지지요. 이에 비해 고전파 음악은 그런 복잡함을 버리고 형식을 중요하게 여겼어요. 예를 들면 소나타나 교향곡, 협주곡과 같이 잘 짜인 형식의 음악이 고전파 시대에 발달하게 되었지요.

　고전파 음악의 대표적인 음악가는 하이든과 모차르트, 베토벤입니다. 정말 대단한 음악가들이지요. 이들 중 하이든이 고전파 음악을 연 사람이에요. 하이든은 소나타와 현악 4중주, 교향곡의 형식을 확립한 음악가라는 평을 듣고 있습니다. 하이든은 오스트리아의 빈에서 활동했고, 후에 모차르트와 베토벤도 빈으로 오게 했어요. 그래서 이 세 사람을 흔히 '빈 고전파'라고도 합니다.

고전파 음악 시대에 중요한 변화는 음악이 귀족만의 것이 아니라 시민의 것으로 바뀌어갔다는 점이에요. 이전에는 음악이라고 하면 주로 왕족들이나 귀족들만 듣는 것이었어요. 그래서 음악가들은 궁정이나 귀족의 후원을 받으며 음악을 했지요. 하이든 역시 궁정 음악가로 유명하답니다.

그러나 서서히 시민을 위한 음악이 유행하기 시작했어요. 시민들을 위한 음악시설이 생기고 공개 음악회가 열렸지요. 공개 음악회가 자주 열리면서 작곡가와 연주자 들도 유명해졌어요.

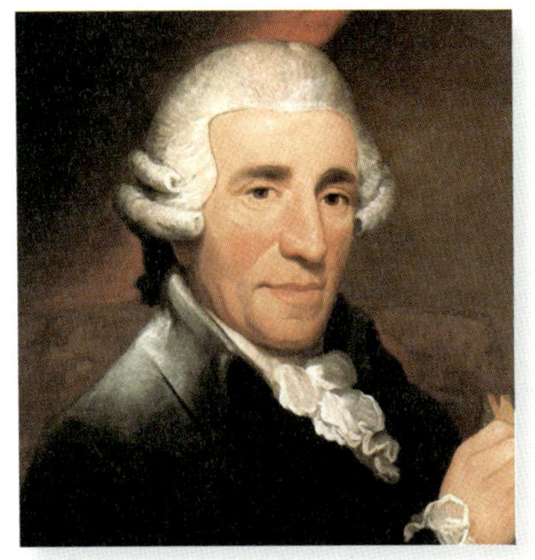

하이든

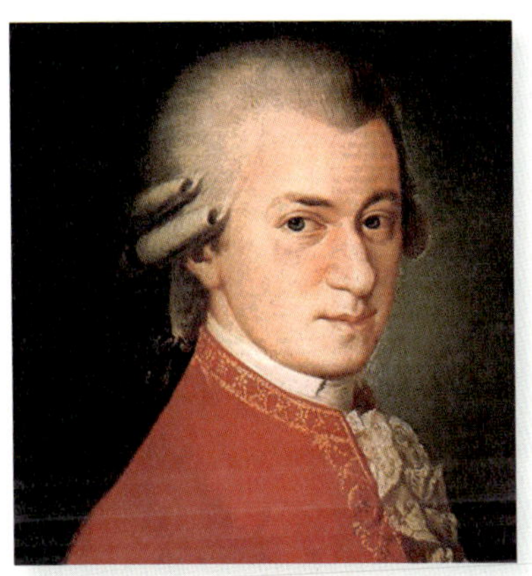

모차르트

모차르트는 처음에는 궁정에서 일했지만 나중에는 독립해서 음악만을 위한 음악에 몰두하여 위대한 음악가가 되었어요. 특히 모차르트는 어린 시절 아버지, 누나와 함께 유럽 여러 나라를 돌며 연주여행을 다녔는데, 훗날 모차르트가 다양한 음악을 할 수 있게 된 배경이 되었지요. 모차르트는 교향곡과 협주곡, 실내악곡, 오페라, 종교 음악 등 여러 부문에서 뛰어난 음악을 남겼습니다.

이에 비해 베토벤은 처음부터 궁정 음악을 하지 않고 음악만을 위한 음악을 했

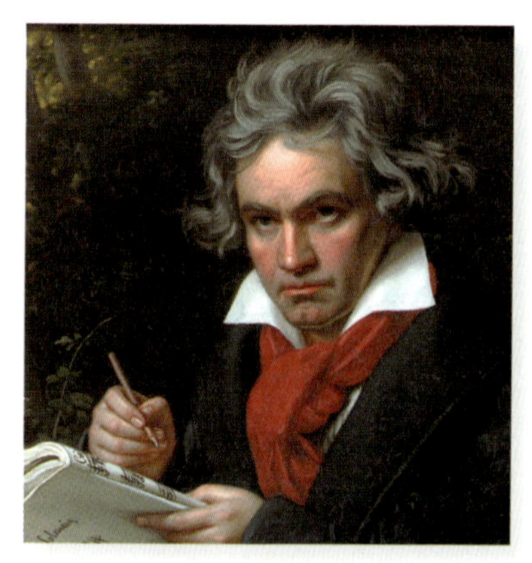

베토벤

어요. 그래서 유명한 것에 비하면 부유하게 살지는 못했지요. 후원을 받긴 했지만 자신만의 음악을 하는 데 더욱 열중했기 때문입니다. 그랬기 때문에 오늘날 베토벤은 역사상 가장 위대한 음악가가 되었지요.

고전파 음악이 일반인들을 위한 음악을 할 수 있었던 것은 당시 사회 모습과도 관련이 깊어요. 당시 유럽은 프랑스혁명을 겪고 계몽주의 정신이 널리 퍼지며 시민들이 사회의 주축으로 자리 잡기 시작할 때였습니다. 음악가들 역시 그러한 시대 흐름에 맞춰 활동했지요. 특히 모차르트와 베토벤은 음악이 귀족들의 전유물이 되어서는 안 되고 모든 사람들이 즐겨야 한다는 시대정신을 지니고 있었어요.

고전파 음악은 베토벤의 죽음으로 끝이 납니다. 1750년에서 1830년까지, 길고 긴 역사에서 보자면 고전파 음악 시대는 겨우 80년밖에 되지 않아요. 하지만 이 시기는 음악이 이룰 수 있는 가장 위대한 예술성을 보여준 시기예요. 시간이 있을 때마다 모차르트나 베토벤의 음악을 들어보시기 바랍니다.

시대구분점이 된 음악가

음악의 시대구분은 역사적인 사건이나 흐름에 따라 결정된다. 그러나 바로크 음악과 고전파 음악이 끝나는 시점은 두 음악가의 죽음으로 결정되었다. 바흐와 베토벤이 바로 그들이다.

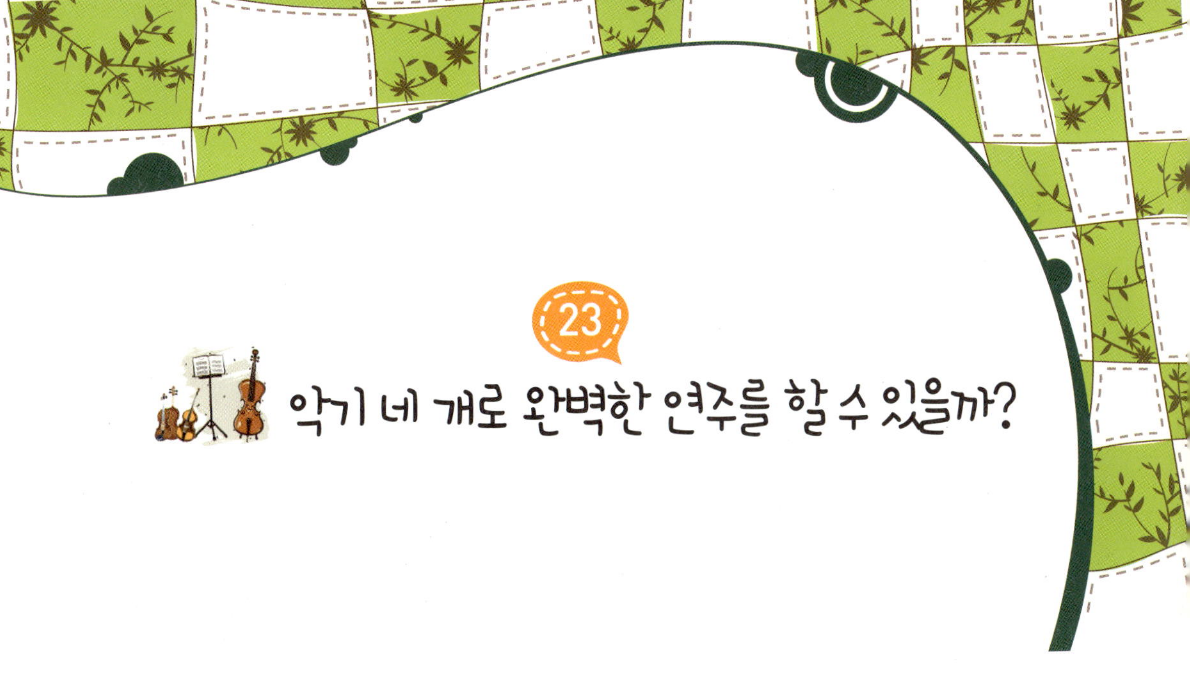

악기 네 개로 완벽한 연주를 할 수 있을까?

클래식 음악이 발달한 것은 악기 때문입니다. 르네상스 시대까지는 음악 하면 대부분 성악을 가리켰지요. 그러나 바로크 음악 시대에 접어들면서 성악보다는 기악이 점점 음악의 중심으로 자리 잡기 시작했어요.

악기의 발달은 음악에 엄청난 영향을 미쳤습니다. 특히 피아노와 바이올린은 클래식 음악 대부분에 쓰일 정도로 클래식 음악 시대를 이끌어간 악기라고 할 수 있지요.

그런데 단 네 개의 악기만으로도 완벽한 음악을 할 수 있어요. 바로 현악 4중주가 그것이에요. 현악 4중주란 줄이 있는 악기 네 개를 함께 연주하는 음악을 말해요. 바이올린과 비올라, 첼로 이 세 가지는 기본인데, 나머지 한 가지 악기는 무엇일까요? 아마 이렇게 물으면 헷갈릴지도 모르겠군요. 왜냐하면 그 악기는 바로 바이올린이거든요.

바이올린이 왜 두 개일까 궁금하지요? 바이올린은 고음을 내는 악기예요. 음악은 저음보다는 고음이 훨씬 많아서 바이올린이 두 개 쓰이는 것이지요. 만일 바이

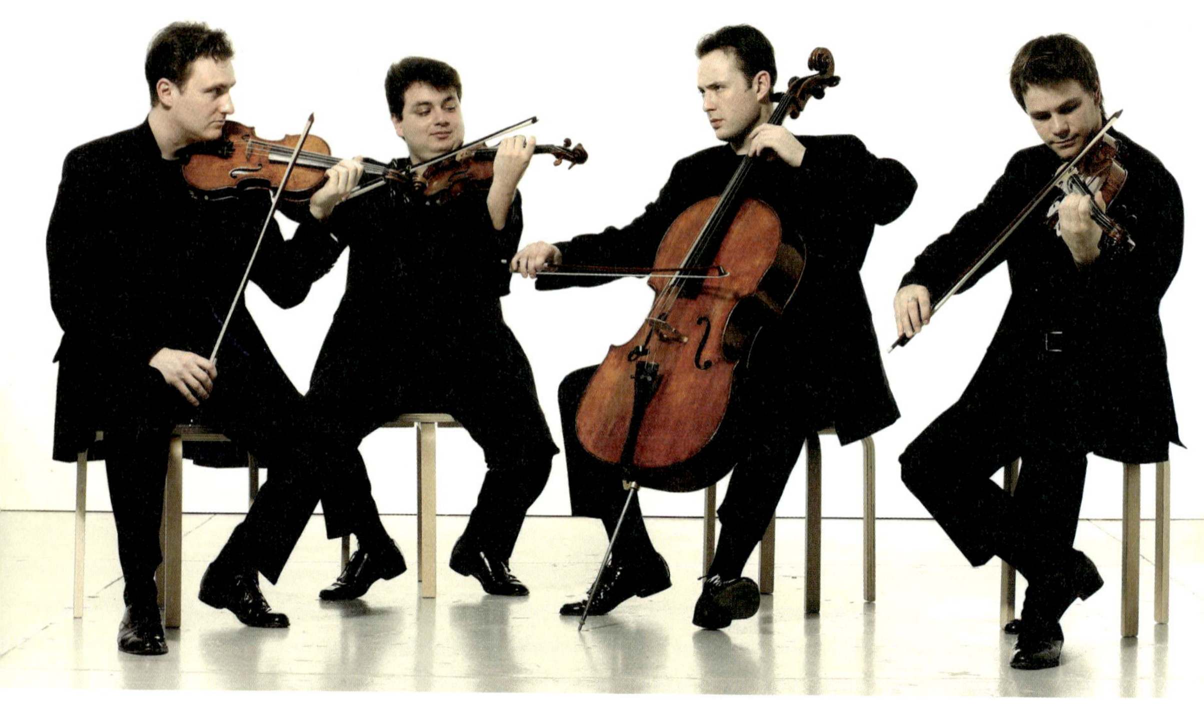

현악 4중주

올린이 한 개만 쓰이면 현악 3중주라고 합니다.

좀 더 알아볼까요? 피아노가 중심이 되는 음악이라면 피아노 독주곡 또는 피아노 협주곡이라고 하지요. 이때 다른 악기들은 피아노의 소리에 맞춰주는 역할을 합니다. 피아노 3중 협주곡이라고 하면 피아노가 중심이 되고 바이올린과 첼로가 함께 연주됩니다.

현악 4중주에서 바이올린은 고음을 내는 악기이므로 소프라노 영역을 맡고, 비올라는 중저음이니 알토, 울림통이 큰 첼로는 낮은 바리톤을 맡습니다. 그래서 이 악기들을 함께 연주하면 아름다운 화음을 이룰 수 있지요. 이 중 연주를 이끌어가는 것은 바이올린이에요. 현악 4중주는 최소의 악기로 음악 효과를 최대로 낼 수 있는 형식이라고 할 수 있답니다.

현악 4중주는 고전파 음악 시
대에 들어와 하이든이 형식을 완
벽하게 정립하였다고 해요. 하이
든의 뒤를 이은 모차르트는 현악
4중주곡 23개를 남겼고, 베토벤
은 16개를 남겼지요.

그런데 하이든이 현악 4중주
를 처음으로 시도했다는 이야기
가 전해져요. 하이든은 가끔 퓌

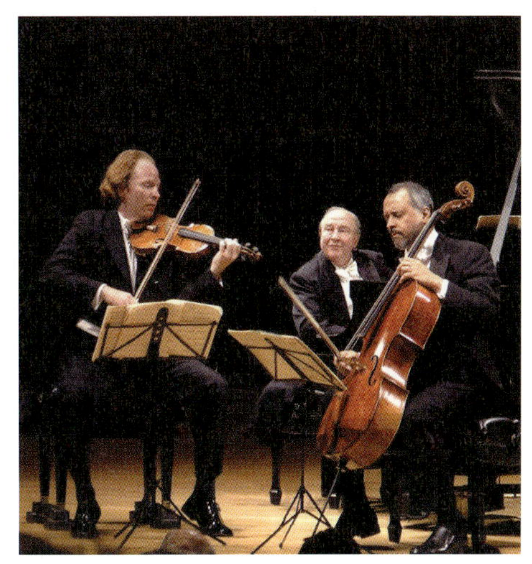

피아노 3중주

른베르크 남작의 저택에 초대되어 음악을 연주했어요. 이때 다른 세 사람도 함께
초대되곤 했지요. 어느 날 퓌른베르크 남작은 하이든에게 네 명이 함께 연주할 수
있는 곡을 만들어 달라고 했고, 하이든은 그때 처음으로 현악 4중주곡을 작곡했
다고 전해집니다.

현악 4중주는 보통 4악장으로 이루어져요. 1악장은 소나타 형식으로 되어 있
고, 2악장은 느린 악장, 3악장은 미뉴에트와 트리오 형식, 4악장은 소나타와 론도
형식으로 되어 있습니다. 미뉴에트는 꽤 빠르고 경쾌한 춤곡을 말하며, 트리오는
3중주를, 론도는 하나의 주제가 다른 여러 개의 주제와 섞여서 등장하는 악곡 형
식을 가리킵니다.

하이든은 현악 4중주의 아버지로 불릴 만큼 현악 4중주의 틀을 만드는 데 기여
했고 유명한 곡들도 많이 남겼어요. 〈현악 4중주 55번 D장조 Op.64-5〉는 '종달

새'라는 이름이 붙어 있는데 정말 종달새가 파란 하늘을 자유롭게 날고 있는 것 같은 느낌을 갖게 해주는 명곡입니다. 〈황제〉라는 곡은 독일 국가가 포함된 음악으로 유명하지요. 또 〈러시아 4중주〉로도 알려져 있는 33번은 현악 4중주의 모범을 보여주는 곡으로 알려져 있지요.

베토벤이 작곡한 16곡의 현악 4중주곡들은 모두 실내악 역사상 최고의 곡들로 꼽히고 있습니다. 그 후에도 슈베르트와 브람스를 비롯한 많은 음악가들이 우수한 현악 4중주곡을 남겼지요.

현악 3중주

현악 4중주에서 바이올린 1대를 빼고 연주하는 형태이다. 현악 4중주에 비해 자주 연주되지는 않는다. 주로 세레나데 등 가벼운 곡을 연주한다.

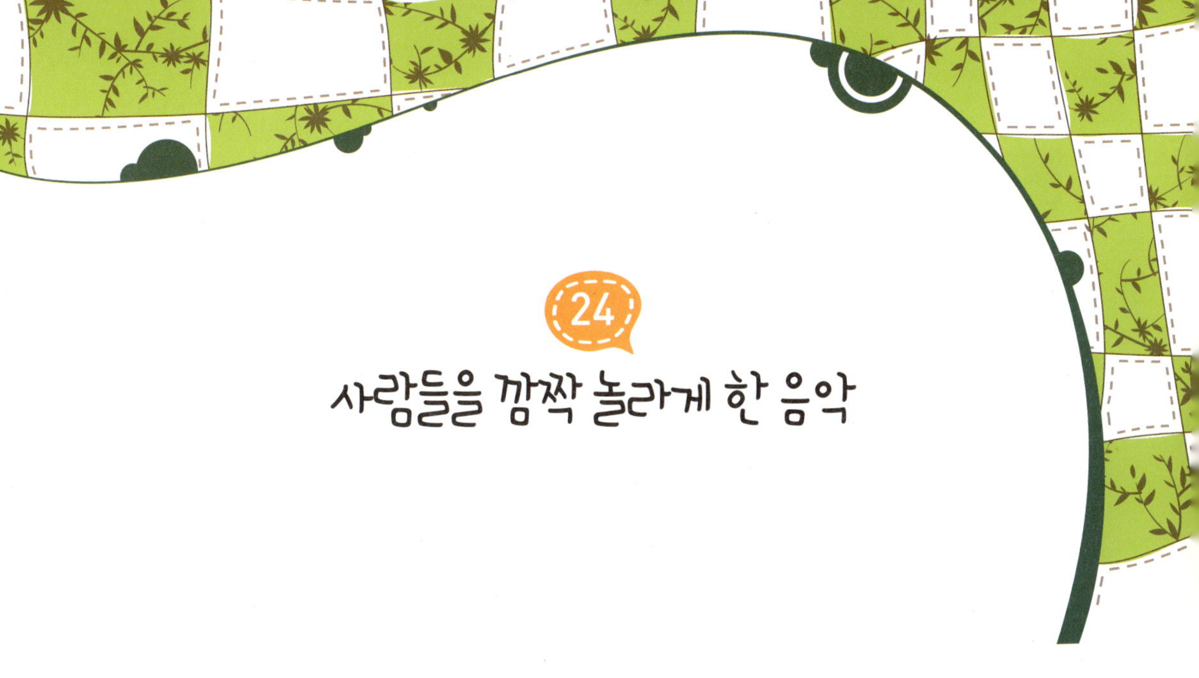

사람들을 깜짝 놀라게 한 음악

    클래식 음악을 듣다 보면 졸릴 때가 있어요. 도대체 왜 그럴까요? 클래식 음악을 들으면 심리적으로 안정이 되고 푸근한 느낌을 받지요. 이렇게 마음이 편안한 상태가 되기 때문에 졸음이 오는 것입니다. 이런 현상은 누구나 겪는 것이에요. 음악회 가서 왜 이렇게 졸리지? 나만 그런가? 하는 생각에 좌우를 돌아보면 주변에 더러 조는 사람이 있답니다.

    졸음을 없애는 방법 중 하나는 연주되는 음악에 대해 미리 알아두는 거예요. 누가 작곡한 음악이고, 어떤 내용인지, 그리고 왜 작곡했는지 등등을 미리 알고 들으면 졸음이 덜 와요. 그만큼 주의를 기울이고 듣게 되니까요.

    그런데 졸린 이유가 한 가지 더 있어요. 클래식 음악이 동요나 일반 가요에 비해 연주 시간이 긴 것도 졸음을 오게 하는 원인이지요. 보통 동요는 1~2분, 대중가요는 3~5분 정도면 끝이 나요. 또 멜로디가 반복되는 등 중독성이 강해요. 그러나 클래식 음악은 10분에서 30분 정도나 됩니다. 워낙 길어서 지루할 때도 있고, 그럴 때 졸음이 오기도 합니다.

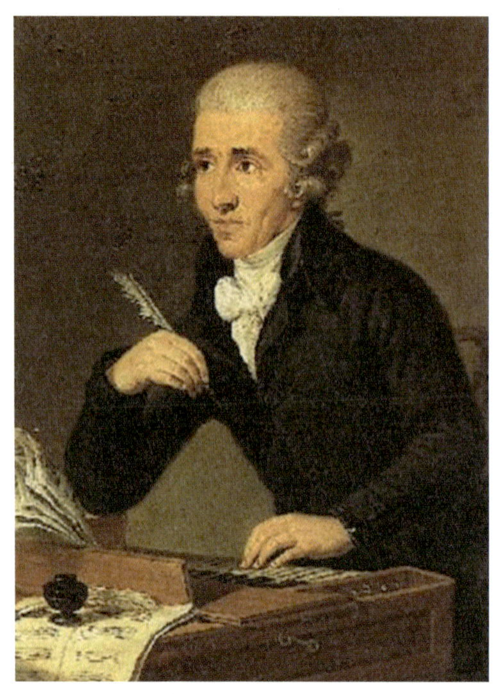

작곡을 하고 있는 하이든

이렇게 여러 사람이 조는 것을 염두에 두고 음악을 만든 사람도 있어요. 바로 하이든이에요. 하이든은 1790년 런던에 가게 되었어요. 공연기획자인 잘로몬이라는 사람이 런던 사람들을 위하여 교향곡을 작곡해 달라고 요청했기 때문이지요.

하이든은 교향곡을 모두 12곡 작곡했는데,《런던 교향곡》이라고 이름을 붙였어요. '북치기'라는 별칭도 있고, 잘로몬이 부탁해서 작곡하여 '잘로몬 교향곡'이라고도 부릅니다. 이 곡들은 하이든이 작곡한 교향곡 순서에 따라 93~104번이라는 작품명이 붙어 있습니다.

이 중 94번 곡은 중간에 갑자기 '타아아아앙!' 하는 굉장한 소리가 나서 듣는 사람들을 깜짝 놀라게 하여 흔히 〈놀람 교향곡〉이라고 부릅니다. 하이든은 음악회에서 조는 사람들을 놀라게 하려고 이 곡을 만들었지요. 실제로 이 곡이 연주될 때 졸고 있던 귀부인들이 벌떡 일어나기도 했답니다.

그런데 이 부분이 사람들을 더욱 깜짝 놀라게 하는 것은, 그 앞부분은 매우 단조로우면서도 부드럽기 때문이지요. 앞부분은 '피아노~피아노시모'라고 해서 느리게 또는 아주 느리게 연주됩니다. 그러다 갑자기 커다란 북인 팀파니를 동원해 포르티시모, 즉 아주 강하게 연주하니까 더욱 크고 요란하게 들리는 거예요.

하이든 하면 〈놀람 교향곡〉을 대표곡으로 손꼽아요. 놀라는 부분이 대단해서 라기보다는 곡 전체가 매우 웅장하면서도 화려하고 생기가 넘치기 때문이에요. 또 대규모 연주자가 참여하여 더욱 놀라움을 주었어요. 당시에 오케스트라는 대략 열댓 명으로 구성되었지만 이 곡에는 무려 40~60명이나 되는 연주자가 참여했거든요. 실내에서 하는 연주만 듣던 사람들은 대규모 오케스트라의 연주에 깜짝 놀라고 말았지요.

하이든은 〈미완성 교향곡〉을 포함해 교향곡을 108곡 남겼는데, 위와 같은 이유로 〈놀람 교향곡〉이 들어 있는 《런던 교향곡》 12곡은 기존의 교향곡과는 다른 평가를 받고 있지요. 그래서 하이든을 흔히 '교향곡의 아버지'라고 부릅니다.

하이든의 곡으로 속여 판 음악

하이든은 교향곡 88번과 89번을 토스트라는 사람의 의뢰로 작곡했다. 토스트는 이 곡을 받아서 출판사에 넘겼는데, 어쩐 일인지 출판사에는 네 곡의 교향곡이 접수되었다. 토스트가 하이든의 명성을 이용해 다른 사람의 작품을 하이든의 곡이라며 팔았던 것이다.

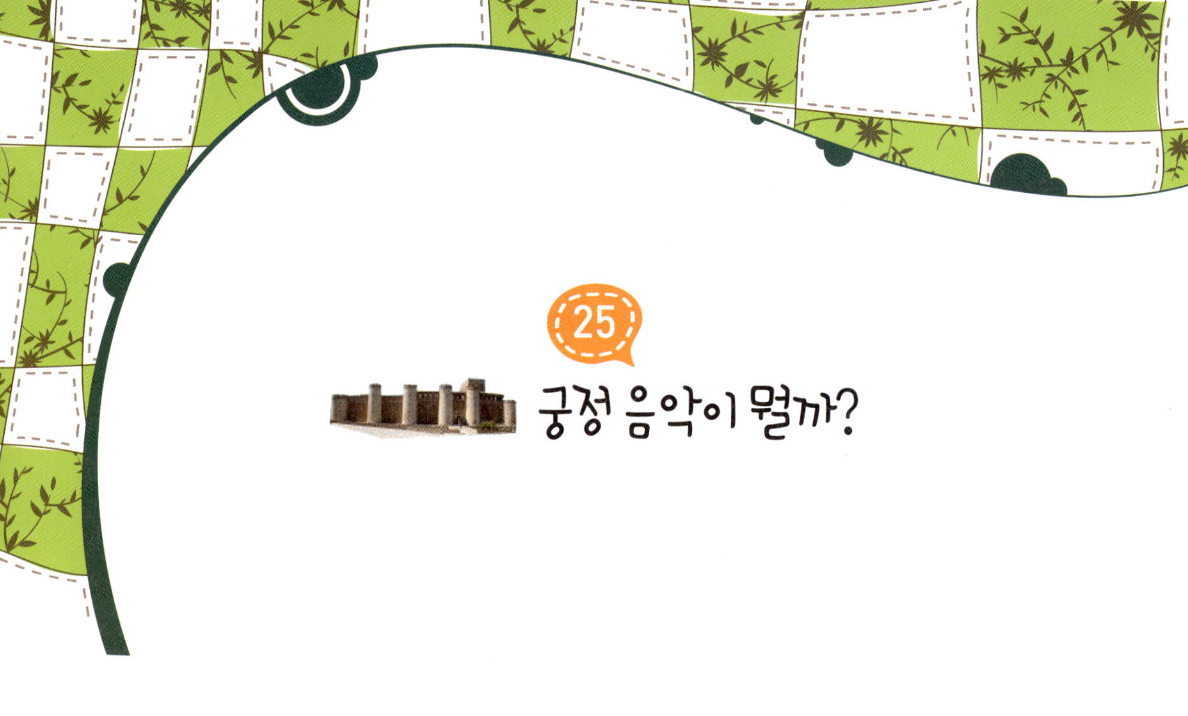

하이든은 궁정 음악가로 유명하고, 모차르트도 초기에는 궁정 음악을 했다고 하죠. 도대체 궁정 음악이란 어떤 음악일까요? 궁정 음악은 쉽게 말하자면 궁전에서 행해지는 음악입니다.

옛날 유럽은 왕족이나 귀족이 자기만의 영토를 통치했어요. 그런 형태를 봉건 제도라고 하지요. 당시 음악은 곧 왕족이나 귀족 들이 독차지했고, 당연히 음악가 들도 왕족이나 귀족의 보호를 받으며 활동했어요.

그런데 이런 궁정 음악은 그 역사가 아주 오래되었어요. 고대 음악을 살펴보면 대부분이 궁정 음악입니다. 왕이 잔치를 열거나 제의를 올리면 자연 음악이 뒤를 따랐지요. 우리나라에서도 종묘제례악이라고 해서 세계문화유산으로 지정된 음악이 있는데, 이것도 궁정 음악의 하나로 볼 수 있어요.

그렇지만 궁정 음악이라고 하면 보통 서양의 중세 시대부터 이어지는 음악을 말합니다. 서양의 궁정 음악이 나타난 것은 십자군 원정 이후인 것으로 알려져 있어요. 십자군 원정이 있기 전까지 유럽의 문화는 기독교가 지배했지요. 그러나

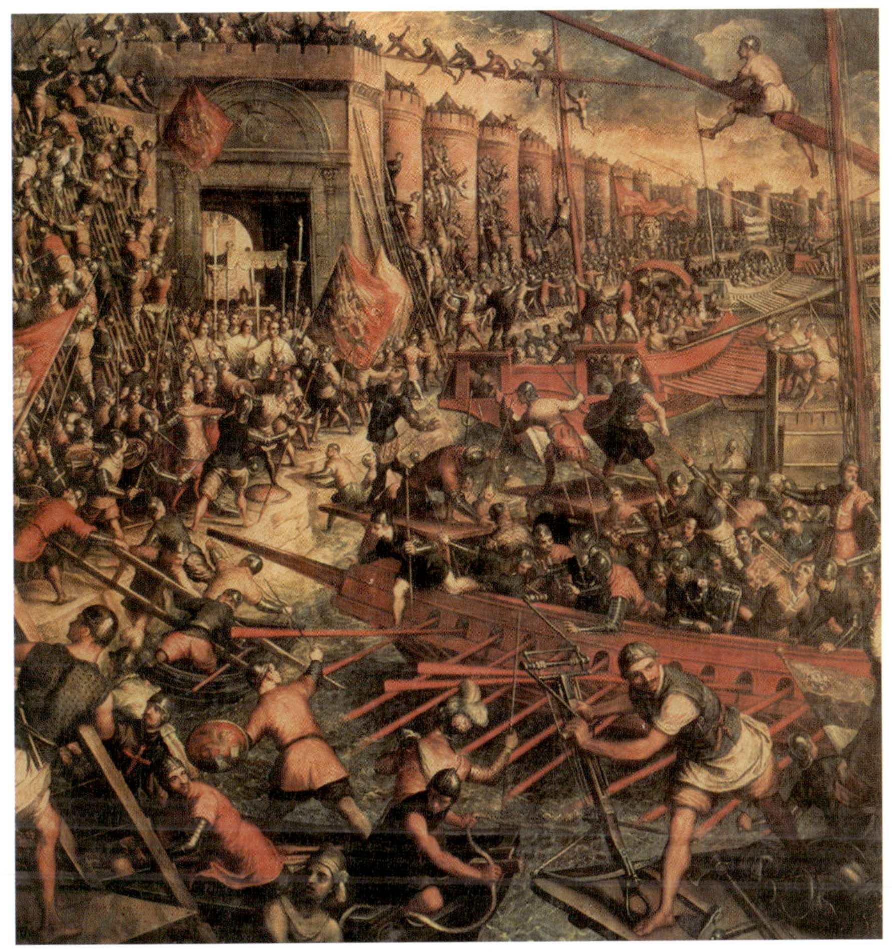

십자군 원정을 묘사한 그림

십자군 원정 이후에 기사계급이 성장하여 그 땅을 다스리는 영주가 나타났고, 영주의 궁정을 중심으로 새로운 문화가 이루어지기 시작했어요. 물론 음악도 이때 궁정에서 행해지기 시작했지요. 기독교적인 종교 음악뿐 아니라 세속적인 가곡도 많이 등장했는데, 1207년 독일에서 열린 '미네징거'라는 콘서트가 유명합

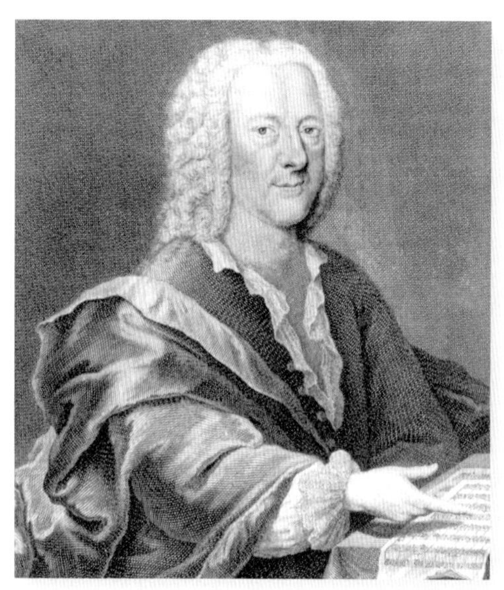

텔레만

니다. 미네징거는 '미네장'이라는 연애시를 짓는 사람들이라는 뜻이에요. 연애시를 음악에 맞춰 읊는 대회였지요.

궁정 음악을 발전시킨 가문도 많아요. 프랑스 부르고뉴 궁정과 이탈리아 피렌체공화국의 메디치 가문, 바이에른 궁정과 독일 궁정 등이 대표적이에요. 예배용 음악뿐만 아니라 무도회나 발레, 고전극과 카니발 행사용 음악까지 다양한 궁정 음악들이 만들어졌어요. 특히 바로크 음악 시대에 들어와서는 궁정 음악이 종교 음악과 쌍벽을 이룰 정도로 널리 유행했습니다.

그런데 궁정 음악으로 널리 퍼진 것은 오페라예요. 오페라는 많은 사람들이 등장하는 화려한 음악으로, 궁정의 권위를 뽐내기에 딱 좋아서 여러 봉건 군주들이 궁중오페라를 자주 열었습니다. 물론 실내악 연주도 궁정에서 매우 발달했지요.

이러한 궁중 음악이 쇠퇴하기 시작한 것은 시민들의 성장 때문입니다. 특히 프랑스혁명 이후에 시민들이 사회의 주된 세력으로 자리 잡으며 음악의 주체도 궁정에서 일반인에게로 옮겨지게 되었지요. 여기에 큰 공로를 끼친 음악가가 바로 모차르트와 베토벤입니다.

여기에서 한 가지 더 알아둘 것은 타펠 무지크(table music), 즉 식탁 음악이에요. 요새도 근사한 레스토랑이나 음식점에 가면 배경음악이 나오듯 옛날 귀족들은 식사할 때 전속 음악가에게 연주를 시켰어요. 부드러운 음악을 들으며 담소도 하고 식사도 하면 참 우아하겠죠? 바로 이런 음악을 식탁 음악이라고 해요.

식사할 때 듣기 좋은 음악은 단순한 리듬에 느리고 부드러운 음악이 좋습니다. 그런 음악은 마음을 편안하게 해주고 음식 맛도 더 좋게 해준다고 해요.

식탁 음악은 17~18세기에 널리 유행했어요. 독일의 텔레만(1681~1767)과 로이터 등이 식탁 음악을 많이 작곡한 음악가로 유명해요. 특히 텔레만의 〈타펠 무지크〉는 귀족들이 아주 좋아했다고 합니다. 텔레만은 선율이 아름답고 생기가 넘치는 곡을 많이 남겨 바로크 음악을 넘어서 고전파 음악에 가깝다는 평을 받지요. 텔레만은 살아생전에는 헨델이나 바흐보다도 유명했으나 사후에 잊혀갔습니다.

식사할 때는 어떤 음악을 들을까?

텔레만의 〈타펠 무지크〉 외에도 좋은 음악이 많다. 요한 슈트라우스 2세의 〈빈 숲 속의 이야기〉나 〈아름답고 푸른 도나우〉와 같은 왈츠도 식탁 음악으로 많이 연주된다.

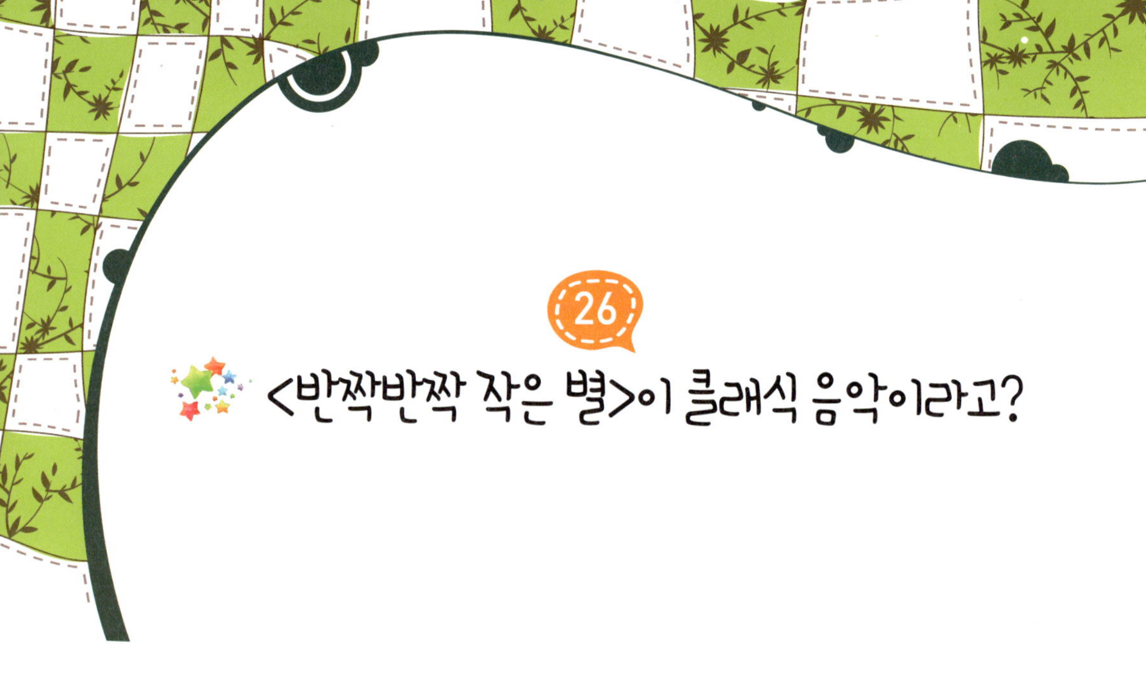

<반짝반짝 작은 별>이 클래식 음악이라고?

동요 <반짝반짝 작은 별> 많이 불러보았지요? 아마 모르는 친구는 없을 거예요. 그러나 이 노래가 본래 클래식 음악이라는 사실을 아는 친구는 드물 겁니다. 모차르트가 작곡한 <반짝반짝 작은 별 변주곡>이 바로 그것이에요.

모차르트가 이 곡을 만든 것은 1778년이에요. 파리로 여행을 갔다가 프랑스 민요를 듣고 만들었지요. 프랑스 민요의 제목은 <아, 어머님 들어주세요>라고 합니다. 곡명은 물론 내용도 별과 전혀 관련이 없지요. 한 소녀가 어머니에게 이와 같이 고백하는 내용이거든요.

"어떤 남자에게 반했어요. 그래서 괴로워 죽겠어요."

도대체 이런 내용의 노래가 왜 <반짝반짝 작은 별>로 바뀐 것일까요? 영국의 시인인 제인 테일러가 가사를 써서 붙였기 때문이에요. 제인은 자매인 앤과 함께 1806년에 동시모음집을 냈는데, 바로 이 시집 안에 이 곡이 수록되어 있어요. 그래서 <반짝반짝 작은 별> 하면 영국의 동요로 알려져 있답니다.

🌳 〈반짝반짝 작은 별〉 악보

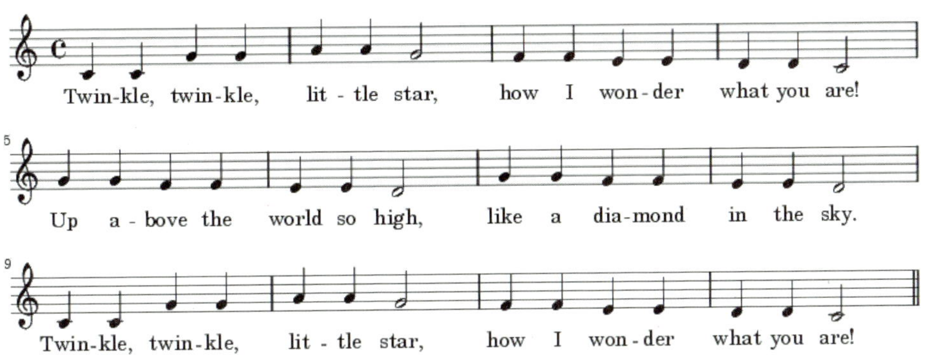

제인이 쓴 원래의 시는 다음과 같습니다.

반짝반짝 작은 별, 난 네가 무엇인지 궁금해! 저 세상 위에 아주 높이,

하늘의 다이아몬드처럼. 반짝반짝 작은 별, 난 네가 무엇인지 궁금해!

이것이 우리나라에서는 이렇게 변했죠.

반짝반짝 작은 별 아름답게 비추네. 서쪽 하늘에서도 동쪽 하늘에서도

반짝반짝 작은 별 아름답게 비추네.

여기에서 중요한 것은 〈반짝반짝 작은 별〉을 유명하게 만든 것은 모차르트와 제인이지만 원곡은 프랑스 민요라는 것이지요. 즉, 모차르트는 원곡 작곡자가 아니라 원곡을 자신의 음악 속에 넣은 사람이에요. 그래서 '변주곡'이라고 명칭을

붙인 것입니다.

그리고 모차르트 이외에도 이 원곡을 클래식 음악으로 재구성한 사람이 더 있다는 사실! 생상스는 《동물의 사육제》에 썼으며, 도흐나니는 〈동요에 의한 변주〉라는 곡에 넣었어요.

그런데 흥미로운 것은 이 〈반짝반짝 작은 별〉이라는 노래가 알파벳 노래와 같다는 것이지요. 한번 따라 해보세요. 'ABCD, EFG~, HIJK LMN….' 어떤가요? 똑같지요?

요즘에도 동요를 클래식으로 재구성하는 일이 종종 있어요. 한 단체가 어린이들의 감성교육을 위해 만든 '동요 속 클래식'이 대표적이지요. 〈두껍아 두껍아〉, 〈우리 집에 왜 왔니〉, 〈다 같이 돌자 동네 한 바퀴〉 등 우리가 흔히 부르던 동요들을 여러 악기들로 연주해 듣기가 아주 좋습니다.

〈반짝반짝 작은 별〉은 태교 음악

모차르트의 음악은 선율이 곱고 아름다워 태교 음악으로 사용되는 것이 많은데, 〈반짝반짝 작은 별 변주곡〉 역시 태교 음악으로 널리 사용된다.

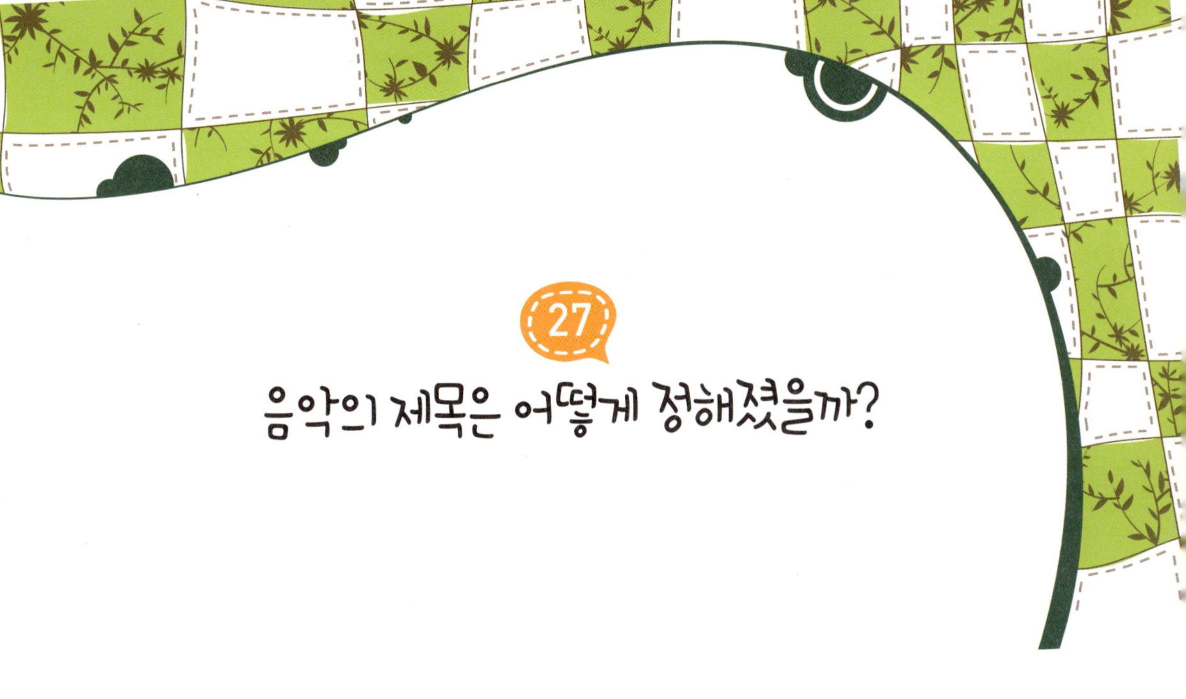

음악의 제목은 어떻게 정해졌을까?

비발디의 〈사계〉나 베토벤의 〈운명〉처럼 곡에는 그 곡의 특징을 엿볼 수 있는 제목이 붙어 있어요. 그런데 클래식 음악에는 이상한 제목이 붙은 것이 훨씬 더 많습니다. 예를 들면 모차르트 곡에는 〈K000〉과 같이 영문자와 번호만 붙은 게 많지요. 여기에서 K는 쾨헬(1800~1877)이라는 사람 이름에서 따온 것이고, 뒤에 붙은 번호는 모차르트가 작품을 낸 순서를 뜻해요. 이외에도 베토벤 〈피아노 소나타 3번〉, 바흐 〈바이올린 소나타와 파르티타 2번〉과 같이 제목 대신에 음악의 형식을 나타내는 내용이 붙는 경우도 많지요.

도대체 왜 그런 제목이 붙었는지 궁금하지요? 옛날 음악은 대부분 음악 자체를 들려주는 것이 중요한 목적이었어요. 즉 어떤 제목을 붙이는 것보다 소리 자체의 아름다움을 표현하는 것을 중요하게 여겼지요. 이런 음악들을 절대 음악이라고 해요.

이에 비해 별도의 제목이 붙는 음악은 표제 음악이라고 합니다. 표제 음악이라고 해서 절대 음악보다 뒤떨어진다는 것은 아니에요. 다만 작곡가가 나름대로의 의도를 담은 것이지요.

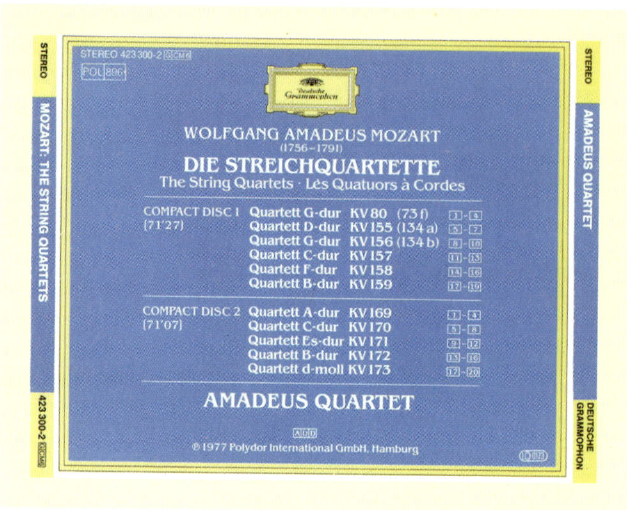

퀘헬번호가 매겨진 앨범 뒷면

절대 음악은 고전파 시대에 많이 만들어졌어요. 모차르트나 베토벤의 곡에 번호가 붙는 것은 바로 절대 음악을 뜻하지요. 이에 비해 표제 음악은 낭만파 시대에 들어와 유행했어요. 낭만파 음악은 자연과 인간의 감정을 주로 표현한 음악인데, 특히 문학이나 미술, 무용 작품을 음악으로 표현할 때 제목을 붙였어요. 즉 표제 음악은 곡의 내용을 암시하거나 대략의 줄거리를 표제에 넣은 것이라고 볼 수 있지요. 그러므로 클래식 음악 초보자들, 특히 어린이들에게는 절대 음악보다 표제 음악이 이해하기에 좋습니다.

그런데 절대 음악과 표제 음악을 명확히 구분할 수 있는 것은 아니에요. 음악을 자주 듣다 보면 두 용어를 굳이 구분할 필요가 있을까 하는 생각도 들지요.

그리고 표제를 나중에 다른 사람들이 붙인 곡도 많습니다. 그런 곡들은 표제 음악이 아니라 절대 음악으로 분류합니다. 예를 들면 베토벤의 교향곡 9번 〈합창〉이나 교향곡 5번 〈운명〉 등은 제목이 붙어 있기는 하지만 표제 음악이 아니라 절대 음악이지요.

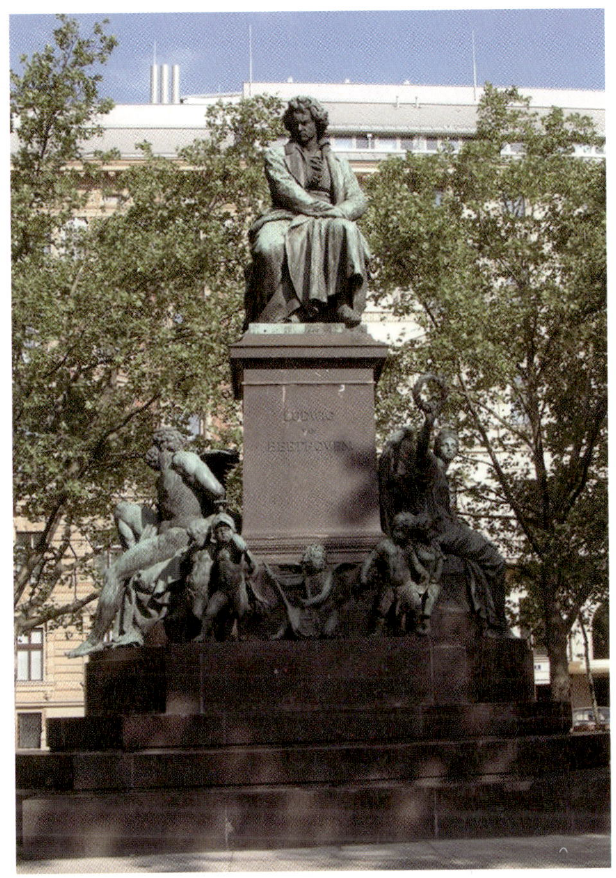

오스트리아 빈에 있는 베토벤 동상

그런데 왜 다른 사람이 곡명을 붙였을까요? 〈운명 교향곡〉을 예로 들어볼까요? 이 교향곡에 〈운명〉이라는 제목이 붙은 것은 베토벤이 쓴 악보에 이렇게 표시되어 있기 때문입니다.

"운명은 이와 같이 문을 두드린다."

베토벤은 1808년에 이 곡을 완성했어요. 그가 이 곡을 쓰던 때는 여러 가지 운명적인 일이 많았습니다. 귀는 점점 나빠지고 있었고, 나폴레옹이 베토벤이 살고 있는 도시 빈을 점령하는 등 세상이 혼란스러웠지요. 그래서 이 곡에는 운명을 극복하는 인간의 의지와 기쁨이 담겨 있다고 해석하기도 합니다.

〈운명 교향곡〉은 클래식 음악의 최고봉을 이루고 있어요. 특히 첫머리 부분은 2차 세계대전 당시 BBC 방송이 뉴스를 내보낼 때 배경음악으로 사용해 더욱 유명해졌지요. 첫머리 부분의 리듬이 무전을 칠 때 사용하는 모스 부호의 V를 닮아 승리를 뜻한다고 해서 사용되었다고 합니다.

여기에서 한 가지 더 살펴볼 것은, 다른 나라에서는 이 곡을 〈운명 교향곡〉이라고 부르지 않는다는 겁니다. 우리나라와 일본에서만 〈운명 교향곡〉으로 통하고 있답니다.

쾨헬은 누구?

모차르트의 곡에 번호를 붙인 쾨헬은 오스트리아의 식물학자였다. 그는 모차르트의 음악에 매료되어 음악 연구에 몰두, 1862년에 마침내 모차르트의 전 작품을 번호순으로 정리했다. 이를 쾨헬번호라고 부른다.

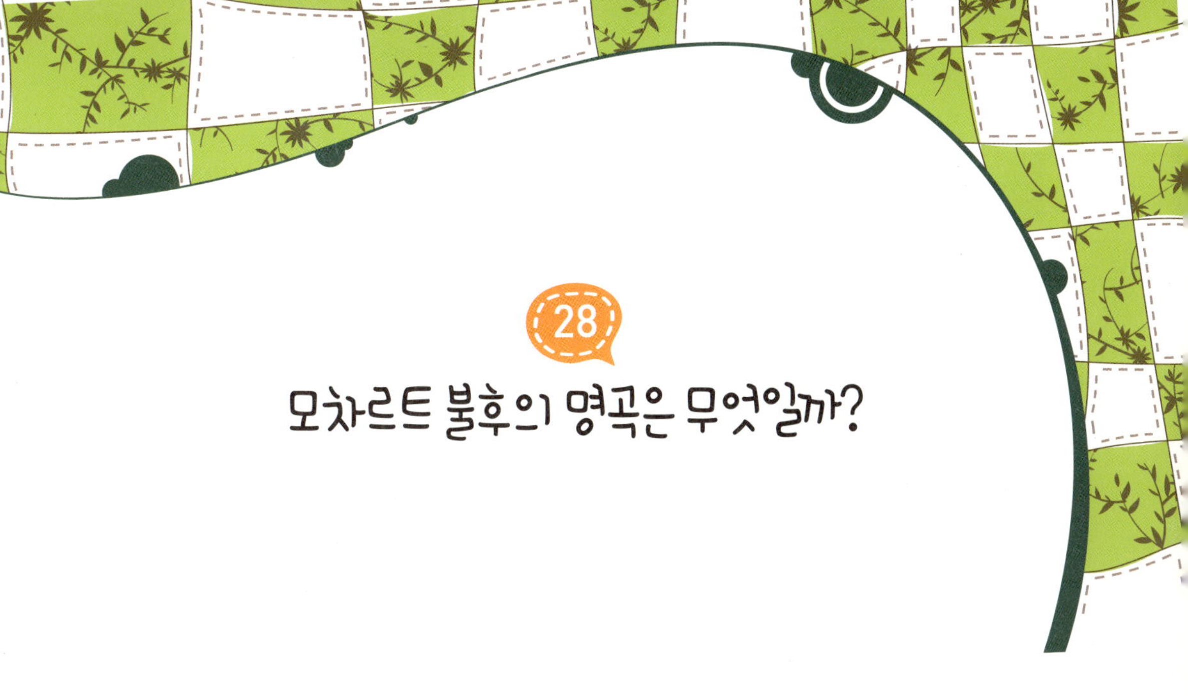

28 모차르트 불후의 명곡은 무엇일까?

　모차르트는 1756년 오스트리아의 잘츠부르크에서 태어났어요. 모차르트 하면 가장 먼저 떠오르는 것은 천재라는 말이에요. 연구가들은 모차르트의 아이큐가 250은 될 것이라고 해요. 천재는 일찍 죽는다는 말이 있는데, 과연 모차르트는 겨우 35세에 죽고 말았어요. 그 짧은 생애를 살면서도 곡을 600여 곡이나 남겼답니다.

　그럼 모차르트는 어떤 곡을 남겼을까요? 모차르트의 대표곡을 몇 곡 뽑기란 정말 어려운 일이에요. 왜냐하면 거의 모두 뛰어나기 때문이지요. 그래도 뽑아보면 다음과 같습니다.

〈바이올린 협주곡 3번 G장조〉 K.216(1775년) 바이올린 협주곡 다섯 개 가운데 가장 유명한 곡입니다.

〈반짝반짝 작은 별 변주곡〉 K.265(1778년) 동요 〈반짝반짝 작은 별〉 멜로디가 담긴 음악이에요. 본래 프랑스 민요 〈아, 어머님 들어주세요〉를 듣고 작곡한 겁니다.

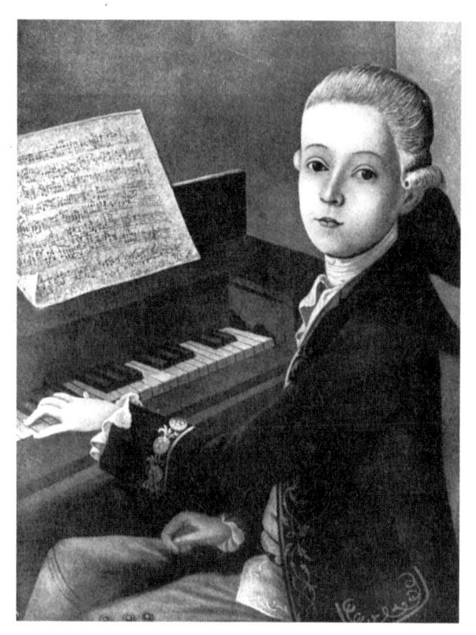
음악의 천재인 어린 모차르트

〈피아노 소나타 11번 A장조〉(《터키 행진곡》) K.331(1778년) 소나타 20곡 중 가장 유명한 작품이에요.

《피가로의 결혼》 K.492(1786년) 프랑스 극작가 보마르셰(1732~1799)의 희곡을 줄거리로 한 오페라예요.

《돈 조반니》 K.527(1787년) 에스파냐에 전해 내려오는 전설적인 바람둥이 돈 후안의 이야기를 오페라로 만든 곡입니다.

〈교향곡 40번 g단조〉 K.550(1788년) 모차르트 3대 교향곡 중 가장 많이 연주되는 곡이에요.

〈아이네 클라이네 나흐트무지크〉 K.525(1787년) 실내악 형식의 하나인 세레나데 중에서 가장 자주 연주되는 대표작이라고 할 수 있습니다.

〈교향곡 41번 C장조〉(《주피터》) K.551(1788년) 베토벤의 운명에 비교되는 작품입니다. 웅장하며, 기교도 최고에 올라 있는 명곡으로 손꼽히지요.

《마술피리》 K.620(1791년) 오페라인데, 동화적인 요소가 많아 어린이들이 좋아하는 음악이에요. 고대 이집트 타미노 왕자의 이야기가 줄기를 이룹니다.

〈레퀴엠 d단조〉 K.626(1791년) 모차르트의 마지막 작품이에요. 완성하지 못하고 죽는 바람에 자신의 진혼곡이 되고 말았어요. 진혼곡이란 넋을 달래주는 음악이라는 뜻입니다.

이 중 교향곡 39번과 40번, 41번은 흔히 기적의 교향곡으로 불리고 있어요. 1788년 6월 26일부터 8월 10일까지 두 달도 안 걸려서 이 세 교향곡을 완성했기 때문이에요. 39번 교향곡은 '백조의 노래'라고 찬사를 받았고, 40번 교향곡은 천사가 노래하는 것 같다는 평을 얻었지요. 그리고 41번 교향곡은 최고의 품격을 갖춘 교향곡으로, 흔히 〈주피터 교향곡〉이라고도 합니다.

그런데 모차르트의 교향곡 중 정말 놀라운 곡은 25번(작품번호 KV.183)이라고 하지요. 아인슈타인도 이 곡을 듣고는 기적이라고 찬사를 보내면서 '불타오르는 정열이 가장 격렬하게 표현되어 있는 작품'이라고 표현했어요. 위에 소개되지는 않았지만 정말 대단한 곡임을 알 수가 있지요.

모차르트 영화 〈아마데우스〉

아마데우스는 모차르트의 중간 이름이다. 모차르트의 본래 이름은 볼프강 아마데우스 모차르트이다. 모차르트의 생애와 죽음에 관한 영화 〈아마데우스〉는 1984년에 제작되었다.

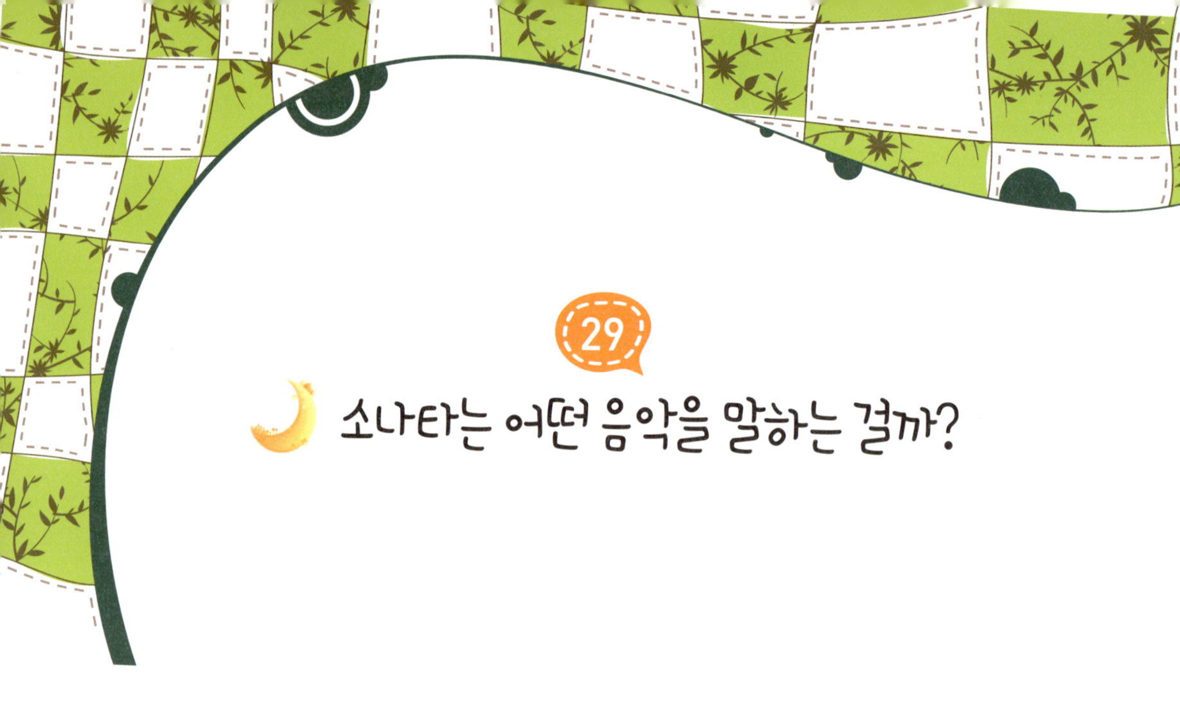

클래식 음악을 자주 듣지 못한다는 친구들이 많아요. 클래식 음악보다는 동요나 가요를 더 많이 듣는 것이 사실이지요. 그러나 우리는 일부러 들으려고 하지 않아도 클래식 음악을 많이 듣고 있답니다.

자동차 이름으로 유명한 소나타(자동차 이름은 쏘나타)도 음악용어에서 따온 것이에요. 과연 소나타는 어떤 음악을 말할까요? 소나타는 이탈리아어 소나레(suonare)에서 유래합니다. 소나레는 '악기를 연주하다'라는 뜻을 지닌 말이에요. 바흐의 〈커피 칸타타〉에서 칸타타가 '노래하다'는 뜻이니까 두 말은 서로 상대되는 말입니다.

소나타라는 음악 형식이 나타난 것은 16세기 말입니다. 당시 성악곡인 칸초나를 기악곡으로 바꾸며 칸초나 다 소나레라고 했고, 이것이 칸초나소나타로 바뀌었다가 나중에 소나타라는 이름만 남았어요. 소나타가 악기를 연주한다는 뜻이니까 독주곡이나 실내곡이에요. 소나타의 특징은 규모가 큰 몇 개의 악장으로 이루어지고 내용이 진지하다는 것입니다.

소나타는 크게 제시부, 전개부, 재현부 세 부분으로 구성됩니다. 그리고 이 앞에 서주부를 두기도 하고, 뒤에 종결부를 넣기도 하지요. 이렇게 하나의 음악을 몇 개의 단계로 구성하는 것은 마치 이야기처럼 보입니다. 제시부에서 음악의 주제를 보여주고, 전개부에서는 주제를 다양하게

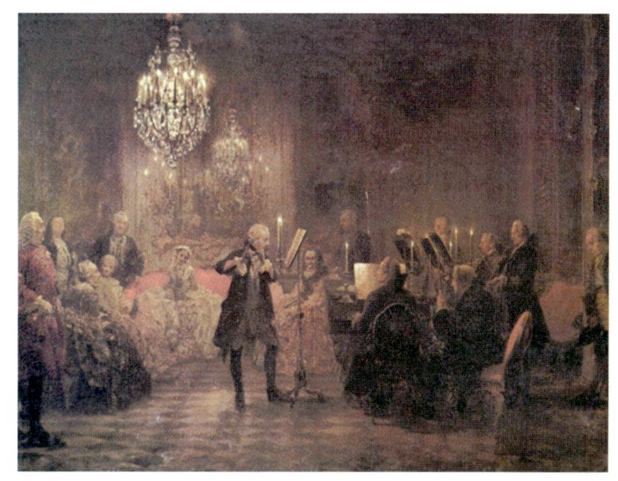

연주를 하는 음악가들

변화시킵니다. 전개부가 아주 중요해요. 작곡가의 상상력과 표현력이 이곳에 집중되거든요. 소나타의 이런 특징 때문에 음악을 들으면서 마치 이야기를 듣는 것 같은 느낌을 받을 수 있게 되었습니다.

이 형식은 이후 음악의 모범이 되어 많은 음악가들이 소나타를 만들었습니다. 하이든은 소나타를 완성시킨 음악가로, 소나타를 약 300곡이나 남겼어요. 모차르트는 90곡, 베토벤은 55곡을 남겼으며, 이후 슈베르트나 베버, 멘델스존, 쇼팽, 슈만, 브람스 등 많은 음악가들이 소나타를 남겼답니다.

특히 베토벤의 소나타는 유명해요. 8번 〈비창〉, 14번 〈월광〉, 15번 〈전원〉, 17번 〈템페스트〉, 21번 〈발트슈타인〉, 23번 〈열정〉, 26번 〈고별〉 등이 자주 연주되지요. 이 중 〈월광 소나타〉는 베토벤이 1801년 애인인 줄리에타를 위해 작곡한 곡입니다. 그런데 '월광(달빛)'이라는 이름은 베토벤이 붙인 것이 아니라 베를린의 음

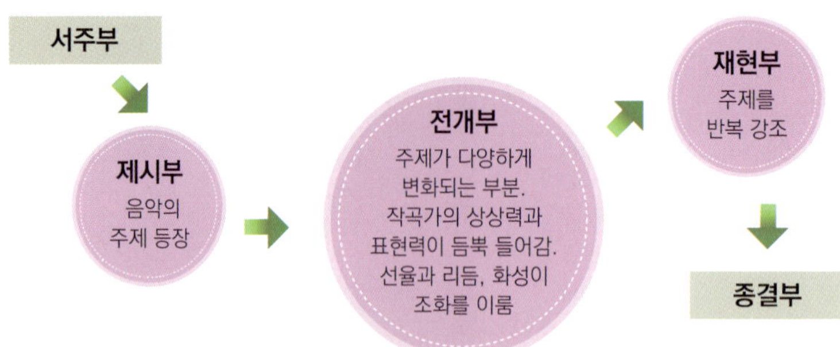

악평론가 핼슈타프가 붙였어요. 1악장의 환상적인 부분이 달빛처럼 곱다고 하여 붙인 것이지요. 모두 3악장으로 구성되는데, 특히 3악장은 피아노 연습용으로 많이 사용되고 있어요.

〈비창 소나타〉

이 곡의 제목 〈비창〉은 베토벤이 직접 붙였다. 베토벤이 표제를 붙인 것은 이 곡과 26번 〈고별〉밖에 없다. 1798~1799년 사이에 작곡된 곡으로, 피아노 소나타의 절정을 이룬 작품이다.

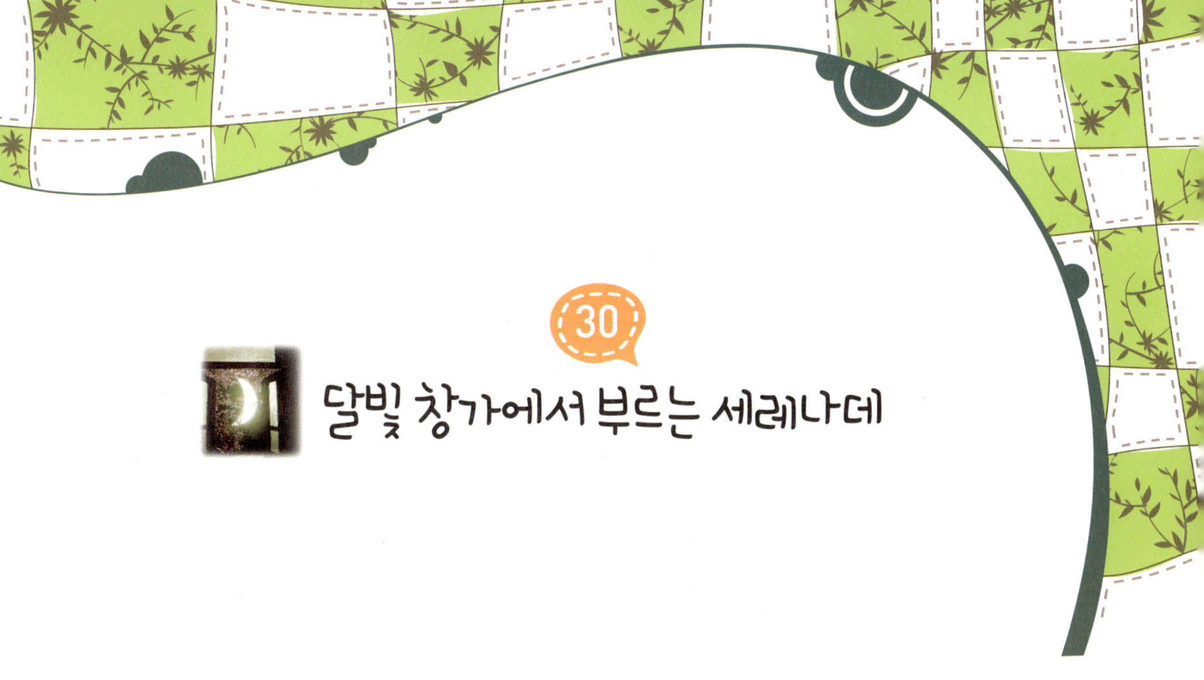

30 달빛 창가에서 부르는 세레나데

누군가가 밤에 창가에 와서 나를 위해 아름다운 노래를 부른다면 얼마나 멋질까요. 그런 음악을 세레나데라고 해요. 세레나데(Serenade)라는 말은 '늦은'이라는 뜻을 지닌 라틴어 '세루스(Serus)' 또는 '맑게 갠'이라는 뜻을 지닌 이탈리아어 '세레노(sereno)'에서 유래해요. 우리말로는 소야곡이라고 합니다. 세레나데란 결국 저녁 음악을 가리켜요. 특히 연인의 창가에서 악기를 연주하며 낭만적으로 부르는 사랑 노래를 말하지요.

세레나데로 유명한 것으로는 모차르트의 오페라 《돈 조반니》에 등장하는 장면을 들 수 있어요. 이 오페라에서 주인공인 돈 조반니가 한 소녀를 유혹하기 위하여 달빛이 흐르는 창가에서 만돌린 반주에 맞춰 "오, 사랑하는 이여, 창가로 와주오. 여기 와서 내 슬픔을 없애주오"라고 노래를 부르지요.

세레나데는 언뜻 생각해보면 간단한 음악이라고 할 수 있어요. 혼자서 간단한 악기, 특히 현악기에 맞춰 노래를 부르는 것이 보통이니까요. 그러나 모차르트가 활동하던 때에는 오케스트라를 위한 세레나데도 자주 선보였어요. 이런 세레나

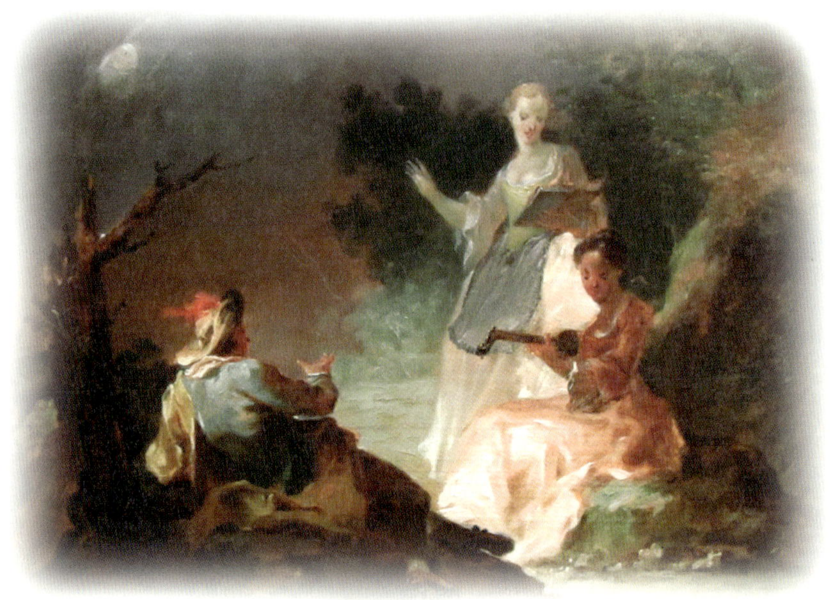

말베르츠의 〈세레나데〉

데는 주로 귀족들이 여는 파티에서 즐기기 위해 만들어졌죠. 대표곡으로 〈아이네 클라이네 나흐트무지크(작은 밤의 음악)〉라는 곡을 들 수 있어요. 이 곡은 바이올린과 비올라, 첼로 등의 현악기들이 합주를 합니다.

세레나데는 관현악이 널리 퍼지면서 점차 줄어들기 시작했지만 몇몇 작곡가가 전통을 이었어요. 대표적인 음악가가 차이콥스키와 드보르자크입니다.

세레나데가 쇠퇴하면서 떠오른 음악은 녹턴입니다. 녹턴은 우리말로 흔히 '야상곡'이라고 해요. 밤에 생각하며 듣는 음악이라는 뜻으로, 매우 시적이고 서정적인 음악이지요.

녹턴은 쇼팽이 많이 남겼습니다. 녹턴이 피아노로 연주되는 음악이므로 피아노의 시인 쇼팽에게 딱 어울렸던 모양이에요. 쇼팽 이후 몇몇 음악가로 이어지다가 쇤베르크의 〈정화된 밤〉에 이르러 최고조에 달하였어요.

참고로 세레나데는 저녁 9시쯤, 녹턴은 밤 11시에 연주되었다고 합니다.

세레나데와 비슷한 성격의 악곡으로는 카사치오네와 디베르티멘토가 있어요. 카사치오네는 세레나데의 변형으로, 초저녁 노을 진 거리에서 연주하는 야외 음악의 일종입니다. 오락성이 강한 음악이지요. 디베르티멘토는 '기분전환'이라는 의미를 담고 있는 음악용어예요. 가볍게 즐기는 음악이라는 뜻이니 귀족들이 흥미 위주로 듣도록 만들어진 곡이지요. 특히 식사를 즐기며 듣는 식탁 음악으로 많이 사용되었어요. 모차르트는 디베르티멘토를 여러 곡 남겼는데, 그 곡들에는 모차르트의 특징이 잘 드러나 있어요. 경쾌하면서도 부드러워 음악을 들으면 금세 기분이 상쾌해진답니다.

그런데 저녁이나 밤에만 음악을 들었을까요? 아침에 듣는 음악도 있었어요. 마티나타와 오바드지요. 마티나타는 '아침에 부르는 사랑의 노래'라는 뜻, 오바드는 '새벽녘'이라는 뜻이 담긴 프랑스어로, '아침의 음악'이라는 뜻이에요.

이렇게 음악은 시간과 장소에 따라 달리 연주되고 독특한 형식을 지닌답니다.

녹턴은 누가?

조용한 밤에 연주하는 피아노곡을 주로 가리킨다. 19세기 초에 필드(Field, J.)가 처음으로 작곡한 이후 널리 퍼졌다. 쇼팽의 19곡이 가장 유명하다.

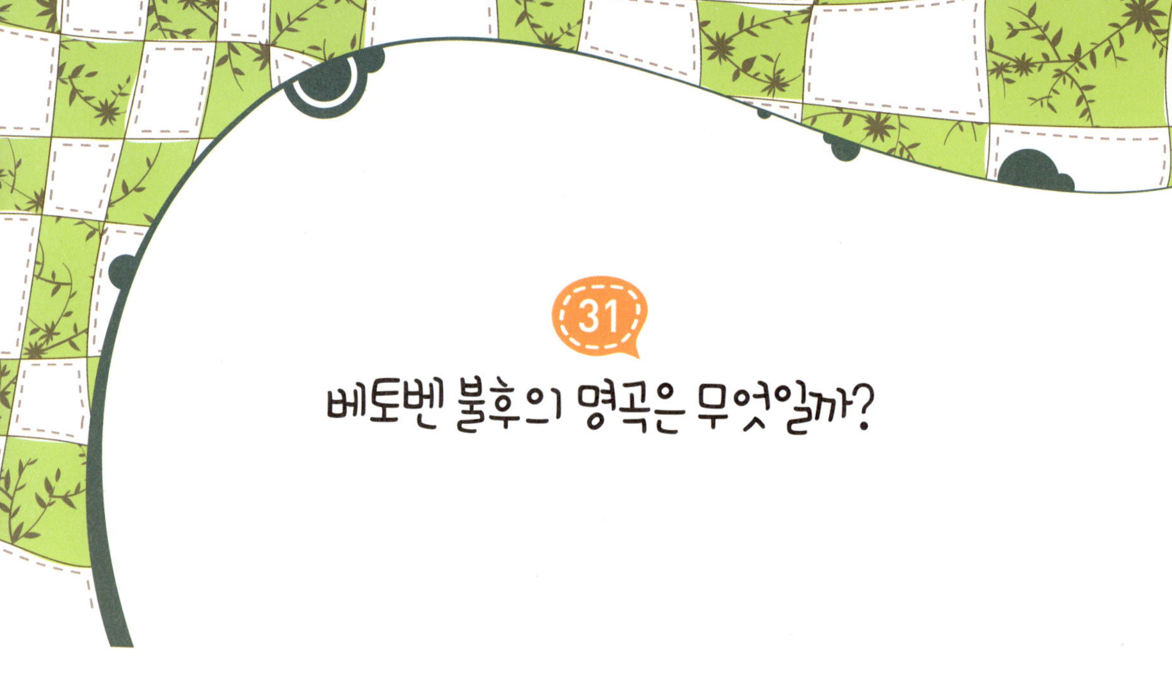

베토벤 불후의 명곡은 무엇일까?

　　베토벤은 흔히 '악성(樂聖)'이라고 하지요. 이는 음악의 성인이라는 뜻으로, 최고의 음악가라는 의미입니다. 클래식 음악과 친해지려면 베토벤이나 모차르트와 친해지면 됩니다. 두 음악가의 음악을 듣다 보면 클래식 음악은 저절로 좋아지게 되어 있지요.

　　베토벤은 1770년 독일의 본에서 태어났어요. 천재인 모차르트와 달리 베토벤은 어린 시절 가혹한 음악교육을 받았습니다. 그의 아버지는 술주정뱅이였어요. 어린 베토벤을 오로지 음악가로 만들기 위해 방에 가두기도 했고, 술을 먹고 늦게 들어온 날도 자고 있는 베토벤을 깨워 음악 연습을 시켰다고 해요.

　　다행인 것은 어린 베토벤이 아버지의 말씀을 잘 듣고 따랐다는 것입니다. 특히 음악 자체를 좋아했지요. 만일 조금이라도 음악이 싫었다면 그와 같은 아버지의 가혹한 교육을 견뎌낼 수 없었을 겁니다.

　　아무튼 베토벤은 피나는 노력 끝에 훌륭한 음악가가 되었으며, 그런 노력은 죽을 때까지 계속되어 최고의 음악을 우리에게 들려주게 되었지요.

베토벤의 명곡은 다음과 같습니다.

〈운명 교향곡〉(5번 c단조 op.67, 1808년) 클래식 음악 하면 떠오르는 명곡이에요. 짜자자잔~ 하는 네 음이 마치 운명의 문을 두드리는 듯하지요.

〈전원 교향곡〉(6번 F장조 op.68, 1808년) 귓병을 앓을 때 베토벤은 산책을 자주 했어요. 그럴 때마다 전원에서 느꼈던 감정을 담은 곡입니다.

〈합창 교향곡〉(9번 d단조 op.125, 1823년) 인류의 평화를 갈망하는 베토벤의 열정이 담긴 교향곡이에요. 여러 교향곡 중 최고의 교향곡으로 찬사를 받는 곡입니다.

〈비창 소나타〉(피아노 소나타 8번 c단조 op.13, 1798~1799년) 영화나 드라마, 힙합, 재즈에 이르기까지 각종 예술 장르에 배경 음악으로 자주 나오는 명곡입니다.

〈월광 소나타〉(피아노 소나타 14번 c#단조 op.27, 1801년) 사랑하는 여인 줄리에타 주치아르디에게 바친 음악이에요. 피아노 전공 입시곡으로 자주 나오는 곡이지요.

〈열정 소나타〉(피아노 소나타 23번 f단조 op.57,1806년) 영원한 연인 테레제의 오빠인 브라운슈바이 백작에게 헌정한 곡이에요.

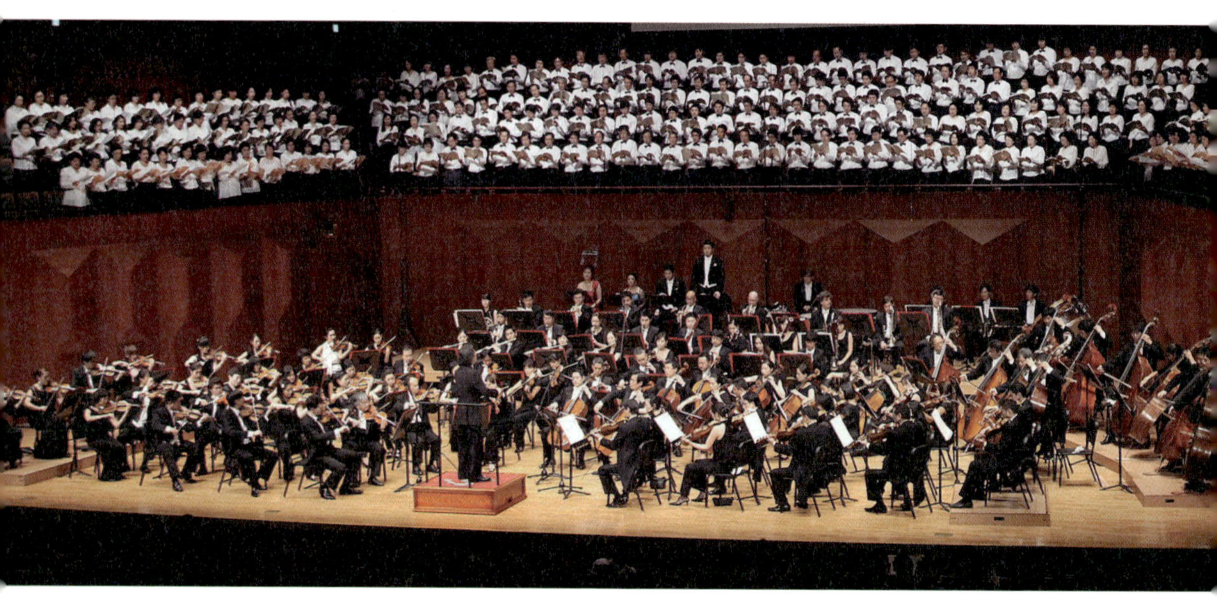

베토벤 교향곡 연주 모습

〈봄 소나타〉(바이올린 소나타 5번 F장조 op.24, 1801년) 4악장으로 구성되어 있어
요. 밝고 따스한 봄을 연상시킨다고 해서 '봄'이라는 이름이 붙었습니다.

《피델리오》(op.27, 1805년) 베토벤의 유일한 오페라로, 8년 동안 만들었다고 해요.
3막으로 되어 있어요.

〈에그몬트 서곡〉(op.24, 1809년) 에스파냐 폭군의 압제하에 있는 네덜란드를 구하
려다 붙잡히는 에그몬트 백작과, 그를 구하려다 실패해 스스로 목숨을 끊고 자유의
여신이 되는 애인 클레르헨의 이야기를 다룬 괴테의 비극을 소재로 한 곡입니다.

〈엘리제를 위하여〉(바가텔 25번 a단조 Wo0.59, 1810년) 이 음악만큼 익숙한 음악도

드물지요. 단순하면서도 짧은 곡이지만 애절하고도 아름다운 멜로디가 특징입니다.

많은 사람들이 교향곡 중 압권은 〈운명 교향곡〉이라고 해요. 하지만 베토벤 자신은 그렇게 생각하지 않았나봐요. 크리스토프 쿠프너라는 시인이 베토벤에게 "선생님의 작품 중 가장 좋아하는 교향곡은 어느 것입니까?"라고 물었더니 "에로이카!"라고 대답했답니다. 에로이카는 바로 〈영웅 교향곡〉을 말합니다.

〈영웅 교향곡〉, 에로이카

베토벤이 위대한 음악가의 위치에 오르게 된 곡이다. 1803~1804년 사이에 작곡한 교향곡으로, 여기에서 영웅은 나폴레옹을 가리킨다. 나폴레옹이 황제에 오르자 실망한 베토벤은 〈보나파르트〉라는 제목을 〈신포니아 에로이카〉로 수정했다고 한다.

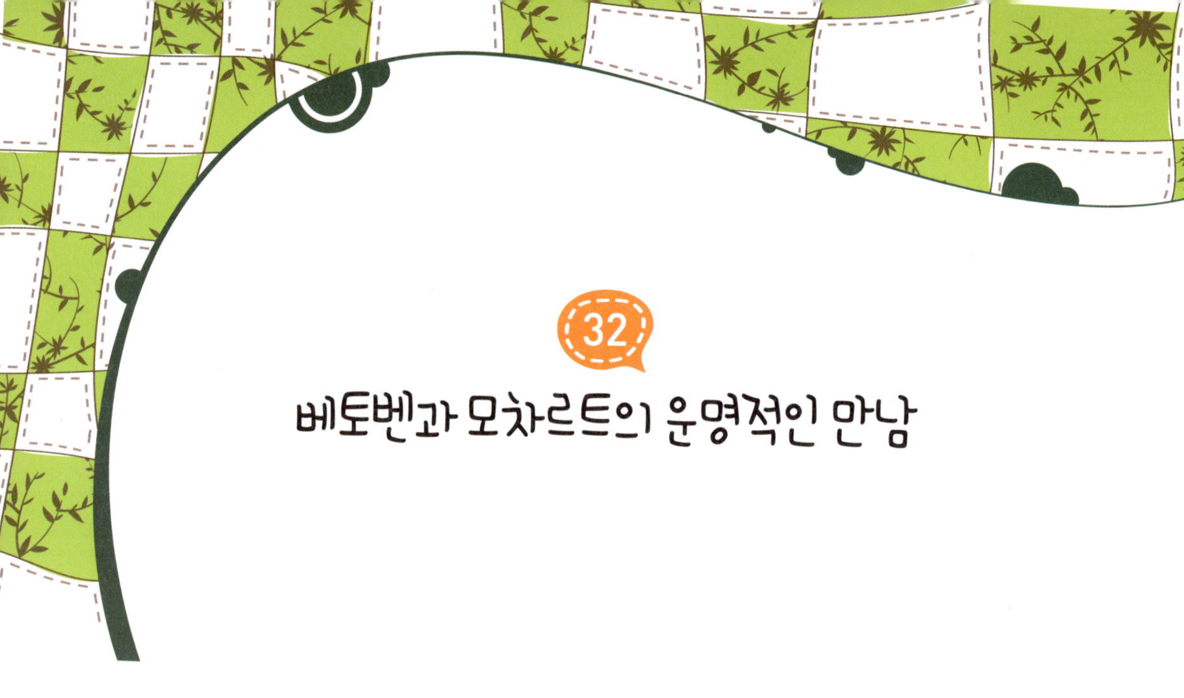

베토벤과 모차르트의 운명적인 만남

　모차르트와 베토벤은 역사상 최고의 음악가들이에요. 이들은 비슷한 시대를 살았지요. 모차르트는 1756년에 태어났고, 베토벤은 1770년에 태어났습니다. 모차르트가 14살 많았어요. 동시대를 살았지만 이들이 만난 것은 딱 한 번밖에 안 됩니다. 왜냐하면 모차르트가 너무나 일찍 죽었기 때문이에요. 모차르트가 35세에 죽었으니 베토벤의 나이는 겨우 21살이었답니다.

　이 두 천재 음악가들은 베토벤이 17살 때 만났습니다. 당시 모차르트는 아주 유명한 음악가였고, 베토벤은 아직 유명하지는 않았지요. 1787년 2월 베토벤은 모차르트를 만나러 빈으로 향했습니다. 당시 빈은 음악의 중심지였지요. 그때 베토벤의 가장 큰 관심사는 모차르트였습니다. 베토벤이 모차르트를 찾아갔을 때 모차르트는 10월에 발표할 오페라를 만드느라 정신없이 바빴어요. 일을 하면서 베토벤에게 피아노를 쳐보라고 했지요. 그런데 베토벤이 치는 피아노 소리를 듣고는 깜짝 놀라고 말았어요. 워낙 훌륭했기 때문이에요. 당시 많은 젊은이들이 모차르트를 찾아와 연주를 했는데, 베토벤처럼 잘하는 사람은 드물었던 모양입니다.

"혹시 즉흥연주도 할 수 있겠나?"

모차르트는 베토벤을 시험해보려고 주제를 주며 즉흥연주를 시켰어요. 혹시 한 곡만 죽으라고 연습해서 잘 치는 것인지도 모르기 때문이었죠. 베토벤은 모차르트가 낸 주제에 맞춰 즉흥적으로 피아노를 치기 시작했어요. 모차르트는 더욱 놀랐지요. 보통 사람으로는 칠 수 없는 엄청난 솜씨인 데다가 연주하는 힘이 대단했거든요. 베토벤이 연주를 마치자 모차르트는 주변 사람들에게 말했어요.

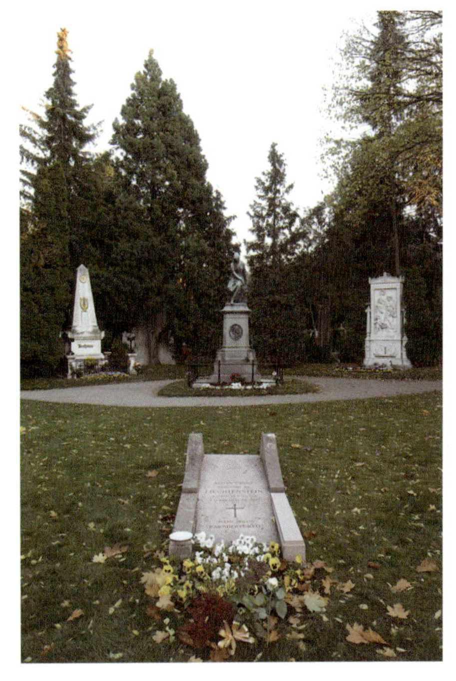

모차르트 동상 좌우에 있는
베토벤과 슈베르트 묘지

"이 소년을 잘 기억해두게. 언젠가는 반드시 세계적인 화제를 일으킬 사람이니까."

모차르트는 베토벤에게 다음에 꼭 함께 연주하자고 약속했어요. 그러나 안타깝게도 이것이 마지막 인사가 되고 말았습니다. 베토벤은 어머니의 병세가 악화되어 고향인 독일로 돌아가야 했고, 4년 뒤 모차르트가 죽고 말았거든요.

모차르트와 베토벤, 두 천재 음악가가 함께 연주를 했다면 얼마나 멋졌을까요?

베토벤은 모차르트 곡을 많이 연주했고 평도 많이 남겼어요. 모차르트의 현악 4중주곡 K.464에 대해서는 "이것이야말로 진정한 작품이다. 이 작품으로 모차르트는 세상에 말하고 싶었던 것이다. 만약 정의로운 시대였다면 내가 당신들을 위해 한 것을 알아주었을 텐데!"라고 평했어요. 베토벤은 이 곡을 직접 손으로 여러 번 쓰면서 모차르트의 음악을 분석했어요.

이 밖에도 몇 건의 평이 전해집니다.

"이런 것은 도저히 우리가 생각할 수 없는 일이다." (모차르트의 〈피아노 협주곡 24번〉에 대한 평)

"모차르트 오페라 중 《마술피리》가 최고다."(귀부인의 질문을 받고 한 말)

"나는 마지막 순간까지도 모차르트를 존경할 것이다." (모차르트의 〈레퀴엠〉이 정통적이 아니라고 쓴 비평을 보고 화를 낸 뒤 한 말)

베토벤은 모차르트의 곡을 분석하고 많은 부분을 연습했어요. 그래서 작품 중에는 모차르트의 영향을 받은 것이 많아요. 작품 18-5 〈현악 4중주 A장조〉는 모차르트의 현악 4중주곡 K.464의 영향을 받았으며, 〈피아노 협주곡 3번〉은 모차르트 〈피아노 협주곡 24번〉의 영향을 받은 것이라고 해요. 아마도 베토벤을 위대한 음악가로 만든 것은 모차르트이지 않을까요?

모차르트의 오페라에 실망한 베토벤?

베토벤은 모차르트 신봉자였다. 그러나 어느 날 한 오페라를 가리켜 이렇게 말했다.
"어째서 모차르트 같은 사람이 이런 나쁜 대본에다 음악을 붙였을까?"
《돈 조반니》를 가리키며 한 말이다.

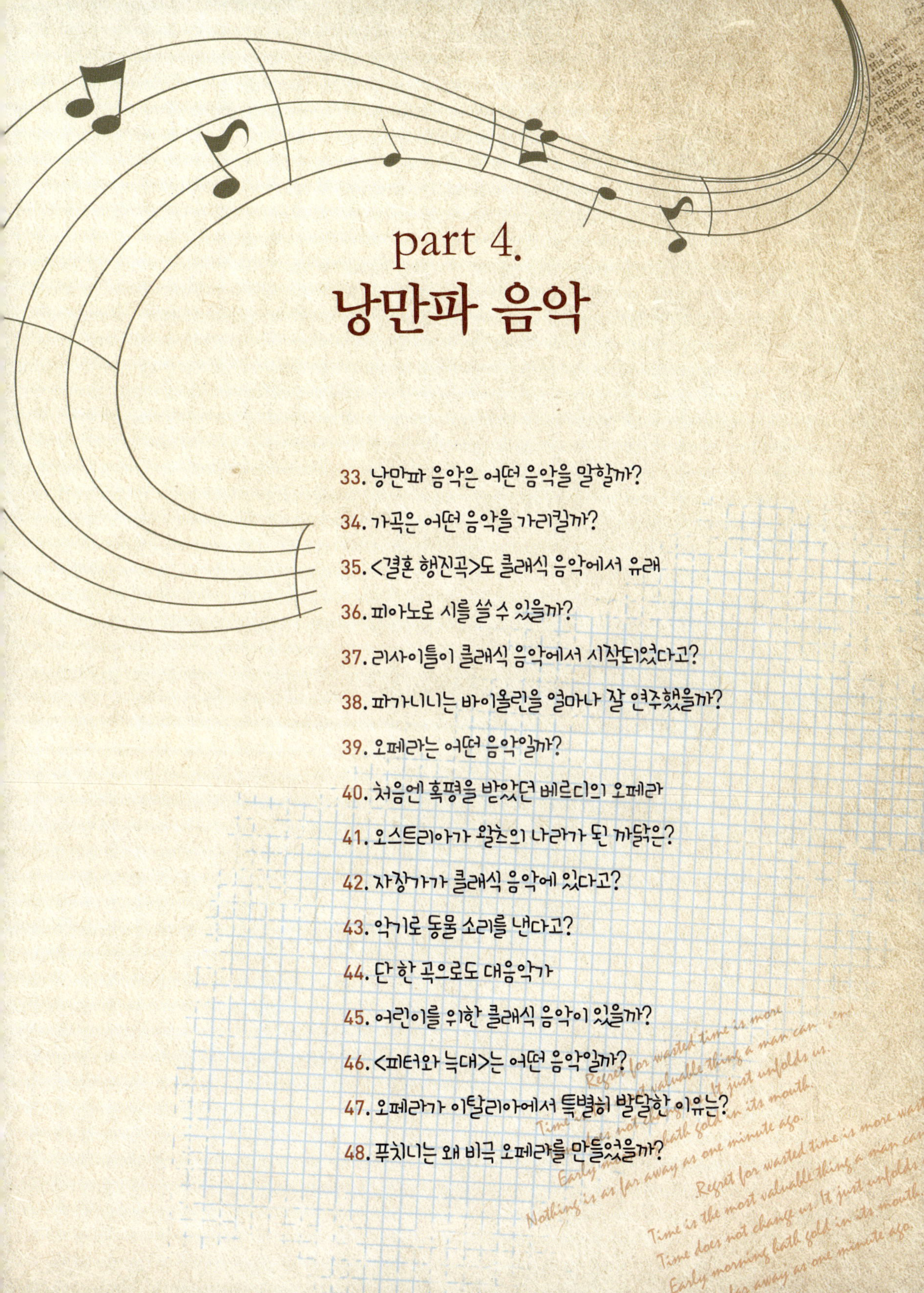

part 4.
낭만파 음악

낭만파 음악은 어떤 음악을 말할까?

낭만이라는 말 들어보았지요? "저 친구 참 낭만적이야."라는 식으로 쓰입니다. 여기에서 낭만적이라는 말은 감성이 풍부하다는 말이에요. 이성적이거나 논리적인 것과 반대되는 뜻이지요.

고전파의 뒤를 잇는 음악 시대를 낭만파 시대라고 부르는데, 바로 그러한 뜻으로 이름 붙여졌어요.

고전파 음악은 매우 이성적인 음악이었습니다. 형식을 중요하게 여겼으며 조화와 완성도를 철저하게 추구했어요. 이에 비해 낭만파 시대에는 개인적인 감정을 중요하게 여겼으며 공상, 상징, 신비, 초자연적인 느낌을 음악으로 표현하였습니다.

여기에서 낭만이라는 말은 우리말 같지만 '로망스'라는 외국어가 변한 말이에요. 로망스는 옛날 영웅담이나 환상적인 이야기를 말합니다. 영어로는 로맨스라고 해서 연애나 사랑의 감정을 뜻하는 말로 바뀌었지요.

그런데 낭만이라는 말을 사전에서 찾아보면 감성적이면서 정서적이지만 '현실

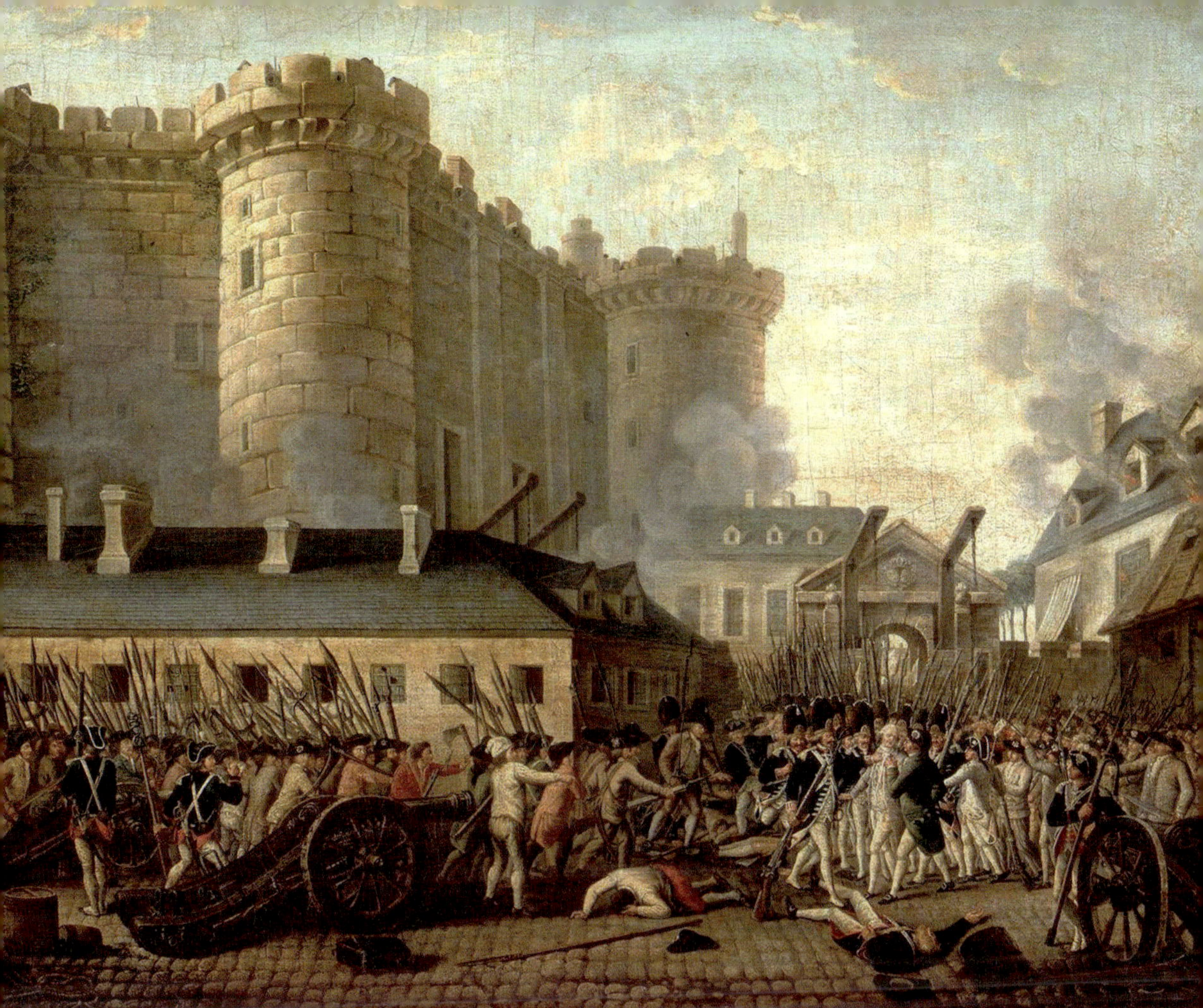

프랑스혁명 – 1789년 7월 14일의 바스티유 감옥

성이 적은'이라는 수식어가 붙습니다. 어떻게 생각하면 낭만적인 사람은 현실에서 이루기 어려운 꿈을 꾸는 사람인지도 모르지요.

낭만파 음악이 생겨난 것도 이와 관련이 깊습니다. 낭만파라는 용어는 사실 문학에서 따온 겁니다. 낭만주의라고 해서 18세기 후반부터 19세기 전체에 걸쳐 유럽에 나타난 문학의 흐름이었는데, 바로 이 낭만주의를 음악에도 적용시킨 것이지요.

낭만주의는 당시 시대상과도 밀접한 관계가 있어요. 당시는 산업혁명으로 세상이 급변하고 있었고, 특히 프랑스혁명으로 사회가 불안정했어요. 사람들은 현실이 두려웠고, 어떻게든 현실에서 벗어나고 싶어 했지요. 그래서 꿈이나 이상, 환상, 신비한 것에 관심을 두었고, 이러한 면이 문학은 물론 미술과 음악에도 나타난 것이에요.

낭만파 음악은 여러 면에서 고전파 음악과 다른 점이 있어요. 우선 음악이 예술의 중심으로 자리 잡았어요. 궁정에서 귀족들을 위해 연주되는 것이 아니라 예술 자체로 더욱 발전했던 것이지요.

낭만파 음악에 절대적인 영향을 끼친 음악가는 바로 베토벤입니다. 특히 베토벤의 후기 작품들은 낭만파 음악이라고 부르기도 하지요. 예를 들면 교향곡 9번 〈합창〉은 독일의 시인 실러(1759~1805)의 시 〈환의에 붙여서〉를 4악장 음악으로 만들었는데, 자유를 갈망하는 기쁨이 듬뿍 담겨 있습니다. 내용이 매우 낭만적이지요.

낭만파 음악 시대에는 음악에 제목을 붙인 것이 많은데, 시나 이야기를 소재로 삼은 곡이 많기 때문입니다. 음악에 제목을 붙인 음악을 표제 음악이라고 한다는 것은 앞에서 설명한 바 있지요.

낭만파 음악에서 중요한 것을 한 가지 손꼽으라면 가곡입니다. 가곡은 성악을 위한 음악을 말하지요. 슈베르트(1797~1828)는 600곡이 넘는 아름다운 가곡을 남겨서 흔히 '가곡의 왕'이라고 불립니다. 《겨울 나그네》와 《마왕》, 《숭어》 등이 대표적인 곡이에요.

슈베르트의 뒤를 이어 슈만도 가곡을 많이 남겼어요. 그리고 교향시와 오페라, 왈츠 등도 매우 발달했습니다.

낭만파 음악 시대를 대표하는 음악가는 매우 많습니다. 그래서 전기와 중기, 후기로 구분하기도 해요. 전기 낭만파 음악은 베토벤 이후 베버와 슈베르트가 이끌었어요. 중기 낭만파 음악은 멘델스존과 슈만, 쇼팽 등이 중심이 되었지요. 후기 낭만파 음악은 베를리오즈와 리스트, 베르디, 바그너, 비제 등 여러 음악가가 이끌어갔어요.

이제부터 그들의 음악을 하나하나 살펴보기로 해요.

낭만파의 시대구분은 무엇으로 할까?

고전파와 낭만파의 구분은 베토벤의 죽음이다. 베토벤은 1827년에 죽었는데 이후부터 낭만파 음악 시대라고 한다. 사실 베토벤도 말년에는 낭만파 음악을 했다고 평가되고 있다.

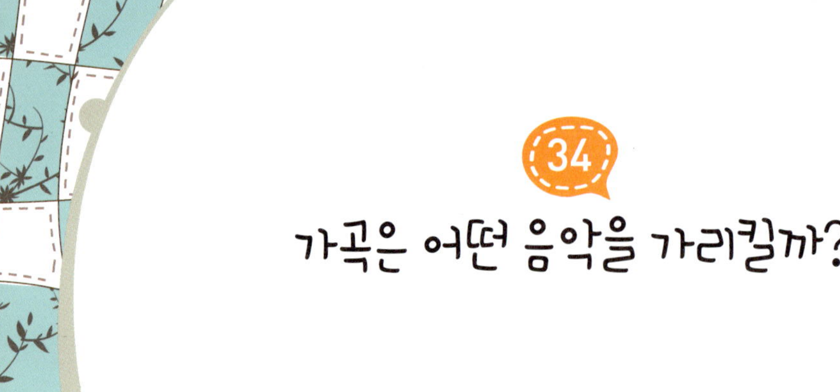

가곡은 어떤 음악을 가리킬까?

클래식 음악 중에는 노래로 부르면 더욱 멋진 곡이 있어요. 예를 들면 슈베르트의 가곡 《겨울 나그네》를 들 수 있지요. 《겨울 나그네》에는 〈보리수〉로 알려진 아름다운 곡이 들어 있거든요. 노랫말은 다음과 같습니다.

성문 앞 우물가에 서 있는 보리수,
나는 그 그늘 아래 단꿈을 보았네.
가지에 희망의 말 새기어놓고서
기쁠 때나 슬플 때나 찾아온 나무 밑…

가만히 들어보면 노랫말이 한 편의 시 같습니다. 바로 가곡은 시를 소재로 해서 작곡한 음악을 이르는 말입니다. 《겨울 나그네》는 밀러(1794~1827)의 시집 〈겨울 나그네〉를 슈베르트가 음악으로 만든 것이지요.

슈베르트는 그러한 가곡을 600여 곡이나 작곡해서 흔히 '가곡의 왕'이라고 불리지요. 그 많은 가곡 중 3대 연가곡집을 들라면 앞에 나온 《겨울 나그네》와 《아름다운 물방앗간 아가씨》, 《백조의 노래》를 듭니다.

《아름다운 물방앗간 아가씨》도 뮐러의 시에 곡을 붙인 것입니다. 슈베르트의 첫 가곡집이자 낭만파 음악 시대에 처음으로 나온 가곡집이기도 하지요. 물방앗간의 아가씨와 떠돌이 사나이의 사랑을 노래한 것으로, 사랑을 이루지 못한 사나이가 비참한 최후를 맞는다는 이야기입니다.

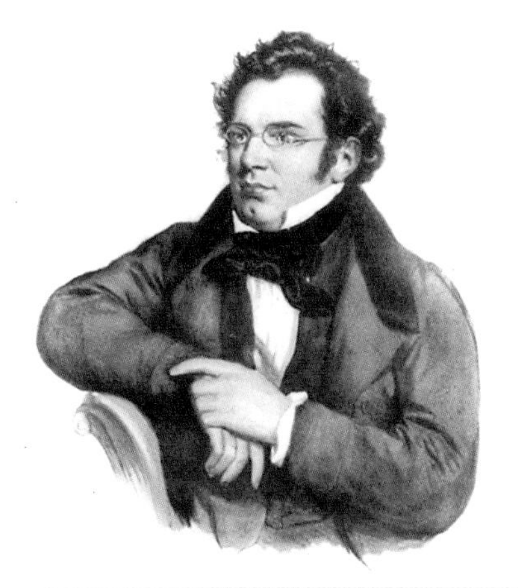

슈베르트

슈베르트가 친구의 집에 갔다가 뮐러의 시집을 보고 집에 가져와 그날 바로 3곡의 노래를 만들었다고 해요.

《겨울 나그네》는 사랑을 잃은 젊은이가 희망을 잃고 눈보라가 치는 겨울에 방황하는 이야기를 담고 있습니다. 실제로 이 곡은 1827~1828년 사이 추운 겨울에 만들어졌어요. 한동안 보이지 않던 슈베르트가 어느 날 악보 한 뭉치를 들고 친구들을 찾아왔대요. 당시 친구들은 그가 혹시 추위에 얼어 죽지 않았나 하고 걱정하던 참이었지요. 그는 친구들을 모아놓고 연주를 했어요. 그러자 친구들은 곡이 너무 우울해서 싫다고 했는데, 단지 5번 곡은 좋다는 반응이었어요. 그 5번 곡이 바로 앞에 소개한 〈보리수〉입니다. 친구들의 반응을 들은 슈베르트는 이렇게 말했어요.

"너희도 언젠가는 모두 좋아하게 될 거야."

슈베르트가 가난과 병으로 고생하면서 만든 곡으로, 그런 분위기가 음악 속에 담겨 있습니다. 그래서 어떤 친구는 "그에게 정말 겨울이 시작되었다."라고 했다고 해요.

《백조의 노래》는 슈베르트의 유작입니다. 1829년 5월에 발표되었지요. 이 가곡집에는 리트(독일 가곡) 13곡(렐시타프의 시 7곡, 하이네의 시 6곡)과 자이들의 시 〈비둘기 전령〉 1곡 등 모두 14곡이 들어 있어요. 그런데 《백조의 노래》라는 이름은 출판사에서 붙인 것이에요. 백조는 평상시에는 울지 않다가 죽을 때가 되면 운다고 해요. 슈베르트의 유작에 《백조의 노래》라고 붙인 것은 출판사의 상술이었지요.

슈베르트는 곡을 집중해서 작곡해, 한 번 일을 시작하면 아름다운 곡이 줄줄이 엮여 나왔어요. 31세라는 젊은 나이에 죽었음에도 1천 곡이나 되는 곡을 남긴 것은 그의 작곡 솜씨를 말해주지요. 슈베르트가 더 오래 살았다면 얼마나 아름다운 음악을 많이 만들었을까요?

독일 가곡 리트(Lied)

독일의 가곡은 리트라고 한다. 이는 괴테, 하이네 등 낭만파 시인들의 서정시를 곡으로 만든 음악들을 가리키는 말이다. 슈베르트와 슈만, 브람스 등이 많은 리트를 남겼다.

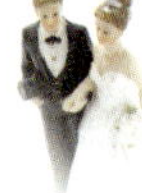

<결혼 행진곡>도 클래식 음악에서 유래

결혼식에 가보면 신랑 신부가 음악에 맞춰 행진하는 부분이 있어요. 이때 나오는 음악이 〈결혼 행진곡〉이에요. 딴~ 딴~ 따 따라라라~ 누구나 다 아는 멜로디지요. 이 〈결혼 행진곡〉도 바로 클래식 음악의 일부입니다.

이 음악을 만든 사람은 독일의 작곡가 멘델스존(1809~1847)이에요. 멘델스존은 17세 때 셰익스피어(1564~1616)의 희곡 〈한 여름 밤의 꿈〉을 읽고 큰 감동을 받아 같은 제목의 음악을 만들었어요. 이 곡은 진실한 사랑을 하는 연인이 요정의 도움으로 결혼에 성공한다는 내용을 담고 있어요.

멘델스존이 처음 《한 여름 밤의 꿈》을 작곡한 것은 17세 때의 일이지만 그때는 그 곡 안에 〈결혼 행진곡〉은 없었어요. 서곡만 작곡한 것이었거든요. 서곡은 오페라나 연극이 공연되기 전, 막이 내려진 채 오케스트라가 연주하는 곡을 가리킵니다. 멘델스존은 처음에 서곡을 피아노곡으로 만들었고 나중에 관현악곡으로 편곡했어요.

그리고 〈결혼 행진곡〉은 1843년에 넣었지요. 멘델스존은 서곡 이외에도 12곡

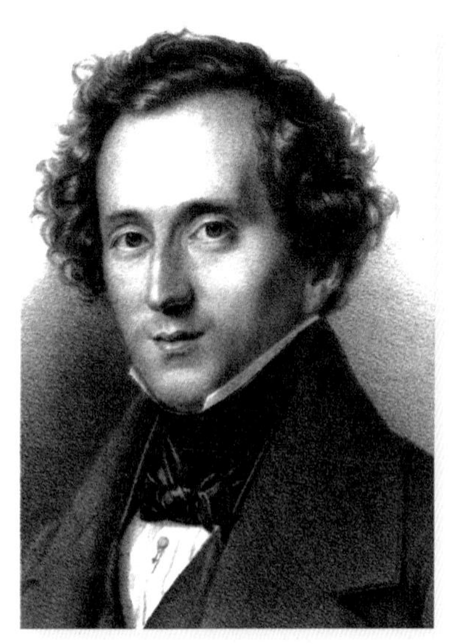

멘델스존

을 추가로 작곡해서 극 음악으로 삽입했습니다. 이때 끝 부분인 5막에서 연인들이 우여곡절 끝에 결혼하는 장면에 바로 〈결혼 행진곡〉을 넣었던 것이지요.

멘델스존은 함부르크에서 은행가의 아들로 태어나 어릴 때부터 음악을 마음껏 공부할 수 있었어요. 특히 모차르트 못지않은 음악 신동으로, 13세 때에는 집에 오케스트라를 두고 작곡까지 했다고 해요. 어린 시절에 작곡한 곡들을 보면 모차르트보다도 더 우수하다는 평을 받고 있습니다.

그런데 멘델스존은 음악 말고 다른 분야도 잘했어요. 그림과 문학, 철학도 잘했고, 영어와 이탈리아어, 프랑스어, 라틴어 등 외국어에도 능숙했다고 해요.

멘델스존은 늘 옷을 깔끔하게 입고 다녀 신사로 통했어요. 그런 까닭에 신사의 나라 영국에서 특히 인기가 많았지요. 평생 영국을 10차례나 방문해 연주했고, 그가 영국에서 연주회를 열면 여왕까지 찾아올 정도로 인기가 많았다고 합니다. 또 그는 제자 양성도 많이 해서 음악 발달에 큰 공을 세웠어요. 라이프치히에 음악원을 세워서 독일 음악의 중심지로 만들었지요.

멘델스존의 공로를 하나 더 든다면 바흐를 발굴한 것입니다. 바흐는 죽고 나서도 이름이 거의 알려져 있지 않았어요. 멘델스존은 바흐의 탄생 100주년을 앞두고 바흐의 곡을 수집해 정리했고, 마침내 탄생 100주년이 되던 해에 기념 음악회를 개최했어요. 이때 바흐의 대표곡인 〈마태의 수난곡〉이 큰 호응을 얻었으며, 서양 음악사에서 바흐가 음악의 아버지로 불리게 되었답니다.

멘델스존의 대표곡으로는 〈이탈리아 교향곡〉과 〈스코틀랜드 교향곡〉을 들 수 있어요. 그 나라를 여행할 때 얻은 느낌을 담아 작곡한 것이라서 나라 이름이 붙어 있지요. 또 바이올린 협주곡도 아주 유명해 베토벤, 브람스의 작품과 함께 3대 바이올린 협주곡으로 불리기도 해요.

그러나 안타깝게도 멘델스존은 젊은 나이에 죽었어요. 1847년 겨우 38세에 사망했는데, 누나가 죽자 의욕을 잃고 시름시름 앓다가 죽고 말았다고 해요. 신사 작곡가, 낭만파 음악의 선구자 멘델스존의 〈결혼 행진곡〉은 아마도 인류가 생존하는 한 계속되겠지요?

또 하나의 결혼 행진곡

〈결혼 행진곡〉은 신랑 신부가 혼례를 마치고 행진할 때 연주된다. 그런데 결혼식에서는 신부가 입장할 때에도 클래식 음악이 연주되는데, 이 곡은 바그너의 오페라 《로엔그린》에서 연주되는 〈혼례 합창곡〉을 따온 것이다.

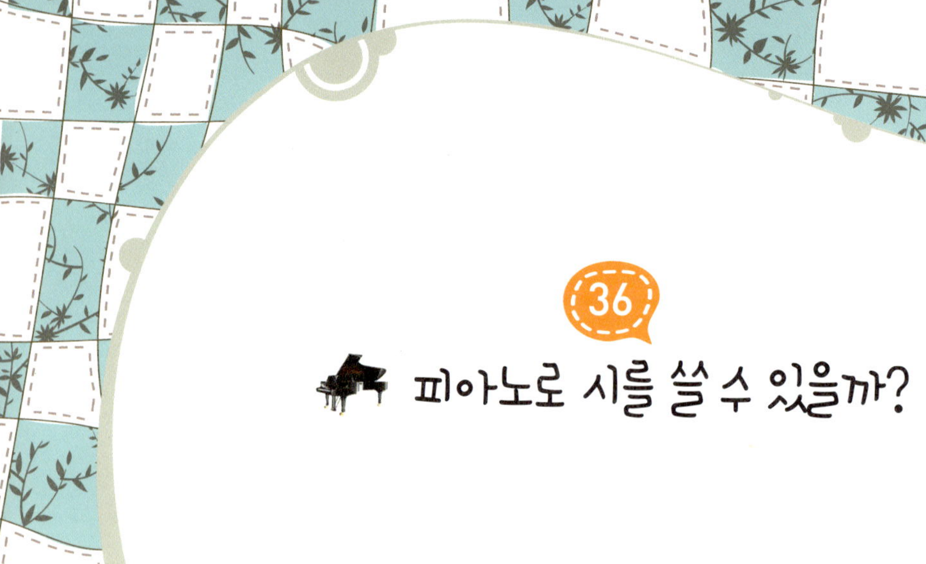

피아노로 시를 쓸 수 있을까?

시와 음악이 함께 어우러진 것이 가곡이라고 했지요. 그런데 아예 음악을 시처럼 만든 사람도 있습니다. 바로 피아노로 시를 쓴다는 쇼팽(1810~1849)이에요. 도대체 피아노를 얼마나 잘 쳤으면 '피아노의 시인'이라는 별명이 붙었을까요?

쇼팽은 폴란드에서 태어났어요. 폴란드는 동유럽에 있는데, 러시아와 독일 등 강대국 사이에 있어서 늘 침략에 시달렸습니다. 그래서 쇼팽은 젊은 시절 폴란드를 떠나야 했고, 이때 정착한 곳이 프랑스 파리입니다.

파리는 당시 예술의 중심지로 떠오르고 있었어요. 작가와 화가는 물론 음악가들도 속속 파리로 모여들었지요. 파리를 흔히 '예술의 도시'라고 부르는데, 이처럼 많은 예술가들이 파리에서 활동했기 때문입니다.

그런데 당시 예술인들이 많이 모이던 곳은 살롱이었습니다. 살롱은 음식과 술, 차 등을 파는 곳으로, 많은 예술가들이 살롱에 모여 예술에 대한 의견을 나누며 친분을 쌓았습니다. 당연히 쇼팽도 살롱을 드나들며 음악을 했지요. 그런데 그가 피아노를 연주하면 귀부인들이 엄청나게 몰려들었대요. 그의 연주 시간이 되면 줄을 서서 입장할 정도였지요. 쇼팽이 '피아노의 시인'이라는 별명을 얻은 것은 바로 그때였답니다. 쇼팽은 살롱에서 조르주 상드 (1804~1876)라는 작가를 만나 사귀었어요. 상드는 쇼팽이 아플 때 간호도 해주며 여러 모로 쇼팽을 도와준 여인입니다.

하지만 쇼팽은 39세의 나이로 죽었어요. 음악가 중에는 이렇게 짧은 인생을 살다 간 사람이 많아요. 하지만 그들이 남긴 음악은 영원히 남지요. 그래서 '인생은 짧고 예술은 길다'라는 명언이 있나봅니다.

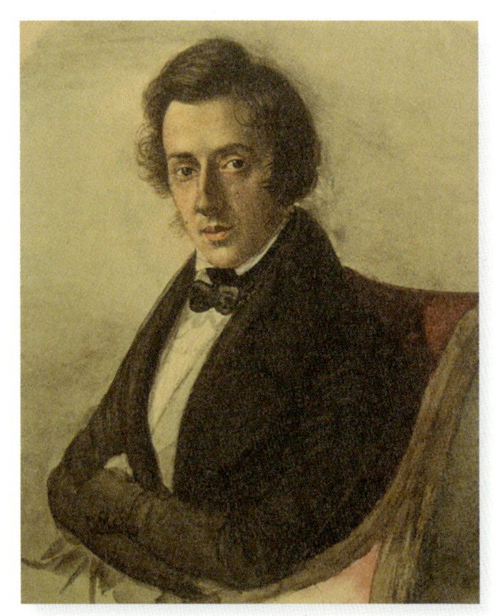

쇼팽

쇼팽은 자신의 음악에 고국 폴란드의 음악을 담았습니다. 폴란드 민속춤 마주르카와 폴로네즈가 그것이지요. 폴로네즈는 4분의 3박자의 느린 춤곡이며, 마주르카는 보통 빠르기의 춤곡입니다. 폴로네즈가 귀족적인 춤곡인 반면 마주르카는 전형적인 폴란드 시골 농부들의 춤을 연상케 하는 것이 특징이에요. 쇼팽이 이렇게 고국의 음악을 자신의 음악에 많이 넣은 것은 그만큼 고국을 사랑하는 마음이 있었기 때문이지요.

그런데 이런 폴란드 춤곡들을 피아노로 연주하기는 쇼팽 같은 피아노의 달인 이외에는 힘들었다고 해요. 피아노를 잘 쳤던 리스트도 "마주르카를 제대로 연주하기 위해서는 최상의 피아니스트가 맡아야만 한다."라고 할 정도였어요.

쇼팽은 피아노의 시인이라는 별명답게 아름다운 피아노곡을 200여 곡이나 남겼고, 이 밖에 왈츠 20곡 등도 만들었어요. 대표작으로는 〈환상즉흥곡〉과 〈강아지 왈츠〉, 〈빗방울 전주곡〉 등이 있습니다.

이 중 〈강아지 왈츠〉는 연인인 조르주 상드가 기르던 강아지가 자기 꼬리를 따라 빙글빙글 도는 모습을 보고 만들었어요. 왈츠는 본래 춤을 추기 위한 음악이지만 쇼팽은 왈츠를 듣는 음악으로 만들었지요. 즉 왈츠를 더욱 예술성 높은 음악으로 바꾼 게 쇼팽이에요.

〈환상즉흥곡〉은 흔히 〈즉흥환상곡〉이라고도 해요. 이 곡은 1834년에 만들어졌지만 발표된 것은 쇼팽이 죽은 후인 1855년입니다. 쇼팽의 대표적인 피아노곡으로, 가장 많이 연주됩니다.

〈빗방울 전주곡〉은 비 오는 날에 들으면 제격이지요. 실제로 이 곡은 비가 많이 내리는 날 조르주 상드가 쇼팽의 약을 구하러 나갔을 때 작곡했다고 전해집니다.

인생은 짧고 예술은 길다

고대 그리스의 히포크라테스가 남긴 말이다. 히포크라테스는 의학의 아버지라고 하는데, 그가 남긴 저서 〈잠언집〉 1장 첫머리에 나오는 말이다. 본래 이 〈잠언집〉에서는 예술보다는 '기술'의 의미, 특히 의술의 의미로 사용되었다.

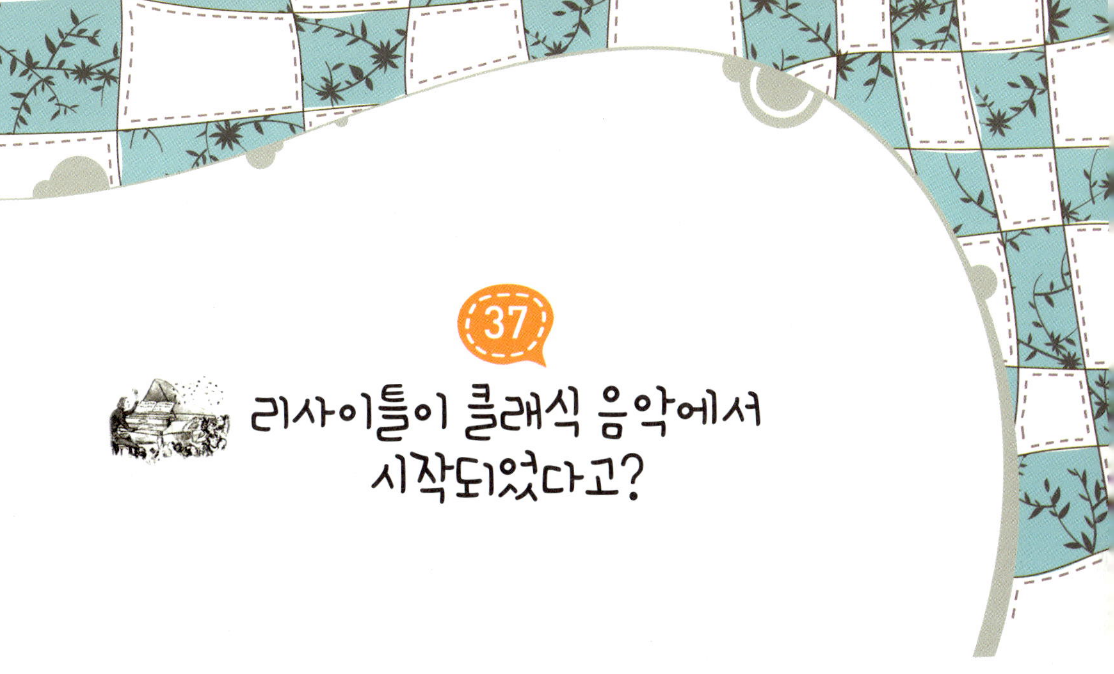

리사이틀이 클래식 음악에서 시작되었다고?

　리사이틀 하면 가수가 혼자 공연을 하는 것으로 알고 있지요. 물론 다른 가수들도 출연하기는 하지만 공연의 중심인 가수를 도와주는 의미로 참가하는 게 보통입니다. 그래서인지 리사이틀이 본래 클래식 음악에서 유래되었다는 것을 모르는 사람이 많아요. 사전을 찾아봐도 독창회 또는 독주회라고 해서 혼자 노래를 계속 부르거나 연주를 하는 음악회를 뜻하는 말이라고 설명하고 있지요. 무용에서도 혼자 춤 발표회를 하는 것을 리사이틀이라고 해요.

　리사이틀이라는 말은 1840년경 영국 런던에서 열린 리스트(1811~1886) 독주회에서 처음 쓰인 말입니다. 리사이틀을 리스트가 맨 처음 했다는 것은 긴 시간의 독주회를 혼자 해냈다는 것을 뜻해요. 당시로서는 매우 파격적인 일이지요.

　리스트는 헝가리에서 태어났어요. 아홉 살 때 피아노 독주회를 할 정도로 음악 신동이었지만 집이 가난해 어려움이 많았어요. 그러나 계속 노력하고 연습해서 장학생이 되어 학교를 계속 다닐 수 있었지요.

음악가가 된 리스트는 얼굴도 잘생겼고, 멋쟁이였어요. 피아노도 잘 쳤지요. 연주할 때마다 초록색 장갑을 끼고 나타나 피아노 앞에 앉아서 장갑을 벗었는데, 그 모습에 많은 여성들이 반해 환호성을 질렀답니다. 지금 오빠부대를 끌고 다니는 연예인 못지않았죠. 그렇지만 결혼은 하지 않았어요. 결혼 대신 선택한 것은 신부가 되는 것이었고, 1869년에 정식으로 신부가 되었답니다. 그 후로는 종교 음악을 많이 만들어서 연주했어요.

리스트는 교향시를 많이 남긴 음악가로도 유명합니다. 교향시란 시에서 영감을 얻어 작곡한 음악을 말해요. 가곡하고 같은 맥락이지만 가곡은 주로 노래로 불리는 반면 교향시는 악단이 연주하는 것이 보통입니다.

리스트는 또 집시 음악을 19곡이나 만들었어요. 집시 음악은 모국인 헝가리에서 전래되어오는 음악들이지요. 리스트를 흔히 '랩소디의 창시자'라고 하는데, 랩소디가 바로 집시 음악입니다. 본래 랩소디라는 말은 고대 그리스에서 서사시를 가리키는 말이었어요. 아주 정열적이면서도 자유로운 내용으로 된 시를 말해요.

또 리스트는 '피아노의 파가니니'라는 별명도 있답니다. 파가니니는 역사상 가장 유명한 바이올린 연주자인데, 리스트가 파가니니라는 별명을 얻은 것은 파가니니가 바이올린으로 연주한 〈라캄파넬라〉를 리스트가 피아노로 다시 작곡했기 때문입니다. 라캄파넬라는 종소리라는 뜻인데, 바이올린으로 종소리를 내서 유명한 것이지요. 그런데 피아노로도 그것을 해낸 것이 바로 리스트입니다. 그래서 파가니니의 〈라캄파넬라〉보다 리스트의 〈라캄파넬라〉가 더 유명해졌지요.

리스트의 대표작으로는 〈죽음의 무도〉와 〈헝가리 환상곡〉, 〈전주곡〉 등이 있습니다. 이 중 〈죽음의 무도〉는 1849년 이탈리아를 여행하다 피사 사원에 있는 벽화 '죽음의 승리'를 보고 영감을 얻어서 작곡한 거예요. 〈헝가리 환상곡〉은 헝가리의 집시 음악을 피아노와 관현악을 위한 자유로운 형식으로 작곡한 〈헝가리 랩소디〉의 14번 곡을 편곡한 것입니다.

〈전주곡〉은 리스트의 교향시 3번입니다. 1848년 작곡했고, 1854년에 처음 공연되었어요. 이 곡은 프랑스 시인 라마르틴(1790~1869)의 〈시적 명상록〉에 들어 있는 송시에 기초하여 만들어졌어요. 나중에 발행된 악보의 서문에는 이런 글귀가 적혀 있지요.

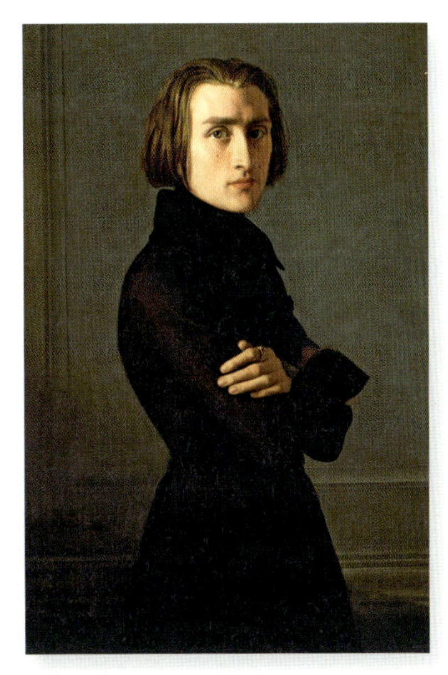

리스트

'우리의 인생이란 죽음에 의해 그 엄숙한 첫 음이 연주되는 미지의 찬가에 대한 전주곡이 아니겠는가?'

전주곡

전주곡은 본 음악이 시작되기 전 연주되는 도입곡이다. 전주곡만 들어도 아, 어떤 음악이 시작되는구나, 하는 것을 알 수 있다. 16세기에 발생된 기악곡이었으나 이후 독립적인 곡으로 바뀌었다.

파가니니는 바이올린을 얼마나 잘 연주했을까?

역사상 가장 뛰어난 바이올린 연주자는 이탈리아의 파가니니로 알려져 있어요. 그의 연주가 얼마나 뛰어났던지 사람들은 그를 '악마의 바이올리니스트'라고 했지요. 즉 그의 연주는 인간이 하는 것이 아니라 악마가 한다는 것이었습니다.

그가 그런 평을 얻은 데에는 몇 가지 이유가 있습니다. 우선 그는 음악가이긴 하지만 작곡보다는 연주를 하는 연주자였어요. 당시에는 연주보다 작곡을 더 높이 쳐줬지만 그는 악보를 쓰기보다는 즉흥연주에 더 몰두하였습니다. 그의 즉흥연주는 흉내 낼 수 없이 훌륭한 것이었죠. 물론 그가 여느 작곡가에 비해 음악성이 뒤떨어졌던 것은 아닙니다. 단지 연주를 더 좋아한 것이지요. 그리고 그가 제자를 길러내지 않았다는 점도 그를 이상하게 바라보게 하였습니다.

파가니니는 1782년 이탈리아 제노바에서 태어났습니다. 어려서부터 음악에 재능을 보이자 아버지는 그를 유명한 음악가로 만들려고 지나치게 연습을 강요했지요. 그런데 놀라운 것은 그를 가르치는 선생님을 금세 능가해버린다는 것이었

습니다. 파가니니가 14세에 연주회를
연 것은 결코 놀라운 일이 아니었죠.
　파가니니는 실력을 쌓아 1810년부
터는 유럽 곳곳을 여행하며 연주회를
열었습니다. 그의 음악을 들은 사람들
은 모두 경탄했지요. 연주기술이 다양
하고 바이올린 한 대로 오케스트라의
소리를 내기도 했습니다. 활이 아니라
나뭇가지로도 연주했고, 단 두 줄로
훌륭한 연주를 들려주기도 했지요. 심
지어는 악보를 거꾸로 놓고 연주했다
는 소문도 들릴 정도였습니다.

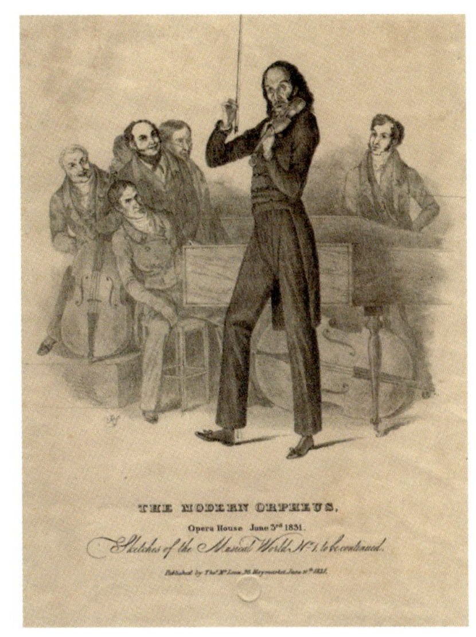

파가니니 연주 모습

　그에 대한 소문은 삽시간에 유럽 전역에 퍼져나갔어요. 소문을 들은 어떤 사람
들은 '설마 그렇게 연주를 잘하겠어?' 하고 반신반의하기도 했지요. 하지만 일단
그의 연주를 들으면 금세 그의 열성적인 팬이 되는 것이었습니다. 그의 연주회 입
장료는 상당히 비쌌고, 덕분에 파가니니는 큰돈을 벌어들였습니다.

　오늘날 그의 연주법은 전해지지 않지만 당시 신문에 난 기사를 보면 그가 얼마
나 바이올린을 잘 연주했는지 짐작할 수 있습니다.

　'들으면 들을수록 점점 더 불가사의해진다. 그의 연주는 도무지 이해하기가 어렵다. 우리
의 생각이 멈추는 순간, 파가니니는 연주를 시작한다.' – 베를린 공연 후

　'들어보지 못한 이들에게 아무리 열심히 설명을 한들, 무감각한 철자와 죽은 단어의 나
열, 그저 해독 불능의 상형문자에 불과할 것이다.' – 빈 공연 후

그의 연주를 듣다가 실신하는 사람도 나타났어요. 나폴레옹의 여동생인 엘리자 보나파르트도 그중 하나였지요. 그녀는 파가니니에게 한 줄로도 연주할 수 있느냐고 물었고, 파가니니는 G선만을 위한 곡을 만들어서 연주했어요.

이렇게 되니 그의 연주를 사람이 아니라 악마가 하는 연주라고 여기는 사람들이 생기기 시작했어요. '악마에게 영혼을 팔아서 연주 실력을 늘렸다'라는 평까지 했지요. 그런 억지 주장이 나오는 데는 파가니니의 외모도 한몫했어요. 깡마른 체구에 치렁치렁한 머리, 매부리코…. 사람들은 진짜 악마의 모습처럼 이야기했지요.

그는 1840년에 죽었어요. 다 죽어가는 그에게 한 사제가 찾아와 물었지요.

"도대체 당신의 바이올린에는 어떤 비밀이 있기에 그토록 놀라운 소리를 냅니까?"

당연히 악마가 연주한다고 생각하고 물었어요. 파가니니는 귀찮기도 하고 죽는 마당이라서 바이올린을 가리키며 이렇게 말했대요.

"저 안에 악마가 있소."

그래서 죽고 나서도 수십 년 동안 제대로 묻히지도 못하다 1876년에야 아들에 의해 무덤에 묻혔다고 합니다.

베를리오즈를 도운 파가니니

파가니니의 삶은 조금 괴팍했지만 자비로운 면도 있었다. 프랑스의 작곡가 베를리오즈가 음악을 하며 어려운 일을 겪자 큰돈을 보내 도와줬다고 한다.

오페라는 어떤 음악일까?

오페라라는 말 들어봤지요? 성악과 기악은 물론이고 연극 대본과 연기, 미술, 무용 등이 참가하는 종합예술입니다. 대본이 있으니까 연극하고 비슷하지만 음악이 중심이 되므로 음악에 포함돼요.

오페라는 본래 작품을 뜻하는 라틴어 '오푸스(opus)'에서 유래했습니다. 처음에는 '음악을 위한 극'이라는 뜻으로 '드라마 인 뮤지카(dramma in musica)'라고 했다가 나중에 오페라로 바뀌었지요.

오페라는 1597년 이탈리아 피렌체에서 발표된 《다프네》를 최초로 칩니다. 그 이전에도 극 음악이 있긴 했지만 연기와 미술, 무용까지 다 동원된 《다프네》부터 오페라로 인정하는 것이죠.

오페라는 이탈리아에서 가장 발달했어요. 1607년 《오르페우스》를 무대에 올린 몬테베르디도 이탈리아인으로, '오페라의 아버지'라 불리지요. 하지만 그의 악보는 전해지지 않는답니다.

클래식 음악의 발달과 함께 오페라도 매우 발달했는데, 모차르트의《피가로의 결혼》이나《돈 조반니》, 베토벤의《피델리오》는 고전파 음악 시대의 걸작 오페라입니다. 이후 바그너와 베르디, 푸치니로 이어지며, 오페라는 현대 음악에까지 음악의 종합예술로 자리를 잡았지요.

이 중 바그너(1813~1883)는 오페라의 독창성을 높인 음악가로 알

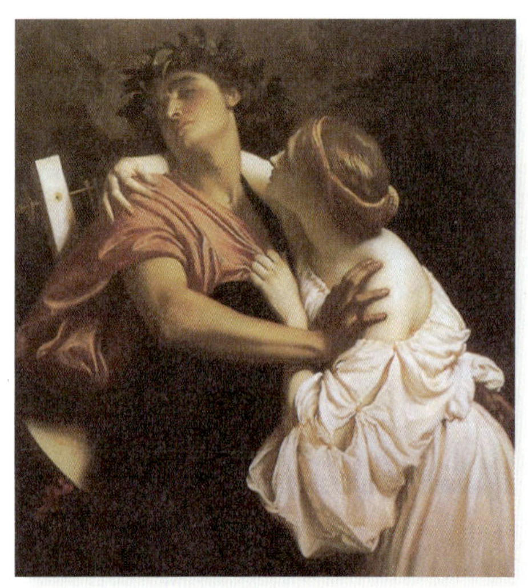

《오르페우스》

려져 있어요. 그는 연극과 음악을 절묘하게 묶어서 '악극'이라는 새로운 오페라를 만들어냈습니다.

오페라와 아주 비슷한 것이 뮤지컬입니다. 언뜻 보면 그렇지요. 무대와 등장인물이 있고, 주인공들이 반주에 맞춰 노래를 한다는 공통점이 있어요.

하지만 아주 다른 점이 있습니다. 기본적으로 오페라는 음악인 데 반해 뮤지컬은 연극에 속합니다. 즉 장르가 엄연히 다른 것이지요.

이외에도 여러 가지 차이점이 있습니다. 먼저 오페라는 고전문학을 소재로 한 음악극이지만 뮤지컬은 힙합이나 재즈 등 현대 대중음악으로 이루어진 연극이에요. 또 오페라를 하는 곳은 음향시설이 잘 갖춰져 있는 전용극장이지만 뮤지컬은 음향시설이 오페라보다는 약합니다. 직접 관람해보면 이 차이는 크지요. 오페라는 마이크 없이 목소리와 악기 연주로만 하는 데 반해 뮤지컬은 마이크를 동원하

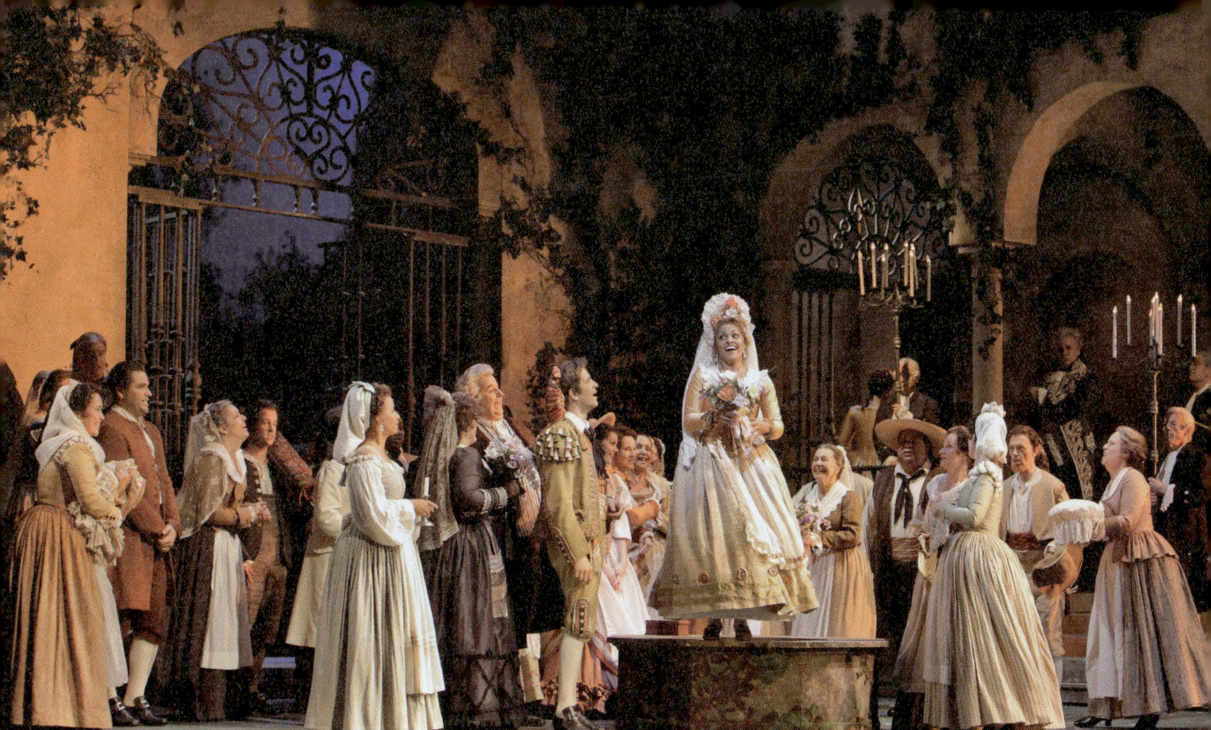

오페라 《피가로의 결혼》 공연 모습

기도 하고 음악도 연주 음악이 아닌 녹음 음악을 사용하기도 해요.

등장인물 역시 차이가 많아요. 노래를 부르는 성악가의 경우 오페라에서는 전문가가 나오지만 뮤지컬은 배우들이 직접 노래까지 부르지요. 오페라는 음악학교에서 배우지만 뮤지컬은 연극학교에서 배운다는 것도 알아두세요.

그러나 역시 두 예술은 비슷한 점이 많아요. 오페라가 400년 전에 시작되었고 뮤지컬은 100여 년 전 오페라를 본 따 나타난 것으로 봅니다.

오페라에도 몇 가지 종류가 있어요. 오페라 세리아는 신화와 고대의 영웅들을 소재로 한 정가극이에요. 레치타티보와 아리아를 중요하게 여기고 합창이나 중창은 특별한 경우에만 사용합니다.

그랜드 오페라는 18세기 초 이탈리아에서 발생한 희가극적인 오페라를 말해요. 모차르트의 《피가로의 결혼》 등과 같이 생활 속에서 벌어지는 내용을 담고 있지요. 또 오페라 코미크라고 하여 중간에 노래가 아닌 대사가 들어가는 풍자적 성격의 오페라도 있어요. 오페라 중 희가극과 정가극만을 오페레타라고 부르기도 하지요. 요한 슈트라우스 2세의 《박쥐》처럼 극 진행은 세리프로 하고 노래와 무용이 첨가되는 오페라도 있습니다.

19세기 이탈리아 오페라의 3대 거장으로는 로시니(1792~1868)와 도니체티(1797~1848), 벨리니(1801~1835)를 손꼽습니다.

레치타티보(recitativo)

선율을 아름답게 부르는 아리아에 비해 대사 내용에 더 중점을 두고 부르는 노래를 말한다. 대사를 말하듯이 노래를 하는 것이 특징이다.

처음엔 혹평을 받았던 베르디의 오페라

19세기 최고의 오페라 작가로는 이탈리아의 베르디(1813~1901)를 손꼽아요. 〈여자의 마음은 갈대〉라는 노래가 나오는 《리골레토》와 《라 트라비아타》, 《가면무도회》 등 많은 오페라 명작들을 남긴 작곡가이지요.

그런데 베르디가 작품을 내놓았을 당시에는 종종 혹평을 받았습니다. 당시에 오페라라고 하면 점잖으면서도 우아한 음악으로 여겼지만 베르디의 작품은 그와는 달랐기 때문이지요. 사랑하는 사람을 배신하고 비참한 최후를 맞기도 하는 등 좋지 않은 내용이 베르디 오페라의 특징이었거든요. 그러나 베르디는 눈 하나 꿈쩍하지 않았어요. 자신만의 음악을 하고 있다고 믿었기 때문이에요.

《리골레토》는 특히 처음에 혹평을 잔뜩 들은 오페라입니다. 빅토르 위고(1802~1885)의 작품을 바탕으로 만든 이 곡은 바람둥이가 등장하고 사람을 죽이는 장면과 자살하는 장면도 등장해 당시 음악계를 발칵 뒤집어놓고 말았지요. 사람들은 베르디를 욕하며 손가락질해댔습니다.

'리골레토'는 오페라에 등장하는 주인공의 이름으로, 귀족들의 심부름꾼입니

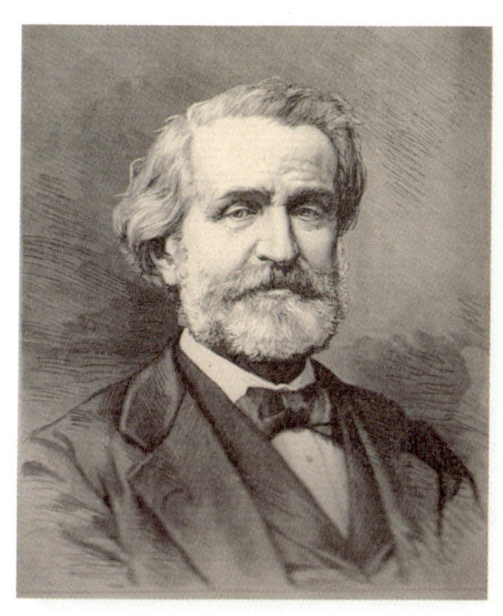

베르디

다. 바람둥이인 만토바 공작의 하인 역이지요. 그런데 베르디는 본래 프랑스 국왕을 주인공으로 삼아 곡을 만들었어요. 왕족과 귀족 들의 허세를 음악으로 놀리려고 했지만 검열에 걸려서 제목을 《리골레토》로 하고 등장인물들도 바꾸었지요.

베르디는 《아이다》를 작곡할 때 더 좋은 오페라를 만들기 위해 원작을 마음대로 고치기도 했어요. 사람들은 문학작품을 훼손한다고 말했지만 베르디에게 그런 비난은 아무 소용도 없었지요.

오페라 《라 트라비아타》는 술집 여성과 귀족 청년의 비극적인 사랑을 다룬 작품이에요. 제목인 라 트라비아타는 '길을 벗어난 타락한 여인'이라는 뜻이지요. 프랑스의 소설가 뒤마(1824~1895)의 소설을 원작으로 삼았는데, 우리나라에서는 《춘희》라는 제목으로 여러 번 공연되었어요.

베르디가 오페라를 발표하면 초반에는 혹평이 이어졌지만 이상하게도 그의 오페라는 점점 인기를 얻었어요. 점잖을 떠는 다른 오페라와는 달리 생생한 느낌을 주기 때문이지요. 실제 생활에서 일어날 수 있는 내용이라서 많은 사람들이 공감을 하기 시작한 거예요.

당시 오페라는 벨칸토 창법이라고 해서 목소리의 기교를 한껏 높이는 것이 유행이었어요. 1810~1850년 사이에 초연된 로시니, 벨리니, 도니체티의 오페라들은 대부분 벨칸토 창법으로 인기를 끌었지요. 그러나 베르디의 오페라는 연극적인 요소를 더욱 중시했어요. 오페라를 생동감 넘치는 음악으로 바꾼 것이에요.

베르디는 1813년 북이탈리아에서 태어났어요. 집안이 넉넉하지 않아 음악을 배우기가 쉽지 않았지만 재능이 뛰어나 후원을 해주는 사람들이 있어서 겨우겨우 음악을 배웠지요. 베르디가 첫 성공을 거둔 오페라는 1838년에 만든 《오베르토》였습니다. 이후 실패도 겪었으나 이탈리아의 정서를 듬뿍 담은 오페라로 점차 명성을 쌓아나갔습니다.

당시 이탈리아는 오스트리아의 지배하에 있었어요. 그래서 그의 이탈리아적인 음악은 감시의 대상이었지요. 하지만 교묘하게 감시를 피해가면서 국민들의 사랑을 받는 음악을 계속 만들어냈습니다. 그중 대표적인 오페라가 《나부코》예요. 이 곡 속에서 연주되는 〈노예들의 합창〉은 국민애창곡으로 불릴 정도로 크게 인기를 끌었어요. 당시 오스트리아의 압정에 시달리던 이탈리아 국민들의 마음을 단숨에 사로잡았기 때문입니다.

베르디는 이탈리아가 오스트리아로부터 독립한 뒤 국회의원으로 추대되기도 했어요. 그가 평상시 이탈리아의 정서가 듬뿍 담긴 음악을 추구했기에 국민들이 그를 국회의원으로 추대한 것이지요. 그가 국민들로부터 얼마나 존경을 받았는지는 장례식에서도 알 수 있어요. 그의 장례식 날 수십만 명이 거리로 나와 이탈리아 국민애창곡인 〈노예들의 합창〉을 불렀다고 합니다.

벨칸토(belcanto) 창법이란

벨칸토란 '아름다운 가창법'이라는 뜻이다. 18세기에서 19세기 초 이탈리아의 화려하고 아름다운 목소리로 노래하는 창법을 가리킨다.

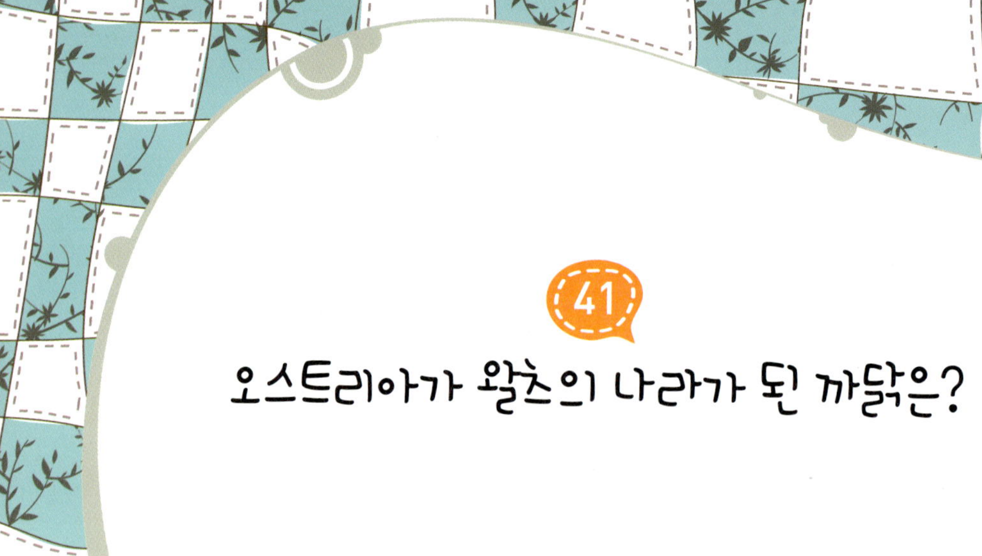

오스트리아가 왈츠의 나라가 된 까닭은?

오스트리아는 예로부터 음악의 나라로 유명해요. 특히 빈은 고전파 시대에 하이든과 모차르트, 베토벤이 활동한 곳입니다. 그런데 낭만파 시대를 지나며 오스트리아는 왈츠의 나라로 바뀌었어요. 도대체 어떤 일이 있었던 걸까요?

먼저 알아볼 음악가는 요한 슈트라우스 1세(1804~1849)와 그의 아들 요한 슈트라우스 2세(1825~1899)입니다. 두 사람은 왈츠를 아름다운 음악으로 자리 잡게 한 음악가로, 1세는 '왈츠의 아버지', 2세는 '왈츠의 왕'으로 불립니다.

이 두 음악가는 당시 오스트리아의 정책 덕도 조금 봤어요. 당시 오스트리아는 이탈리아 등 주변국들을 지배하고 있었는데, 외무장관인 메테르니히(1773~1859)는 국민들이 정치에 관심을 두지 않게 하기 위해 음악, 특히 왈츠를 장려했어요. 여기에는 유럽에 널리 퍼지고 있던 현상인 시민계급의 성장을 막으려는 의도도 숨어 있었지요. 당시 유럽은 프랑스혁명의 영향으로 자유사상이 널리 유행했어요. 오스트리아는 예전처럼 왕이 통치하는 왕정 시대를 유지하려고 힘쓰는 중이었고, 이에 메테르니히가 왈츠 장려정책을 편 것이지요.

유럽 외교관들의 회의에서도 메테르니히는 왈츠를 선보이곤 했어요. 당시 오스트리아의 왈츠가 얼마나 훌륭했는지 각 나라에서 온 외교관들은 회의도 잊고 왈츠를 구경하기에 바빴다는 얘기도 전해져요. 그래서 오스트리아를 '왈츠의 나라'로 부르게 된 것이지요.

요한 슈트라우스 1세는 왈츠곡을 약 150곡 남겼어요. 이에 비해 아들인 요한 슈트라우스 2세는 500곡이나 남겼지요. 흥미로운 것은 아버지가 아들이 음악을 하는 것을 반대했다는 겁니다. 자신이 걸었던 음악가의 길이 워낙 힘겨운 길이었기 때문이에요. 그러나 아들 요한 슈트라우스 2세는 아버지 몰래 음악을 계속했어요. 그의 어머니도 도와주었지요. 요한 슈트라우스 2세뿐 아니라 다른 형제들이 음악을 하는 것도 어머니가 아버지 몰래 도와줬다고 해요.

그렇지만 요한 슈트라우스 2세는 은행에 취직해야 했어요. 아버지 몰래 음악을 하긴 했지만 끝끝내 반대에 부딪혔기 때문이지요.

그래도 요한 슈트라우스 2세는 음악을 멈추지 않았어요. 은행을 다니며 사람들을 모아 악단을 만들었답니다. 그렇게 자신의 꿈을 포기하지 않았기 때문에 후에 결국 위대한 왈츠의 왕이 될 수 있었지요.

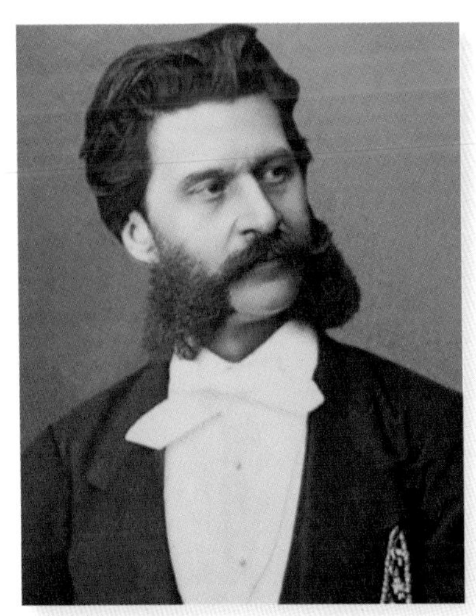

요한 슈트라우스 2세

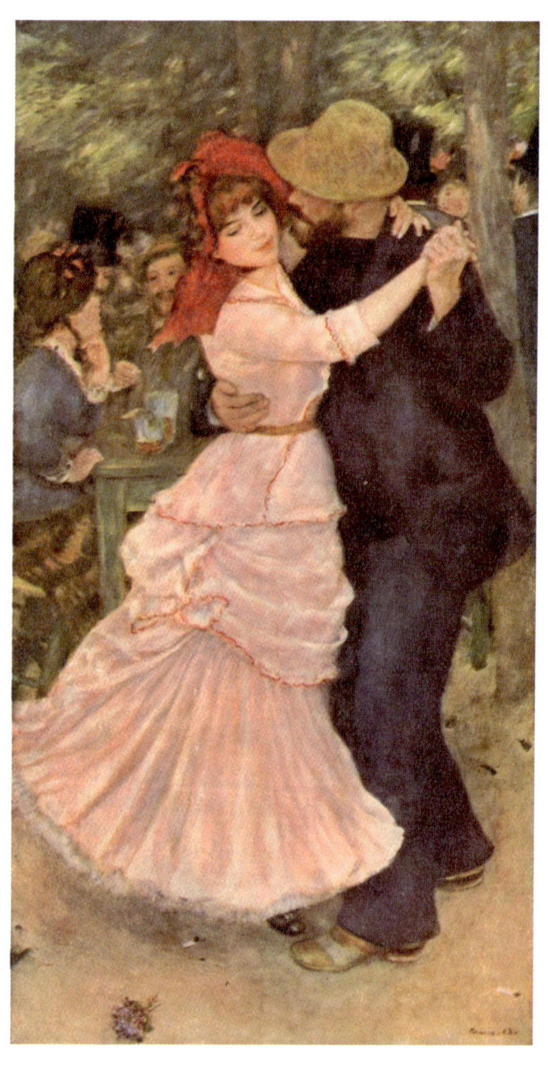

왈츠를 추는 남녀를 그린 르누아르의 그림

요한 슈트라우스 2세의 왈츠 500곡 가운데 가장 유명한 곡 7곡을 골라서 흔히 '요한 슈트라우스 2세의 7대 왈츠곡'이라고 부르는데, 〈아름답고 푸른 도나우〉(1867년), 〈예술가의 생애〉(1867년), 〈빈 숲 속의 이야기〉(1868년), 〈술과 여자와 노래〉(1869년), 〈남국의 장미〉(1880년), 〈봄의 소리〉(1882년), 〈황제〉(1888년) 등입니다.

이 중 〈아름답고 푸른 도나우〉는 오스트리아 제2의 국가라고 할 정도로 유명한 곡이에요. 왈츠를 최고의 예술로 만든 작품으로 평가받고 있지요. 오스트리아를 지나는 도나우 강의 모습을 표현한 곡으로, 요한 슈트라우스 2세의 애국심이 듬뿍 담겨 있답니다.

당시 오스트리아는 1866년에 프로이센과의 전쟁에서 패하는 바람에 침체기에 들어갔어요. 요한 슈트라우스 2세는 칼 베크가 쓴 시를 읽고 감명을 받아 오스트리아 국민들을 위해 이 왈츠곡을 작곡했어요.

내용은 다음과 같습니다.

나는 괴로움에 허덕이는 그대를 보았노라.

나는 젊고 향기로운 그대를 보았노라.

마치 금광의 황금처럼 도나우 강 위에,

아름답고 푸른 도나우 강 위에

진실이 되살아나는 것을… (칼 베크의 시 〈도나우 강〉)

도나우 강은 어떤 강?

독일 남부에서 오스트리아와 헝가리 등 8개국을 거쳐 흑해로 흘러드는 강이다. 유럽에서는 두 번째로 긴 강으로, 오스트리아를 지나면서 물 흐름이 느려지며 특히 아름다워진다.

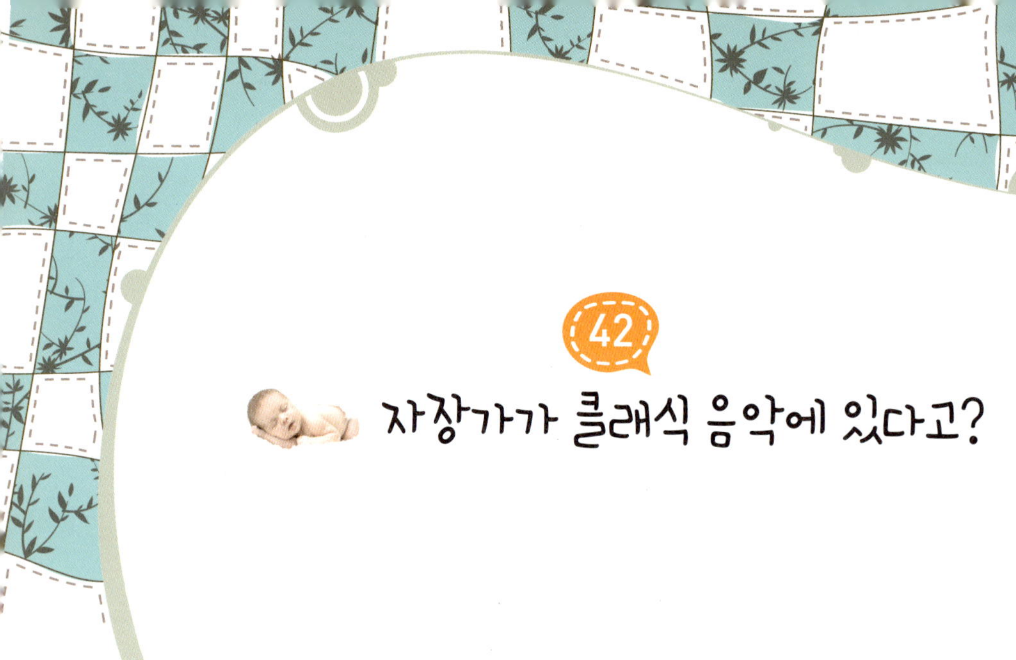

자장가가 클래식 음악에 있다고?

자장가도 클래식 음악에서 유래했다는 것 아나요? 모차르트를 비롯해 많은 음악가들이 자장가를 남겼어요. 그중 3대 자장가로는 모차르트와 슈베르트, 브람스의 자장가를 듭니다.

이 중 모차르트의 자장가는 1796년에 만들어졌는데, 본래 모차르트 곡이 아닙니다. 베른하르트 플리스라는 작곡가가 작곡했다고 해요. 도대체 왜 이런 착오가 일어난 걸까요? 여기에는 모차르트의 작품을 정리한 쾨헬의 실수가 있었던 모양이에요. 쾨헬이 이 곡을 K.350이라고 하여 모차르트의 작품으로 정리했거든요. 나중에 함부르크 도서관에서 원본이 발견되었지요.

베른하르트 플리스는 모차르트와 같은 시대의 음악가예요. 하지만 유명하지 않아서 사람들은 거의 그를 모르고 있었지요. 자장가를 들어보면 부드러우면서도 아름다워 모차르트의 음악으로 착각하기 쉬워요. 한번 불러보세요.

잘 자라, 우리 아가. 앞뜰과 뒷동산에 새들도 아가 양도 다들 자는데…

슈베르트의 자장가는 1816년 독일의 시인인 클라우디우스(1740~1815)의 시에 붙인 곡이에요. 가사는 이렇습니다.

슈베르트는 클라우디우스의 시를 12편이나 음악으로 만들었답니다. 가장 유명한 것은 〈죽음과 소녀〉라는 곡이지요.

한편 브람스의 자장가는 1868년 브람스가 빈에 정착해 있을 때 사랑하던 귀부인이 둘째 아들을 낳자 작곡했다고 해요. 그런데 본래 그 곡은 그 부인이 브람스에게 자주 들려주던 왈츠곡을 자장가로 만든 것이에요. 짐로크(1802~1876)의 시에 곡을 붙인 것이지요. 처음에는 1절밖에 없던 것을 출판사에서 출간할 때 어느 그림책의 동요에서 가사를 따와 붙였다고 전해집니다.

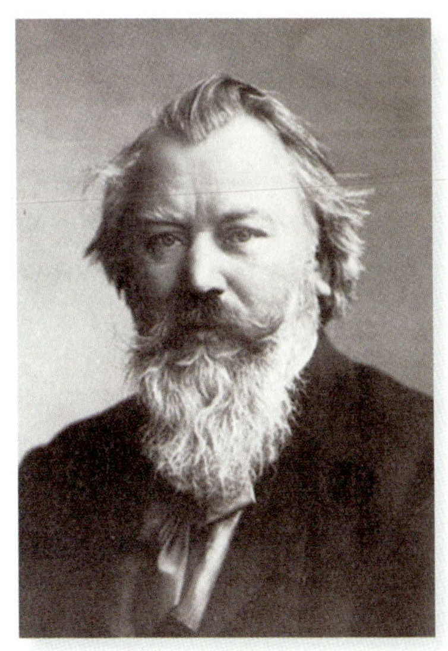

브람스

어느 나라나 자장가에는 공통점이 있어요. 조용하면서도 부드럽고 반복되는 부분이 있어요. 예를 들어 '아루루', '나나나', '나니나니' 등과 같은 뜻 모를 소리가 나는 경우가 많지요. 이러한 소리들은 아주 먼 옛날부터 이어지는 것이라고 해요. 그래서 각국의 민요가 된 자장가도 많아요. 또 하나 특이한 점은 반복하는 음 사이에 즉흥적으로 노래를 지어 넣기도 한다는 겁니다. 예를 들어 아가 이름이 은지라면 "우리 은지 공주야, 잘 자라"라고 부를 수 있는 것이지요.

우리나라의 자장가로는 김영일 작사, 김대현 작곡의 〈자장가〉(1946)가 있으며, 또 4·4조의 전승동요 〈자장가〉도 전해져요. 전승동요 〈자장가〉는 다음과 같이 불러요. 아가가 금은보다 소중하다는 뜻이 담긴 자장가예요.

자장자장 자는고나 우리 애기 잘도 잔다
은자동이 금자동이 수명장수 부귀동이
은을 주면 너를 살까 금을 주면 너를 살까

3B 음악가는 누구?

유명한 음악가 중 B로 시작하는 세 명을 특별히 '3B 음악가'라고 한다. 베토벤과 바흐, 브람스가 바로 3B 음악가로 불린다.

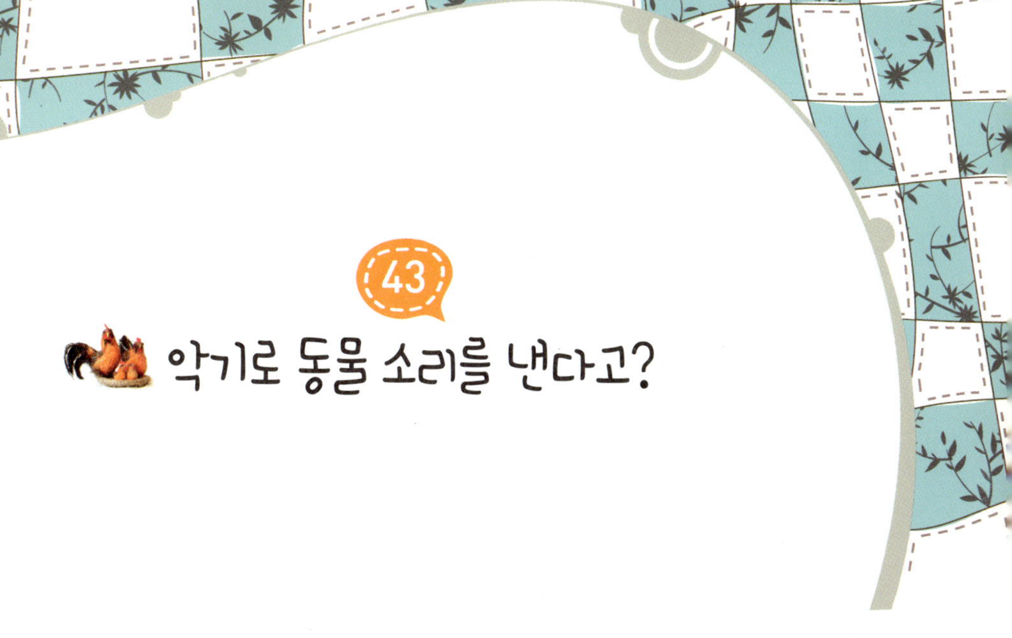

악기로 동물 소리를 낸다고?

클래식 음악에는 동물을 표현한 것이 꽤 있어요. 쇼팽의 〈강아지 왈츠〉는 강아지가 자신의 꼬리를 보려고 맴도는 것을 보고 작곡한 곡이고, 하이든의 현악 4중주곡 〈종달새〉는 진짜 종달새가 노래하는 듯한 음악입니다.

그러나 동물을 표현한 곡을 들라면 단연 프랑스 생상스(1835~1921)의 《동물의 사육제》가 최고예요. 1886년 친구가 마련한 사육제에서 사용하기 위해 작곡한 음악으로, 모두 14곡으로 이루어져 있는데 사자, 수탉과 암탉, 당나귀, 거북, 코끼리, 캥거루, 수족관, 귀가 긴 등장인물, 뻐꾸기, 백조 등의 동물들이 등장해요. 또 화석이나 커다란 새장, 피아니스트 등 동물 이외에도 몇 가지가 나오지요.

생상스는 이 음악으로 관람객들을 놀라게 하려고 했어요. 즉 작품성보다는 흥미에 중심을 두고 만들었지요. 그래서 나중에 악보를 출간할 때도 13번째 곡인 〈백조〉만 냈답니다. 〈백조〉는 그나마 예술성을 갖추었다고 생각했던 곡이거든요. 전곡이 다 나온 것은 그가 죽은 후의 일이에요.

그러면 과연 생상스는 음악으로 동물을 어떻게 표현했을까요? 사자는 당당한

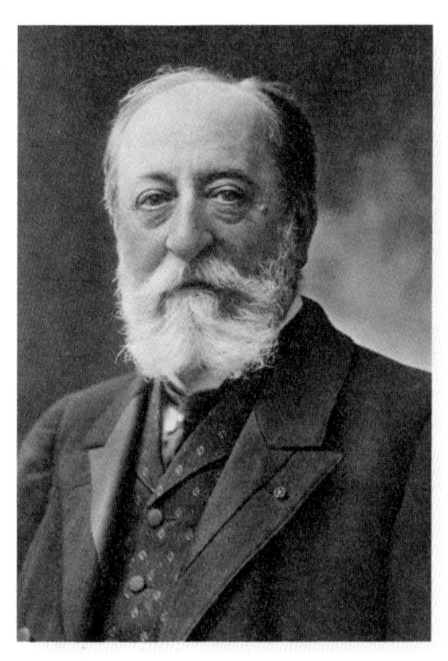

생상스

행진곡으로 표현하고 있어요. 음악을 들어보면 육중하면서도 위엄이 있지만 우스운 느낌도 듭니다. 으르렁거리는 소리가 나는 부분도 있지요.

암탉과 수탉은 서로 홰를 치며 싸우는 모습을 그렸어요. 피아노가 수탉을, 클라리넷이 암탉을 묘사하지요. 프랑스 작곡가인 라모(1683~1764)의 〈암탉〉에서 힌트를 얻어 만든 것으로 전해져요.

당나귀는 두 대의 피아노로 계속 움직이는 모습을 그렸어요. 당나귀 부분은 음악성보다는 기교에만 관심을 두는 당시 피아니스트들을 비꼰 것이라고 해요.

거북은 피아노를 약하게 치고, 현악기도 느릿느릿 연주해 엉금엉금 기어가는 것을 표현했어요. 그런데 본래 곡은 프랑스의 음악가 오펜바흐(1819~1880)의 오페레타 〈천국과 지옥〉에 나오는 선율로, 빠른 곡이라고 해요. 캉캉춤을 출 때 쓰이는 곡을 거북이가 기어가는 것으로 느리게 표현해낸 것이지요.

코끼리는 피아노와 더블베이스로 왈츠를 추는 모습을 표현했고, 캥거루는 피아노 두 대로만 연주해 캥거루가 뒷다리로 뛰어다니는 모습을 묘사했어요.

수족관 안의 물고기들은 나긋나긋한 선율로 헤엄을 치는 듯한 모습을 표현했으며, 숲 속의 뻐꾸기는 피아노와 클라리넷으로 조용한 숲에서 지저귀고 있는 모습으로 묘사됩니다.

새장 안에서 날갯짓을 하는 새들과 피아니스트, 화석 등도 표현하고 있어요. 피아니스트는 초보자가 피아노를 치는 모습을 떠올리게 하지요. 쉬운 음계를 어색

하게 반복적으로 치거든요. 화석은 다른 음악들을 인용해 만든 부분이죠. 자신이 만든 〈죽음의 무도〉나 모차르트의 〈반짝반짝 작은 별 변주곡〉 등이 연주됩니다.

생상스가 유일하게 출판을 한 백조 부분은 첼로와 두 대의 피아노로 이루어진 우아한 곡이에요. 백조가 호수 위를 유유히 헤엄치는 모습을 표현했는데, 다른 부분과는 달리 풍자나 재치보다는 음악성에 중심을 두고 있지요.

한 악곡의 마지막 부분을 피날레라고 하는데 《동물의 사육제》 피날레에서는 앞에서 나온 동물들이 모두 나와 떠들썩한 축제를 하는 것처럼 표현되어 있어요.

사육제는 가톨릭 국가에서 매년 2월 중하순에 여는 축제예요. 이때는 사람들이 노래와 춤을 즐기며 신 나게 노는데, 생상스가 자신의 음악에 '사육제'라는 이름을 붙인 것은 음악을 엄격하게 듣는 게 아니라 즐겁게 들었으면 하는 의미도 담겨 있답니다.

《동물의 사육제》는 주로 어린이들을 위한 음악회에서 많이 연주됩니다. 소리만 들어도 동물들이 떠오르기 때문에 아이들이 아주 즐거워하지요.

카니발은 무슨 뜻일까?

카니발의 뜻은 이탈리아 말 '고기여, 안녕'에서 유래한다. 카니발은 예수가 광야에서 단식을 한 사순절을 앞두고 열리는 축제인데, 사순절에는 고기를 먹지 않았다. 그래서 사순절을 앞두고 고기를 먹고 춤추며 노래하며, "고기여, 안녕!" 하던 말이 바로 카니발이다.

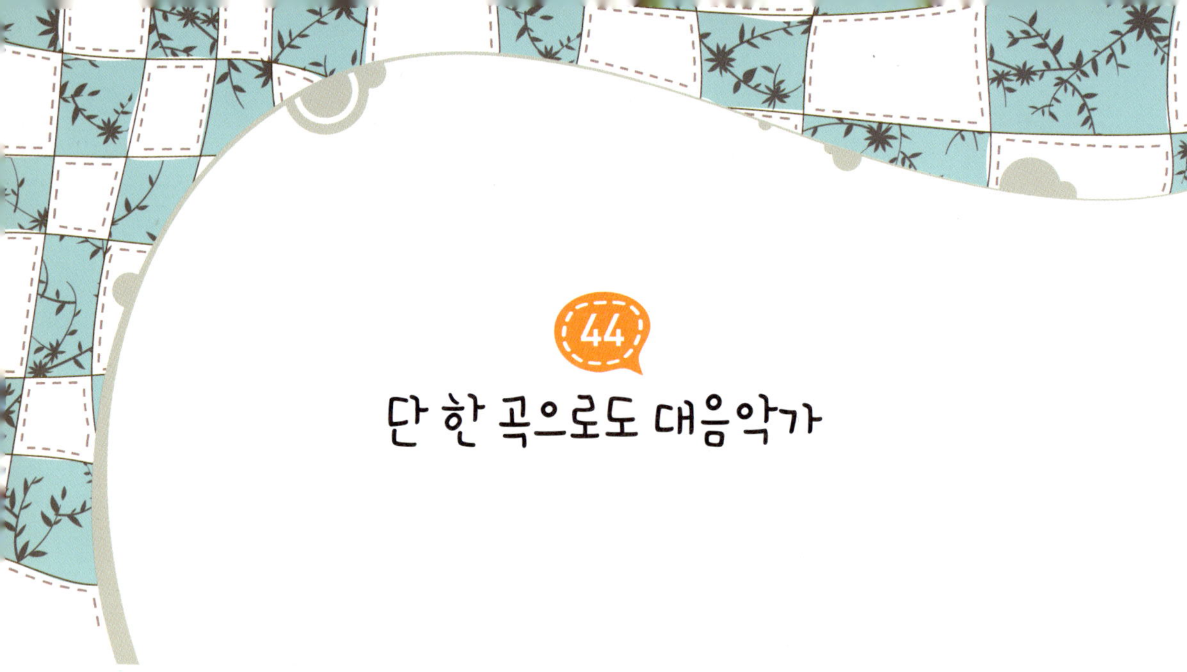

단 한 곡으로도 대음악가

음악가들은 최고의 곡을 만들기 위해서 끊임없이 노력합니다. 모차르트나 베토벤, 슈베르트 등을 봐도 알 수 있지요. 그들은 어떤 곡이든 최선을 다해 만들었어요. 그래서 그들이 남긴 곡들은 대부분 명곡으로 부르지요. 하지만 모든 음악가들이 다 그렇지는 않아요. 대개 대표적인 한두 곡 정도만 사람들에게 알려진답니다.

오페라 《카르멘》을 작곡한 프랑스의 비제(1838~1875)도 《카르멘》 한 곡만으로 위대한 음악가로 불리는 사람이에요. 이 한 곡만으로도 오페라에 있어서는 독일의 바그너, 이탈리아의 베르디와 어깨를 나란히 합니다. 대체 《카르멘》은 어떤 오페라이기에 그런 평을 듣는 것일까요?

《카르멘》은 기존 오페라의 한계를 뛰어넘었다는 평가를 받는 곡이에요. "생생하고도 정열적인 극 음악을 처음으로 만들었다." 사람들은 그렇게 평가했어요. '처음으로'라는 표현은 그만큼 이 오페라가 큰 의미를 담고 있다는 말이지요.

그러나 정작 《카르멘》이 처음 발표되었을 때는 혹평을 받았어요. 마치 베르

디가 작품을 낼 때마다 혹평을 받은
것과 비슷해요. 등장인물이 기존 작
품들과는 다르게 평범한 사람들이
며, 도둑질과 살인 장면이 등장하고,
특히 여주인공의 사생활이 나쁘다
는 것이 혹평을 받았던 주된 이유입
니다.

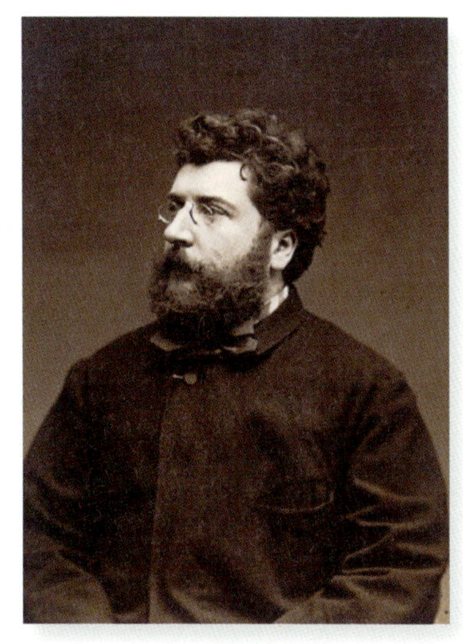

비제

오늘날에는 그런 내용이 문제되지
않지만 당시에는 아주 이상한 것이었
어요. 당시 오페라의 등장인물은 신
화나 전설 속의 영웅들, 또는 귀족들
이 대부분이었습니다. 하지만 《카르
멘》에는 시골 출신 군인과 집시 여인,
투우사와 밀수꾼이 주인공들로 등장하지요.

《카르멘》이라는 곡명이 바로 집시 여인의 이름입니다. 바로 그 카르멘 때문에
더욱 혹평을 받았지요. 당시 오페라에 나오는 여성은 대부분 아름다우면서도 청
순한 여인들이었는데, 카르멘은 남자들과 삼각관계를 이루며, 사람을 죽이기까
지 하는 비운의 주인공이거든요.

이런 이유로 《카르멘》은 흥행에 실패했으며, 비제가 살아 있는 동안에는 별 볼
일 없는 오페라로 전락했어요. 실패의 쓰라림 때문이었을까요? 비제는 《카르멘》
을 발표하고 겨우 서너 달 뒤에 죽고 말았답니다.

그런데 그가 죽은 뒤에 《카르멘》은 각광을 받기 시작했어요. 처음에는 관객들
이 야유를 보냈지만 다시 보고 싶어졌던 것이지요. 내용이 소설처럼 잘 꾸며져 있

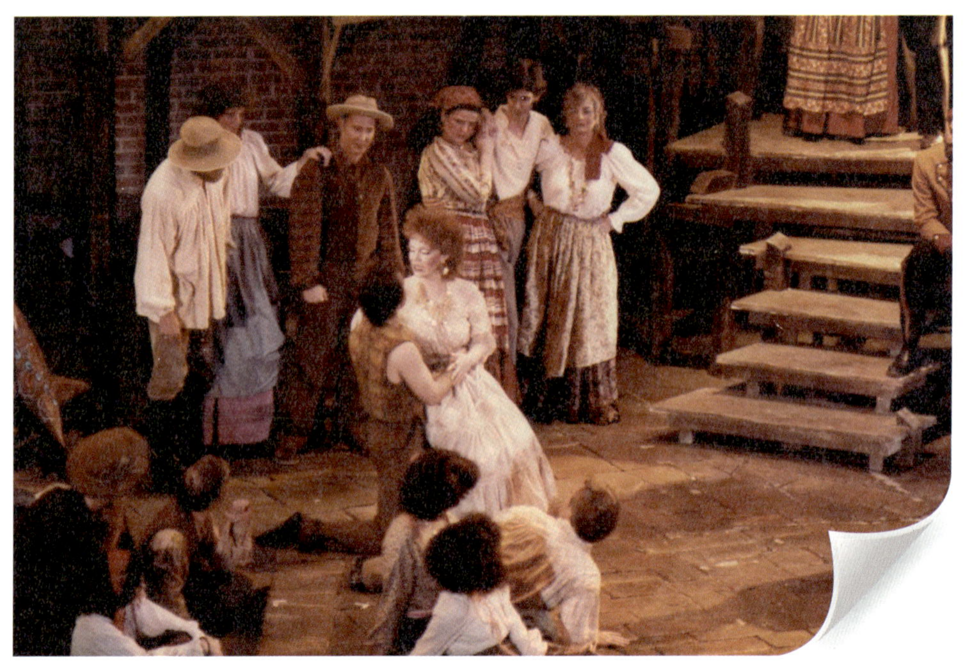

오페라 《카르멘》 공연 모습

고 등장인물들을 정확하게 묘사하면서도 구성이 탄탄해 새로운 재미를 주었던 거예요. 독일의 작곡가 리하르트 슈트라우스(1864~1949)는 훗날 이렇게 말했습니다.

"오케스트라를 제대로 공부하고 싶다면 《카르멘》의 악보를 연구하라. 음표 한 개도 버릴 것이 없다."

또 브람스는 살아생전 《카르멘》을 스무 번이나 봤다는 이야기도 전해집니다. 《카르멘》은 오늘날에도 계속 무대에 오르고 있으며, 광고와 영화 음악으로도 많이 사용되고 있지요.

비제가 《카르멘》만을 작곡한 것은 아닙니다. 그러나 다른 작품 전체를 다 합쳐도 《카르멘》한 곡의 명성에 비할 바가 못 되지요. 제대로 된 불후의 명곡 한 곡을 만드는 것, 그것이 예술가에게 꼭 필요하다는 것을 비제를 통해 알 수 있습니다.

비제에 대해 좀 더 알아보면, 아버지는 성악가, 어머니는 피아니스트로, 음악 가문에서 태어나 일찍부터 음악에 재주를 보였어요. 10세에 프랑스 최고의 음악학교인 파리 음악원에 들어갔고, 학창 시절에 로마에서 수여하는 신인 작곡가상을 수상해 3년간의 이탈리아 유학권을 따내기도 했답니다. 비제가 겨우 37세에 죽은 것은 매우 안타까운 일이에요.

파리 음악원

1795년 건립된 프랑스 최고의 음악학교이다. 루이 14세 시절의 왕립 음악학교에 뿌리를 둔 기관으로, 프랑스혁명 이후 새롭게 출발했다.

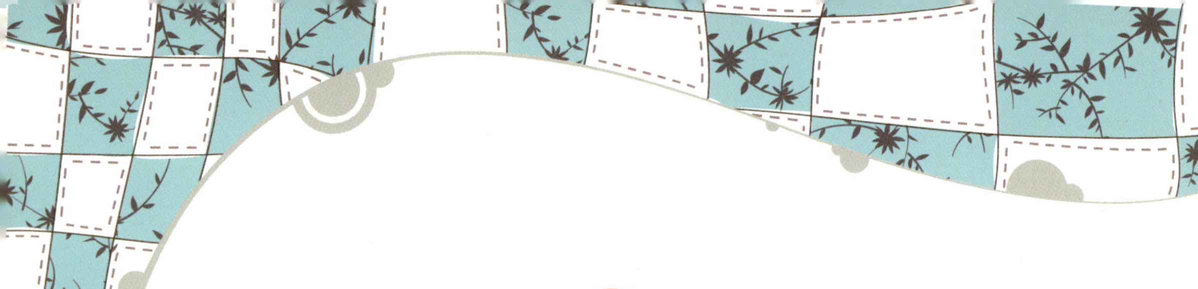

어린이를 위한 클래식 음악이 있을까?

클래식 음악은 주로 어른들이 듣던 음악이에요. 모차르트나 브람스 등이 자장가를 지었고, 생상스가 《동물의 사육제》를 만들기는 했지만 대부분은 어린이보다는 어른들이 들을 만한 음악이지요. 하지만 어린이라고 해서 듣지 말라는 법은 없어요. 아니 어린이들도 많이 들으면 좋은 것이 클래식 음악이라고 하겠습니다. 어떤 음악이든 어른과 어린이 들이 함께 감상할 수 있다는 점이 클래식 음악의 매력이라고 할 수 있지요. 그런데 작곡가들이 어린이를 위해 특별히 작곡한 곡들도 많습니다.

어린이들을 위한 연주회에서 자주 연주되는 클래식 음악은 다음과 같은 것들이 있지요.

생상스 《동물의 사육제》

프로코피예프 〈피터와 늑대〉

벤자민 브리튼 〈청소년을 위한 관현악 입문〉

드뷔시 《어린이의 세계》

슈만 〈어린이 정경〉

뒤카 〈마법사의 제자〉

훔퍼딩크 《헨젤과 그레텔》

차이콥스키 《호두까기 인형》

어디서 들어본 기억이 있나요? 아마 〈피터와 늑대〉나 《헨젤과 그레텔》은 책으로 읽어봤을 것입니다.

이 중 가장 널리 알려진 것은 차이콥스키가 1819년에 작곡한 《호두까기 인형》이에요. 독일의 작가이자 음악가인 호프만(1776~1822)의 〈호두까기 인형과 쥐 임금님〉이라는 동화를 발레곡으로 만든 것으로, 해마다 크리스마스 시즌이면 전 세계에서 공연이 펼쳐집니다.

이 곡은 1890년 차이콥스키가 한 극장 감독관의 부탁으로 만든 것이에요. 당시 그 극장 감독관은 러시아 발레에 관심이 컸는데, 이 곡 이전에도 차이콥스키에게 《잠자는 숲 속의 공주》를 만들도록 부탁하기도 한 사람이지요.

차이콥스키는 처음 이 곡을 만들며 기분이 썩 내키지는 않았던 모양이에요. 음악으로서 발레에 쓰기에는 약간 유치했고, 발레로 동화를 잘 표현할 수 있을지 의심스러웠기 때문이지요. 게다가 당시 차이콥스키는 매우 바쁠 때라서 짬을 내기도 쉽지 않았대요. 그래서 평소 만들고 있던 관현악곡을 이용해 발레용 곡으로 만들었어요. 그런데 그것이 유명한 발레곡이 된 겁니다.

《호두까기 인형》의 주인공은 클라라라는 어린이와 친구들이에요. 클라라는 할

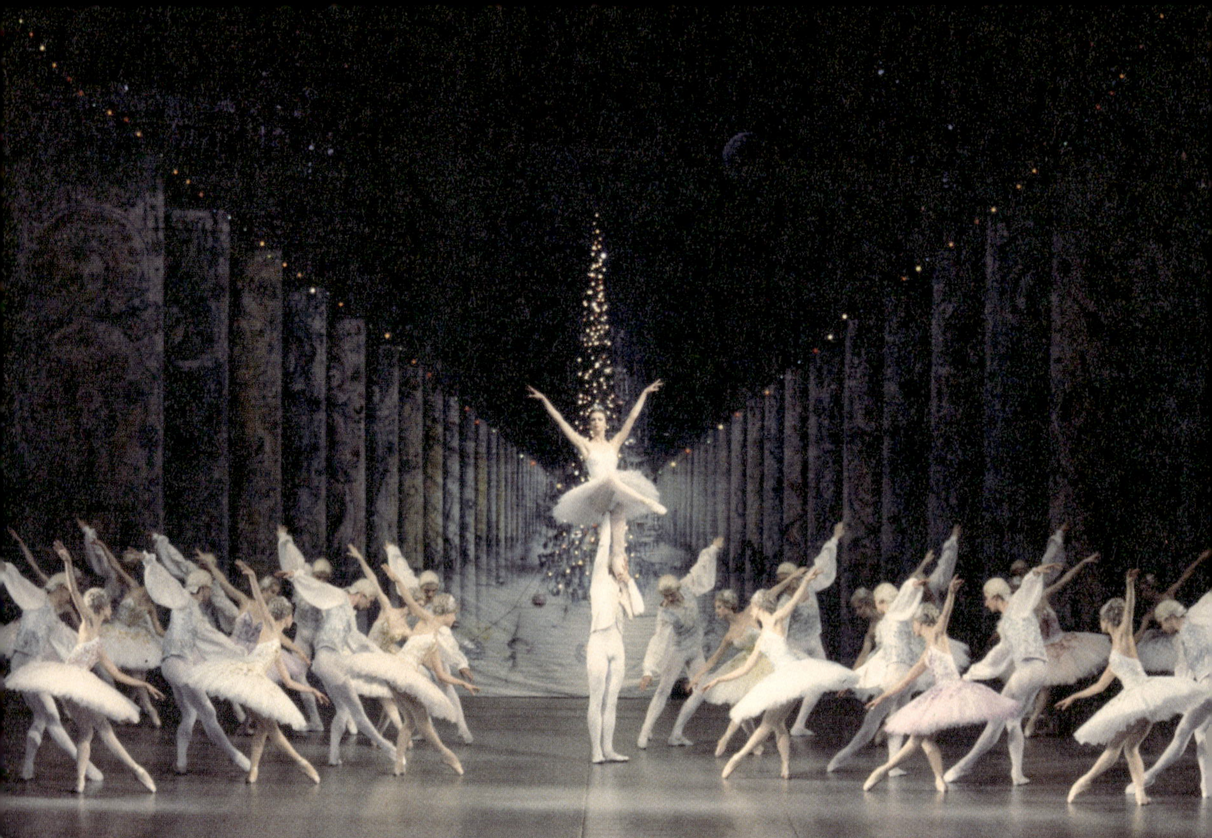

《호두까기 인형》 공연 모습

아버지로부터 크리스마스 선물로 호두까기 인형을 받았는데, 생쥐들이 몰려왔어요. 호두까기 인형이 병사 인형들을 지휘하여 막아내려고 하지만 역부족이었지요. 이때 클라라가 슬리퍼를 던져 생쥐 왕을 쓰러뜨리자 생쥐들은 도망갔어요. 호두까기 인형은 은혜에 대한 보답으로 클라라를 과자나라로 초대합니다.

《호두까기 인형》에는 여러 가지 재미난 춤이 나와요. 사탕 요정의 춤과 러시아 춤, 아라비아 춤, 중국 춤, 풀피리의 춤 등등 춤이 계속됩니다. 또 사탕 요정의 시녀 24명이 추는 꽃의 왈츠는 매우 멋진 춤이지요.

차이콥스키의 3대 발레곡 중 《호두까기 인형》은 가장 짧고도 가벼운 분위기의 곡이지만 그만큼 어린이들이 감상하기에는 가장 알맞은 곡이에요. 어린이들에게 꿈과 희망을 주는 《호두까기 인형》! 올해엔 꼭 한번 구경해보길 바랍니다.

참고로 《호두까기 인형》과 함께 차이콥스키의 3대 발레곡으로 손꼽는 것은 《백조의 호수》와 《잠자는 숲 속의 미녀》입니다. 《백조의 호수》는 옛 유럽에 전해지는 전설을 곡으로 만든 것이고, 《잠자는 숲 속의 미녀》는 프랑스의 샤를 페로(1628~1703)의 동화 〈잠자는 공주〉를 음악으로 만든 거예요.

참 발레복은 왜 쫄티일까요? 발레는 몸동작을 예술로 표현하는 무용의 일종이에요. 몸의 표현을 제대로 보여주기 위해 착 달라붙는 쫄티가 생겨난 것이지요. 1800년대 초에 타이츠가 개발되며 발레복으로 입기 시작했다고 해요.

〈잠자는 숲 속의 미녀〉

1697년에 발간된 페로의 《어미 거위 이야기》에 있는 작품이다. 1959년 월트 디즈니에서 만화영화화된 뒤 전 세계에 널리 퍼졌다.

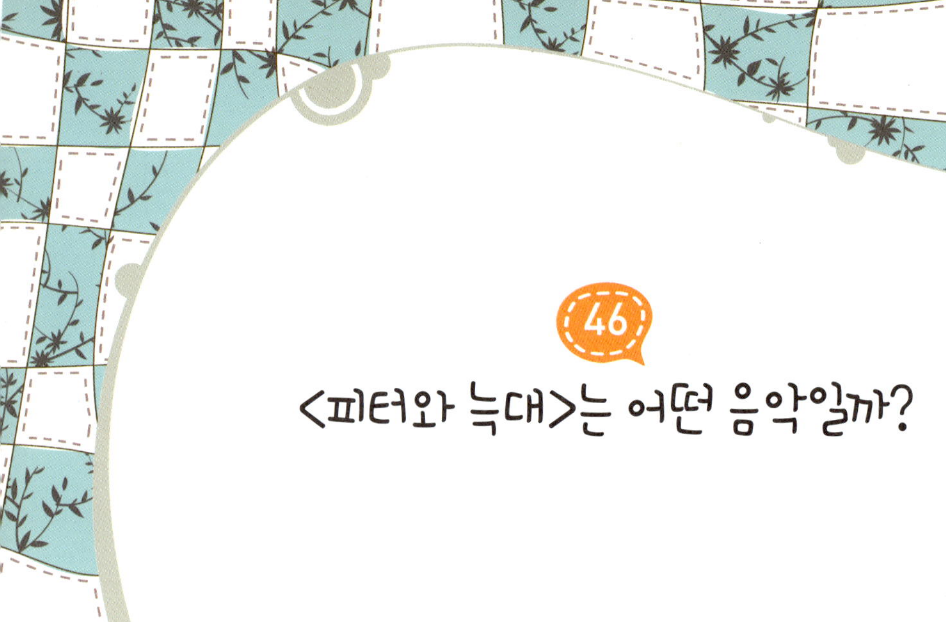

<피터와 늑대>는 어떤 음악일까?

어린이를 위한 클래식 음악 하나 더 소개할게요. 프로코피예프(1891~1953)의 <피터와 늑대>라는 곡이에요. 이 곡을 소개하는 이유는 음악동화로 불리기 때문이지요. 그러니까 처음부터 어린이를 위한 음악으로 만들어진 것이랍니다.

이 곡을 작곡한 프로코피예프는 1891년 러시아에서 태어났어요. 5세 때 이미 작곡을 했다고 전해지듯 어려서부터 음악에 두각을 나타냈지만 1918년 러시아 혁명을 피해 미국으로 망명했지요. 이후 1933년에 러시아로 돌아왔어요.

그 후 모스크바 아동극장을 갔을 때 그곳의 책임자가 오케스트라에 동원되는 여러 악기들을 어린이들에게 알려주는 곡을 만들었으면 좋겠다는 말을 했어요.

프로코피예프는 이후 극장으로부터 <피터와 늑대>라는 동화를 받았고, 이것을 토대로 어린이용 관현악곡을 만들었습니다. 그리고 마침내 1936년 모스크바 아동극장에서 역사적인 어린이 음악 <피터와 늑대>가 공연되었어요. 공연은 큰 인기를 얻었고, 1937년에는 미국에서 공연되어 전 세계로 알려지게 됩니다.

그런데 과연 어떤 식으로 오케스트라의 악기를 동화와 연결시켰을까요? 이 곡에 등장하는 악기는 매우 많아요. 플루트와 오보에, 클라리넷, 바순, 호른, 트롬본, 팀파니, 탬버린, 트라이앵글, 심벌즈, 캐스터네츠, 작은북, 큰북 등등. 이들 악기들은 〈피터와 늑대〉라는 동화 속에 등장하는 각종 인물들을 표현하고 동물 소리를 낸답니다. 예를 들어 호른은 늑대 소리를 내고, 클라리넷은 고양이 소리를 내지요. 또 바순은 할아버지, 현악합주는 주인공 피터의 소리를 내며, 오보에는 오리, 플루트는 작은 새, 팀파니와 큰북은 사냥꾼과 총소리 등을 냅니다.

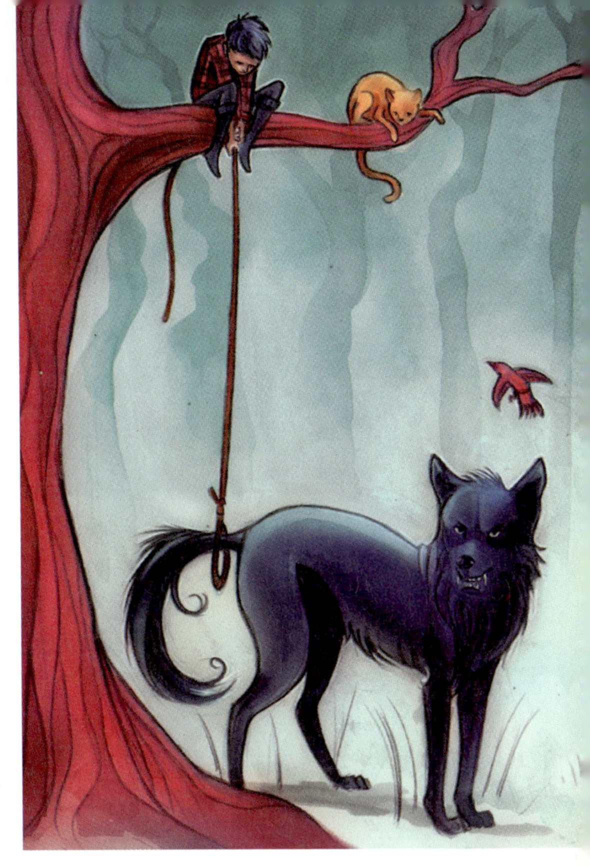

〈피터와 늑대〉 그림

이런 내용을 아이들이 어떻게 알 수 있느냐고 되물을지도 몰라요. 설명해주는 사람이 있어서 누구나 알게 된답니다. 그런데 요즘은 애니메이션을 첨가해 더 이해가 잘되도록 도와주며 연주하기도 합니다.

〈피터와 늑대〉는 용감한 소년인 피터가 숲 속의 늑대와 싸워서 늑대에게 물려간 착한 오리를 구한다는 이야기예요. 동화 내용도 재미있지만 여러 동물과 소리들을 악기가 내는 것이 더욱 흥미롭지요. 이 공연을 보면 악기가 각각 어떤 소리를 내는지 잘 알 수가 있어요. 바로 그것이 이 음악을 만든 이유이기도 합니다.

〈피터와 늑대〉는 영국의 브리튼(1913~1976)이 작곡한 〈청소년을 위한 관현악 입문〉과 함께 어린이 음악 중에는 최고로 칩니다. 〈청소년을 위한 관현악 입문〉은 1945년에 만든 곡으로, 영국 교육부가 배포한 교육용 영화 〈관현악단의 악기〉에 쓰기 위해 만들었다고 합니다. 오케스트라에 나오는 악기의 특성을 제대로 보여 주는 음악으로 유명하지요.

프로코피예프가 활동한 시대의 러시아는 소련이라는 공산주의 국가였어요. 국가로부터 감시를 많이 받았고, 1948년에는 쇼스타코비치(1906~1975), 하차투리안(1903~1978) 등과 함께 자유주의 국가를 따르는 사람이라고 해서 비판을 받아 작품 활동을 제대로 하지 못했다고 해요. 프로코피예프는 그런 와중에도 교향곡과 발레곡, 소나타와 협주곡 등 많은 작품을 남겼습니다.

브리튼은 누구?

영국은 의외로 유명한 음악가가 많이 나오지 않았다. 브리튼은 영국이 배출한 세계적인 음악가 중 한 명으로 평가된다. 전쟁에 반대하는 주장을 편 반전주의자로, 〈전쟁 레퀴엠〉이라는 명곡을 남겼다.

오페라가 이탈리아에서 특별히 발달한 이유는?

오페라는 이탈리아에서 특히 발달했어요. 프랑스에도 마스네(1842~1912)와 구노(1818~1893), 비제와 같은 세계적인 오페라 작곡가들이 나왔고, 독일 역시 베토벤을 비롯해 베버, 바그너 등 걸출한 오페라 작곡가들이 나왔지만 이탈리아의 오페라를 첫손으로 꼽고 있지요. 그 이유는 무엇일까요?

우선 오페라의 발생 자체가 이탈리아에서 된 점을 들 수 있어요. 오페라는 르네상스 시대 말에 발생했는데, 르네상스는 고대 그리스 로마 문화를 되살리자는 문예부흥 운동입니다. 르네상스도 역시 이탈리아에서 처음 시작되었지요.

이탈리아는 지중해 중간에 위치해 일찍부터 상공업과 무역이 발달했어요. 자연히 부유한 사람들이 많았고, 귀족과 부유층은 문화예술에 눈을 돌렸지요. 그들은 작가와 화가, 음악가 들을 지원하고 예술을 감상했어요.

귀족가문 중 피렌체의 지오반니 가문 역시 문화에 큰 관심을 가지고 있었어요. 그들은 1590년경 문학과 음악 마니아들을 모아 고대 그리스 예술을 즐기는 모임 '카메라타'를 만들었어요. 이 모임에서 고대 그리스의 연극을 되살리기로 하였는

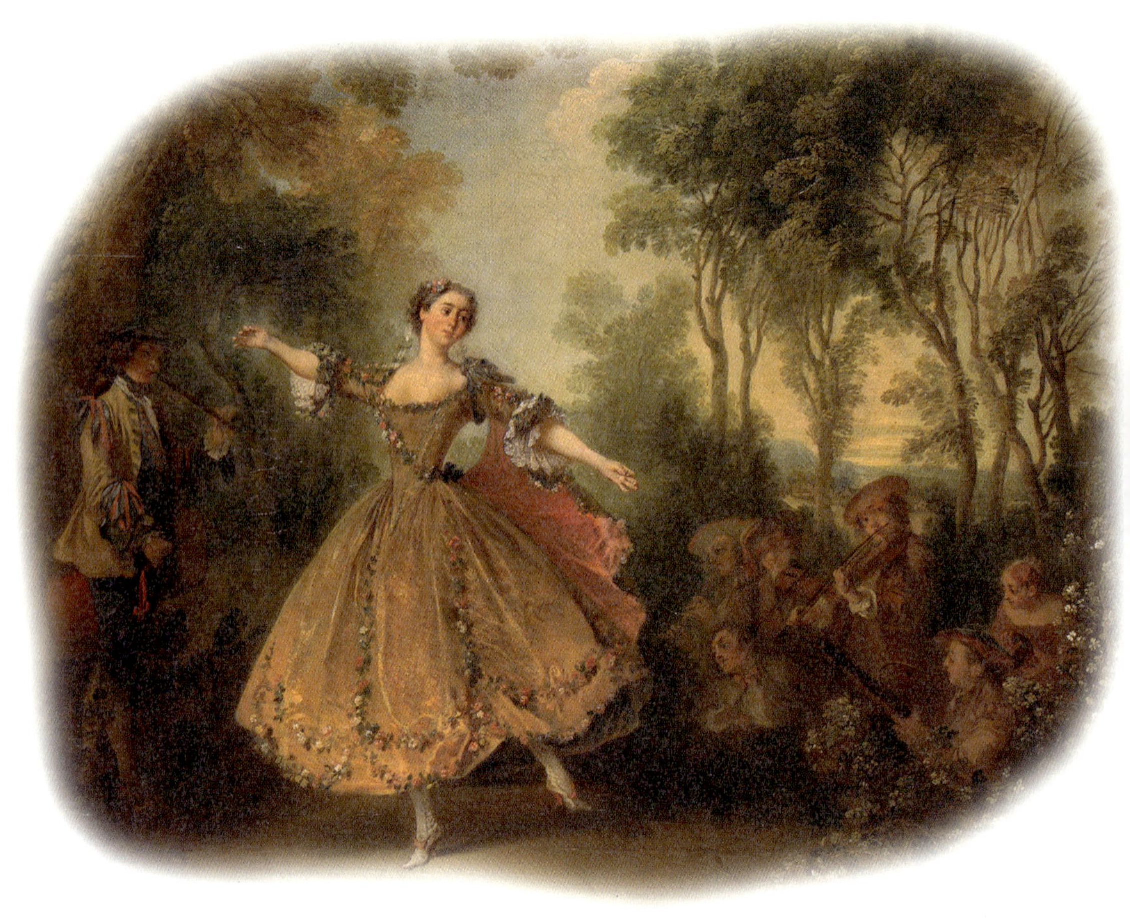

오페라 《에우리디케》의 정령들의 춤

데, 고대 그리스 연극은 주로 시로 되어 있으며 음악이 곁들여 있었지요. 그래서 생각한 것이 바로 연극을 음악으로 만드는 것이었답니다.

1597년 최초의 오페라 《다프네》는 이렇게 태어났어요. 리누치니(1562~1621)라는 시인이 고대 그리스 전설 다프네 이야기를 시로 만들었고, 야코프 페리(1561~1633)

가 그 시에 맞춰 음악을 만든 겁니다.

처음 오페라는 '오페라 인 뮤지카'라고 했어요. 여기에 오페라라는 뜻은 이 책 앞부분에서도 살펴보았지만 작품을 뜻하는 오푸스에서 유래해요. 오푸스는 작품, 일, 작업, 연극 등으로도 쓰이던 말이에요. 즉 오페라 인 뮤지카란 음악으로 하는 작업, 음악으로 만들어진 연극이라는 의미입니다.

이렇게 오페라가 이탈리아에서 발생한 것도 이탈리아를 오페라의 나라로 부르는 이유이긴 하지만 더 중요한 것이 있어요. 이탈리아 오페라는 다른 나라 오페라와는 달리 대중적이면서도 유머가 듬뿍 담겨 있답니다. 오페라는 귀족과 부유층을 중심으로 만들어졌으나 이후 평민층도 즐기는 예술로 바뀌어간 것이지요. 1637년 베네치아에 세워진 산 카시안 극장은 오페라를 일반인들도 즐길 수 있던 최초의 극장이라고 해요. 또 당시 그 극장이 성공을 거두자 근처에 오페라 극장이 열댓 개나 생길 정도로 오페라가 큰 인기를 끌었다고 합니다.

또 하나의 이유를 들라면 이탈리아 말의 특징입니다. 이탈리아 말은 노래로 부를 때 가사 전달이 잘되고 사람의 감정도 풍부하게 표현할 수 있는 특징이 있거든요. 그래서 이탈리아 성악 하면 세계 최고로 여기며 많은 성악가들이 이탈리아로 유학을 가기도 합니다. 오페라는 독창을 하는 부분이 많은데, 이탈리아어로 부르면 더욱 멋있고도 아름답게 들리기 때문에 이탈리아에서 오페라가 더욱 발달하게 된 것이지요.

최초의 오페라 《다프네》는 악보가 일부밖에 남아 있지 않아요. 그래서 완벽한 오페라로는 1600년에 처음 상연된 《에우리디케》를 첫손으로 꼽습니다. 《에우리디케》는 그리스 신화에 나오는 오르페우스 이야기를 오페라로 만든 것이에요. 오르페우스와 에우리디케 이야기는 앞에서 다룬 바 있지요.

이후 이탈리아에서는 뛰어난 오페라 작곡가가 속속 나왔습니다. 베네치아 최고의 작곡가 몬테베르디를 시작으로, 로시니, 도니체티, 벨리니 등 19세기 3대 오페라 작가, 오페라를 새로운 경지로 이끈 베르디, 《나비 부인》으로 유명한 푸치니 등등 기라성 같은 음악가들이 등장했지요.
이탈리아의 오페라는 주변 국가에 널리 퍼져 유럽 음악의 큰 줄기를 이루었으며, 오늘날 우리에게 다양한 음악을 즐길 수 있도록 해줍니다.

최초의 오페라 《다프네》

다프네는 그리스 신화에 나오는 아름다운 님프의 이름으로, 월계수라는 뜻이다. 아폴론의 구혼을 거절하고 도망을 다니다 붙잡히려는 순간 월계수로 변했다. 아폴론은 다프네를 기억하기 위해 월계관을 지니게 되었다고 한다.

푸치니는 왜 비극 오페라를 만들었을까?

19세기 말 최고의 오페라 작곡가는 이탈리아의 푸치니(1858~1924)예요. 푸치니는 베르디의 오페라를 보고 오페라 작곡가가 되기로 결심을 했다고 해요.

푸치니는 어린 시절에 오르간을 잘 치는 등 일찍부터 음악에 재능을 드러냈지만 본격적으로 수업을 받은 것은 청년 때부터였어요. 다른 음악가들과 달리 매우 늦었지요. 음악가로 이름을 올린 것도 35세가 되어서였답니다.

하지만 이후 내놓는 작품마다 인기를 끌었어요. 가난한 학창시절의 경험을 토대로 만든 《라 보엠》과 1887년 《나비 부인》, 1900년 로마에서 처음 무대에 올린 《토스카》 등이 계속 성공을 거두었지요.

《라 보엠》은 이탈리아 말로, 보헤미안 즉 방랑자를 뜻해요. 1830년대 파리의 변두리에서 펼쳐지는 젊은이들의 사랑과 우정을 담아낸 곡입니다.

이에 비해 《토스카》는 사랑과 음모, 배신과 복수의 이야기입니다. 1800년대 로마 총독이 오페라의 프리마돈나 토스카를 탐내고, 토스카의 애인 카발라도시는 옥에 갇히는데, 그 후 모두 죽는 것으로 결말이 나지요. 카발라도시는 사형을 당

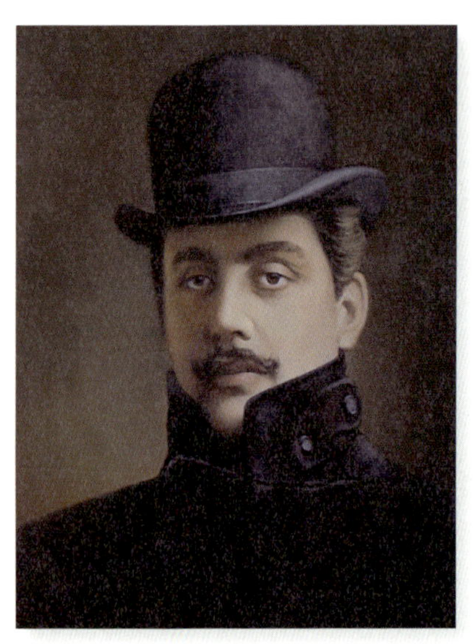

푸치니

하고, 토스카는 총독을 죽인 뒤 성벽 아래로 몸을 던집니다.

《나비 부인》은 일본 나가사키의 기생인 나비 부인이 미국의 해군 장교 핑커튼에게 버림받고, 아이를 남긴 채 목숨을 끊는다는 내용입니다. 이 작품은 푸치니가 미국의 극작가 벨라스코(1853~1931)의 〈나비 부인〉을 보고 오페라로 구상한 것이에요.

이렇게 푸치니의 오페라를 보면 주로 즐거움보다는 슬픔이 배어 있는 비극이지요. 도대체 왜 푸치니는 비극을 많이 쓴 것일까요? 여기에 푸치니의 신념이 들어 있어요. '극적 충격이 큰 작품이 아니면 처음부터 내 오페라의 소재로 택하지 않는다'는 것이 바로 오페라에 대한 푸치니의 신념이지요. 결국 극적 충격을 가장 잘 보여주는 것은 슬픔이며, 슬픔을 통해 사람들의 감성을 자극한다는 것이 푸치니의 생각이었어요.

여기에 푸치니의 흥행감각도 한몫했어요. 푸치니는 사람들을 감동시킬 수 있는 방법을 끊임없이 연구한 작곡가예요. 연극 〈나비 부인〉을 보면서 무대와 조명 등의 연출이 그 연극을 더욱 돋보이게 하는 것을 보고 오페라 역시 철저한 의도가 필요하다고 느꼈지요. 특히 음악을 아주 슬프게 만들면 극적인 효과가 훨씬 높아진다고 생각했어요.

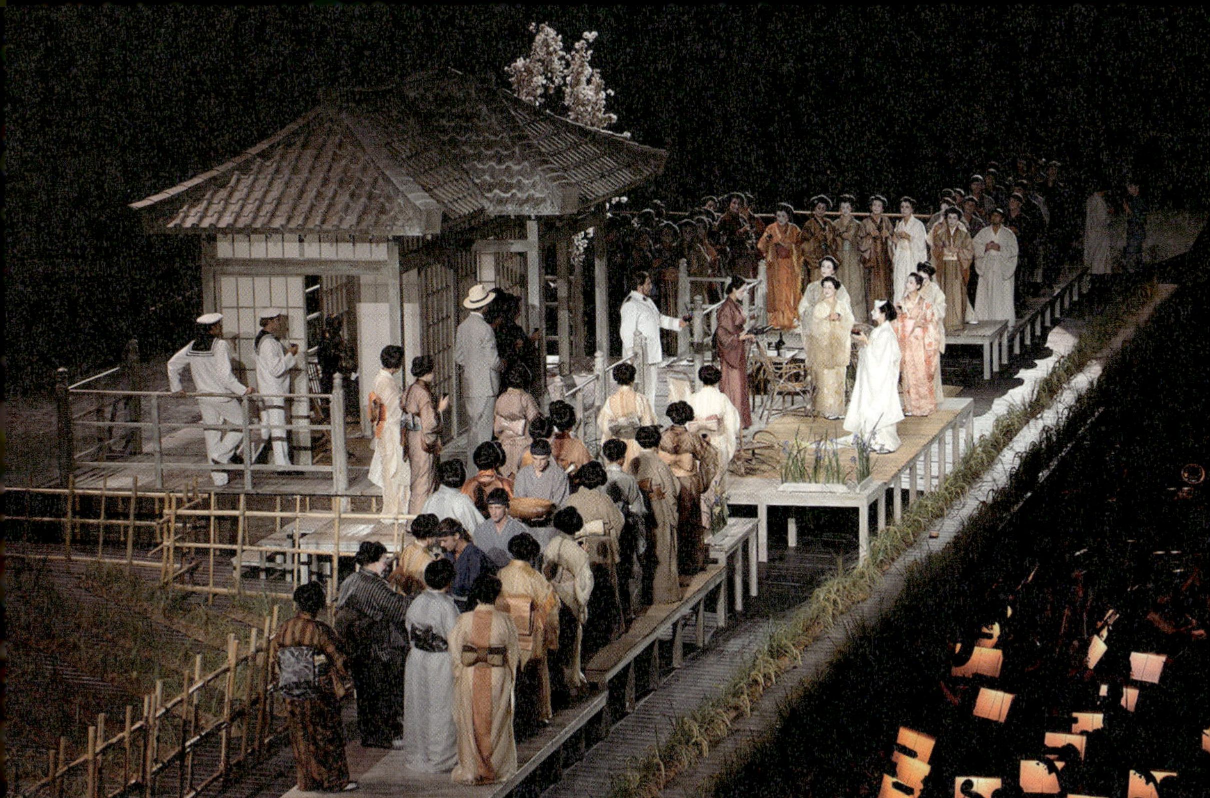

푸치니의 《나비 부인》 공연 모습

푸치니의 오페라가 많은 사람들의 사랑을 받은 것은 바로 슬픈 멜로디 때문입니다. 아리아로부터 관현악단의 연주에 이르기까지 푸치니 오페라에서는 슬픈 멜로디가 사람의 마음을 파고들지요. 1900년 로마에서 처음 공연된 《토스카》에서 남주인공 카발라도시가 부르는 아리아 〈별이 빛나건만〉을 들어보면 사형을 당할 처지에 놓인 주인공의 심정이 절절해 절로 눈물이 날 지경입니다.

별들은 빛나고 대지는 향기로운데
저 화원 문을 열고 가벼운 발자국 소리 났네.
또 나를 알아준 것, 향기로운 그녀였네.

아, 달콤한 입맞춤으로 날 떨게 하고
고운 그 몸은 베일에 가려지듯 사라지고
내 사랑의 꿈도 영원히 사라지는가.
절망 속에서 나는 죽어가네,
나는 죽어가네
내 생애 전부만큼 난 사랑하지 못하였네.

그런데 여기에서 중요한 것은 푸치니 오페라의 내용이 지극히 현실적이라는 거예요. 우리 주변에서 실제로 일어나고 있는 일을 음악과 연극으로 만들되, 최대한 슬프게 만든 것이지요. 이런 면에서 같은 대중적인 오페라를 작곡한 베르디와 차이를 보여요. 베르디는 재치가 넘치는 반면 푸치니는 슬픔이 넘치지요. 기회가 되면 꼭 푸치니의 오페라를 들어보시기 바랍니다.

《투란도트》

푸치니의 4대 걸작 중 하나로, 중국 전설 시대를 배경으로 한다. 4년간 공을 들였으나 완성하지 못해 제자인 프랑크 알파노(1876~1954)가 마무리했다. 이 역시 비극으로, 3막 중간에 주인공이 자살하는 장면이 나온다.

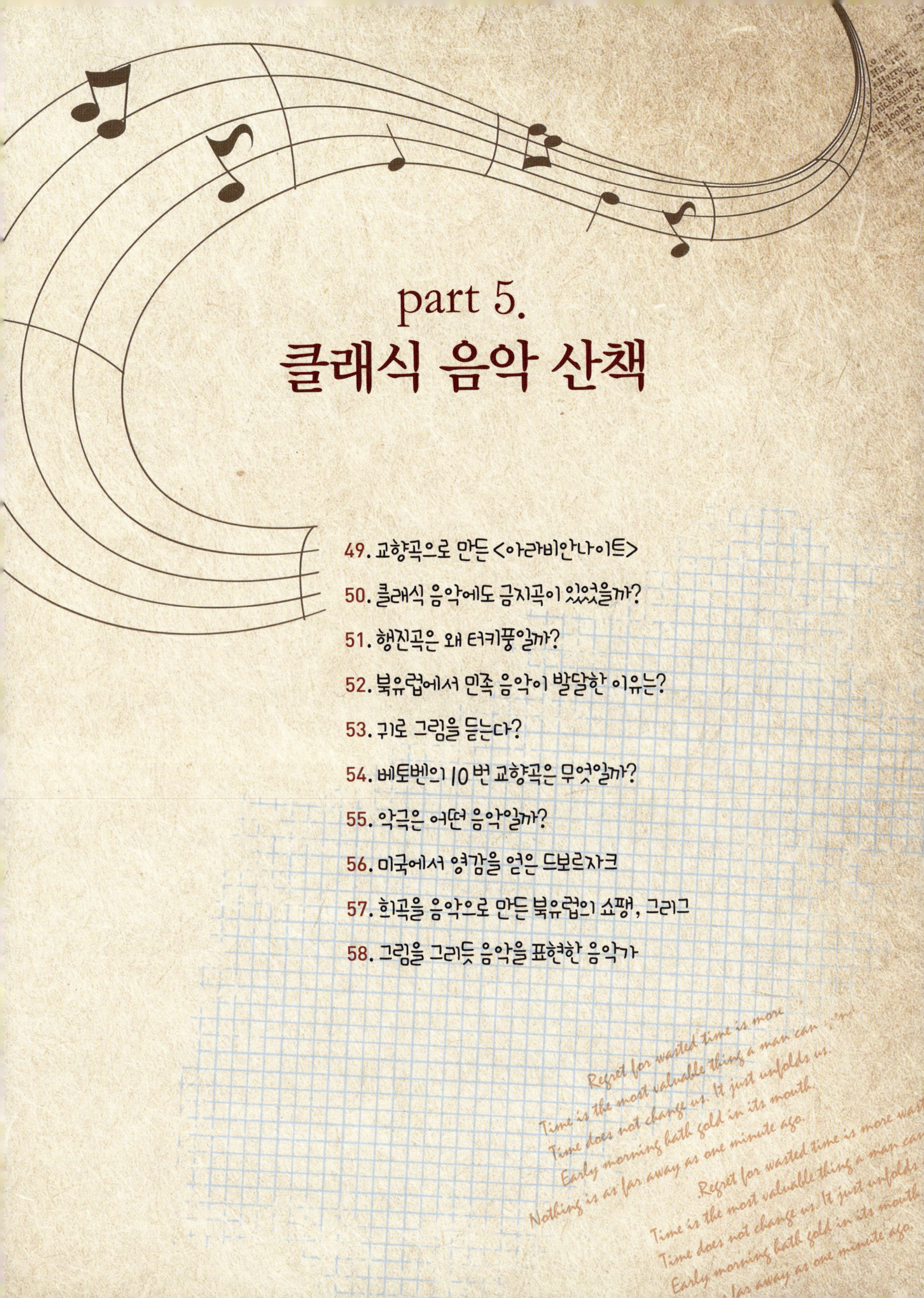

part 5.
클래식 음악 산책

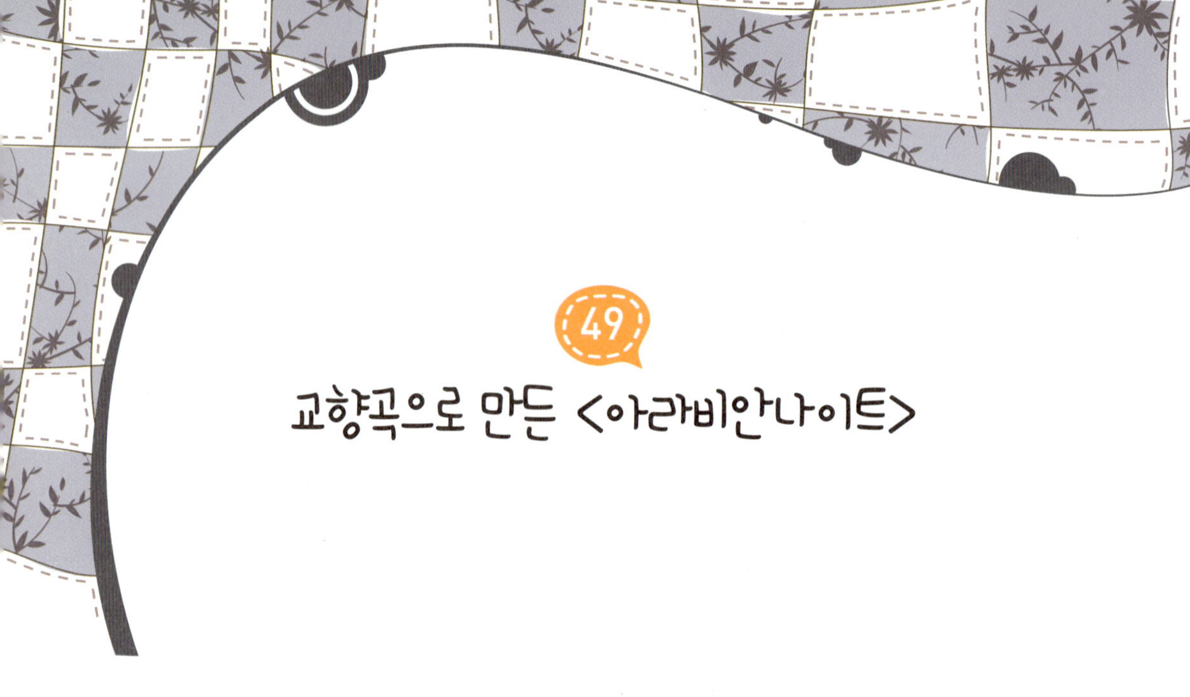

교향곡으로 만든 〈아라비안나이트〉

〈아라비안나이트〉는 신드바드의 모험 등 여러 가지 이야기로 구성된 이야기책이에요. 현명한 여자인 셰에라자드가 여성을 불신하는 페르시아 왕 샤리아르에게 천 일 동안 들려주는 이야기로 구성되어 있어요. 이 이야기를 음악으로 만든 것이 있는데, 러시아의 림스키코르사코프(1844~1908)가 만든 교향곡 〈셰에라자드〉가 바로 그것이에요.

왜 〈아라비안나이트〉를 교향곡으로 만들었을까요? 여기에는 림스키코르사코프의 음악관이 들어 있지요. 림스키코르사코프는 누가 들어도 알 수 있는 것, 즉 쉬운 것을 음악으로 만들어서 사람들이 좀 더 음악과 친해지기를 바랐어요. 그것이 예술가의 사명이라고 생각했지요. 그와 함께 활동한 러시아의 음악가 5명을 흔히 러시아 국민악파 5인조라고 부르는데, 이 국민악파는 이렇게 주장했어요.

"예술의 사명은 숭고하다."

그들은 음악으로 인간의 감
정과 생각, 사상을 표현하려
고 노력했어요. 그리고 러시
아 출신답게 음악에 러시아
민족의 특성을 담으려고 시도
했답니다.

림스키코르사코프는 귀족
출신으로, 어려서부터 음악
을 접했어요. 하지만 어릴 때
꿈은 군인이 되는 것이었고,
열두 살 때 해군사관학교에
들어가 청년 때에는 어엿한
군인이 되었지요. 그런데 군
인이 되고 보니 다시 음악이

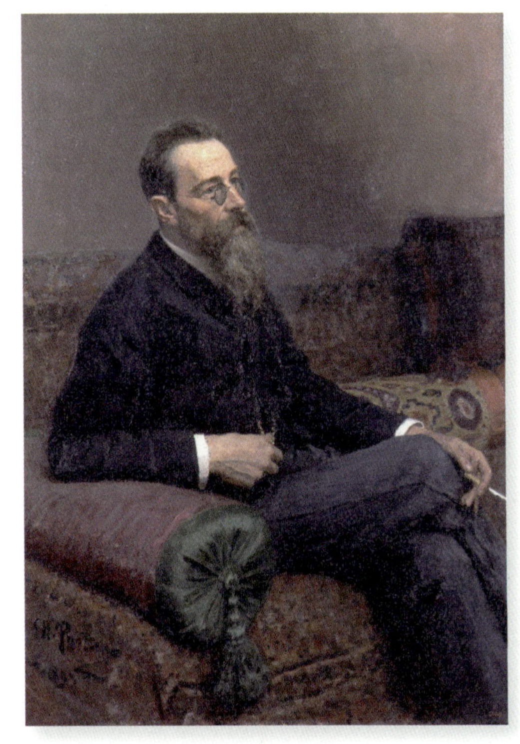

림스키코르사코프

그리워졌어요. 당시 군대에는 발라키레프(1837~1910)라는 음악가가 있었는데, 그
를 만나 음악을 하게 되었고, 그를 통해 무소륵스키(1839~1881), 보로딘(1833~1887),
세자르 퀴(1835~1918)와 사귀며 러시아 국민악파라는 독특한 음악파를 이루었답
니다.

림스키코르사코프는 해군이 되어 바다를 떠돌면서 틈틈이 음악을 했어요.
그때 작곡해둔 교향곡을 1865년에 발표해 큰 호평을 받자 그때부터 본격적으
로 음악가가 되기로 마음을 먹었답니다. 하지만 1871년에 음악원 교수가 되며
창작은 잠시 멈추었어요. 제자를 길러내는 데 더 신경을 쓰게 된 거예요. 그렇

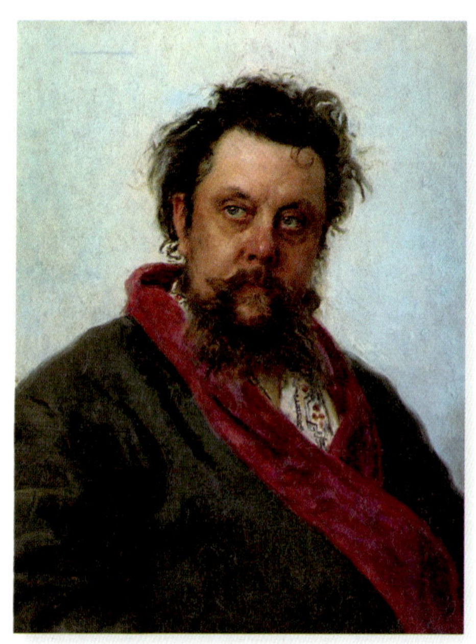

무소륵스키

지만 결국 다시 작곡을 시작했으며, 그 복귀작이 바로 1888년 발표한 〈셰에라자드〉였습니다.

이 곡은 〈아라비안나이트〉에서 이야기 4개를 골라 음악으로 만든 것이에요. 이 곡이 유명해진 것은 아라비아풍의 이국적인 정서가 담겨 있으며, 호소력이 짙은 선율을 자랑하기 때문이에요. 그러나 무엇보다도 내용이 친근하다는 점을 들 수 있어요. 〈아라비안나이트〉는 누구나 어릴 적에 읽는 이야기라서 쉽게 받아들일 수 있으니까요.

〈셰에라자드〉는 모두 4악장으로 구성됩니다. 1악장은 바다와 신드바드의 배, 2악장은 칼렌다 왕자 이야기, 3악장은 젊은 왕자와 젊은 공주, 4악장은 바그다드의 축제와 바다입니다. 그가 〈아라비안나이트〉를 음악으로 만든 배경에는 젊은 시절 군인이었던 경험도 한몫해요. 해군이 되어 전 세계를 돌아다니며 모험심을 키웠고, 세계 여러 나라를 살펴볼 기회가 많았거든요.

한편 림스키코르사코프는 동료들의 음악활동에도 많은 도움을 준 음악가입니다. 무소륵스키와 한집에 살며 서로의 음악에 영향을 주었으며, 동료들의 음악을 편곡해 더 아름답게 다듬기도 했어요. 또 그는 러시아어로 된 가곡을 많이 작곡했고, 러시아 민요 140개를 모아 책으로 내기도 했지요. 그리고 1889년 파리에서 열린 만국박람회에 러시아 대표로 참가해 러시아 음악을 세계에 널리 알리기도 했습니다.

이런 활동 때문에 그는 러시아를 대표하는 국민악파 음악가로 여겨집니다. 국민악파란 독일이나 오스트리아, 이탈리아 같은 음악 선진국의 음악에 지배되지 않는, 고유한 민족음악을 추구하는 음악을 가리키지요. 이는 낭만파 음악에 속하는 독특한 분야로, 역사적인 인물이나 영웅, 전설과 신화를 음악으로 표현합니다.

셰에라자드

〈아라비안나이트〉에서 페르시아 왕에게 천 일 동안 이야기를 들려주는 여주인공이다. 왕은 자신을 배신한 왕비에 대한 분노로 매일 여자를 한 명씩 죽였는데, 셰에라자드가 천 일 동안 이야기를 해줘 분노심을 없앨 수 있었다.

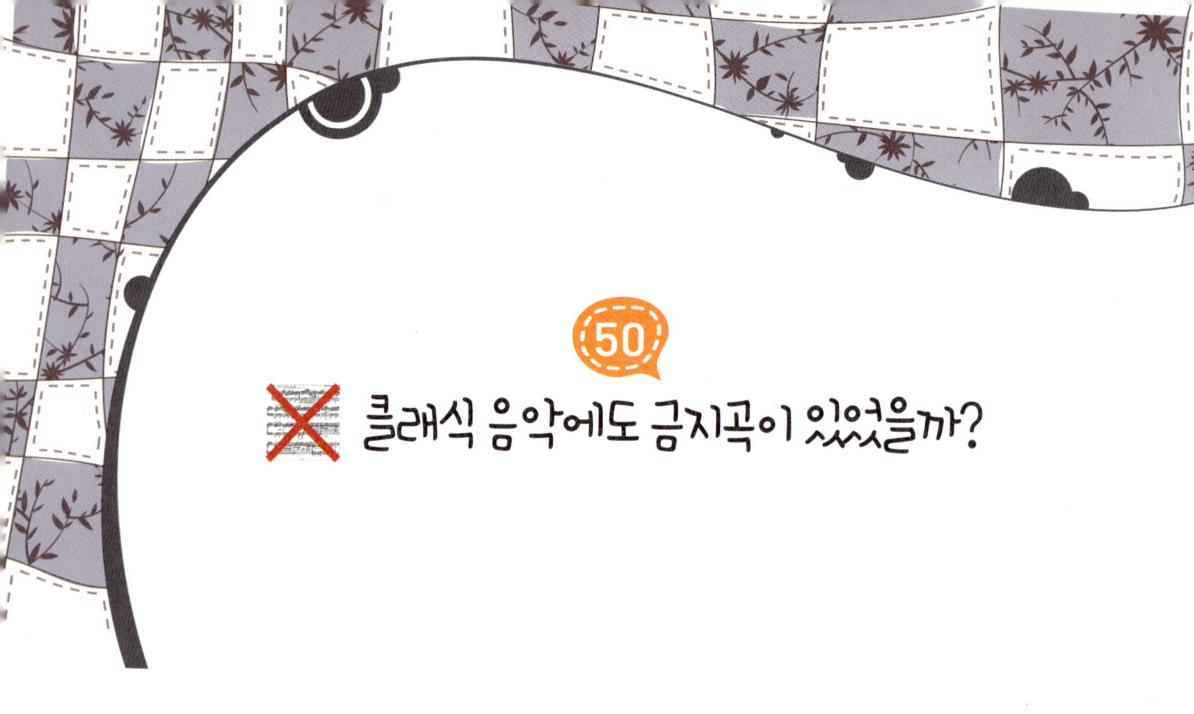

클래식 음악은 대부분 아름다워요. 언제 어디서 들어도 좋습니다. 하지만 클래식 음악 중에는 한때 금지곡이 된 것도 있어요. 핀란드의 작곡가 시벨리우스(1865~1957)의 〈핀란디아〉가 바로 그것이지요. 이 곡은 왜 금지곡이 되었을까요?

시벨리우스가 〈핀란디아〉를 작곡한 때는 1899년. 당시 핀란드는 러시아의 지배하에 있었어요. 〈핀란디아〉라는 음악은 핀란드의 아름다운 자연을 표현하고 있는데, 민족 감정을 높이는 효과를 냈지요. 그래서 지배하고 있는 러시아에게는 눈엣가시처럼 여겨졌고, 러시아는 결국 〈핀란디아〉를 금지곡으로 정했어요.

이런 비슷한 예는 우리나라에도 있어요. 홍난파 선생(1898~1941)이 만든 〈봉선화〉가 바로 그것이지요. 홍난파 선생은 1920년에 바이올린 독주곡 〈애수〉를 발표했다가 1925년 김형준에게 부탁해 가사를 넣고 제목을 〈봉선화〉로 바꾸었어요. 처량한 가사가 당시 식민지의 아픔을 노래하고 있어서 일본이 금지곡으로 정했지요.

시벨리우스가 〈핀란디아〉를 작곡한 것은 러시아의 탄압에 저항하려는 의도도 있었어요. 1899년 당시 러시아는 2월 선언이라고 하여 핀란드의 자치를 제한하는 내용을 발표했어요. 여기에는 문화 예술에 대한 제한도 포함되어 있었지요. 핀란드 예술인들은 그해 11월에 연금 기금을 마련한다는 구실로 큰 행사를 준비했는데, 여기에서 핀란드 역사 연극을 공연할 예정이었어요. 이 속에 들어갈 7곡의 음악 중 맨 마지막에 나올 곡을 시벨리우스가 작곡했지요. 〈핀란드여 일어나라〉가 바로 그것입니다.

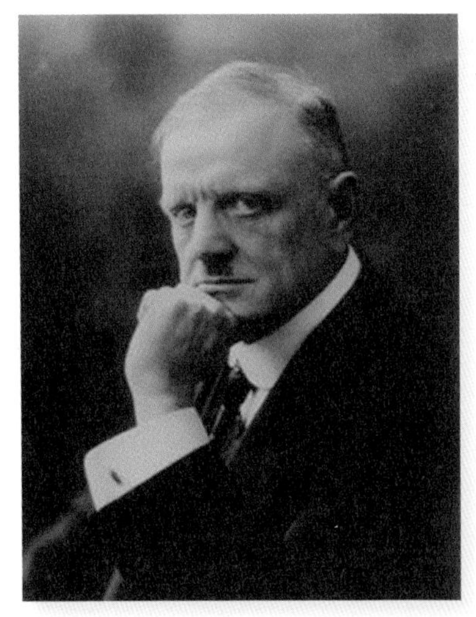

시벨리우스

바로 이 곡이 〈핀란디아〉의 첫 번째 버전입니다. 1900년에 시벨리우스는 이 곡을 피아노 독주용으로 편곡했으며, 악셀 카펠랑이라는 사람이 〈핀란디아〉라는 제목을 붙였어요. 그해 여름에 헬싱키에서 필하모닉과 협연을 했고, 파리박람회에서도 직접 지휘를 해서 〈핀란디아〉라는 곡을 세상에 널리 알렸습니다.

러시아가 가만히 구경만 할 리가 없었지요. 〈핀란디아〉 연주를 금지시켜버렸어요. 하지만 시벨리우스도 만만치 않았지요. 〈핀란디아〉라는 이름 대신 〈즉흥곡〉이라고 제목을 바꿔 여러 번 공연을 열었다고 해요. 1차 세계대전이 끝난 뒤 핀란드가 독립한 후에는 마음껏 연주를 할 수 있었습니다.

〈핀란디아〉에는 핀란드의 자연과 역사가 고스란히 녹아 있어요. 끝 부분에 〈핀란디아〉의 찬가가 울려 퍼지면 핀란드 국민들은 누구나 가슴이 뜨거워졌대요. 2차 세계대전 때 다시 소련의 위협을 받자 핀란드 국민들이 단합하게 하는 음악이 되었고, 이후로는 핀란드 제2 국가라고 할 정도로 사랑을 듬뿍 받았습니다. 우리나라에 애국가가 있지만 〈아리랑〉이 제2 국가처럼 불리는 것과 비슷해요.

시벨리우스는 국민주의 음악을 대표하는 작곡가예요. 그러나 다른 국민주의 음악가와는 다른 점이 있어요. 다른 사람들은 향토적인 민요나 민속춤곡을 그대로 가져와 곡에 반영했지만 시벨리우스는 신화와 역사, 자연, 민족의 숨결 속에서 받은 영감을 음악으로 구성했거든요. 이것이 바로 시벨리우스의 위대함이지요.

시벨리우스는 음악 신동이었어요. 다섯 살 때부터 피아노를 배우고 열 살에는 작곡을 배웠답니다. 하지만 아버지는 시벨리우스가 음악을 하는 것을 반대했어요. 법관이 되길 바랐지요. 시벨리우스는 아버지의 뜻에 따라 법대에 들어갔지만 마음속에서는 늘 음악을 할 생각뿐이었어요. 결국 시벨리우스는 1889년 법대를 중퇴하고 음악원에 들어가 음악을 했답니다. 1892년에는 음악원 교수가 되어 작곡과 바이올린을 학생들에게 가르쳤지요. 그리고 이후에는 핀란드의 민족적인 음악을 만드는 데 힘을 쏟아 세계적인 음악가가 되었어요.

그는 〈핀란디아〉 이외에도 바이올린 협주곡, 교향곡 2번과 5번, 〈슬픈 왈츠〉, 〈카렐리아 모음곡〉 등을 남겼답니다.

핀란드여 일어나라!

원어로는 수오미 헤라(Suomi herää)이다. 여기에서 수오미는 호수나 늪을 가리킨다. 핀란드는 호수가 많은 나라여서 수오미는 결국 핀란드를 부르는 별칭으로 사용된 것이다.

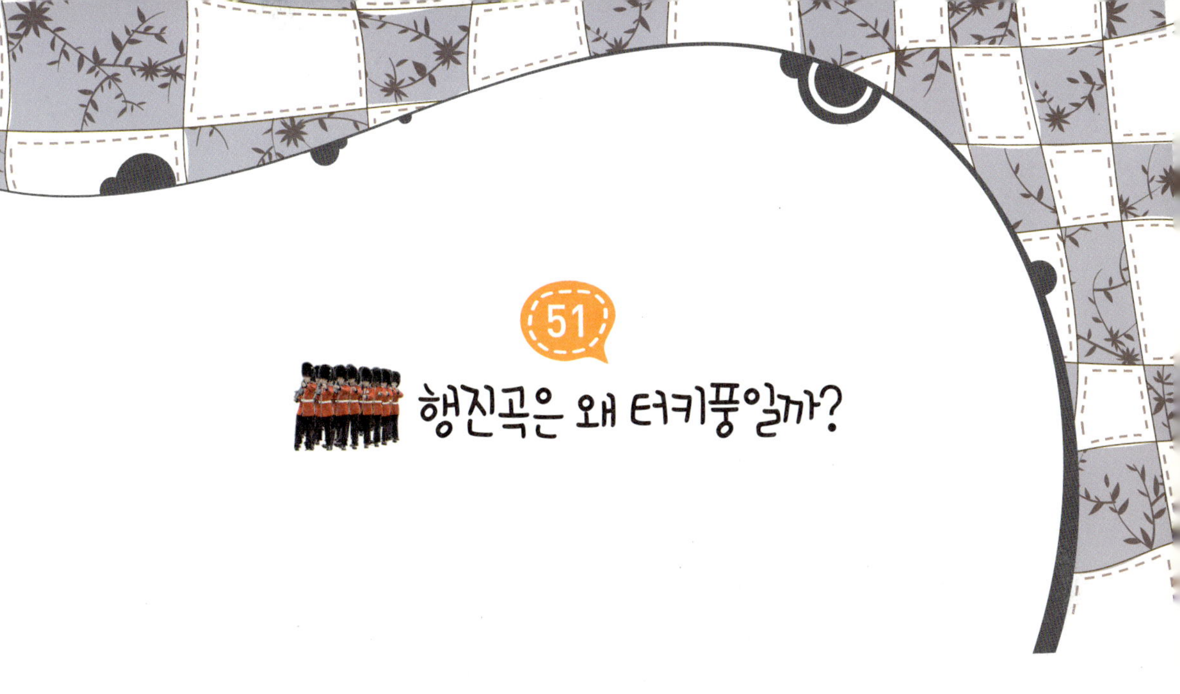

행진곡은 왜 터키풍일까?

행진곡은 행진할 때 반주되는 음악을 말해요. 〈결혼 행진곡〉도 행진곡이지요. 그러나 일반적으로 행진곡이라고 하면 군대 등이 행진할 때 연주되는 음악을 가리킵니다.

행진곡의 역사를 살펴보면 고대 이집트에도 행진곡이 있었어요. 고대 이집트의 벽화를 보면 나팔과 북을 들고 군대가 행진하는 장면이 남아 있지요. 군악대의 모습은 로마 시대에 이르러 규모가 커졌고 중세 시대에 들어와 악기의 편성이 늘어났으며 프랑스와 독일 등에서 유행했지요. 그리고 행진곡은 예술 음악에도 영향을 끼쳐 헨델과 하이든, 모차르트, 베토벤 등 여러 작곡가들이 행진곡을 많이 남겼어요.

이 중 유명한 곡을 들라면 모차르트의 〈터키 행진곡〉을 들 수 있어요. 이 행진곡은 《피아노 소나타 가장조》 3악장에 있는 것으로, 피아노를 배우는 사람들은 누구나 한 번쯤 쳐보는 곡이에요. 그런데 모차르트가 스스로 행진곡의 이름을 '터키'라고 붙이진 않았어요. 단지 악보 맨 위에 '터키풍으로'라는 표시를 했지요. 곡

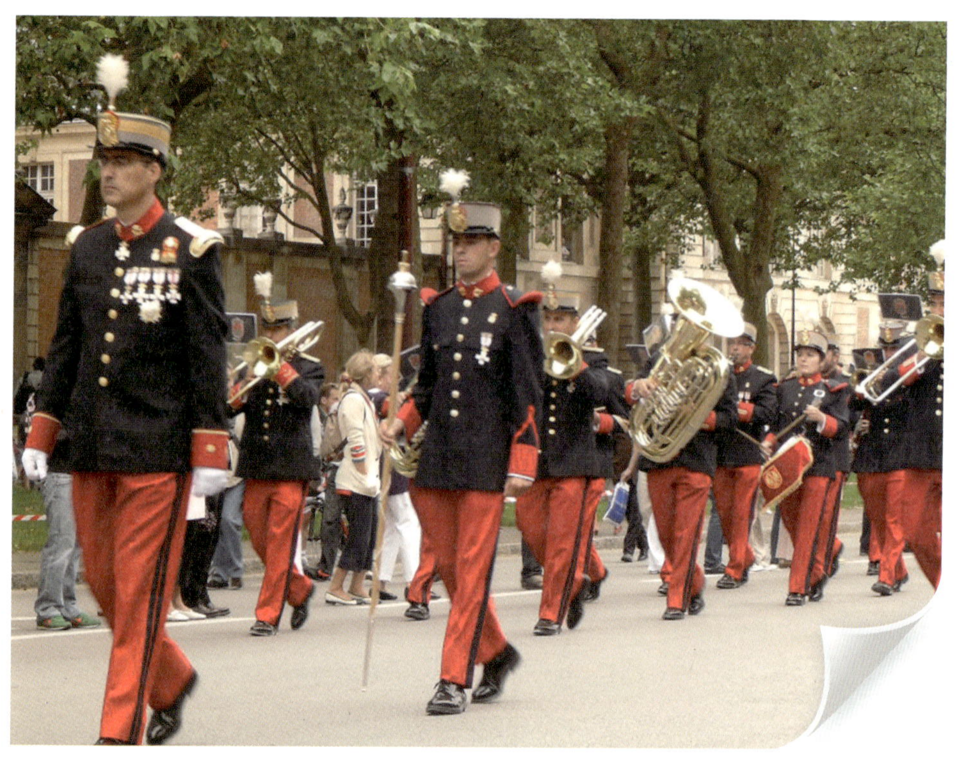

파리의 군악대

의 흐름이 행진곡 같아서 사람들은 '터키 행진곡'이라고 부르게 되었으며, 나중에는 그 부분만을 별도로 연주해서 유명해졌답니다.

한편 베토벤도 〈터키 행진곡〉을 만들었어요. 헝가리에 건설된 독일극장에 오프닝으로 오르는 음악 《아테네의 폐허》 제4곡이 바로 〈터키 행진곡〉입니다. 이 곡은 피아노곡은 아니었으나 나중에 피아노로도 치게 되었어요.

모차르트와 베토벤이 '터키 행진곡' 또는 '터키풍'이라는 표시를 한 것은 무슨 이유일까요? 여기에는 옛 터키의 영광이 숨어 있답니다. 터키는 예로부터 강대국이었어요. 동로마제국을 멸망시킨 제국이 바로 오스만투르크, 즉 터키였지요. 18세기 초에 오스만제국의 군악대가 유럽에 소개되었어요. 북과 금속성 소리가 나는 악기로 이루어진 군악대는 현란한 제복과 함께 유럽 사람들의 넋을 쏙 빼놓았답니다.

오스만제국의 군악대는 군대의 막강함을 상징했습니다. 국가 행사가 행해질 때나 운동경기가 벌어질 때 군악대가 팡파레를 울리며 축하했지요. 군악대는 또 매일 정오에 연주를 해 사람들의 관람거리가 되기도 했어요. 이런 독특함이 유럽의 음악가들을 자극했고, 모차르트와 베토벤 등이 〈터키 행진곡〉을 작곡한 것입니다.

행진곡 중에 유명한 곡이 참 많아요. 베르디가 작곡한 〈개선 행진곡〉은 축구나 운동경기에 자주 나오는 곡이에요. 이 곡은 본래 《아이다》라는 오페라에 들어 있는 곡이지요. 《아이다》는 1869년 11월 이집트 수에즈 운하 개통식을 기념하여 세운 카이로 오페라극장 개관 기념공연으로 만들어진 오페라입니다. 이집트 왕의 위촉을 받고 만든 곡이지만 실제 개장식에서는 상연되지 못하고 1871년 크리스마스 이브에 첫 상연되었지요. 그리고 이듬해 유럽의 스칼라극장에서 공연된 뒤 인기를 끌기 시작했습니다.

오페라 《아이다》의 배경은 고대 이집트입니다. 이집트의 장군 라다메스와 에티오피아 공주 아이다의 비련의 사랑을 그린 곡으로, 음악이 장중하면서도 화려합니다. 무대장치도 매우 화려해 오페라 중에는 대작으로 손꼽히지요.

〈개선 행진곡〉은 《아이다》의 2막 2장에 나와요. 라다메스의 노래 〈청아한 아이다〉, 아이다의 노래 〈이기고 돌아오라〉가 이어진 뒤 경쾌한 리듬의 행진곡이 나옵니다.

슈베르트의 〈군대 행진곡〉도 유명해요. 1825년 이전에 작곡된 〈군대 행진곡〉
은 네 손을 위한 곡으로, 손가락을 자유자재로 사용하지 못하는 피아노 초보자들
에게 연습용으로 그만이지요.

우리나라에도 행진곡이 몇 곡 있습니다. 특히 〈어린이 행진곡〉은 정세문이
1948년에 작곡한 것으로, 해방 후 새로운 시대를 맞는 기쁨을 표현했어요. '무궁
무궁 무궁화 무궁화는 우리 꽃 피고 지고 또 피어 무궁화라네'라는 가사의 〈무궁
화 행진곡〉도 자주 불리지요. 1959년 윤석중 시에 김대업이 곡을 붙였어요. 힘이
빠질 때 행진곡을 들으면 힘이 납니다. 한번 들어보세요.

〈어린이 행진곡〉

정세문이 1948년 작곡한 곡으로, 노래를 좋아하는 어린이라면 들어봤거나 불러봤을
것이다. 발 맞추어 나가자 앞으로 가자 / 어깨동무 하고 가자 앞으로 가자 / 우리들은
씩씩한 어린이라네 / 금수강산 이어받을 새싹이라네. 시는 길묘순 선
생의 작품이다.

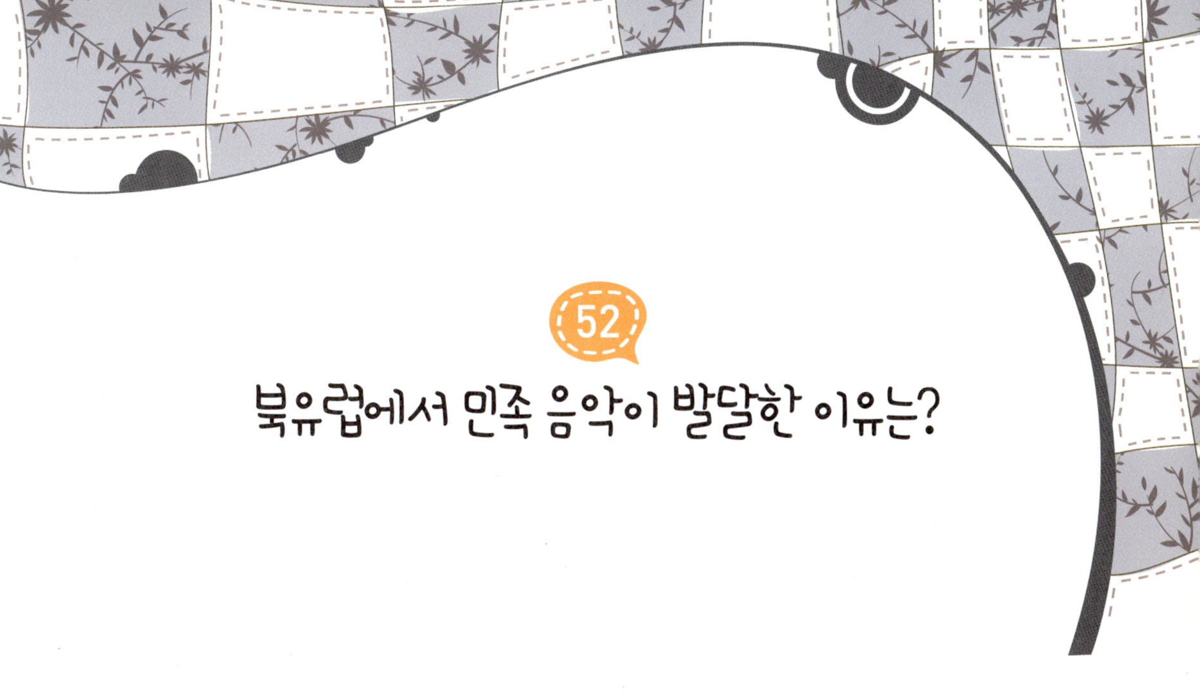

북유럽에서 민족 음악이 발달한 이유는?

요새는 퓨전 음악이라고 해서 서로 다른 종류의 음악을 함께 배치해 연주하는 일이 흔해요. 예를 들면 우리나라 전통 음악인 국악을 오케스트라로 연주하는가 하면, 클래식 음악을 우리의 국악기로 연주하기도 해요. 더 아름답고 멋진 소리를 낼 수 있다면 상관없는 일이지요.

이런 현상은 예전에도 많이 있었어요. 베르디의 오페라나 바그너의 악극은 새로운 시도를 한 음악으로 평가되고 있어요. 그 전의 음악과는 다른 음악을 만들어 내려는 예술가들의 노력입니다.

그런데 북유럽에서는 좀 더 다른 음악을 많이 추구했어요. 예전부터 내려오는 민요를 클래식 음악으로 만들었고, 신화나 전설, 영웅담과 같은 이야기를 음악의 소재로 삼았어요. 이런 음악을 추구하는 음악가들을 흔히 국민주의 음악가 또는 국민악파라고 불렀습니다. 음악가들이 자기네 나라의 민요나 이야기를 클래식 음악으로 만든 이유는 무엇일까요?

이는 당시 유럽의 정치와도 밀접한 관계가 있어요. 유럽에서는 영국이나 프랑스, 독일 등이 강대국이었고, 북유럽 국가들은 약해서 다른 나라의 침입을 많이 받았어요. 또 음악적으로도 중심이 아닌 변방으로 취급되었지요. 19세기 중반이 되자 나라마다 독립에 대한 움직임이 강하게 나타났고, 음악적으로도 다른 나라의 음악보다는 자신들의 정서를 담은 음악을 만들고 알리는 데 주력했어요. 즉 독일이나 오스트리아를 중심으로 발달한 기악과, 오페라의 강국인 이탈리아의 음악에서 벗어나 민족 고유의 음악을 추구한 것이에요.

이때 나타난 음악을 살펴볼까요? 우선 오스트리아의 지배하에 있던 보헤미아에서는 스메타나(1824~1884)가 보헤미아 민족을 상징하는 소재로 오페라와 교향시를 작곡하여 국민악파의 기반을 마련했어요. 그리고 드보르자크(1841~1904)도 보헤미안다운 교향악과 실내악곡 등을 작곡하였어요. 보헤미아는 현재 체코라는 나라입니다.

헝가리의 에르켈(1810~1893)은 헝가리 민족의 오페라를 작곡했고, 폴란드의 모뉴시코(1819~1872)도 폴란드 민족 정서를 담은 오페라를 남겼어요.

사실 피아노의 시인이라는 쇼팽이나 리스트도 폴란드와 헝가리 출신이지만 음악의 중심지인 프랑스와 오스트리아 등지에서 활동했으

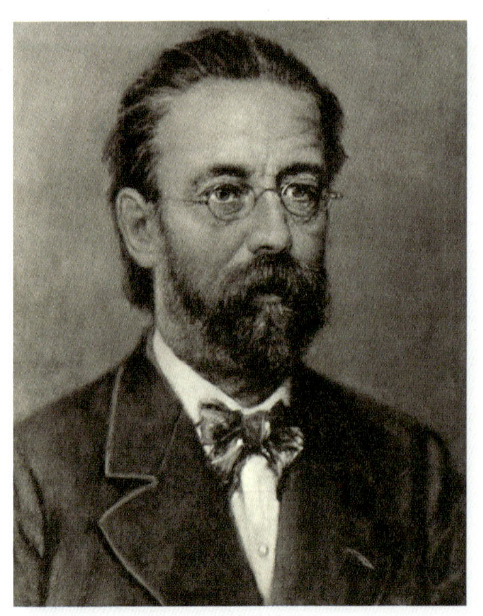

스메타나

므로 국민악파에 넣지는 않는답니다.

러시아에서는 글린카(1804~1857)가 국민주의적인 음악의 선구자로 자리 잡았으며 이후에 발라키레프와 무소륵스키 등 국민악파 5인조가 러시아 음악을 세계에 널리 알렸어요. 이 밖에 북유럽에서는 덴마크의 게제, 노르웨이의 그리그 등이 민족적 색채가 짙은 작품을 썼으며, 핀란드의 시벨리우스 역시 북유럽 국민악파의 대표적인 음악가입니다.

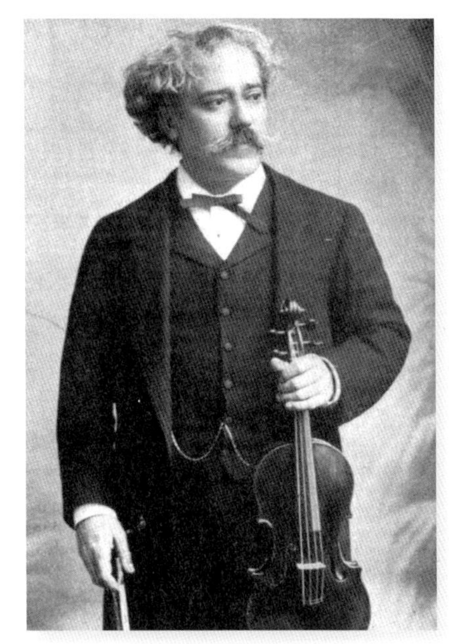

사라사테

한편 에스파냐나 영국도 음악에 있어서는 변방의 나라라고 부를 만해요. 그래서 이들 나라에서도 국민악파다운 음악가가 등장했어요.

영국의 경우 엘가(1857~1934)와 델리어스, 본 윌리엄스 등이 영국 민속 음악을 클래식 음악으로 만든 사람들이에요.

에스파냐에서는 페드렐(1841~1922)이 에스파냐 국민 오페라를 만들었으며, 유명 바이올리니스트인 사라사테(1844~1908)는 〈치고이너바이젠〉, 〈에스파냐 춤곡〉 등 민족적인 바이올린곡을 여러 편 남겼어요.

독일은 음악 선진국이었지만 바그너와 같은 음악가는 독일의 민족주의 음악을 대표합니다. 게르만 민족에 이어져 내려온 전설과 신화에서 영감을 얻어 《니벨룽겐의 반지》, 《트리스탄과 이졸데》, 《탄호이저》 등 서사적 악극을 많이 남겼어요.

　이러한 국민주의 음악은 유럽 각 나라의 독립운동과도 연결이 됩니다. 음악을 통해 국민들에게 자유사상을 전달해 봉건적인 체제를 무너뜨렸고, 유럽에서 가장 큰 지배력을 행사하던 합스부르크왕가의 몰락을 가져왔지요. 이런 까닭에 역사학자들은 합스부르크제국의 몰락을 가리켜 흔히 '음악의 승리'라고 표현해요. 음악이 얼마나 큰 힘을 갖고 있는지를 알 수 있답니다.

합스부르크왕가

오스트리아를 중심으로 유럽 일대를 지대하던 전통 왕족 가문이다. 프랑스 왕가를 제외한 유럽 전 지역 왕족과 연결되어 막강한 권력을 자랑했다. 1차 세계대전이 끝난 뒤인 1918년 몰락했다.

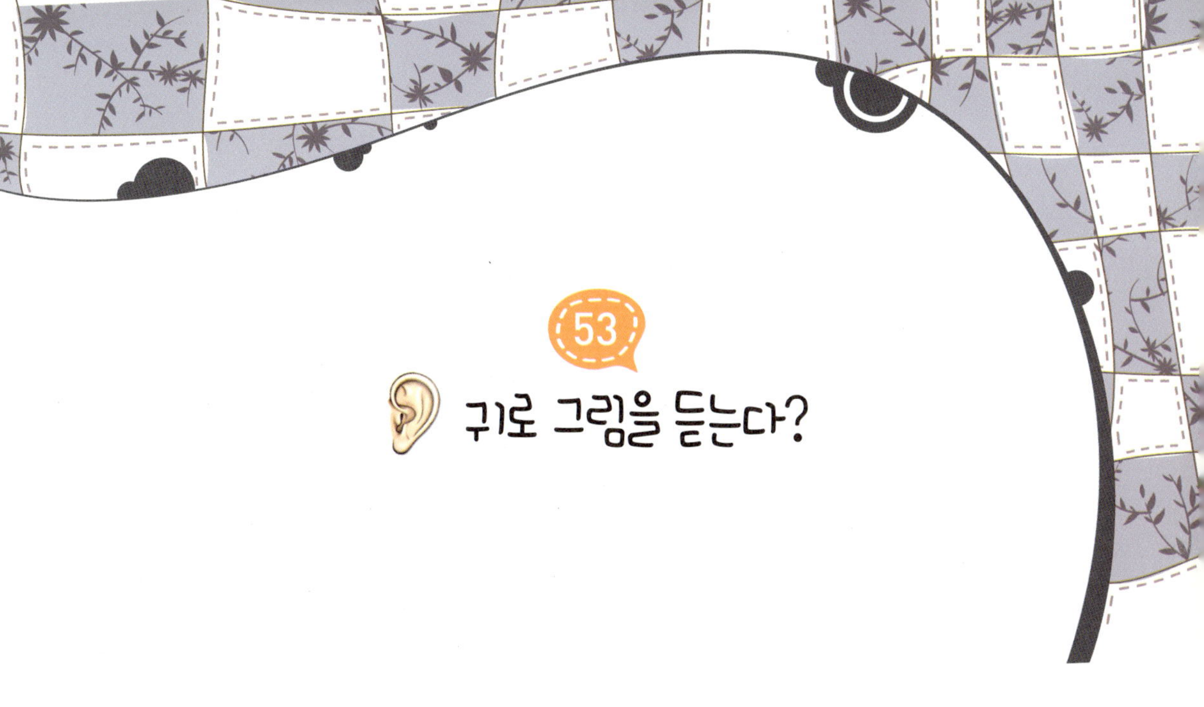

클래식 음악 중에는 문학을 소재로 한 것이 많아요. 특히 시는 노래로 만들어 부르면 더욱 효과적이지요. 또 소설은 오페라와 같이 종합예술로 만들기에 좋은 소재입니다. 그런데 그림을 보고 음악을 만든 경우도 있어요. 즉 귀로 듣는 그림이라고 할 수 있지요. 무소륵스키(1839~1881)의 《전람회의 그림》이 바로 그것이에요.

《전람회의 그림》은 화가인 친구 빅토르 하르트만(1842~1873)을 추모하며 만든 곡이에요. 1873년에 하르트만이 죽자 평론가인 스타소프는 유작 전람회를 구상했어요. 수채화나 데생과 같은 그림뿐만 아니라 건축설계 스케치나 보석, 생활용품, 무대배경, 의상 등의 디자인까지, 하르트만이 남긴 400여 점의 작품을 보여주기로 마음먹었지요.

1874년 마침내 하르트만의 추모 전람회가 페테르부르크 미술학교에서 열렸고 이 전람회를 본 무소륵스키는 영감을 얻어 《전람회의 그림》이라는 곡을 만들었어요. 그는 전람회에 걸린 10개의 소재에 곡을 붙였으며, 〈프롬나드〉를 덧붙였어요.

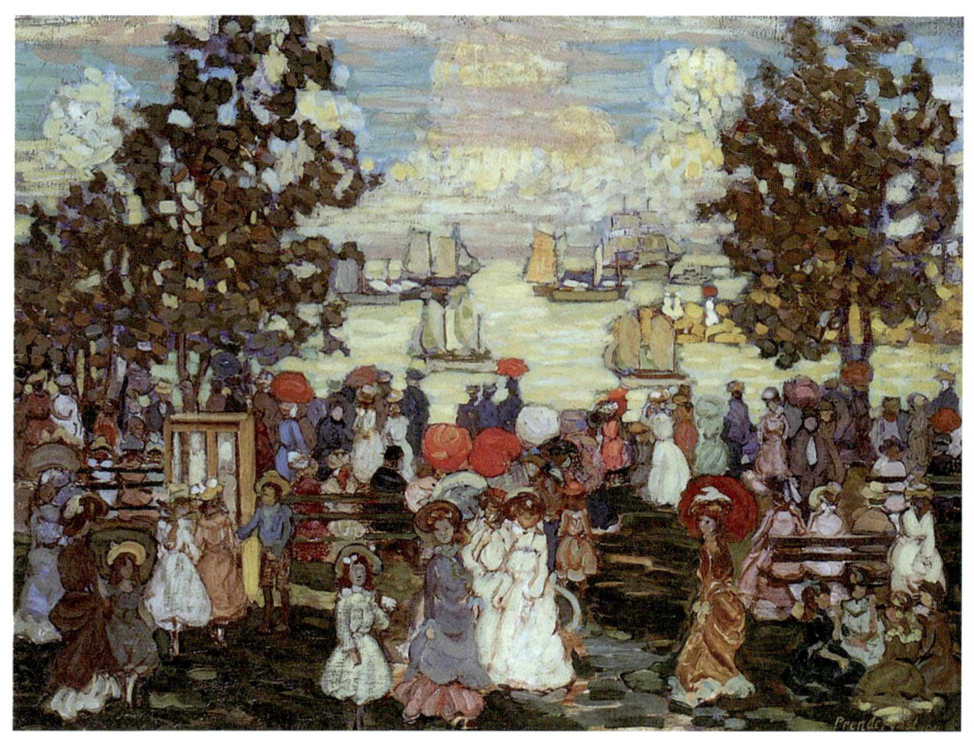

산책(프롬나드)을 표현한 그림

'프롬나드'란 산책이라는 말인데, 천천히 걸으면서 그림을 감상하는 느낌을 주려고 한 것이지요. 〈프롬나드〉는 《전람회의 그림》에서 전주와 간주의 역할을 해요. 전시장의 작품 사이를 오가는 듯한 발자국 소리로 꾸며져 있지요.

본래 이 곡은 피아노곡으로 작곡되었어요. 그러나 1922년 라벨이라는 작곡가가 관현악으로 편곡한 것이 더 알려져 있지요. 라벨의 편곡은 사람들로부터 마법 같다는 칭찬을 받았는데, 오늘날에도 음악가들에게 연구대상이 될 정도예요.

이 곡에 등장하는 10개의 소재는 난쟁이, 옛 성, 튈르리 궁전의 공원, 비들로, 껍질을 덜 벗은 햇병아리들의 발레, 폴란드의 어느 부유한 유대인과 가난한 유대인, 리모주의 시장, 카타콤, 닭발 위의 오두막집, 키예프의 대문입니다. 〈프롬나드〉는 순서상 앞부분 네 개 소재 앞에 배치되어 있지요.

어려운 단어가 몇 개 있지요? 튈르리 궁전은 프랑스에 있는 궁전이고, 비들로는 큰 바퀴가 달린 폴란드의 소달구지입니다. 껍질을 덜 벗은 햇병아리들의 발레는 하르트만이 발레를 보고 구상한 의상 스케치입니다. 또 리모주는 프랑스 남서부에 있는 소도시로, 도자기가 나는 곳으로 유명한 곳이고, 카타콤은 옛 기독교인의 지하묘지를 가리키지요.

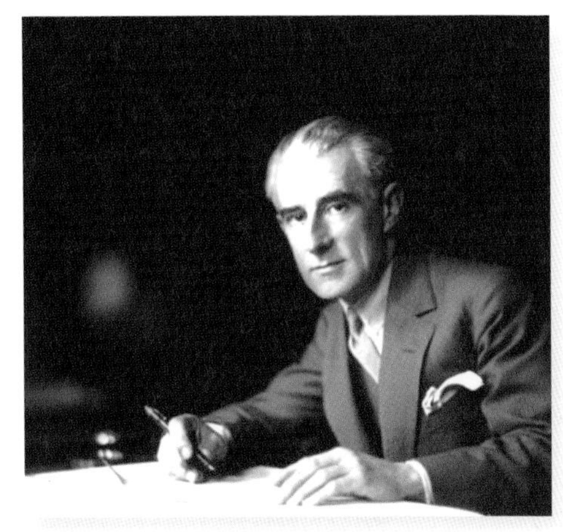

라벨

닭발 위의 오두막집은 마녀의 오두막을 말해요. 러시아에는 '바바야가'라는 마녀가 있는데, 그 마녀가 사는 오두막집이 닭발이 달린 시계처럼 생겼대요.

키예프의 대문은 러시아의 전통적인 둥근 모양 성문을 나타내요. 하르트만이 키예프 시로부터 성문 디자인을 의뢰받아서 설계한 문이지요. 키예프는 전에는 러시아에 속했으나 현재는 우크라이나 공화국의 수도예요. 무소륵스키는 이 부분에 러시아의 독특한 민요와 농민들의 춤곡을 담아냈답니다.

이 작품들은 현재 모두 전해지지는 않아요. 난쟁이의 경우는 원화가 소실되었습니다. 난쟁이 이름은 '그놈스'로, 크리스마스트리에 장식되는 호두까기 난쟁이 인형을 그렸다는 설이 있어요.

《전람회의 그림》은 친구의 유작을 산책하듯 둘러보는 느낌을 주는데, 슬픔보다는 친구의 업적을 의미한다는 것을 알 수 있어요. 음악을 들으면 마치 하르트만의 대표작을 섭렵하는 듯하거든요. 배열도 매우 독창적이고 감각도 뛰어나 오늘날까지도 많이 연주되고 있어요. 천재 물리학자 아인슈타인은 이 곡을 가리켜 이렇게 말했답니다.

"무소륵스키는 흉내 낼 수 없다. 모든 음악 국가 중 가장 색채 없는 독일에서조차도 무소륵스키의 방식으로 작곡할 수 있는 사람은 없다."

이렇게 음악에 대한 배경을 안 뒤 음악을 들으면 음악이 훨씬 더 잘 들리기 마련이에요. 무소륵스키의 천재적인 감각을 《전람회의 그림》에서 꼭 느껴보기 바랍니다.

러시아 마귀할멈 바바야가

어느 나라에나 존재하는 마귀할멈! 러시아에서는 바바야가라고 한다. 빗자루를 타고 날아다니는 바바야가가 사는 곳은 닭다리가 받치고 있는 오두막이라고 한다.

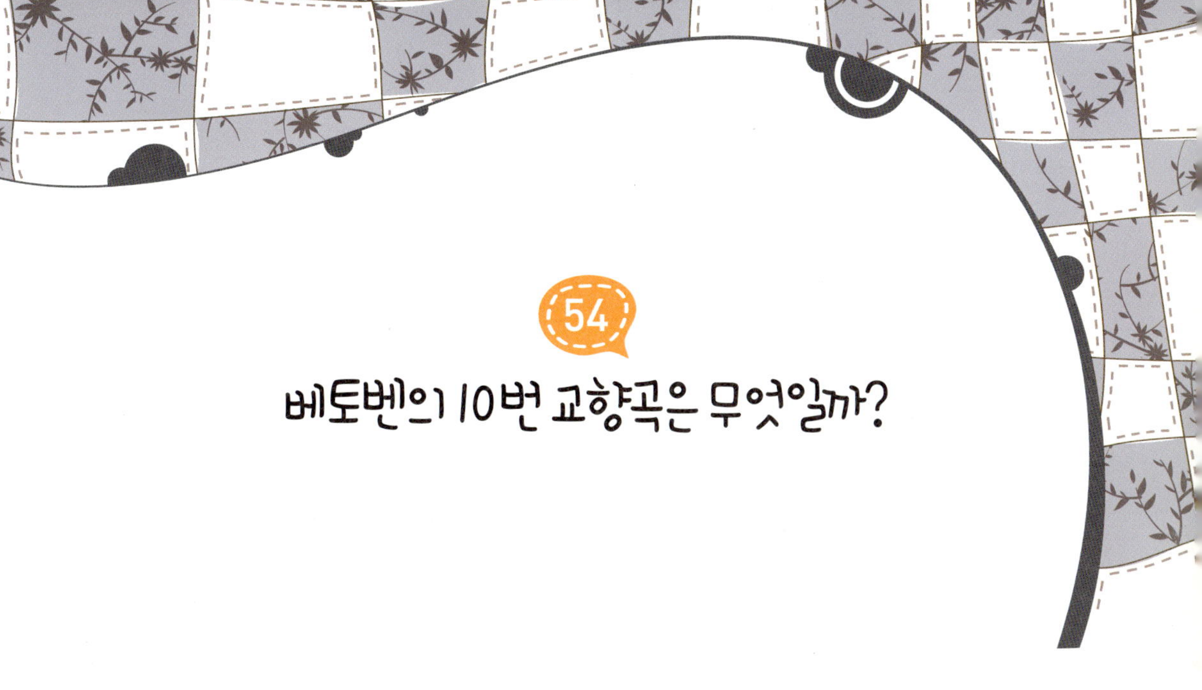

베토벤의 10번 교향곡은 무엇일까?

베토벤은 교향곡을 아홉 곡 남겼어요. 그러니 이상한 질문이죠? 10번 교향곡이라니! 조셉 젤리네크라는 사람이 쓴 책 〈10번 교향곡〉에는 '베토벤의 사라진 교향곡 10번이 세상에 드러난다'라는 부제가 붙어 있는데, 정말 베토벤의 10번 교향곡은 있는 걸까요?

1844년 베토벤의 비서였던 안톤 쉰들러는 "베토벤이 10번 교향곡을 완성했다"라고 주장했어요. 베토벤의 가장 가까운 사람의 주장이었으니 큰 관심을 끌었지요. 다른 비서인 카알도 베토벤이 새로운 피아노곡 1악장을 치는 것을 봤다고 했고, 베토벤이 죽기 8일 전에 사인한 악보가 발견되기도 했대요. 이러한 연유로 많은 연구가들이 베토벤의 10번 교향곡 자료를 찾으려 했어요.

베토벤은 9번 교향곡인 〈합창〉을 완성한 뒤 바로 10번 교향곡 작곡에 들어갔어요. 당시 그는 영국에서 헨델 전집을 선물로 받았는데, 그에 대한 보답으로 교향곡을 만들려고 한 것으로 보여요. 그러나 1악장조차 완성하지 못하고 죽자 위와 같은 여러 가지 논란이 생긴 거예요.

오랜 시간이 지난 1983년 스코틀랜드의 베리 쿠퍼가 베를린 국립 프러시아 문화재단 도서관에서 베토벤의 〈미완성 교향곡〉을 발견해냈어요. 조그만 노트에 기록된 이 교향곡은 군데군데 빠져 있었지만 5년간 재구성하여 드디어 완성했지요.

이 곡이 연주된 것은 1988년 10월 18일입니다. 런던 로열 리버풀 필하모닉 오케스트라가 런던에서 초연했지요. '베토벤 후기의 조용함과 아름다움이 풍기는 전형적인 베토벤 음악'이라는 것이 지휘를 맡았던 사람의 말입니다. 이후 이 곡은 1989년 우리나라에서도 공연되었지요.

참, 앞부분에 소개한 조셉 젤리네크의 책은 추리소설입니다. 허구의 이야기지요. 하지만 작가가 베토벤 전문가로, 여러 가지 면이 사실에 가까워요. 그리고 조셉 젤리네크라는 이름은 본명이 아니고 필명이에요. 빈에서 열린 음악대회에서 베토벤에게 패한 피아니스트의 이름에서 따온 거라고 하네요.

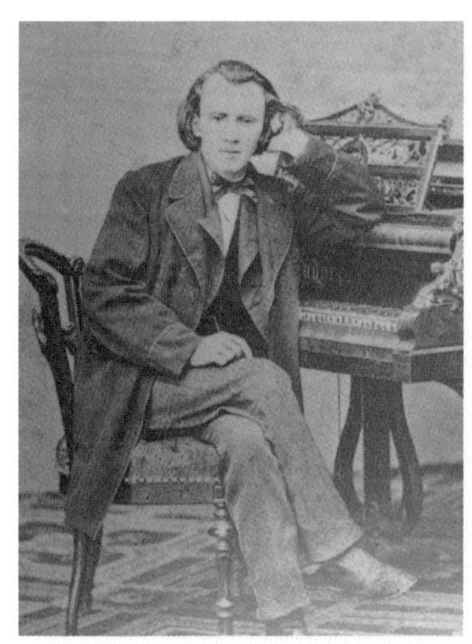
브람스가 24세 때 찍은 사진

그런데 흥미로운 것은 또 하나의 '베토벤 10번 교향곡'이 있다는 거예요. 다름이 아니라 독일의 브람스(1833~1897)가 작곡한 1번 교향곡을 그렇게 부르는 겁니다. 대체 왜 브람스의 교향곡을 베토벤 10번 교향곡이라고 부르기도 하는 걸까요?

브람스는 평생 베토벤을 영웅처럼 여기며 산 음악가예요. 베토벤이 남긴 교향곡에 대해 "베토벤의 교향곡이 있는 한 더 이상의 교향곡은 필요하지 않다."라는 말을 할 정도였지요. 브람스가 교향곡을 만들지 않은 것은 그 때문입니다.

하지만 결국 한 곡은 남겼는데, 그것이 바로 21년간이나 공을 들여서 작곡한 1번 교향곡이에요. 이 교향곡에는 북유럽의 어두침침한 기운이 서려 있는데, 장중한 느낌이 베토벤의 음악을 연상하게 합니다. 그리고 베토벤과 멘델스존의 교향곡 못지않게 훌륭했어요. 그래서 사람들은 브람스의 1번 교향곡을 베토벤의 10번 교향곡이라고 부르기 시작했지요.

브람스는 베토벤의 영향을 받아 완벽한 음악을 추구했어요. 조금이라도 부족하다는 생각이 들면 고치고, 작곡이 끝난 곡이라도 마음에 들지 않는 부분이 보이면 발표하지 않았지요. 집요하리만치 작품에 집착해서 꼭 결벽증 환자 같았다고 해요. 그리고 죽기 전에는 이런 말을 했습니다.

"아직 발표하지 않은 것들은 모두 불태워주세요."

완벽주의자였으며 자장가를 남기기도 한 음악가 브람스, 바흐와 베토벤과 함께 3B 음악가라는 영광스러운 호칭까지 얻었던 브람스가 결국은 베토벤 10번 교향곡의 주인공이네요. 하지만 진짜 베토벤의 10번 교향곡도 있다는 사실 알아두세요.

교향곡과 교향시

언뜻 비슷해 보이지만 교향곡은 관현악으로 연주되는 다악장 형식의 음악을 말하고, 교향시는 관현악으로 시적 또는 회화적인 내용을 표현하려는 표제 음악을 말한다. 교향시는 단일 악장으로 이루어진다.

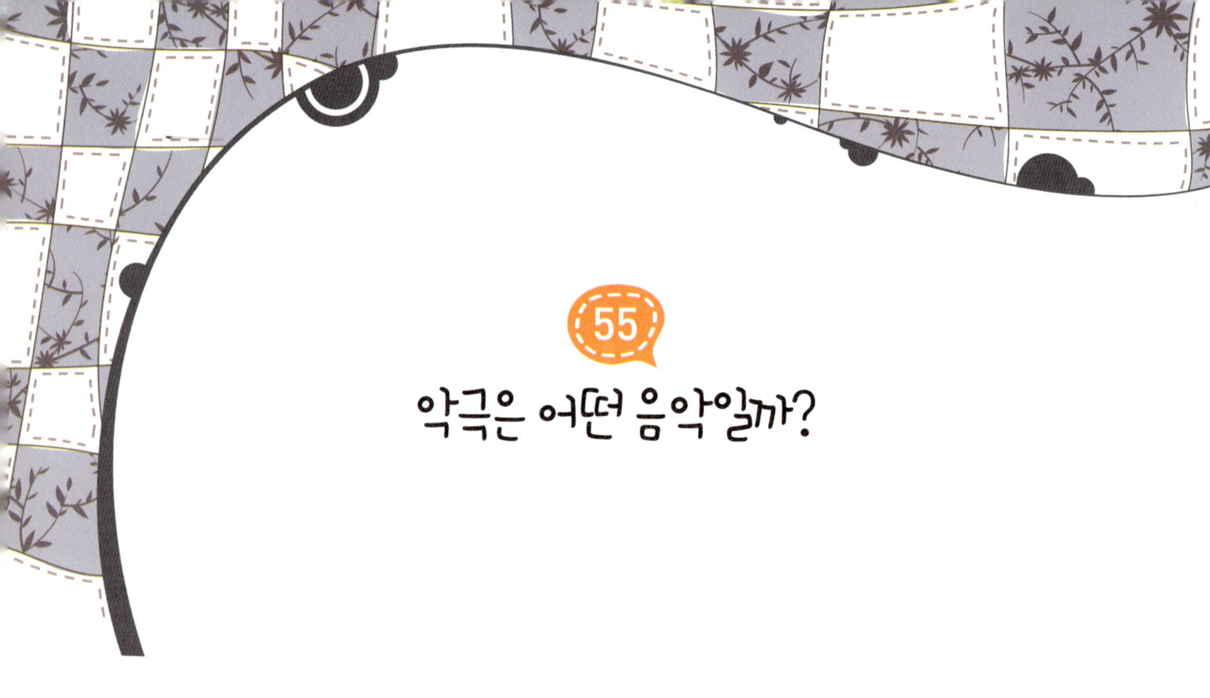

악극은 어떤 음악일까?

"아폴로의 신은 오른손에 시를, 왼손에 음악을 가진 천재를 기다리고 있다."

리헤텔이라는 시인은 한 음악가의 등장에 놀라며 위와 같은 말을 했어요. 그 음악가는 바로 악극의 창시자로 불리는 독일의 바그너(1813~1883)입니다. 시와 음악의 만남은 오래전부터 예술가들이 계속 시도해왔는데, 바그너에 이르러서 드디어 새로운 차원의 음악 악극이 탄생하여 그렇게 말한 것입니다.

악극이란 무엇을 말할까요? 오페라를 마치 연극처럼 만드는 것을 말하는데, 음악이 중심이 되는 것은 물론이지만 시와 대사도 매우 중요하게 취급되고, 아울러 무대배경도 상황에 맞게 꾸며지는 종합예술을 말해요.

그런데 바그너의 악극은 내용 역시 그동안 볼 수 없었던 새로운 것이었어요. 희망이 담겨 있는가 하면 파괴적인 면도 듬뿍 들어 있어서 사람들에게 큰 충격을 주었지요.

그 대표적인 것이 《니벨룽겐의 반지》입니다. 중세 독일의 영웅적인 서사시 〈니벨룽겐의 노래〉와 〈베르중겐 이야기〉를 소재로 만든 이 악극은 규모도 대단하지만 내용도 놀랍지요. 주인공 알베리히는 라인 강 속에서 처녀 세 명이 지키는 황금을 찾아내 니벨룽겐의 반지를 만듭니다. 그 반지를 가진 자는 세계를 지배할 수 있다고 했지요. 그러나 알베리히는 반지를 다른 무리에게 빼앗기고 말지요. 이때 알베리히는 반지에 저주를 내립니다.

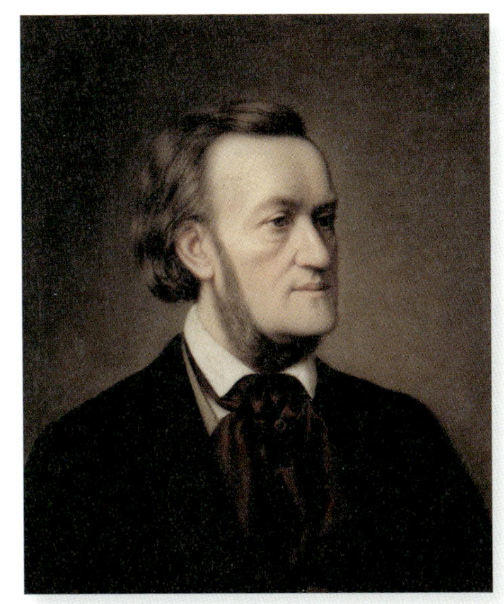

바그너

"반지를 갖는 자는 죽을 것이다."

이후 반지를 둘러싼 엄청난 싸움이 전개됩니다. 결국에는 신들도 죽고 영웅도 죽고 니벨룽겐 종족도 모두 죽고 말지요. 그리고 그 뒤 사랑으로 만들어진 인간의 세상이 찾아온다는 것이 이 곡의 줄거리예요.

간단히 소개했지만 반지를 둘러싼 이야기는 매우 길고 흥미진진하고 음악도 14시간이나 계속 연주됩니다. 여기에 등장하는 곡만 해도 200곡이 넘어요. 그래서 《니벨룽겐의 반지》를 보려면 3박4일 표를 끊어야 할 정도랍니다.

그런데 이 작품을 발표한 당시에는 맹비난을 받았어요. 도대체 왜 그랬을까요? 바로 내용이 너무도 섬뜩하기 때문이지요. 신도 죽고 영웅도 죽고 니벨룽겐 종족

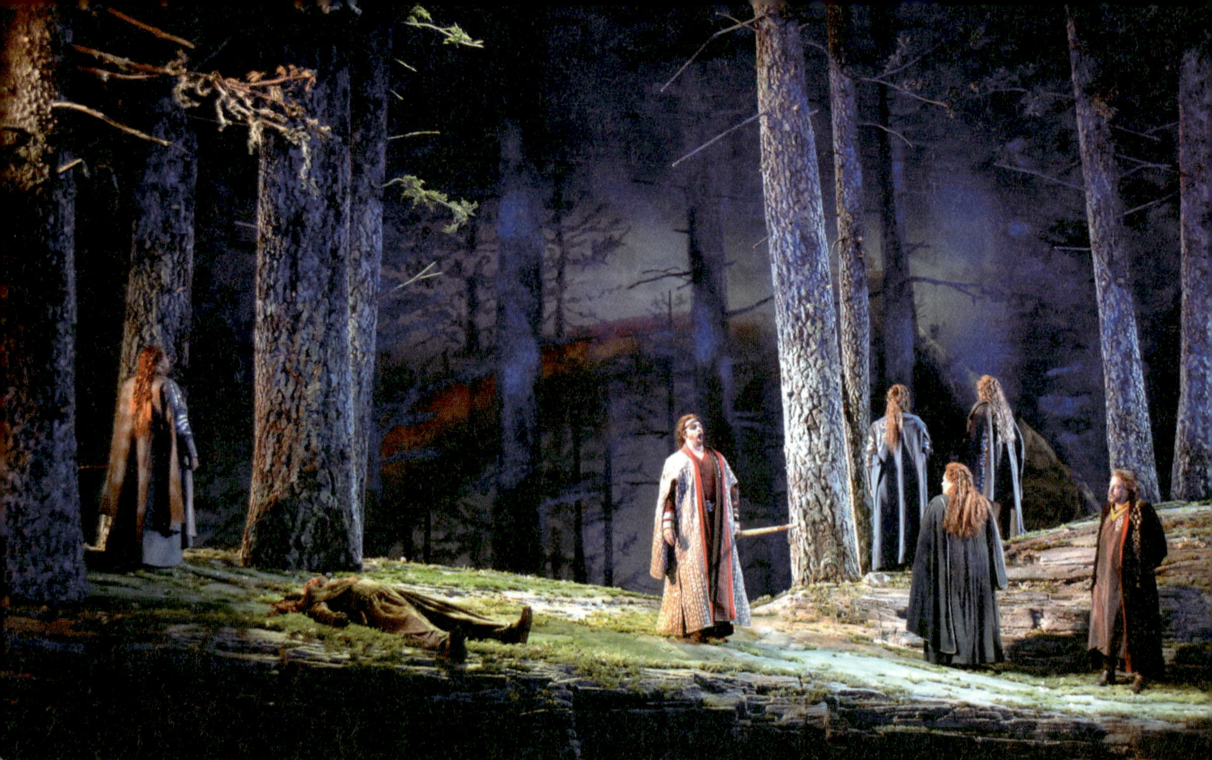

악극《니벨룽겐의 반지》공연 모습

도 죽는다는 것은 세상의 종말을 말하는 것과 같잖아요. 물론 그 뒤 사랑으로 이루어진 인간의 세상이 오긴 하지만 말이에요. 또 음악 자체도 웅장하면서도 파괴적이에요. 1악장은 전쟁영화 배경 음악으로 단골로 사용된답니다.

《니벨룽겐의 반지》는 모두 4부로 구성되어 있어요. '라인의 황금', '발퀴레', '지크프리트', '신들의 황혼'이 각 부의 제목이에요. 그러나 1876년 이 곡을 처음 무대에 올렸을 때 바그너는 '라인의 황금'을 서곡으로 보고 3부작이라고 설명했지요.

1부 라인의 황금은 연주 시간이 2시간 30분. 쉬지 않고 계속 연주하므로 만일 진짜 음악회에 갔다면 화장실부터 다녀와야 합니다. 라인 강 밑바닥에 있는 황금을 둘러싸고 하늘 위의 신과 지상의 거인, 지하의 난쟁이족 니벨룽겐들이 다투는 것을 음악으로 표현하고 있어요.

2부 발퀴레의 연주 시간은 3시간 40분이에요. 중간에 배고프면 안 되니 식사조절부터 하고 봐야 할 정도입니다. 여기서는 반지를 차지하기 위한 신과 영웅, 인간 들의 지략이 펼쳐집니다. 여기에서 발퀴레란 지식의 여신 엘다가 낳은 딸 9명을 가리키는데, 이 이야기에서 큰 역할을 하지요.

3부 지크프리트는 연주 시간이 3시간 50분이에요. 대신 보탄의 피를 이어받은 인간 영웅 지크프리트의 활약이 펼쳐집니다. 이곳에 나오는 〈숲의 속삭임〉은 별도로 관현악곡으로 연주되기도 하지요.

4부 신들의 황혼은 연주 시간이 무려 5시간 20분이나 되는 대곡이에요. 신들의 세계를 제패하겠다는 야망도 반지의 마력과 한 여성의 헌신적인 사랑에 무너져버립니다. 4부에 나오는 지크프리트의 〈라인의 기행〉은 관현악곡으로도 매우 유명하답니다.

〈반지의 제왕〉과 《니벨룽겐의 반지》

반지 신화는 북유럽에 널리 전해진다. 유명한 소설 〈반지의 제왕〉의 모티브는 《니벨룽겐의 반지》에서 따온 것이다.

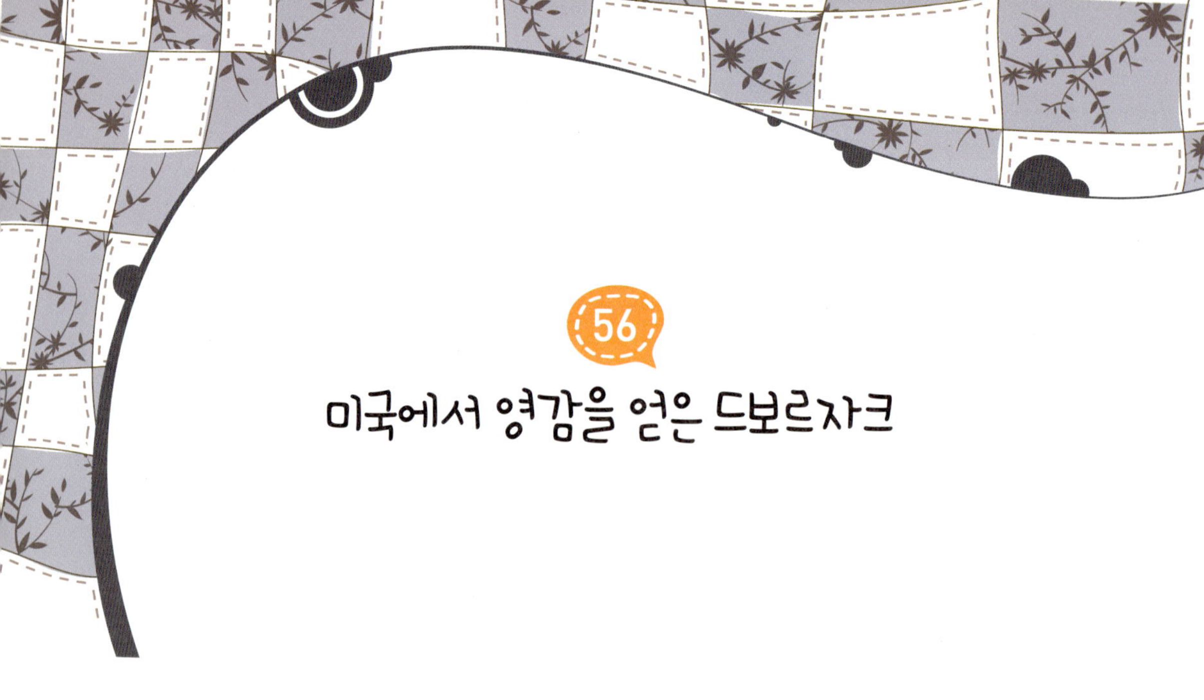

미국에서 영감을 얻은 드보르자크

낭만파 시대에는 유럽 각지에서 음악이 눈부시게 발달했습니다. 음악의 변방으로 불리던 북유럽에서도 많은 음악가들이 나왔지요. 보헤미아의 드보르자크(1841~1904)도 그중 한 명입니다. 보헤미아는 체코의 서부 지방을 말하지요. 오스트리아와 국경 지대로, 예로부터 방랑을 하며 사는 보헤미안들이 살고 있었어요.

드보르자크가 음악을 한 계기가 재미있어요. 드보르자크 집은 정육점 겸 여인숙을 하고 있었는데, 아버지는 아들이 가업을 잇기를 바랐어요. 여인숙을 하려면 외국어가 필수였고, 그런 까닭에 아버지는 드보르자크에게 외국어를 가르치기 위해 리만이라는 독일인을 선생님으로 데려왔어요. 그런데 리만은 음악에 대해 잘 아는 사람이었지요. 리만은 드보르자크에게 독일어를 가르치면서 동시에 음악도 가르쳤답니다.

드보르자크는 체코 음악의 아버지로 불리는 스메타나가 세운 국민극장에 들어가 본격적으로 음악수업을 받았어요. 그곳에서 그는 오페라 단원으로 활동하면서 비올라를 연주했지요.

드보르자크가 음악가로서 빛을 본 것은 1875년 오스트리아로부터 장학금을 받으며 활동하기 시작한 이후부터예요.

드보르자크를 대음악가의 반열에 올려 놓은 곡은 〈슬라브 무곡〉이랍니다. 〈슬라브 무곡〉은 보헤미안의 흥겨움과 즐거움이 가득한 춤곡이에요.

1879년에 빈의 필하모닉 오케스트라가 〈슬라브 무곡〉을 연주했는데, 이것은 큰 사건이었습니다. 독일이나 오스트리아, 이탈리아, 프랑스 등 음악 강국의 음악가가 아닌 체코의 음악가를 당대 최고의 음악가로 인정한 것이었거든요.

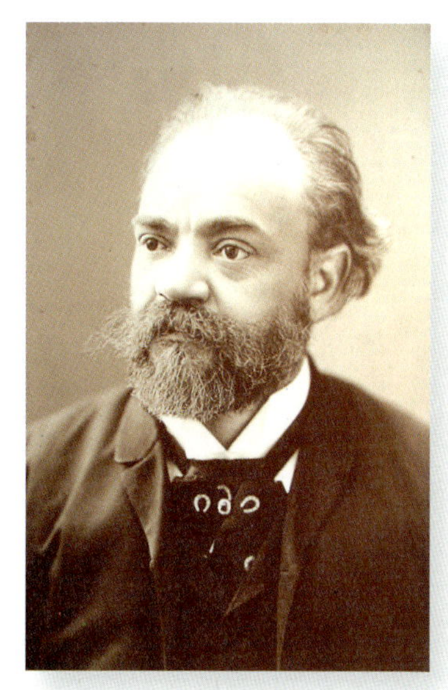
드보르자크

이후 드보르자크의 이름은 점점 알려졌고, 여러 나라에서 그를 초청해 음악연주를 들으려 했어요. 영국에서는 그를 10번이나 초청할 정도로 굉장한 인기를 끌었지요.

1884년에 영국의 로열 필하모닉이 초청했을 때에는 그에게 직접 오케스트라를 지휘하도록 요청했답니다. 당시 교향곡 6번을 연주했는데, 반응이 아주 좋아 바로 교향곡 작곡을 의뢰받았어요. 그래서 작곡한 것이 교향곡 7번입니다. 이 곡으로 드보르자크는 '보헤미아의 브람스'라는 별명을 얻었지요.

그런데 1892년에는 미국으로부터도 초청장이 날아왔어요. 미국 뉴욕의 국립음악원을 맡아 달라는 것이었지요. 당시 미국은 한창 발전하고 있는 나라였습니

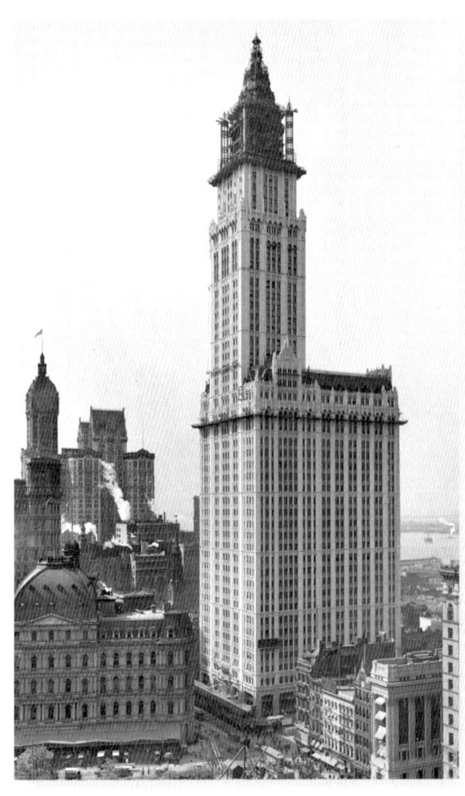
20세기 초 미국 도시 모습

다. 유럽에서 많은 사람들이 새로운 일과 살 곳을 찾아 미국으로 떠났지요.

드보르자크가 미국으로 가게 된 것은 높은 월급 때문이었습니다. 월급을 두 배나 더 많이 준다고 했거든요. 게다가 1년에 10번만 지휘를 하면 되고, 휴가는 4개월이나 준다는 조건이었습니다. 그가 미국에 간 것은 당연한 일이었지요. 그러나 신대륙에 대한 호기심도 그를 미국으로 향하게 했어요. 음악에 새로운 영감을 얻을 것이라고 믿었거든요.

그 일은 드보르자크에게 엄청난 기회를 갖게 했어요. 드보르자크에게 미국은 정말 신세계였답니다. 유럽에서는 볼 수 없는 웅대한 자연을 보았고 흑인과 인디언의 삶을 체험할 수 있었어요. 특히 흑인 영가(미국 흑인들이 부르는 종교적인 성가)는 그에게 음악에 대한 새로운 눈을 갖게 해주었어요. 그래서 드보르자크는 이렇게 말하기도 했답니다.

"흑인 영가야말로 미국 음악의 중추가 될 것이고 모든 음악 작품의 기본이 되어야 한다."

그때 받은 느낌으로 만든 것이 9번 〈신세계 교향곡〉과 현악 4중주곡 〈아메리카〉입니다. 드보르자크의 〈신세계 교향곡〉은 기존 교향곡과는 다른 느낌을 줍니다. 보통 교향곡이라고 하면 무게가 있고 장중한 느낌이 나지요. 그래서 어떤 이들은 "너무 심각해"라고 말하기도 해요. 하지만 〈신세계 교향곡〉은 멜로디도 상쾌하고 리듬도 경쾌해 발랄한 느낌을 줍니다. 또 어딘지 모르게 고향에 대한 그리움도 담겨 있는 듯하고요.

보헤미안

흔히 체코의 서부 보헤미아 사람들을 가리키는 말이다. 이들은 자유롭게 방랑하며 살아가는 유목민이다. 사회 관습과는 상관없이 살아가는 사람들을 가리키기도 한다. 예술에서는 자유분방한 성격을 지닌 예술가를 이른다.

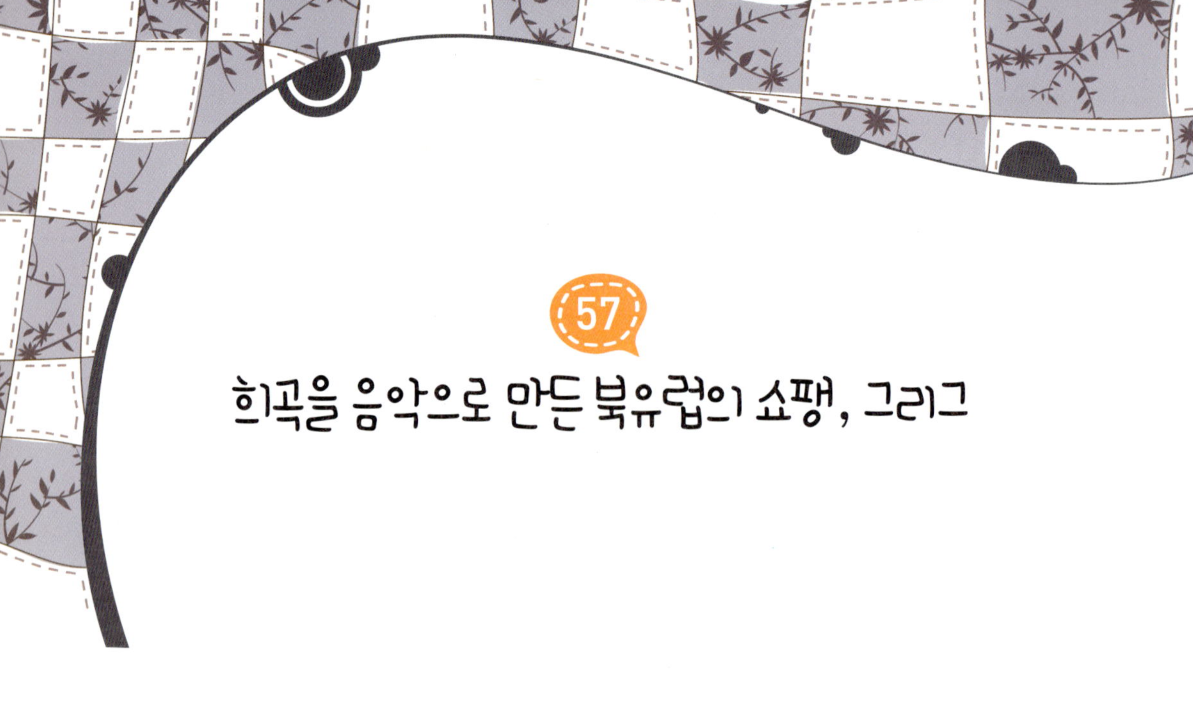

희곡을 음악으로 만든 북유럽의 쇼팽, 그리그

클래식 음악 속에는 시와 소설은 물론 역사와 신화도 있어요. 음악을 알아가다 보면 자연스레 문학과 역사도 알게 되지요. 그런 의미에서 이번에는 노르웨이의 작곡가 그리그(1843~1907)와 대문호 입센(1828~1906)의 만남에 대해 알아보아요.

먼저 입센을 알아볼까요? 입센은 노르웨이가 낳은 세계적인 극작가예요. 그는 특히 여성해방에 관심이 많아 〈인형의 집〉을 썼는데, 이 작품으로 세계에 이름을 알렸지요. 그런데 그가 극작가로 이름나게 된 것은 음악 때문이었대요. 1851년 한 때 국민극장 전속작가 및 무대감독으로 일했는데, 무대를 연구하다가 극작가가 되었거든요. 〈인형의 집〉 이외에도 〈유령〉, 〈민중의 적〉, 〈페르귄트〉 등을 남겼어요.

이제는 음악가 그리그를 소개합니다. 그리그는 어머니의 영향을 받아 음악가가 되었어요. 어머니가 그에게 피아노를 가르쳤지요. 어려서부터 열심히 음악을 공부해 15세에는 독일 라이프치히 음악원에 들어가고 23세에는 크리스티아니아 필하모니 협회의 지휘자가 되었으며 교사로도 활동했답니다.

당시에 북유럽은 영토분쟁이 치열했어요. 스웨덴과 노르웨이, 덴마크, 핀란드, 그리고 러시아까지 가세했지요. 힘이 약한 노르웨이는 스웨덴과 덴마크에게 연달아 지배당했어요. 이런 상황에서 만든 곡이 《페르귄트》입니다. 물론 입센이 쓴 같은 제목의 희곡을 음악으로 만든 것이지요. 《페르귄트》는 노르웨이 민속 설화를 바탕으로 쓴 희곡으로, 당시 다른 나라의 지배하에 있는 노르웨이 사람들에게 민족정신을 일깨웠습니다. 희곡이 성공하면서 음악도 자연스럽게 주목받았어요. 행진곡과 춤곡, 독창곡, 합창곡 등 모두 23개의 노래가 들어 있지요.

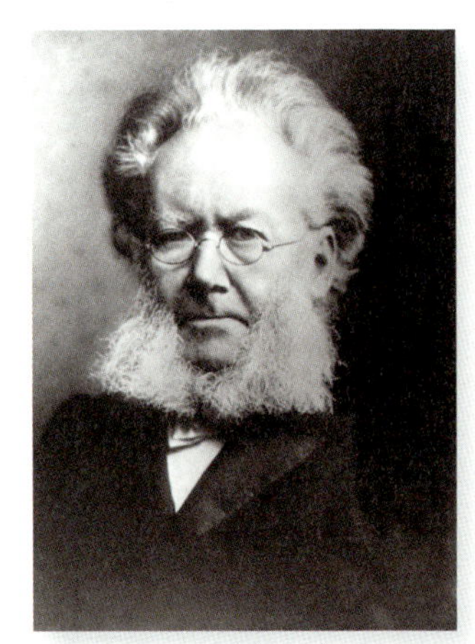

입센

그중 가장 유명한 것은 〈솔베이지의 노래〉예요. 주인공인 페르가 여행을 떠나자 연인인 솔베이지는 페르가 돌아오기를 기다리면서 이렇게 노래해요.

겨울이 떠나고 봄이 지나고,
그래 여름이 서툴고 해가 지나고 그래,
해가 지나고 당신은 제게 돌아오겠지요.
분명 당신은 제게로. 저는 약속했지요.
진정 당신을 기다립니다.

페르는 결국 말년에 돌아와 솔베이지의 품에 안겨 죽음을 맞습니다.

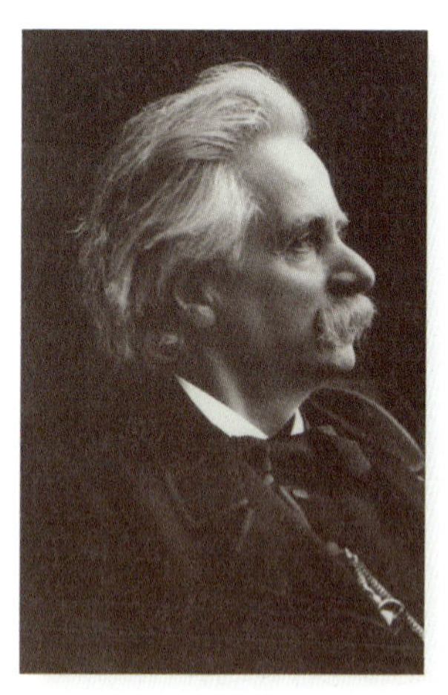

그리그

이 이야기에는 많은 상징이 들어 있어요. 페르는 부귀를 상징하고 솔베이지는 인간다움을 상징해요. 곧 따뜻한 인간애가 부와 권력 같은 욕망보다 소중하다는 것을 보여주고 있지요.

그리그는 《페르귄트》 이후 입센의 대표작인 〈인형의 집〉도 음악으로 만들었습니다. 그리그는 이렇게 입센의 작품을 음악화하면서 유명해지기 시작했어요. 흥미로운 것은 아내도 음악가로, 소프라노 가수였지요. 그래서 그리그가 작곡한 것을 아내가 노래로 불러 더 널리 알릴 수 있었답니다.

그리그의 대표작 중 《서정 모음곡》을 빼놓을 수 없어요. 이 모음곡은 1867년부터 1901년까지 작곡한 피아노 소곡 66개를 모은 것으로, 북유럽의 독특한 정서가 가득한 음악집이에요. 〈목동〉과 〈노르웨이 전원 행진곡〉, 〈소야곡〉, 〈난쟁이의 행진곡〉 등이 많이 연주됩니다. 들어보면 왜 그리그를 '북유럽의 쇼팽'이라고 하는지 알 수 있을 정도로 피아노 소리가 아름답습니다.

후기 낭만파란?

그리그는 낭만파 중에서도 후기 낭만파 음악가에 해당한다. 후기 낭만파는 특별히 음악 시대를 구분하는 것은 아니며 1850년 이후 쇠퇴해가는 낭만주의를 가리키는 말로, 대략 19세기 후부터 20세기 초의 음악을 이른다.

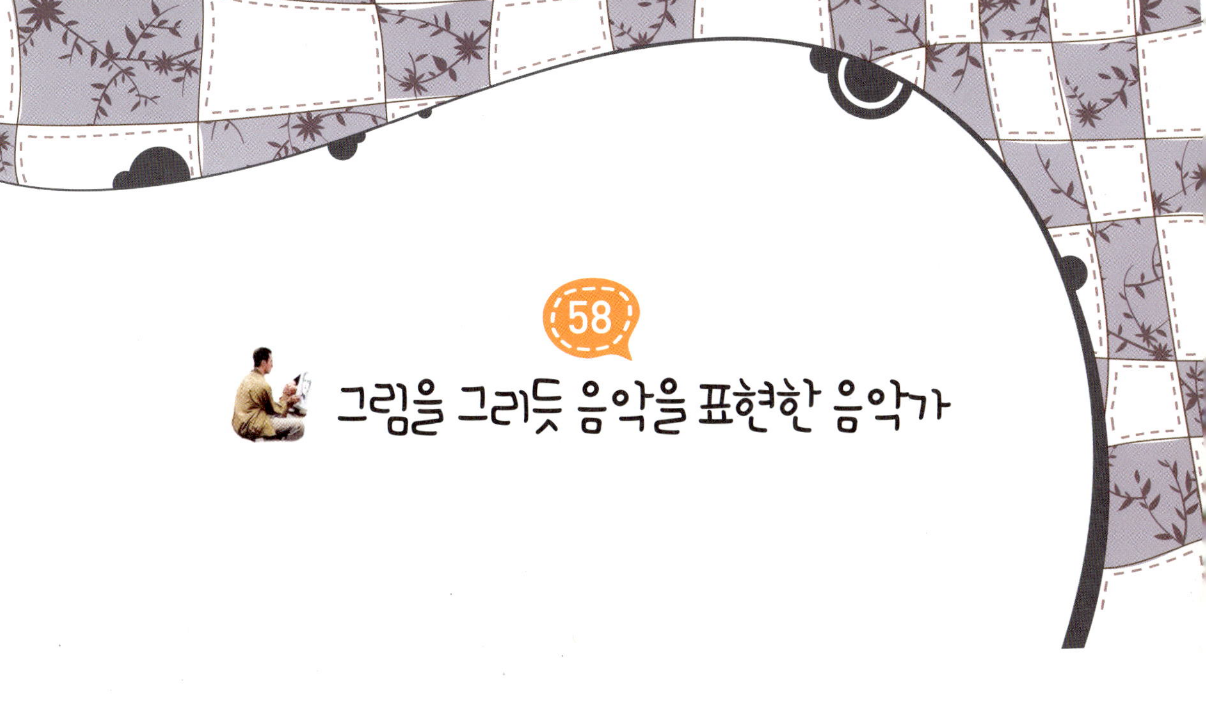

그림을 그리듯 음악을 표현한 음악가

　북유럽의 음악가는 아니지만 프랑스의 드뷔시(1862~1918)에 대해 소개할게요. 드뷔시를 여기에서 소개하는 것은 음악 강국이라고 할 수 없는 프랑스가 배출한 음악가이기 때문이에요. 프랑스가 음악 강국이 아니라고? 이상하죠? 프랑스는 예로부터 예술의 나라로 널리 알려졌으니까요. 하지만 음악에 있어서는 독일이나 오스트리아, 특히 이탈리아에 비한다면 강국은 아니에요. 또 한 가지 이유는 드뷔시가 북유럽 음악가들과 함께 후기 인상파 음악 시대를 대표하고 있다는 점에서 함께 다루어도 좋을 듯해요.

　드뷔시는 가난한 가정에서 태어났지만 음악공부를 열심히 했어요. 11세에 파리 음악원에 입학해 음악을 본격적으로 배웠고, 22세에 〈방탕한 아들〉이라는 칸타타로 음악가로서 인정받기 시작했지요. 그때 이탈리아 로마에 3년간 유학을 갈 수 있는 행운을 잡았어요. 그러나 드뷔시는 금세 되돌아왔어요. 드뷔시가 유학을 포기하고 돌아온 것은 이미 유럽 예술의 중심지가 파리로 바뀌어가고 있다는 생

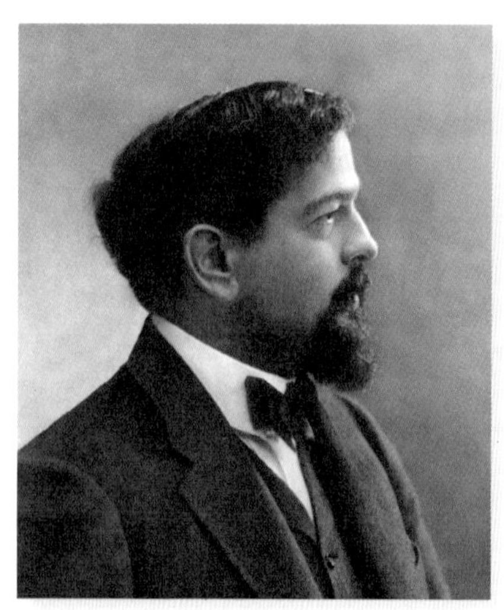

드뷔시

각 때문이었습니다. 특히 파리에서는 화가와 작가 들이 살롱을 중심으로 사교모임을 많이 만들며 활발하게 활동하고 있었지요. 드뷔시가 자신만의 독특한 음악을 할 수 있었던 것은 바로 그들과 사귀었기 때문입니다.

드뷔시는 특히 화가들의 작품을 주목했어요. 당시 화가들은 빛을 중요하게 여기고 그림에 색의 변화를 많이 주었는데, 이러한 화가들을 인상파라고 해요. 마네, 모네, 르누아르, 고갱 등이 바로 인상파를 대표하는 화가들입니다.

드뷔시는 그들로부터 받은 영감을 음악으로 표현했어요. 1905년 완성한 교향시 〈바다〉가 대표적인 곡이지요. 잔잔한 파도가 느껴지는가 하면 어느새 폭풍우와 광풍이 불어 닥치고, 또다시 잔잔해지는 모습을 음악으로 표현했어요. 바다를 소재로 한 음악 중에는 단연 최고로 칩니다.

드뷔시는 말라르메(1842~1898)라는 상징주의 시인과 친하게 지냈어요. 말라르메는 〈목신의 오후〉라는 시로 유명한데, 드뷔시는 1894년에 이 시를 바탕으로 〈목신의 오후 전주곡〉을 작곡했지요.

드뷔시가 중요한 것은 틀에 박힌 형식을 깨려고 노력했다는 것이에요. 형식은 주제를 표현하기 위한 것이니까 그 틀에 맞출 필요가 없다는 게 드뷔시의 생각이었어요. 하지만 드뷔시의 음악에는 인상파 화가들의 작품에서 느낄 수 있는 순간

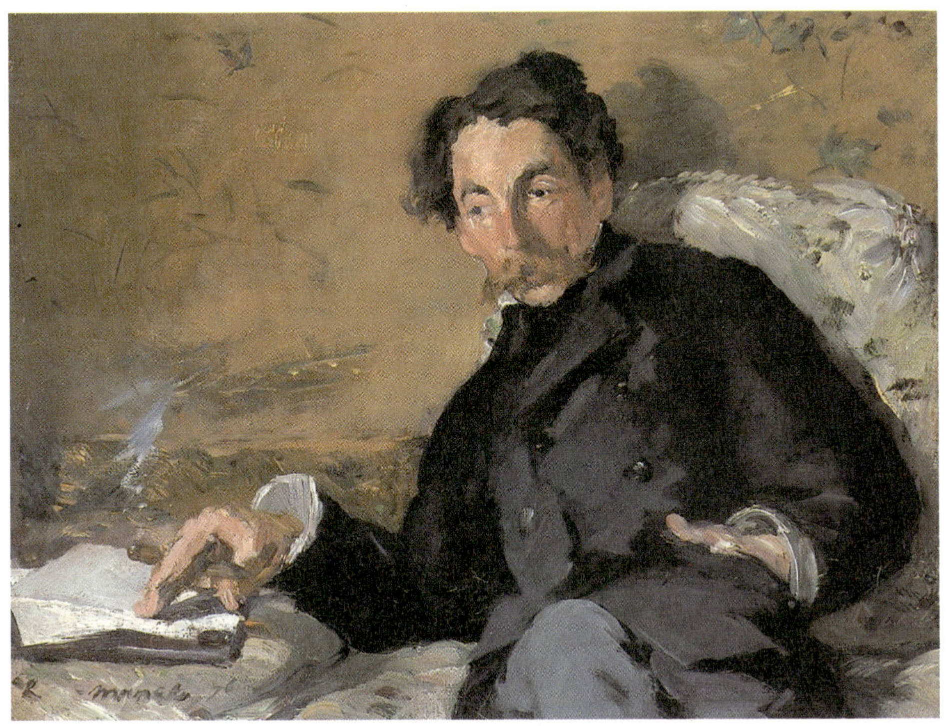

마네가 그린 〈말라르메 초상화〉

적인 인상이나 주관이 듬뿍 담겨 있어서 인상파 화가들로부터 영향을 받았다는 것이 정설이에요.

그 이유로 그의 음악에는 멜로디보다 울림을 중요시한다는 특징이 있어요. 그리고 화성과 소리의 색채, 음향의 느낌을 중요시한 것도 인상주의적입니다. 이것은 마치 마술과도 같은 느낌을 주지요. 《판화》나 〈어린이 차지〉, 〈영상〉 등에 드뷔시 음악의 특징이 잘 드러나고 있어요.

드뷔시는 자신의 음악관을 이렇게 표현했습니다.

"나는 음악을 정열적으로 사랑한다. 그렇기 때문에 음악을 숨 막히게 하는 메마른 전통으로부터 자유롭고자 한다. 음악은 외부로 나아가는 예술이며 소재에 있어서도 구속받지 않는다. 음악은 내부로 차단되고 전통만을 중요시하는 예술이어서는 안 된다."

대표작으로는 관현악곡인 〈목신의 오후 전주곡〉과 피아노 모음곡 《이베리아》, 오페라 《펠레아스 멜리장드》, 피아노곡집 《판화》 등이 있어요.

드뷔시는 마치 음표로 그림을 그린 작곡가 같지 않나요? 〈목신의 오후 전주곡〉이라는 시를 맛보기로 소개합니다.

이 님프들, 나는 그네들을 길이길이 살리고 싶구나.
이리도 선연하니
그네들의 아련한 살빛, 무성한 잠으로 졸고 있는
대기 속에 하늘거린다.
내가 꿈을 사랑하였던가? (중략)

목신은 무엇일까?

목신은 그리스 신화에 나오는 목동 신이다. 머리와 몸은 사람이나 하체는 동물이고, 양 떼를 몰고 다니며 피리를 불고 춤을 춘다.

part 6.
공연장으로 가요

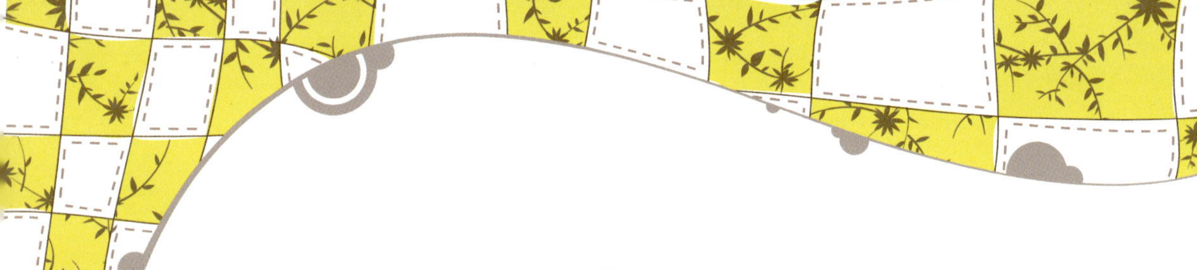

클래식 음악과 친해지려면 어떻게 해야 할까?

클래식 음악은 처음에는 어려워 보여요. 아름다운 음악이 흘러나와도 누가 작곡한 것인지도 잘 알지 못해요. 또 계속 듣다 보면 졸리기도 하고요. 그래서 클래식 음악은 친해지기가 쉽지 않아요.

그러나 클래식 음악은 아주 중요합니다. 우리의 마음을 차분하게 해주고, 또 아름답게 해주기도 해요. 감성은 물론 두뇌 발달에도 큰 도움이 된다고 과학적으로도 증명이 되었으니까 국어나 수학, 영어 못지않다고 할 수 있지요.

그러면 과연 클래식 음악과 어떻게 친해질 수 있을까요?

클래식 음악과 친해지는 방법은 의외로 간단해요. 자주 들으면 됩니다. 학기 초를 떠올려보세요. 친구들을 처음 봤을 땐 서먹서먹하지만 날마다 보면서 점점 가까워지고 단짝은 아주 친해지잖아요? 그것처럼 클래식 음악도 매일매일 들으면 돼요. 친구처럼 말이에요.

하지만 그것이 쉽지는 않겠지요? 친구들이야 반은 강제적으로(?) 만나지만 클

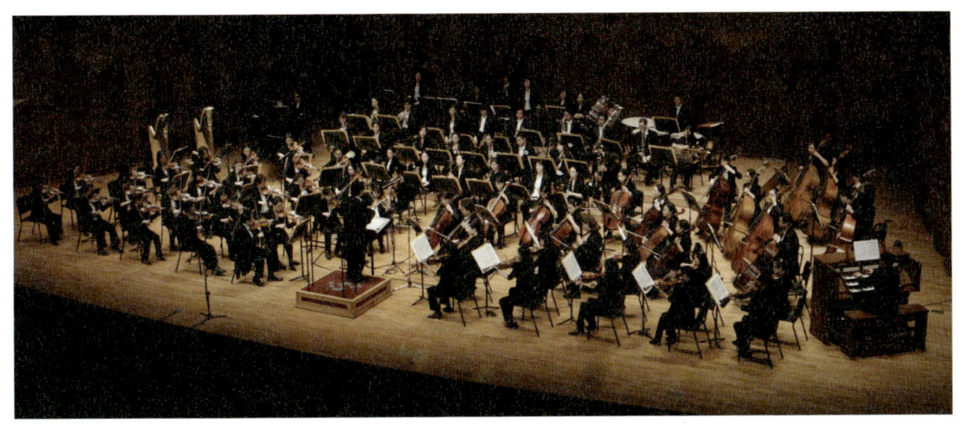

클래식 음악회

래식 음악은 그렇지가 않으니까요. 그러면 다음 방법을 해보기 바랍니다.

우선 음악회에 가보세요. 혼자 가기가 쑥스러우면 친구나 가족과 함께 가세요. 부모님께 음악회 가고 싶다고 하면 반드시 보내주실 겁니다. 음악회에 가서 직접 음악을 들으면 훨씬 더 클래식 음악이 좋아지게 되어 있답니다. 말로만 백 번 듣는 것보다 직접 한 번 보는 것이 효과가 크다는 말도 있잖아요.

둘째, 책을 보세요. 지금 이 책도 기본적인 것을 담고 있으니까 클래식 음악과 친해지는 데 도움이 될 거예요. 어린이들에게 적합한 클래식 음악 책이 꽤 있지요.

셋째, 날마다 한 곡씩 의무적으로 들어보세요. 클래식 음악은 요즘 어디에서도 들을 수 있지요. 특히 인터넷에는 많은 클래식 음악이 있어요. 클래식 음악을 제대로 감상하기에는 부족하지만 어떤 곡이 어떻게 연주되는지 직접 확인할 수가 있어요. 또 곡에 대한 해설도 첨부되어 있으니까 이해하기도 쉬워요.

넷째, 이것은 반드시라고 해도 좋은데, 모차르트와 베토벤의 음악을 먼저 듣는 겁니다. 모차르트와 베토벤은 역사상 가장 뛰어난 음악가들이지요. 어느 곡을 들어도 좋아요. 친구를 사귈 때에도 먼저 친해지는 친구가 있잖아요. 바로 모차르트와 베토벤은 클래식 음악에서 가장 먼저 친해져야 하는 음악가예요. 이 두 음악가와 친해지면 자연히 다른 음악가들의 곡도 듣게 되어 있답니다.

그리고 마지막으로는 자꾸 아는 체를 해야 한다는 거예요. 틀려도 좋아요. 지나가다 어떤 음악이 나오면 누구의 음악일까 맞혀보세요. 처음에는 자주 틀리겠지만 그렇게 아는 체를 일부러 해보면 결국 잘 알게 됩니다.

음악이 얼마나 좋은지는 실험으로도 증명되었어요. 식물이나 동물에게 모차르트 음악을 듣게 했더니 음악을 듣지 않은 것과는 구별이 되더랍니다. 발육이 더 좋았대요. 엄마들이 아이를 가졌을 때 태교 음악을 듣는 이유도 그 때문이지요.

음악에는 종류가 많아요. 동요도 음악이고, 아이돌 가수들이 부르는 대중가요나 외국의 팝송도 음악이지요. 국악이나 랩, 힙합도 음악입니다. 다른 음악들과 함께 꼭 클래식 음악과도 친구가 되길 바랍니다.

태교 음악

태교 음악은 아기가 엄마 배 속에 있을 때 아기의 안정을 위해 들려주는 음악이다.
태교 음악은 두뇌 발달에도 도움이 된다고 알려져 있다.

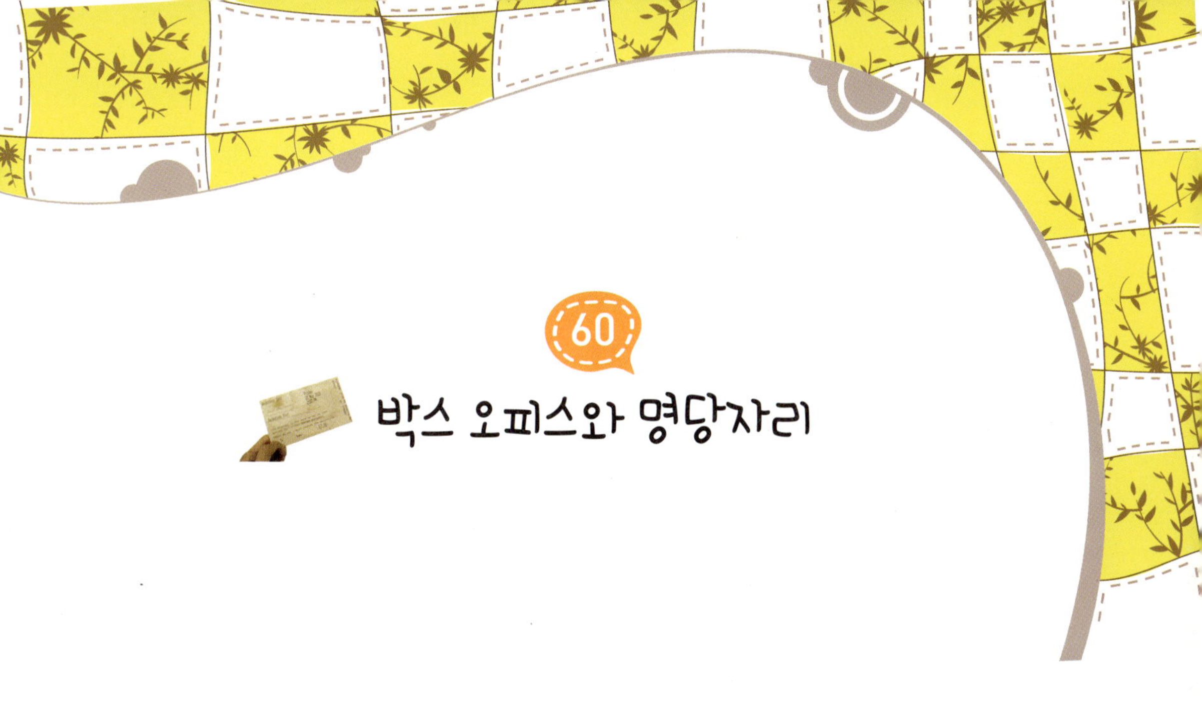

박스 오피스와 명당자리

　자, 그럼 공연장으로 가볼까요? 우리나라에는 음악 전용극장이 꽤 있어요. 서울의 예술의전당이나 세종문화회관 등은 전통이 있는 무대입니다. 늘 음악회가 열리고 있다고 해도 틀리지 않을 거예요.

　어느 공연장이든 들어가려면 먼저 표를 끊어야 해요. 표를 파는 곳은 매표소라고 하는데, 극장의 매표소는 박스 오피스(box office)라고 해요. 박스는 상자를 가리키고, 오피스는 사무실을 뜻하는 말이에요. 표 파는 곳을 상자 사무실이라고 하다니 대체 무슨 뜻일까요?

　이 말은 크게 두 가지에서 유래하고 있어요. 예전에 영화가 대중화되기 전에는 극장 앞에 임시로 만든 상자 같은 매표소에서 표를 팔았어요. 그것을 박스 오피스라고 불렀는데, 이후에 매표소를 근사하게 만든 뒤에도 박스 오피스라고 한 것이지요.

　이후 박스 오피스는 영화 흥행으로 벌어들이는 총수입을 뜻하게 되었어요. 영화 뉴스를 보면 박스 오피스 순위 몇 위, 이렇게 말하는 걸 볼 수 있는데, 바로 총

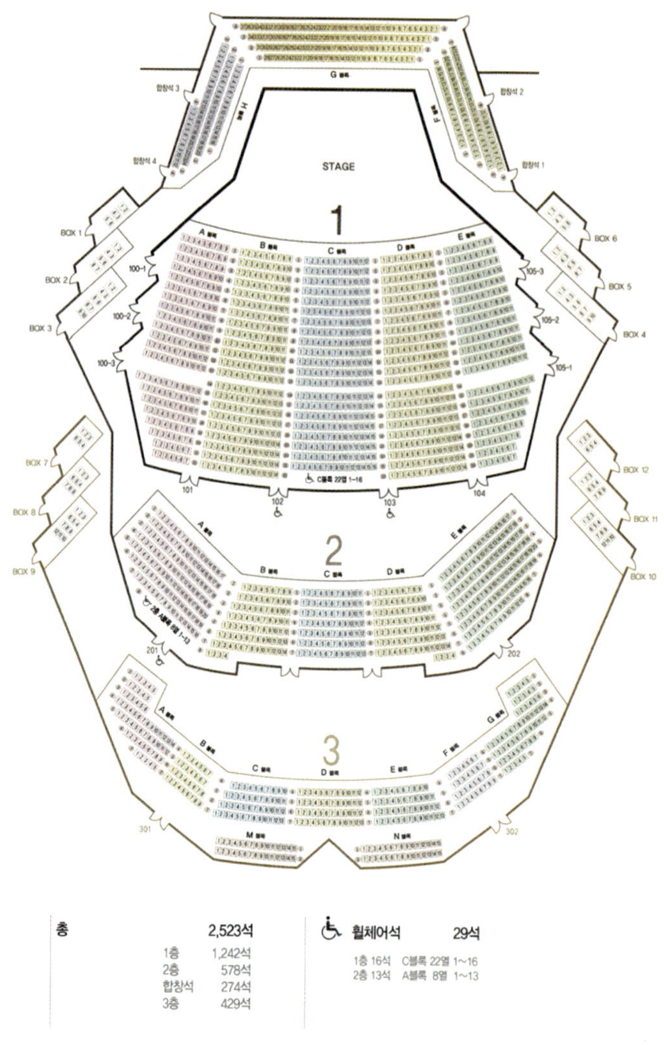

총	2,523석
1층	1,242석
2층	578석
합창석	274석
3층	429석

휠체어석	29석
1층 16석	C블록 22열 1~16
2층 13석	A블록 8열 1~13

예술의전당 콘서트홀 객석 배치도

수입 순위를 말하는 거예요.

그런데 박스 오피스는 본래 클래식 음악에서 사용되는 용어예요. 오페라 극장에서 방처럼 생긴 관람석을 가리키는 말이었지요. 그곳에서는 표를 예약으로 팔았기 때문에 박스 오피스 하면 표를 예약하는 사무실이라는 의미가 있었어요. 그것이 요즘에는 영화관 같은 데에서 표를 판매하는 매표소라는 뜻으로 쓰이지요.

극장 안으로 들어가볼까요? 앞쪽에 무대가 있고, 좌석들이 무대를 향해 있는 것이 보일 거예요. 언뜻 보면 보통 극장하고 비슷해 보여요. 하지만 음악공연을 위한 무대는 영화나 다른 용도로 사용하는 무대와는 많이 달라요. 특히 음향시설이 잘되어 있지요. 음악회는 마이크 없이 오로지 목소리와 악기 소리만으로 공연하기 때문입니다.

그럼 관람석 중 가장 좋은 자리는 어디일까요? 모든 공연장에는 좌석에 등급이 매겨져 있어요. 무대가 잘 보이는 자리, 소리가 잘 들리는 자리는 최고의 자리라고 할 수 있지요. 좋은 자리부터 A, B, C, D 이런 식으로 정해지는 것이 보통이에요.

그런데 진짜 음악공연장에 가보면 A석 위로도 여러 등급이 있다는 것을 알 수 있어요. S석과 R석은 물론 그 위로도 VIP석, VVIP석, P석 등이 있지요. 일부 극장에는 A석이 제일 낮고 그 위로 S석과 R석 등이 있기도 해요.

본래 옛날 음악회에서는 좌석의 자리가 정해져 있었어요. 최고의 자리인 로열박스는 왕족들이 앉았던 곳입니다. 요즘 극장에서 R석이 바로 로열석인데, 가서 앉아보면 평범한 자리라는 것을 알 수 있어요. 물론 요즘 로열석은 신분을 나타내지도 않지요.

지금은 무대에 가까운 앞자리가 가장 좋은 자리이고 가격도 비싸지만 예전에는 달랐어요. 예전 오페라극장은 1층에는 자리가 없고 2층에서만 보았지요. 1층은 파르테르라고 하는데, 이는 땅바닥이라는 뜻이에요. 이곳은 비워두었어요. 2층은 발코니에서 보았으므로 흔히 발코니석이라고도 했어요. 그곳에 앉아서 관람하던 여인들은 대부분 드레스를 입고 있었으므로 '드레스 서클'이라고도 합니다.

참, 어떤 자리가 좋은지 알아보는 중이죠? 지휘자로부터 약 9미터 떨어진 곳의 약간 왼편, 지휘자보다 1미터 정도 높은 곳이 최고의 자리라고 해요. 무대와 너무 가까우면 악기 소리만 크게 들리고, 너무 높으면 금관악기 소리가 크게 들리거든요. 그리고 벽과 가까운 자리도 반사음이 커서 좋지 않습니다.

국내에는 음악 전문 공연장이 여러 곳 있어요. 오월, 그리고 여름방학과 겨울방학, 크리스마스 전후에는 여러 곳에서 어린이를 위한 음악회가 열리니까 꼭 한번 가보도록 해요.

어린이 음악회 어디에서 볼까?

클래식 음악회는 연주 중에 소음을 내서는 안 되기 때문에 대부분 초등학생부터 입장이 가능하다. 예술의전당 같은 전문 공연장이나 전문 단체들이 어린이와 청소년을 위한 음악회를 자주 개최한다. 아름다운오케스트라와 꾸러기예술단은 어린이를 위한 연주회를 전문적으로 개최하는 대표적인 단체이다.

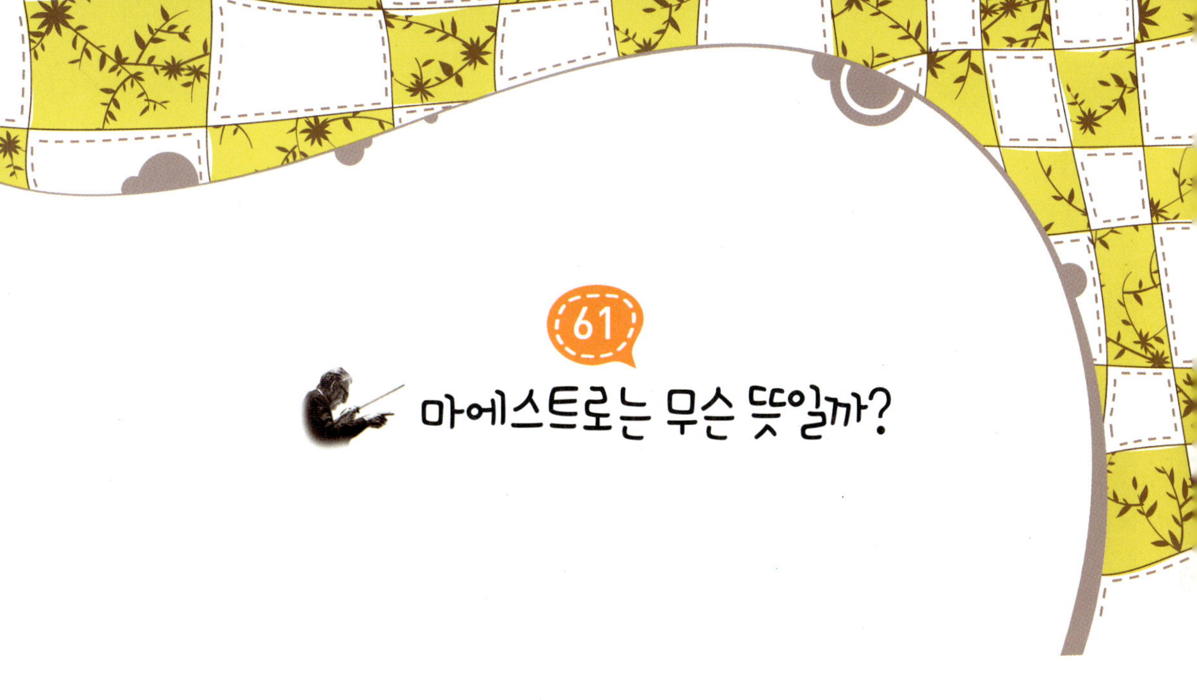

음악이 시작되기 전에 무대를 바라보면 막이 내려져 있어요. 그 안은 조금 바쁘답니다. 악기를 설치해야 하고 연주자들이 자리도 잡아야 하거든요. 몇몇 사람들은 악기를 직접 맞춰보기도 하고요.

막이 오르자 음악이 시작되려고 해요. 그런데 한 사람만은 악기를 들고 있지 않지요. 맨 앞에서 나무 막대기 하나 들고 여기저기 지시만 합니다. 이 사람을 지휘자라고 해요.

지휘자는 흔히 마에스트로라고 부릅니다. 이탈리아어로, 대음악가, 명지휘자를 뜻하며 영어로는 마스터(master)라고 하지요. 사실 마에스트로라는 말은 음악에만 쓰는 것은 아니에요. 보통 예술에서 뛰어난 업적을 이룬 거장을 이르는 말이랍니다. 그런데 이 말은 본래 초등학교의 선생님이나 스승님이라는 말이었다고 해요.

지휘자는 앞에서 악단을 지휘합니다. 이때 지휘봉을 들고 이리저리 휘젓는데, 머릿속에 앞으로 만들어낼 소리를 생각하면서 악기 연주자들에게 소리를 어떻게 낼 것인지를 지시하지요. 물론 악보에도 나타나 있지만 좀 더 강조하고 싶으면

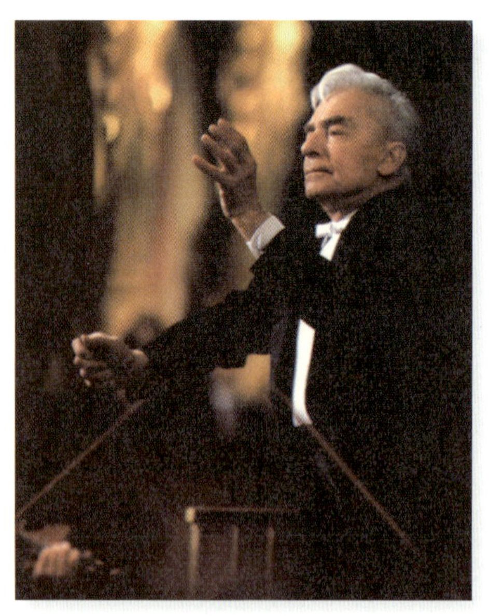

세계적인 지휘자 카라얀

강조하고 약하게 표현하고 싶으면 약하게 연주하라는 표시를 해요. 그래서 같은 곡이라도 지휘자에 따라 전혀 다르게 연주되기도 한답니다.

그런데 여기에서 한 가지 의문이 생겨요. 지휘의 정석이 있을 텐데, 왜 지휘자마다 다른 지휘를 하느냐는 것이에요. 물론 지휘의 기본적인 틀은 있어요. 박자에 따라 아래위, 옆으로 휘젓는 것은 누구나 마찬가지예요. 하지만 기본적인 틀만으로 음악 한 곡을 전부 지휘하기란 불가능한 일이에요. 느리거나 빠른 것은 정말 다양하게 표현할 수가 있거든요. 자신만의 박자에 맞춰 자연스럽게 자신의 스타일로 지휘하는 것입니다. 마에스트로는 대부분 자신만의 스타일이 있으며, 이 스타일 때문에 같은 곡이라도 지휘자에 따라 음악이 다르게 들리는 거예요.

만일 지휘자가 없다면 어떻게 될까요? 수십 명의 연주자들이 저마다 악보만 보고 연주한다면 음악이라기보다는 악기 소리 내기가 되고 말 거예요.

실제로 실험을 한 적도 있어요. 어느 해인가 어느 도시의 오케스트라의 지휘자가 단원들에게 지휘를 하지 않을 테니 연주를 해보라고 했지요. 연주자들은 충분히 좋은 음악을 할 수 있으리라 생각했을지도 몰라요. 왜냐하면 늘 함께 연습한 음악을 연주하는 것이었으니까요. 하지만 80여 명이나 되는 연주자들이 연주를 시작한 지 얼마 되지 않아 음악은 엉망이 되고 말았지요.

지휘자는 지휘만 하는 게 아니에요. 음악에 대해 누구보다도 잘 알아야 해요.

특히 어느 때 어떤 악기를 강조해야 할지, 어떤 악기는 좀 줄여야 할지를 알려면 곡 전체를 훤히 꿰뚫어 보고 있어야 하지요. 즉 웬만한 실력 없이는 지휘를 할 수 없고, 그래서 지휘하는 사람을 마에스트로라고 부르는 겁니다.

우리나라에도 마에스트로가 많아요. 피아니스트로도 유명한 정명훈 선생님은 세계적인 마에스트로로, 여러 나라에서 지휘를 해 호평을 받았습니다.

세계적으로는 오스트리아의 헤르베르트 폰 카라얀과 영국의 사이먼 래틀이 유명해요. 두 사람 다 우리나라에 방문한 적이 있어요. 특히 사이먼 래틀은 불운한 환경에 처한 청소년들을 위해 리허설을 공개하기도 했답니다.

참, 재미있는 일화 중 라흐마니노프 1번 교향곡 지휘자 이야기가 있어요. 라흐마니노프 1번 교향곡은 훌륭한 곡이었는데, 지휘자가 엉망으로 만들었대요. 라흐마니노프가 직접 지휘한 것이 아니었지요. 그 지휘자는 전날 술을 많이 마셔서 아무렇게나 지휘를 하는 바람에 교향곡 자체도 사람들에게 혹평을 받고 말았답니다.

한국의 마에스트로 정명훈

네 살 때부터 피아노를 배워 세계적인 음악가가 되었다. 1978년 미국의 줄리어드 음악원을 졸업한 뒤 피아니스트 겸 지휘자로도 이름을 날려 세계 정상급 마에스트로가 되었다. 한편 누나인 정명화는 첼로, 정경화는 바이올린 연주자로, 흔히 이들 세 명을 정트리오라고 부른다.

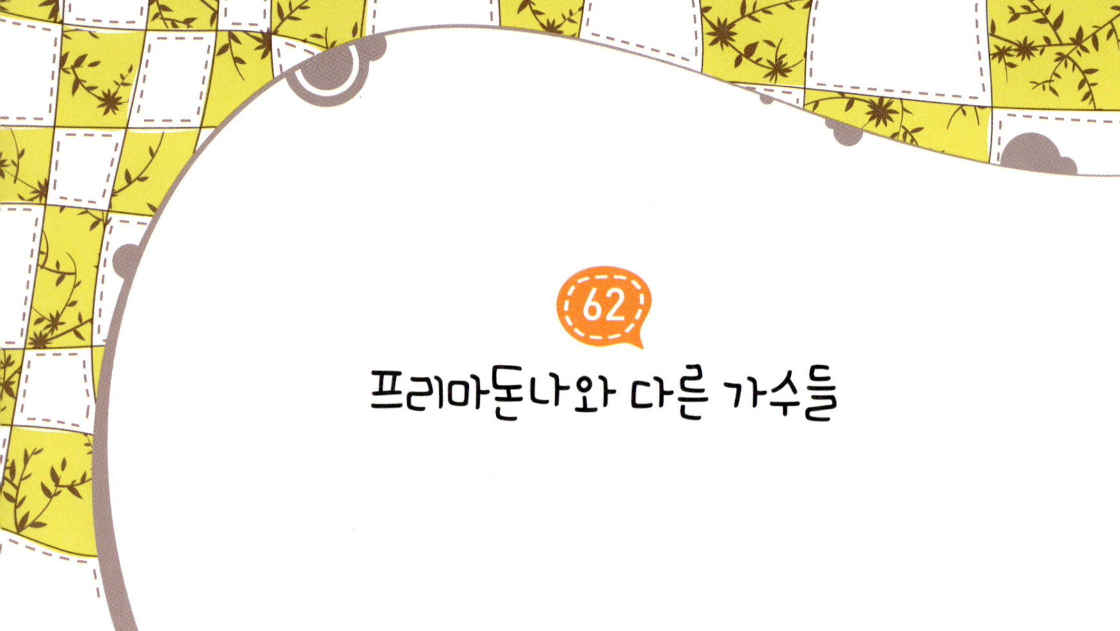

프리마돈나와 다른 가수들

오페라에서 여성이 맡는 부분은 목소리가 높으면서도 맑고 고운 소프라노입니다. 오페라에서 주역 여성 가수를 프리마돈나(prima donna)라고 해요. 프리마돈나는 이탈리아어로 '첫 번째 여성'이라는 뜻이지요. 영어로 표현하면 퍼스트레이디(first lady)입니다. 주역 남성 가수를 프리모우오모(primo uomo), 두 번째 여성 가수는 세콘다돈나(seconda donna)라고 하지요. 프리모우오모나 세콘다돈나는 몰라도 프리마돈나는 들어본 적이 있을 겁니다. 그만큼 프리마돈나는 주목을 받는 가수지요.

프리마돈나가 처음 나타난 것은 17세기 중엽이에요. 이탈리아 베네치아에서 오페라 공연을 위해 유명가수를 뽑았는데, 최고 가수를 프리마돈나라고 불렀어요. 그 후로 프리마돈나 하면 오페라의 여신처럼 여겨졌답니다.

그러나 프리마돈나는 19세기에 들어와 다른 뜻으로도 쓰이게 됩니다. 자기 자랑을 잘하고 질투심이 많으며 변덕스러운 여성을 프리마돈나라고 했지요. 아마도 프리마돈나들이 자기 잘난 체를 하는 경향이 있었던 모양이에요. 누구나 다 최고의 가수로 쳐주니까요. 물론 그렇지 않은 경우도 많습니다.

프리마돈나는 소프라노를 맡습니다. 소프라노는 가장 높은 소리예요. 그런데 소프라노를 여성만 맡은 것은 아니에요. 아직 변성기가 지나지 않은 남자 어린이도 소프라노를 했지요. 고전파 시대를 연 하이든도 어린 시절에는 소프라노 가수였어

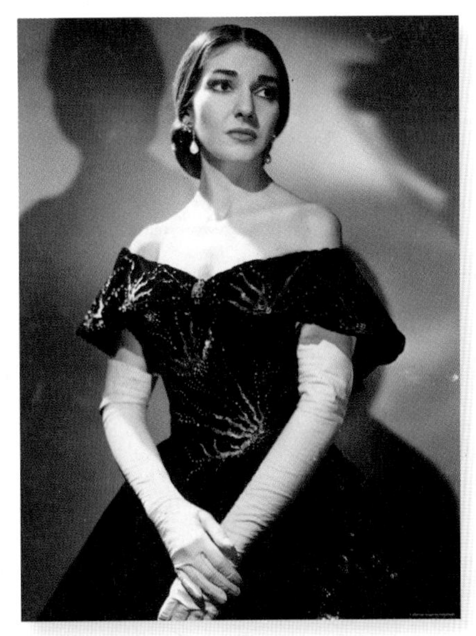

세계적인 소프라노 마리아 칼라스

요. 이런 남자 소프라노를 '보이스 소프라노'라고 합니다.

알토는 소프라노 다음으로 높은 소리예요. 여자로서는 낮은 목소리지요. 알토라는 말은 라틴어로 높다는 뜻의 알투스(altus)에서 유래합니다. 성악에서 기본이 되는 테너보다 높다는 의미였어요. 소프라노와 알토의 중간쯤 되는 메조소프라노도 있는데, 메조(mezzo)란 '반의' 또는 '중간의'를 뜻하는 이탈리아어예요.

테너는 남자 고음 부분이에요. 라틴어 테네레(tenere)에서 유래하는 말인데, 이는 '지속하다'는 뜻이에요. 테너는 성악에서 가장 기본이 되는 음입니다. 테너를 기준으로 소프라노나 알토, 베이스 등 다른 음역도 결정되지요. 테너는 오페라에서 주로 젊은 남자가 맡아요. 내용에서 소프라노를 맡은 프리마돈나와 짝을 이루는데, 둘 사이는 온갖 방해가 따르지요.

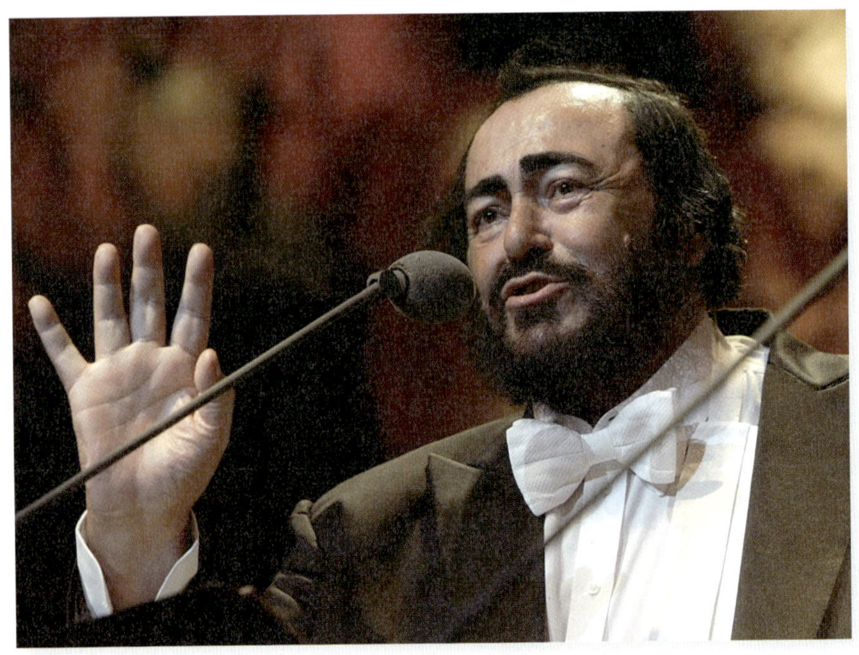

세계적인 테너 파바로티

베이스는 가장 낮은 저음이에요. 엄숙하면서도 깊이가 있는 목소리로, 오페라에서는 주로 높은 사람이나 노인 역을 맡아요. 왕이나 귀족, 성직자, 철학자 등등은 느낌상 굵고 낮은 목소리가 어울리니까요. 베이스는 목소리를 높이지 않아도 되니까 쉽다고 생각할지 모르겠지만 타고난 목소리가 아니면 어렵습니다. 베이스는 기초를 뜻하는 라틴어 바시스(Basis)에서 유래한 말이지요.

테너와 베이스의 중간에 바리톤이 있어요. 바리톤이라는 말은 고대 그리스어로 무겁거나 깊다는 뜻인 바리스(barys)와 소리라는 뜻의 토노스(tonos)가 더해진 말이에요. 굵으면서도 울림이 큰 남자의 목소리지요. 테너의 화려함과 베이스의 중후함을 겸비해 매우 근사한 역을 맡습니다.

한편 여성의 소프라노와 남성의 테너 사이쯤 되는 음역대는 콘트랄토(contralto)라고 해요. 옛날에는 여성이 음악을 할 수 없었으므로 남성이 여성 역까지 맡았는데, 바로 이 콘트랄토는 남성이 부르는 알토를 말해요. 콘트랄토는 대부분 마녀나 악녀 역을 맡지요.

참고로 변성기 이후에도 알토 음역을 노래할 수 있는 남자들을 카운터테너라고 하고, 그보다 더 높은 음, 즉 남자가 여자 소프라노처럼 부르는 것은 카스트라토라고 한다는 것은 이 책의 앞부분에서 소개한 바 있습니다.

오페라의 경우 프리마돈나 소프라노와 남성 주인공 테너가 주축이 됩니다. 그런데 그 사이에 방해꾼처럼 등장하는 게 바리톤이에요. 소프라노와 테너가 열정적으로 사랑 노래를 부르면 바리톤은 묵직한 목소리로 "너희는 사랑하면 안 돼"라고 방해하는 겁니다. 다 그런 건 아니지만 말이에요.

카스트라토

변성기가 되기 전에 거세하여 소년의 목소리를 유지하는 남자 가수를 말한다. 비인간적인 것으로 19세기 말에 금지되었으며, 여성이 음악에 참여하게 되었다.

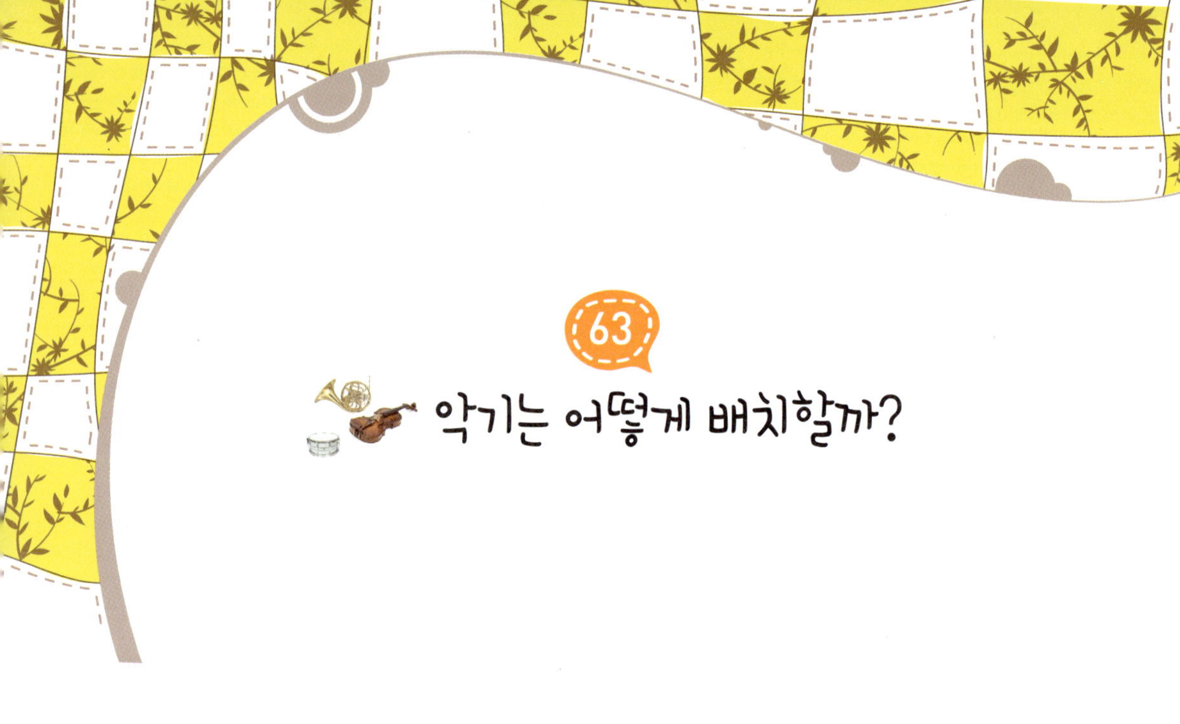

이제, 무대를 바라볼까요? 정면에 연주자들이 악기를 연주하고 있어요. 수십 명이 연주를 하고 있으니 아주 멋집니다. 이런 오케스트라는 클래식 음악 시대에, 즉 바로크 시대에 들어서면서 나타나기 시작했고, 악기의 발달과 더불어 고전파 시대에 확실하게 자리를 잡았지요.

그런데 오케스트라라는 말은 대체 무슨 뜻일까요? 고대 그리스에서 오케스트라는 사람들이 악기를 연주하는 앞에서 춤을 추거나 노래를 부르던 작은 공간을 의미했어요. 그런데 중세에 들어와서 악기를 연주하는 공간을 뜻하게 되었지요.

오케스트라를 오늘날과 같은 형태로 자리 잡게 한 음악가는 베토벤이에요. 모차르트의 음악에도 25~30인의 연주자로 연주하는 음악이 등장하지만 베토벤은 그 두 배나 되는 악기를 동원했어요. 오늘날 오케스트라 배치의 기본은 바로 그때 이루어졌습니다. 왼쪽에 제1 바이올린과 첼로를, 오른쪽에 제2 바이올린과 비올라를 배치했지요. 중앙에는 현악기를 두고 뒤로 목관악기와 금관악기, 더블베이스, 타악기를 배치했어요.

이것을 흔히 유럽식이라고 하는데, 2차 세계대전 전까지 널리 쓰였어요. 무엇보다도 지휘자가 보기에 좌우 배치도 잘되어 있고, 질서 정연한 배치입니다. 하지만 지휘자의 특성에 따라 악기를 조금씩 다르게 배치하기도 했지요.

그런데 바이올린을 좌우에 떼어놓으니까 바이올린의 효과가 덜한 거예요. 그래서 다시 바이올린들은 왼쪽에 모아 배치했는데, 이런 방식은 미국식입니다. 앞에서 바라볼 때 왼쪽에 바이올린들을 배치시키고 오른쪽에는 첼로와 더블베이스를 놓습니다. 그리고 중앙에는 현악기를 두고, 뒤로 목관악기, 금관악기, 타악기를 차례로 배치합니다. 더블베이스의 위치도 자연스럽게 바뀌었다는 것을 알 수 있지요. 오늘날 이 방식을 많이 따릅니다.

좀 더 자세히 들여다볼까요? 오케스트라 악기는 크게 현악기군, 관악기군, 금관악기군, 타악기군 이렇게 네 군으로 나뉘어요. 이 중 제일 많은 수를 차지하는 건 현악기들이지요. 보통 오케스트라에서는 제1 바이올린이 14대, 제2 바이올린이 12대, 비올라가 10대, 첼로가 8대, 더블베이스가 6대 배치됩니다. 현악기만 50명이 연주하는 거지요.

현악기군 바로 뒤에 배치되는 건 목관악기예요. 플루트와 오보에, 클라리넷, 바순 등이 이에 포함되지요. 플루트보다 높은 소리를 내는 피콜로와 오보에보다 낮은 소리를 내는 잉글리시호른도 포함됩니다.

그런데 재미있는 것은 이 목관악기가 어떻게 배치되느냐에 따라서 오케스트라

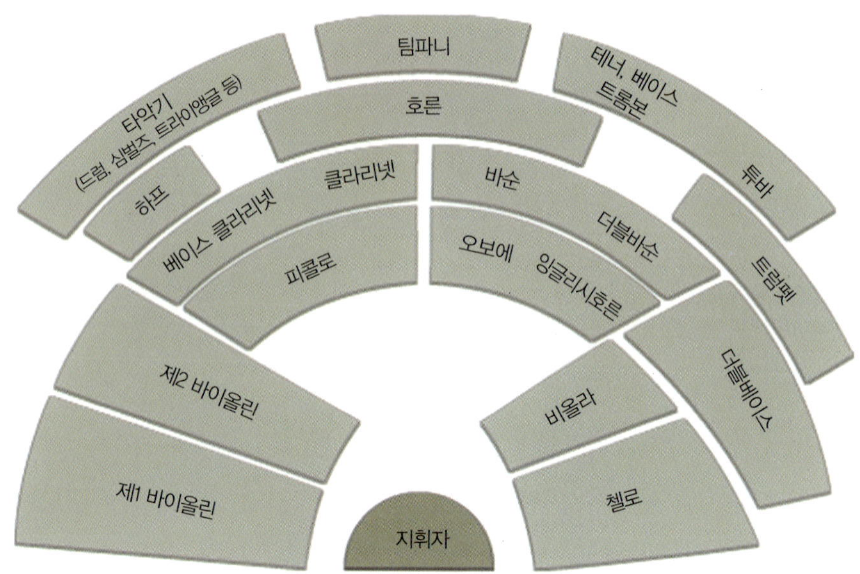

편성의 이름이 달라진다는 것이지요. 종류별로 2대씩 배치되면 '2관 편성 오케스트라'라고 부르고, 3대씩 배치되면 '3관 편성 오케스트라'라고 해요. 목관악기 수가 현악기 수보다 적지만 목관악기가 이렇게 중요한 면이 있답니다.

목관악기 뒤에는 금관악기가 있어요. 트럼펫과 트롬본, 호른, 튜바 등이에요. 그런데 금관악기는 센 악기라서 주의를 요합니다. 뒷줄에 서 있다고 덜 중요한 악기라고 생각하면 안 되지요. 금관악기를 다루려면 그만큼 경력도 풍부해야 하고 실력도 겸비해야 하거든요.

맨 뒷줄에는 타악기가 배치됩니다. 두드리는 악기이므로 종류가 굉장히 많은데, 오케스트라에는 팀파니, 심벌즈, 트라이앵글, 큰북(베이스 드럼), 작은북(스내어 드림), 탐탐 등이 쓰이지요.

자, 어떤 악기들이 배치
되는지 알아보았는데, 오케
스트라에서 중요한 것은 각
각의 악기들이 어떻게 조화
로운 소리를 만드느냐입니
다. 또 서로 비슷한 악기들
의 소리가 어떻게 다른지를
듣는 것이에요. 예를 들면
트럼펫과 트롬본은 이름도
비슷하고 악기도 비슷한데,
과연 소리는 어떻게 다른지
아는 것이 중요하다는 것이
지요.

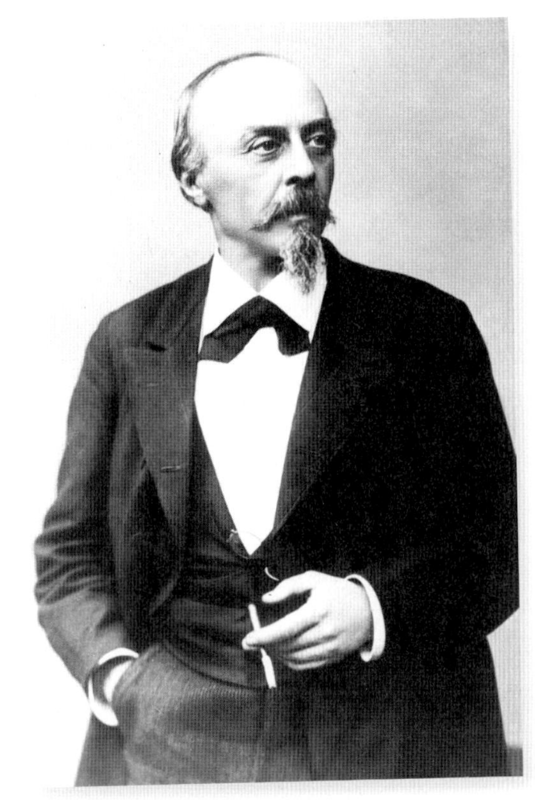

한스 폰 뷜로

　여기에서 또 중요한 것은 악기 연주자들이에요. 악기 연주자들 사이에도 순서
가 있습니다. 즉 바이올린이 여러 개일 때 누군가 대장이 있다는 것이지요. 그 사
람이 수석 연주자라고 하여 바이올린 연주자들을 이끌어요. 만일 바이올린 독주
부분이 있다면 대부분 수석 연주자가 연주하지요. 바이올린 수석 연주자는 콘서
트마스터라고 부릅니다. 우리말로는 악장이라고 해요.

　콘서트마스터는 반장과도 같은 역할을 해요. 선생님 격인 지휘자를 돕고 단원
과 지휘자 사이의 연결을 담당하지요. 또 연주하기 전에 음을 맞추는 데 앞장서

며, 전체적인 연주법을 이끌기도 해요. 그리고 지휘자에게 무슨 일이 생기면 아예 지휘도 합니다.

　이러한 면은 옛날 음악 시대의 전통이에요. 바로크 음악 시대에도 콘서트마스터가 지휘를 하기도 했거든요. 바그너의 제자였던 한스 폰 빌로(1830~1894)부터 지휘자가 독립적인 위치를 차지했다고 합니다.

한스 폰 빌로

정확하고 예리한 음악 해석으로 유명하다. 특히 바그너 음악의 해석으로 유명한 거장 지휘자이다.

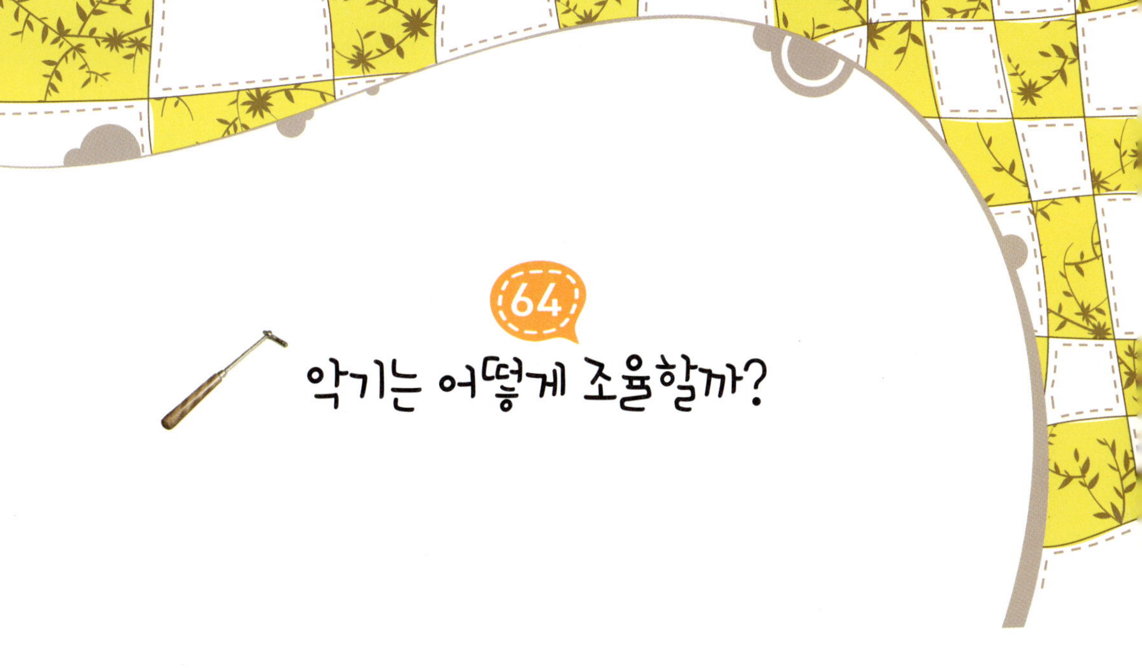

악기는 어떻게 조율할까?

악기가 어떻게 배치되는지 알았으니 이제 악기를 조율하는 것에 대해 알아보지요. 연주에 들어가기 전에는 모두들 악기를 조율하느라 바빠요. 바이올린과 같은 현악기는 줄을 조였다 풀었다 하면서 말이에요. 조율이란 표준음에 맞추어 악기의 소리를 조절하는 거예요.

그런데 조율의 중심이 되는 악기는 오보에라는 악기예요. 오보에는 금관악기로, 연주회장의 환경, 즉 온도나 습도에 영향을 가장 덜 받는 악기랍니다. 게다가 소리가 맑고 투명해 다른 악기들과 잘 어울리지요. 이런 이유 때문에 다른 악기들이 오보에 소리에 맞추는 거예요.

오보에 연주자가 '라' 음을 불면, 이 소리에 맞춰 다른 악기 연주자들이 일제히 자신의 악기를 다룹니다. 먼저 관악기들을 조율하고, 이어 현악기들을 조율합니다. 조율하는 시간은 길지 않아요. 관객들이 숨을 죽이고 기다리고 있기 때문이지요. 그런데 조율 소리는 연주가 아니니까 특별하지는 않지만 가슴을 두근거리게 하는 매력이 숨어 있어요. 곧 진짜 연주가 시작된다는 기대감 때문일 거예요.

그러면 오보에가 없을 때, 즉 오케스트라 구성이 아닌 경우에는 악기를 어떻게 조율할까요? 예전에는 피치파이프라고 하는 악기를 불어서 조율했어요. 새끼손가락 모양의 피리로, 표준음인 '라' 음을 낸다고 해요. 그러나 요즘에는 디지털 기술이 발달해 조율을 정확히 하지요.

보통 현악기는 헤드 부분에 줄을 감았다 풀었다 하는 스크류가 있어서 변하는 음을 잡을 수 있고, 목관악기 중 플루트는 헤드 부분을 밀어 넣고 빼는 것으로 조율합니다. 또 색소폰은 마우스피스를 넣고 빼서 조율하고, 트럼펫과 트롬본, 호른 등은 밸브로 조율하지요. 북도 조율을 해야 하는 악기예요. 테두리에 있는 너트를 조이거나 풀어서 소리를 조정합니다.

그러나 피아노만큼은 조율사 없이는 조율하기가 어려워요. 그래서 피아노 조율사라는 독특한 전문가도 있지요. 그리고 피아노와 함께 연주할 때에는 다른 악기들이 피아노에 맞춰 조율해요.

맥놀이

맥놀이는 본래 주파수가 비슷한 두 개의 파동이 겹쳐 합성파가 생기는 것을 말한다.
음악의 경우 두 악기에 음정을 맞출 때 우웅, 웅 하는 소리가 나는데
이것도 맥놀이라고 한다. 맥놀이가 잘 날수록 조율이 잘된 것이다.

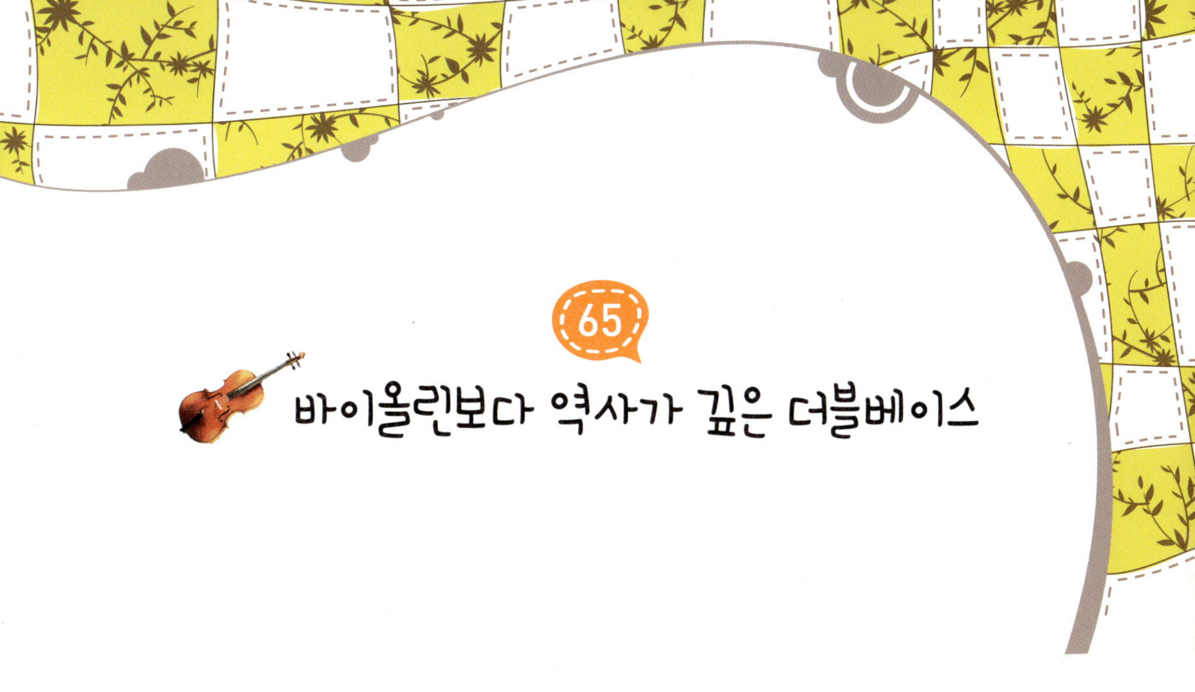

바이올린보다 역사가 깊은 더블베이스

이제부터는 악기들에 관해 알아보도록 해요. 먼저 현악기입니다. 현악기는 현을 진동시키는 방법에 따라 두 종류로 나뉘어요. 문질러서 소리를 내는 찰현악기와 튕겨서 소리를 내는 발현악기가 그것입니다. 바이올린과 비올라, 첼로는 찰현악기, 하프는 발현악기이지요.

먼저 이름도 독특한 더블베이스부터 소개합니다. 왜 이름이 더블베이스일까요? 이를 알기 위해서는 악기가 내는 성부를 알아야 해요. 성부는 소프라노, 알토, 테너, 베이스를 말하지요. 현악기들도 각각 성부가 있는데, 제1 바이올린이 소프라노를 맡고, 제2 바이올린은 알토를, 비올라는 테너, 첼로는 베이스를 맡아요. 바로 첼로와 함께 베이스를 맡는다고 해서 더블베이스라는 이름이 붙여졌지요. 더블베이스는 첼로보다 한 옥타브 아래 음역의 소리를 냅니다.

그런데 더블베이스는 독일에서는 콘트라베이스라고 해요. 여기에서 콘트라는 말은 '대응되는'이라는 뜻이에요. 도대체 무엇과 대응된다는 말일까요? 옛날에 높은음자리의 어느 음보다 높은 옥타브를 표시할 때 그 음의 위에 점을 찍었어

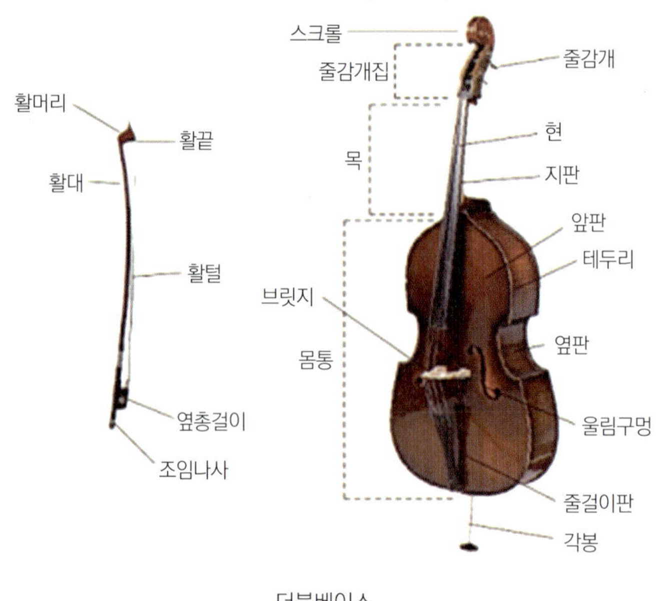

더블베이스

요. 또 낮은음자리의 어떤 음보다 낮은 옥타브를 표시할 때도 그 음의 아래에 점을 찍었지요. 이것을 높은음자리표와 비교되는 옥타브라고 해서 콘트라 옥타브라고 불렀어요. 이후 콘트라가 붙으면 낮은 음역을 가리키게 되었고, 베이스에도 붙여진 것이지요.

키 2미터에 무게 20킬로그램, 더블베이스는 육중한 악기예요. 모양은 바이올린처럼 생겼지만 크기가 10배쯤 커요. 비슷한 악기라도 크기가 다르면 음이 아주 다르게 난답니다. 바이올린이 맑고 곱고 높은 소리를 내는 반면 더블베이스는 현악기 중 가장 낮은 저음을 냅니다. 악기가 크면 소리는 낮은 것이 대부분이지요.

그런데 한 가지 특이한 것은 이 악기가 바이올린보다 먼저 나타났다는 것이에요. 아그리콜라라는 사람이 1529년에 발행한 〈음악악기〉라는 책에 이미 베이스가 있고, 1619년에 프레토리우스가 베이스에서 변형된 여러 가지 악기를 소개하기도 했어요. 여기에는 3현, 4현, 5현 등 줄 수에 따라 여러 가지 더블베이스가 소개되고 있는데, 이 중 현재까지 이어지는 것은 4현 더블베이스입니다. 그런데 오케스트라에서는 드물게 5현 더블베이스가 쓰이기도 하지요.

더블베이스는 비올로네라는 악기에서 개량되었어요. 요즘의 기타와 비슷하게 네크가 있는 악기로, 현의 수를 다양하게 할 수 있던 악기라고 합니다.

더블베이스는 워낙 큰 악기라서 예전에는 연주자가 서서 연주해야 했으나 요즘에는 의자 귀퉁이에 걸터 앉아서 연주해요. 또 빠르게 연주하는 것이 쉽지 않아 연주용보다는 반주용으로 많이 쓰였어요.

그렇지만 이 악기가 덜 중요한 것은 아니에요. 오케스트라에서 중요한 화음을 맡고 있을 뿐만 아니라 리듬의 기초에서도 중요한 역할을 하거든요. 파트리크 쥐스킨트라는 독일의 소설가가 쓴 〈콘트라베이스〉라는 소설에는 이런 구절이 나와요.

"오케스트라라는 명칭을 얻으려면 콘트라베이스를 반드시 갖춰야 합니다. 그만큼 콘트라베이스는 중요한 악기입니다. 비록 사람들이 그렇다고 생각하지 않고 있지만 말입니다."

비올로네

본래 비올라보다 큰 악기라는 뜻으로, 16세기에는 베이스감바, 즉 베이스보다 5도 또는 1옥타브 낮은 콘트라감바를 가리켰다.

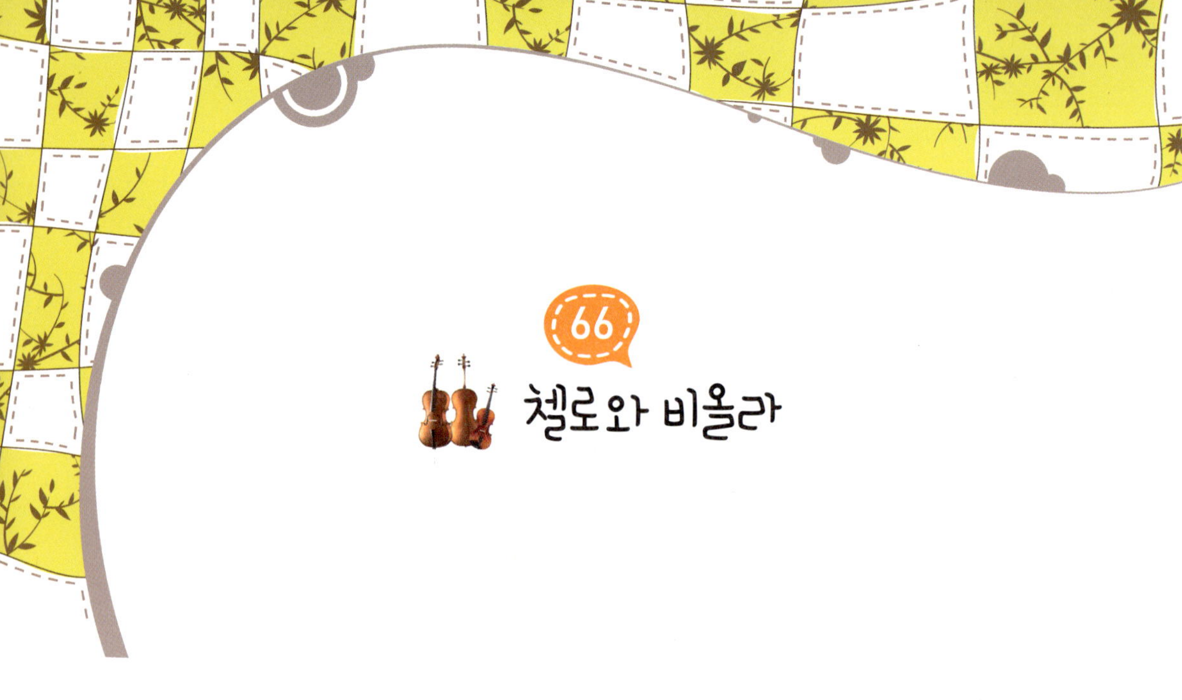

첼로는 바이올린보다 두 배나 크지만 모양이 거의 같아요. 그래서 바이올린에서 유래한 것이 아닌가 하는 생각이 들지만 15세기 후반 비올족의 저음악기에서 개량된 것이라고 해요. 비올족은 바이올린 계통과 비슷하나 몸통의 곡선이 단조로우며 줄이 여섯 개라는 점이 다르지요. 또 음질은 좋지만 음량이 작아 실내연주에 많이 쓰였어요. 지금은 사라진 악기 계통입니다.

첼로는 16세기 초에 나폴리의 가스파로 다 사로가 최초로 만들었다고 전해져요. 그때는 반주용으로만 연주되었으나 서서히 독주용으로도 사용되었으며, 고전파 시대에 들어와서는 현악 4중주에 필수 악기로 쓰이는 등 매우 중요한 악기로 자리 잡았어요.

그런데 첼로의 본래 이름은 '비올론첼로'로, 첼로라는 명칭은 이 말을 줄여 부르는 것이에요. 비올론첼로는 이탈리아어로, '작으면서도 큰 비올'이라는 뜻입니다. 도대체 작으면서도 크다는 이상한 명칭이 왜 붙은 걸까요? 이는 첼로의 역사가 복잡한 것을 나타내요. 요즘은 첼로 크기가 바이올린의 두 배 정도로 굳어졌지만

16~17세기에는 크기도 다양하고 이름도 여러 가지였어요. 현재와 같이 자리 잡은 것은 18세기 들어와서라고 해요. 그러니까 비올론첼로는 '큰 것도 있고 작은 것도 있는 비올'이라는 뜻입니다.

이번에는 바이올린과 흡사한 비올라를 소개할까요? 비올라는 바이올린보다 약간 큽니다. 그래서 바이올린보다 약간 아래의 음역을 담당하지요. 성부로 따지면 알토에 해당됩니다.

비올라도 첼로처럼 비올에서 유래했어요. 16세기 때의 비올라 다 브라치오라는 비올족 악기가 바로 비올라의 할아버지입니다. 비올라 다 브라치오라는 뜻은 '손에 들고 연주하는 비올'이라는 뜻이에요.

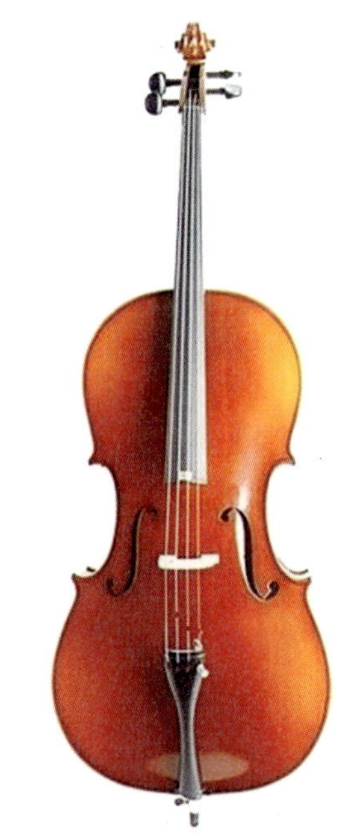

첼로

1535년에 네 줄짜리 비올라가 등장했는데, 바로크 시대에는 비올리노라고 불렸어요. 당시 바이올린은 비올리노 피콜로라고 불렸지요. 비올라는 바로크 시대부터 합주용으로 인기를 끌었어요. 헨델과 하이든을 거치면서 현악 4중주의 악기로 자리 잡았고, 베토벤 시대에 이르러서는 최고의 기교를 부리는 악기로 취급되었어요.

비올라의 소리는 약간 어두운 듯하면서도 따뜻한 소리를 내요. 이에 비해 바이올린은 밝고 화려하지요. 여기에는 울림통의 크기가 다른 이유가 있지만 활의 차이도 있답니다. 비올라의 활은 바이올린의 활보다 약간 더 굵고 무겁지요.

이렇게 현악기는 악기의 크기와 활의 크기에 따라서 서로 다른 음역을 차지하게 되는데, 전에는 여러 가지 크기의 악기들이 함께 쓰였지만 요즘에는 거의 바이올린과 비올라, 첼로가 주축이 되고, 여기에 더블베이스가 추가되는 정도로 자리 잡았습니다. 이들 악기는 서로 분명한 음역대를 가지고 있고, 독특한 음색을 지녀 합주할 때 절묘한 화음을 내지요.

여기에서 현악기를 서로 비교해볼까요? 바이올린과 비올라, 첼로, 더블베이스는 모두 네 줄로 되어 있는 4현 악기로, 높은 음부터 각 현의 음이름은 다음과 같아요.

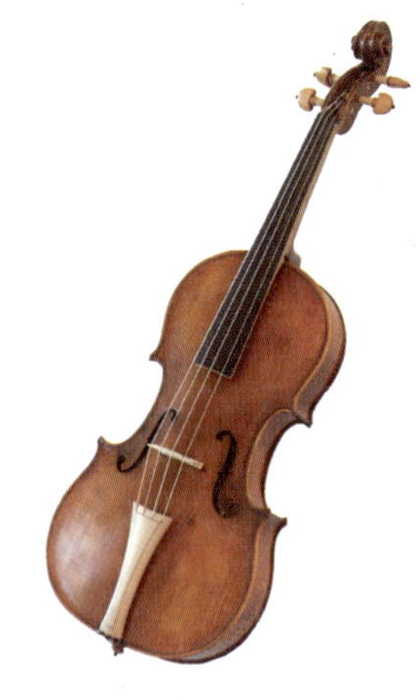

비올라

바이올린 : E A D G, 비올라 : A D G C

첼로 : A D G C(비올라보다 한 옥타브 낮음), 더블베이스 : G D A E

이 정도만 알아도 음악회에 가서 어느 것이 바이올린이고 첼로인지 알 수 있을 거예요.

베이스

동일한 악기 중에서 가장 저음을 내는 악기에 붙이는 명칭이다. 예를 들어 베이스 클라리넷, 베이스 트럼펫 등이 있다. 그러나 본래 베이스는 콘트라베이스의 준말로 사용된다.

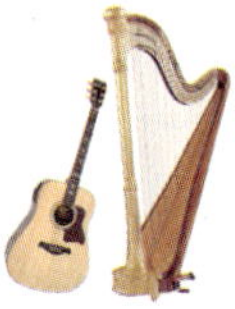

기타와 하프

현악기 중 클래식 음악 이외에도 많이 쓰이는 것이 기타입니다. 전문 기타리스트의 독주는 물론 일반인들의 반주 등에도 널리 쓰이지요. 기타는 서양의 다른 현악기와는 계통을 달리합니다. 13세기경 아라비아에서 만들어졌다고 해요. 이후 에스파냐에서 인기를 끌다가 전 세계로 널리 퍼졌지요.

기타 줄은 여섯 개이며 클래식 기타와 일반 포크 기타가 따로 있어요. 클래식 기타는 나일론 줄을 사용하지만 일반 포크 기타는 금속 줄을 사용하지요. 그래서 클래식 기타의 선율이 더 곱고 아름다운 반면 소리는 포크 기타가 더 크고 힘찹니다. 또 장르에 따라 연주법도 상당히 다르지요. 연주용으로는 손으로 튕기거나 두드리는 주법이 많이 사용

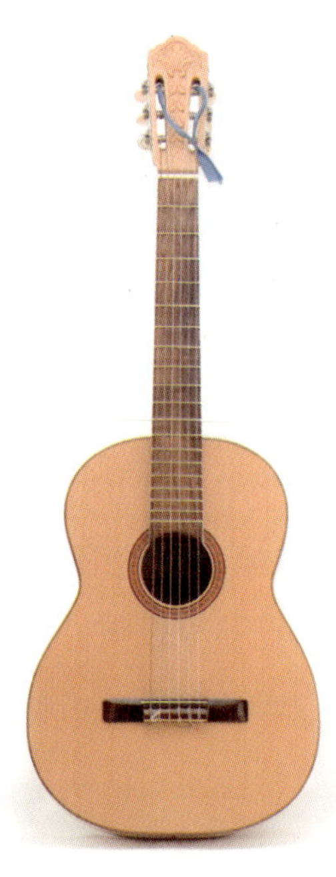

기타

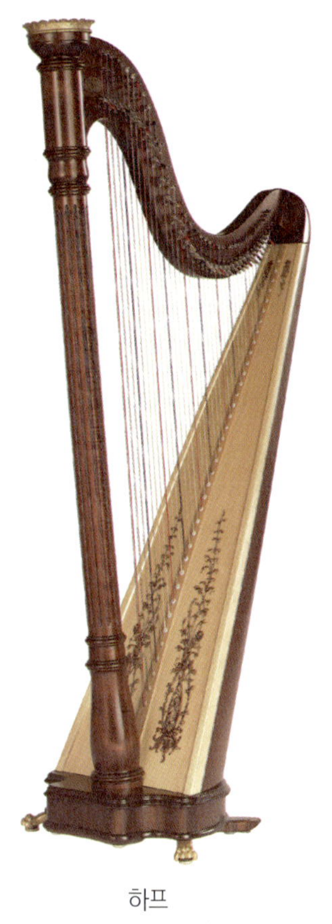
하프

되고 포크 기타용으로는 주로 코드를 잡고 화음을 내는 용도로 많이 쓰여요.

기타 소리는 하프 못지않게 부드러워요. 하지만 경쾌하면서도 신 나는 소리를 내기도 하지요. 특히 세레나데나 무용수의 춤을 돕는 역할에 어울려요. 그래서 플라멩코를 추는 사람 곁에는 항상 기타리스트가 있답니다.

기타 하면 왠지 정통 클래식 음악과는 거리가 먼 것처럼 생각되나 파가니니의 〈기타와 바이올린을 위한 소나타〉나 현대 음악가인 에스파냐 로드리고의 〈아랑훼즈 협주곡〉 등의 명곡도 전해지지요.

기타와 흡사한 소리를 내는 것이 하프입니다. 하프는 음악의 역사와 기원 부분에서도 소개했지만 역사가 아주 오래되었어요. 하프는 모양 자체에서 이미 보는 사람들을 유혹하지요. 우아하면서도 화려하고 특히 금빛이 찬란합니다.

하프에는 줄이 아주 많아요. 보통 47개짜리가 많이 쓰이지요. 테의 일부는 커다란 울림통 역할을 해요. 또 7개의 페달이 있어 반음을 올리거나 내릴 수 있지요. 그래서 어느 곡이라도 소화가 가능합니다.

하프 소리는 언뜻 들으면 기타보다는 피아노를 닮았어요. 그러나 더욱 부드러우면서도 우아하지요. 오케스트라에서는 보통 1~2대의 하프를 사용합니다. 그러나 바그너의 악극인 《니벨룽겐의 반지》에서는 하프가 8대나 등장한답니다.

하프 명곡으로는 헨델의 〈하프 협주곡〉을 손꼽습니다. 그리고 모차르트의 〈플루트와 하프 협주곡〉이라는 곡도 있지요.

참고로 지금은 별로 쓰이지 않지만 류트라는 현악기도 한때 많이 사용했어요. 기타, 비올과 함께 중세 유럽에서 큰 인기를 얻은 악기입니다. 특히 바로크 시대에 살롱 등에서 많이 연주되었지요.

류트는 꼭 만돌린처럼 생겼어요. 만돌린보다 울림통이 큰 것이 특징이지요. 소리가 고와 한동안 '악기의 여왕'이라는 별명을 얻기도 했지만 오늘날에는 옛 바로크 음악을 선보이는 자리에서만 겨우 볼 수 있답니다.

류트는 아라비아의 '알루드'에서 유래하는 악기예요. 이와 비슷한 악기가 동양에도 전해지는데 비파라고 하지요.

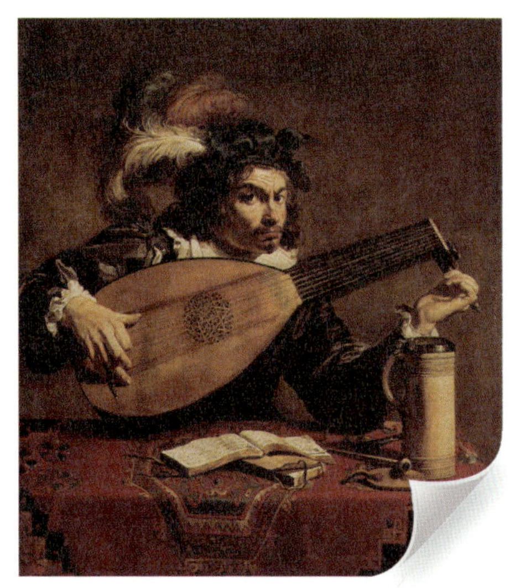

류트

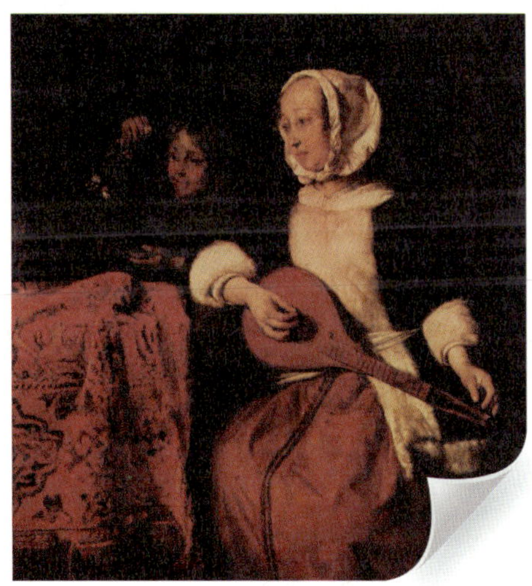

만돌린

한편 만돌린은 오늘날에도 많이 연주되는 악기입니다. 17세기 이탈리아에서 만돌라라는 악기를 개조한 것으로, 만돌린이라는 말 자체가 '작은 만돌라'라는 뜻이지요. 류트와 같은 족보를 지닌 악기입니다. 그 유래를 더 따져보면 고대 그리스 또는 이슬람권에서 비롯된 악기인 것으로 보여요.

만돌린은 특히 이탈리아의 나폴리에서 많이 쓰였어요. 소리가 맑으면서도 구슬픈 느낌을 주는데, 그래서인지 민요에 자주 연주됩니다. 비발디는 〈만돌린과 관현악을 위한 협주곡〉을 작곡했고, 모차르트도 오페라《돈 조반니》에 만돌린을 등장시켰답니다.

오늘날 만돌린은 미국, 남미 등지에서 많이 사용됩니다. 주로 민속 음악을 할 때 연주되지요. 이에 반해 독일에서는 현대 음악을 연주할 때 쓰기도 합니다.

로드리고 (1901~1999)

에스파냐의 음악가로, 3세에 실명했지만 음악에 뛰어난 재능을 발휘하여 에스파냐 음악을 세계에 널리 알렸다. 특히 기타를 위한 음악을 많이 작곡한 음악가로 유명하다.

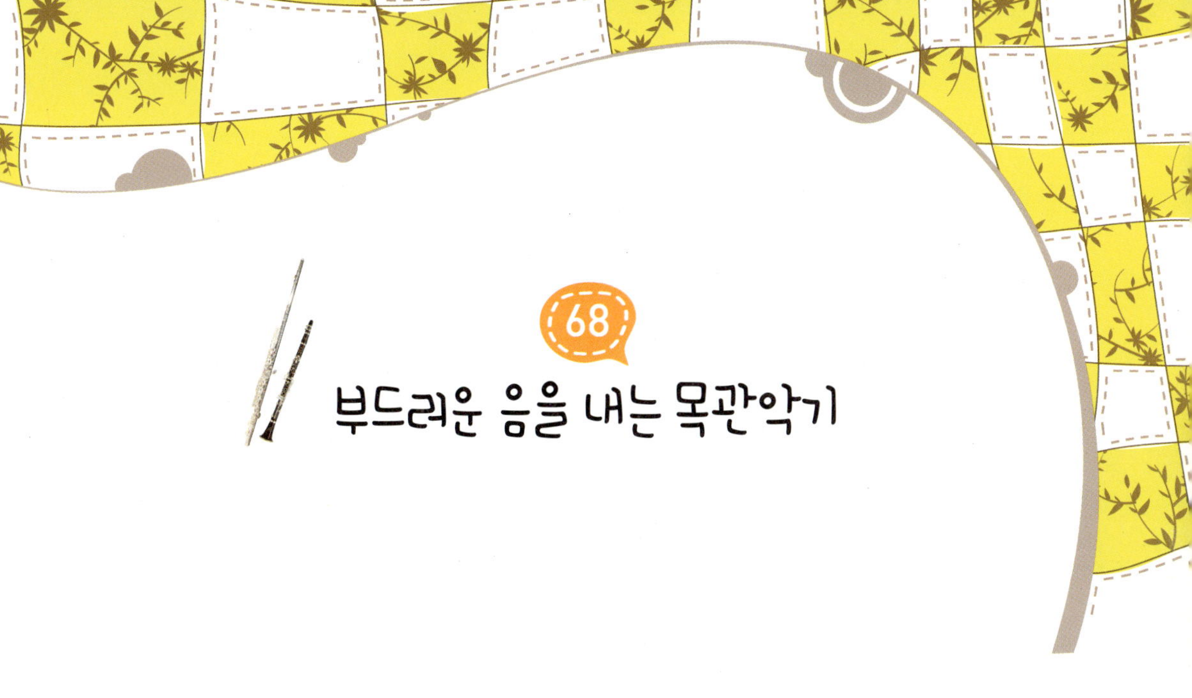

부드러운 음을 내는 목관악기

이번에는 관악기에 대해 알아보아요. 관악기는 소리가 관을 통과하며 나는 악기라는 뜻이에요. 그 관의 재질이 나무인가 금속인가에 따라 목관악기와 금관악기로 나뉩니다. 하지만 오늘날에는 금속공예가 워낙 발달해서 오보에 이외에는 대부분 금속성 재료로 만들고 있어요. 그래도 전에 목관악기로 분류되던 악기들은 그대로 목관악기라고 하지요.

오케스트라 속의 악기들을 바라보면 피리처럼 생긴 악기들이 많아요. 이 악기들이 대부분 목관악기지요. 목관악기로는 플루트, 오보에, 클라리넷, 바순, 색소폰, 피콜로 등이 있어요. 바로크 시대에는 리코더가 많이 쓰였지만 요즘은 플루트를 더 많이 사용합니다. 이런 목관악기들은 대부분 리드라는 얇은 나뭇조각을 사용해서 소리를 내지요.

목관악기 중 역사와 전통을 자랑하는 것은 플루트예요. 목축의 신 판이 님프인

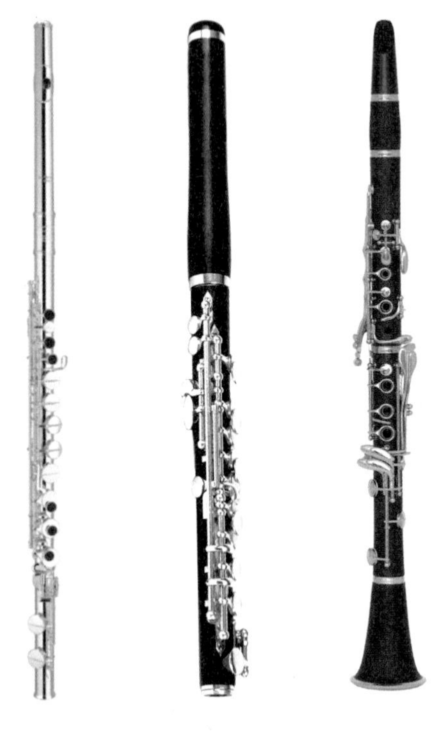

알토 플루트   피콜로   클라리넷

시링크스를 따라다니다 시링크스가 갈대로 변하자 갈대를 꺾어 만들었다는 재미있는 전설이 전해지는 악기예요. 판의 이름을 따서 팬플루트라고도 하는데, 화려하면서도 풍부한 음색을 냅니다.

그런데 오케스트라를 자세히 관찰해보면 플루트 연주자들은 간혹 짧은 악기를 꺼내서 불기도 해요. 이 악기는 피콜로라는 것인데, 18세기에 피콜로라는 사람이 만들었어요. 관의 길이를 짧게 하면 소리는 높아지는데, 짧은 피콜로는 플루트보다 한 옥타브 높은 소리를 냅니다. 피콜로가 소프라노라면 알토와 베이스를 맡는 플루트도 별도로 있지요.

클래식 음악에서 플루트의 소리를 들으려면 비제의 《아를의 여인 제2 모음곡》의 플루트 독주, 드뷔시의 〈목신의 오후 전주곡〉의 앞부분 등을 들어보면 돼요. 특히 〈목신의 오후 전주곡〉에서는 플루트의 아름다운 저음을 들을 수 있어요.

이번에는 클라리넷입니다. 목관악기 중에서 가장 다양한 소리를 낼 수 있는 악기예요. 클라리넷은 관악기로는 드물게 3옥타브나 되는 넓은 음역을 자랑하지요. 투명하면서도 화려한 느낌의 소리는 때로는 날카롭기도 하고 부드러우면서

포근하기도 해요. 고등학교에 올라가면 학교에 밴드부라고 해서 브라스밴드가 있는데, 이 밴드의 중심이 되는 게 바로 클라리넷입니다.

클라리넷은 3옥타브라는 넓은 음역대로 여러 가지 소리를 내요. 예를 들어 프로코피예프의 〈피터와 늑대〉에서 고양이 소리를 내기도 하고, 생상스의 《동물의 사육제》와 베토벤의 〈전원 교향곡〉 등에서는 뻐꾹, 뻐꾹 하고 뻐꾸기 소리를 내기도 해요. 또 베를리오즈의 〈환상 교향곡〉에서는 마귀할멈 소리 같은 흉측한 소리를 내기도 합니다.

클라리넷도 몇 가지 종류가 있어요. 알토 클라리넷, 베이스 클라리넷, 더블베이스 클라리넷 등이 있어서 곡에 따라 알맞은 것이 쓰입니다. 클라리넷을 이용한 대표곡으로는 모차르트의 〈클라리넷 5중주〉가 있어요.

클라리넷과 아주 흡사한 것이 오보에입니다. 오보에라는 이름은 프랑스어 '오부아'에서 유래하지요. 여기에서 '오'는 높은음을 의미하고, '부아'는 나무를 뜻하지요. 그러니까 오보에라는 말은 높은음을 내는 목관악기라는 말입니다.

다른 목관악기들은 대부분 금속제로 바뀌었으나 오보에만큼은 아직까지도 나무

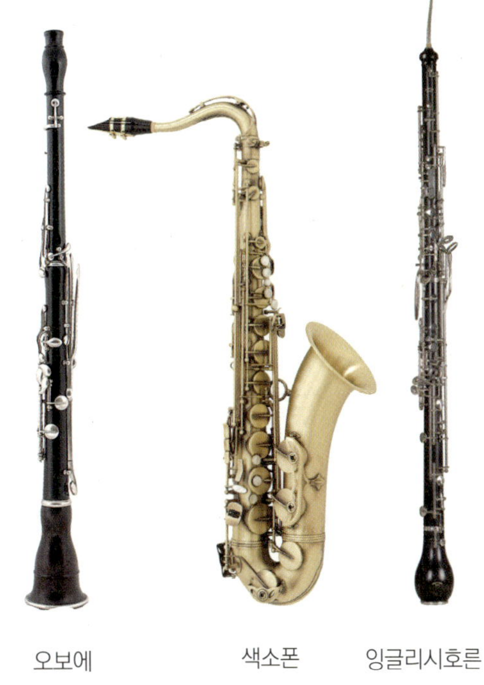

로 만들어지지요. 오케스트라에서 악기들을 조율할 때 오보에가 기준이 된다고 한 것 기억나나요? 오보에가 부는 라 음에 맞춰 다른 악기들이 소리를 조율하지요.

한편 오보에보다 조금 낮은 음역대를 책임지는 악기는 잉글리시호른이에요. 호른 하면 관이 둥그런 금관악기를 떠올리는데, 잉글리시호른은 오히려 오보에를 닮았지요. 다른 점이라면 오보에보다 약간 크고 리드를 붙인 관이 약간 구부러져 있다는 점이에요. 〈피터와 늑대〉에서 오리를 표현한 악기가 바로 잉글리시호른입니다.

색소폰은 번쩍번쩍 금색이라서 금관악기 같지만 사실 목관악기예요. 벨기에의 A.색스라는 사람이 만들어 1846년 파리에서 특허를 얻어서 색소폰이라는 이름으로 불렸지요. 재즈의 유행과 함께 세계적으로 널리 사용되기 시작했어요. 비제의 모음곡 《아를의 여인》에 나오는 색소폰 소리가 유명합니다.

잉글리시호른

영국 호른이라고 생각하겠지만 영국하고도, 호른하고도 전혀 상관없는 악기이다. 이와 같은 이름이 붙은 이유는 정확히 알려지지 않고 있는데 프랑스 명칭인 코르 앙글레(Cor Anglais)가 잘못 번역되면서 시작된 것으로 추정하고 있다.

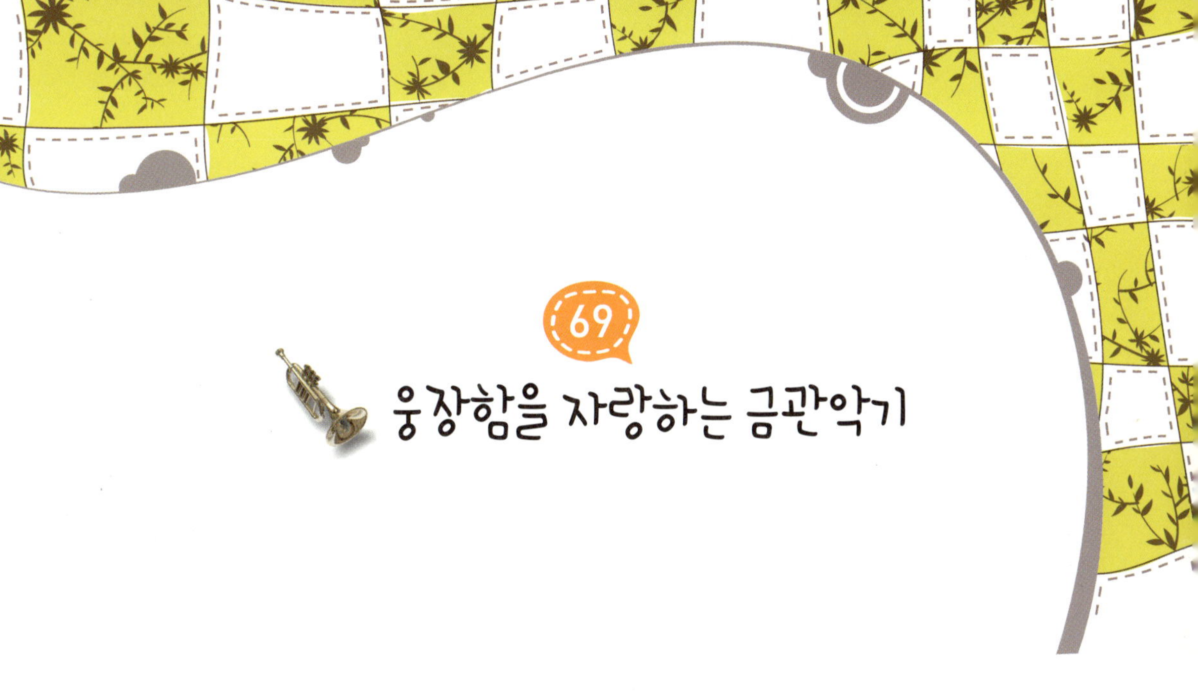

웅장함을 자랑하는 금관악기

관악기 중 금속재질로 된 것을 금관악기라고 해요. 트럼펫이나 호른, 트롬본, 튜바 등이 이에 해당됩니다. 클라리넷이나 플루트도 요즘에는 금속성 재질로 만들기도 하지만 본래 목관악기에 속한 까닭에 예전대로 목관악기로 분류해요.

금관악기를 대표하는 것은 트럼펫이에요. 흔히 승리의 나팔을 불어라, 할 때 트럼펫을 우렁차게 연주합니다. 트럼펫은 역사가 아주 오래되어 고대 그리스에서도 전쟁을 치를 때 나팔처럼 쓰였어요. 트럼펫이 승리를 알리는 팡파르나 행진할 때의 나팔 소리에 가장 어울리는 것은 그러한 역사성도 담겨 있기 때문입니다.

그런데 트럼펫과 이름과 모양이 비슷한 트롬본이라는 악기도 있어요. 트롬본이라는 이름 자체가 큰 트럼펫이라는 뜻이에요. 미끄러지듯 연주하는 글리산도가 잘되는 악기로, 베토벤의 〈운명 교향곡〉에서 처음으로 중요하게 쓰였어요.

튜바는 금관악기 중 가장 커서 무게만 해도 15킬로그램이나 나갑니다. 큰 악기는 저음을 내므로 튜바도 금관악기 중에는 가장 저음을 내지요. 악기가 너무 무겁고 커서 여자들은 거의 연주하지 않고 남자가 연주해요. 그리고 미국 군악대에서

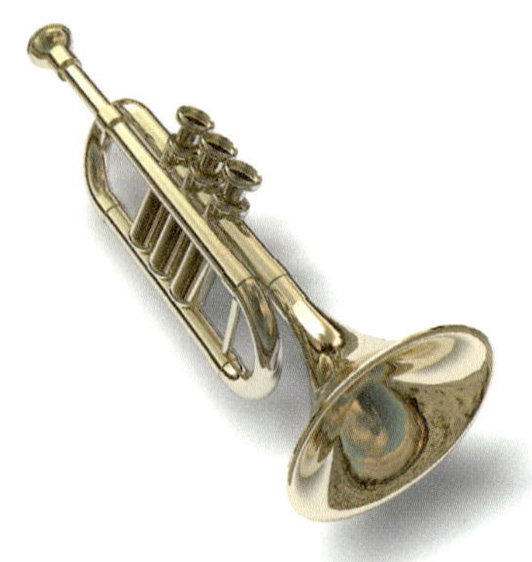

트럼펫

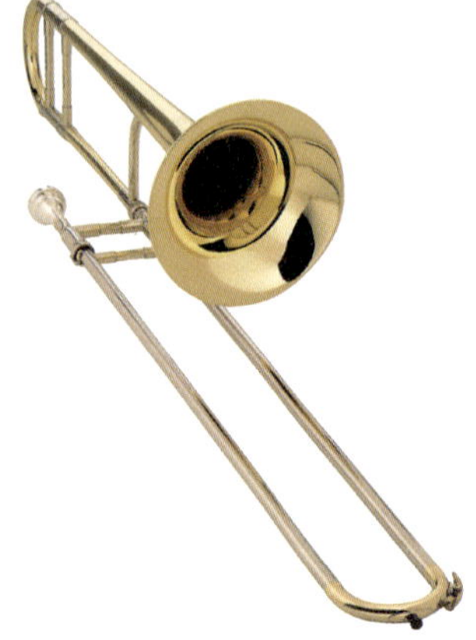

트롬본

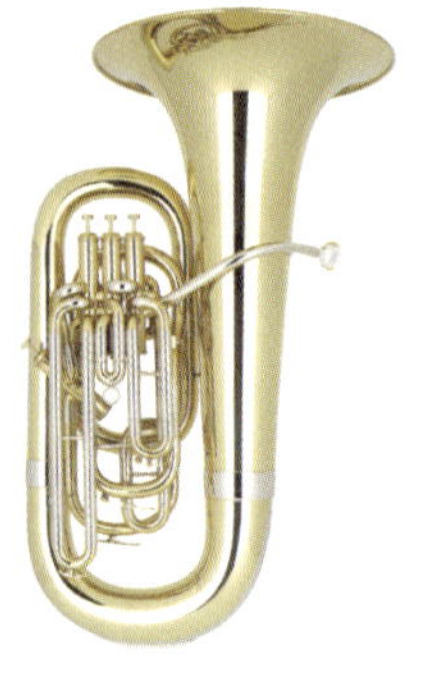

튜바

도 튜바 대신 개량악기인 수자폰을 쓰기도 합니다.

무소륵스키의 《전람회의 그림》 중에서 소마차 부분이 튜바 소리입니다.

이번에는 호른을 소개할까요? 호른은 이 책 앞부분에서도 소개한 바 있듯 사냥용이 악기로 자리 잡은 거예요. 소리가 곱지는 않지만 웅장해서 상당히 매력이 있어요. 하지만 이 악기는 연주하기가 가장 어려운 악기예요. 기네스북에도 다루기 어려운 악기로 올라 있을 정도입니다. 이렇게 불기 어려운 이유는 관이 둥글둥글 말려 있기 때문이에요. 이 관을 모두 펴면 길이가 무려 3.7미터나 되는데, 그 긴 관에 일정한 바람을 불어넣어야만 소리가 제대로 납니다. 그러니 이 악기를 불려면 상당히 폐활량이 뛰어나야 하지요.

또 손놀림도 중요해요. 왼손은 밸브를 조절하고 오른손은 관의 다른 쪽 끝에 넣는답니다. 도대체 악기에 손을 왜 넣느냐고요? 그렇게 해야 반음이 내려가 더 깊은 소리가 나거든요. 아예 손을 깊이 넣으면 관이 좁아져 반음이 올라가면서 강한 음이 나지요.

호른은 연주하기 어려운 악기이지만 사람들이 꽤나 좋아해요. 소리가 웅대하면서도 부드러워서 따뜻한 감정을 표현할 수 있기 때문이랍니다. 또 기쁘다가 갑자기 초조해지는 감정도 나타낼 수가 있어요.

차이콥스키의 교향곡 5번 e단조에 나오는 호른 독주를 들으면 마치 가슴을 후비는 듯한 감명을 받을 수 있어요. 이에 비해 모차르트의 〈호른 협주곡〉에서는 명랑하고 발랄한 소리가 일품이지요. 이 밖에 베버의 〈마탄의 사수〉 서곡에서도 호른 4중주를 들을 수 있으며, 멘델스존의 〈한 여름 밤의 꿈〉에서도 호른 독주를 감상할 수 있어요.

호른은 단지 금관악기들하고만 어울리는 것은 아니에요. 목관 5중주에도 참가해, 목관악기처럼 다뤄지기도 하지요. 그래서인지 호른 연주자는 다른 사람들과도 금세 친밀해지는 성격의 소유자가 많다고 합니다.

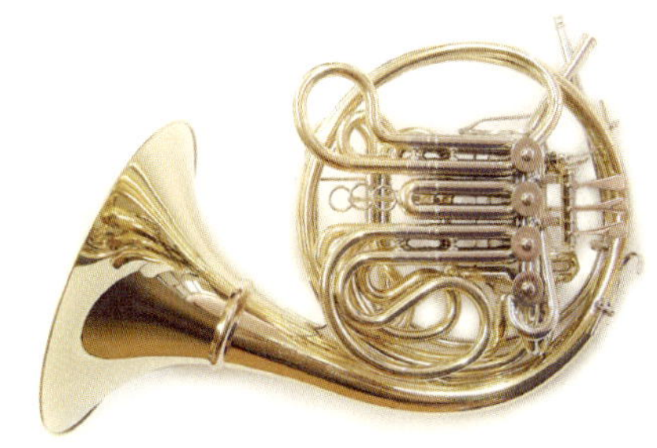

호른

금관악기 소리는 입술 진동 소리

금관악기는 연주자의 입술 진동으로 소리를 내는 악기이다. 목관악기는 악기 자체에 있는 구멍으로 공기가 통과하며 소리가 나지만 금관악기는 입술과 합체되는 부분에 공기가 흐르며 소리가 난다는 차이점이 있다.

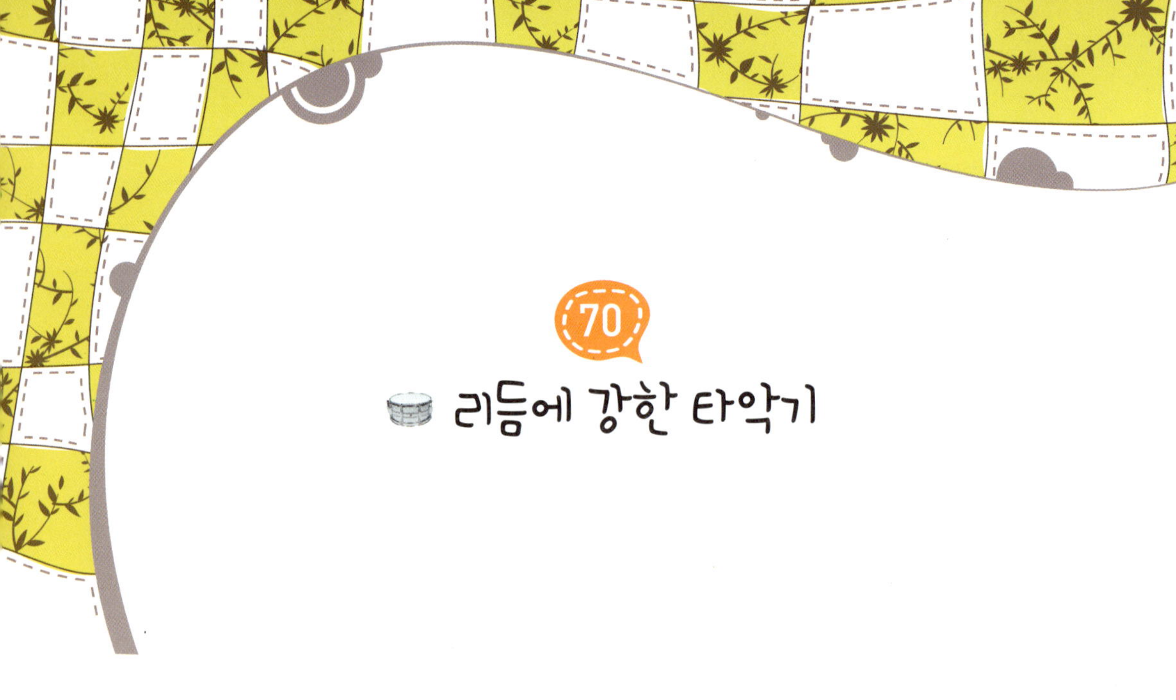

　타악기는 두드려서 소리를 내는 악기입니다. 두드려서 소리를 내는 방법은 아주 오랜 옛날부터 사용했지요. 아마도 인류가 출현한 지 얼마 안 되어 타악기가 사용되었을 것으로 생각됩니다.

　타악기 중에는 북이나 탬버린처럼 음정이 없고 오로지 리듬만 나타내는 것도 있지만 실로폰이나 마림바처럼 음정이 있는 것도 있어요. 심벌즈처럼 양손에 한 짝씩 들고 부딪쳐서 소리를 내는 경우도 있고, 마라카스처럼 그냥 흔들어서 내용물을 통해 소리를 내는 경우도 있고요. 또 귀로라는 악기는 문질러서 소리를 내는 악기입니다. 이렇게 다양한 방법 때문에 타악기는 옛날부터 계속 만들어져 오늘날 악기라고 부를 만한 것만도 200종이 넘어요. 또 오케스트라를 살펴보면 타악기 쪽은 한 사람이 여러 개의 악기를 다루기도 하는데, 타악기는 리듬이 중시되기 때문에 가능한 일이에요.

　타악기의 대표 주자는 팀파니예요. 약 1천 년 전부터 사용된 이 악기는 겉을 보면 냄비나 가마솥과 비슷하지요. 그래서 영어로는 케틀드럼(가마솥 북)이라고도 해요. 또 중요한 것은 팀파니는 대개 1쌍으로 배치된다는 점이에요. 두 대의 팀파니는 서로 맡는 역할이 달라요. 하나는 악곡의 중요한 조에 맞춰 연주하고, 다른 하나는 딸림음에 맞춰 연주해요.

그럼 북과 팀파니는 무엇이 다를까요? 북은 음정이 없지만 팀파니는 페달을 밟아 음정을 바꿀 수 있다는 것이지요.

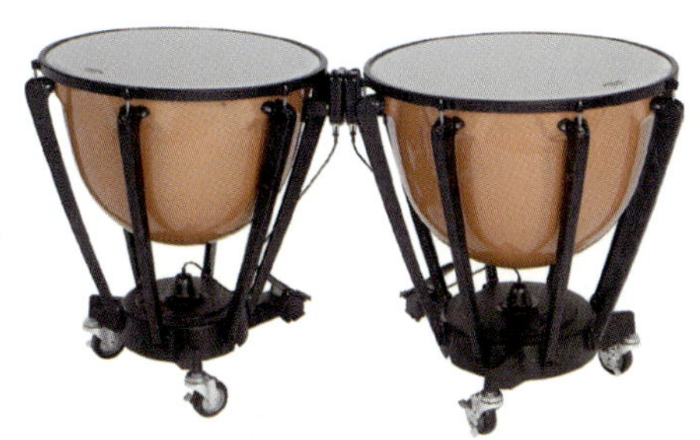

팀파니

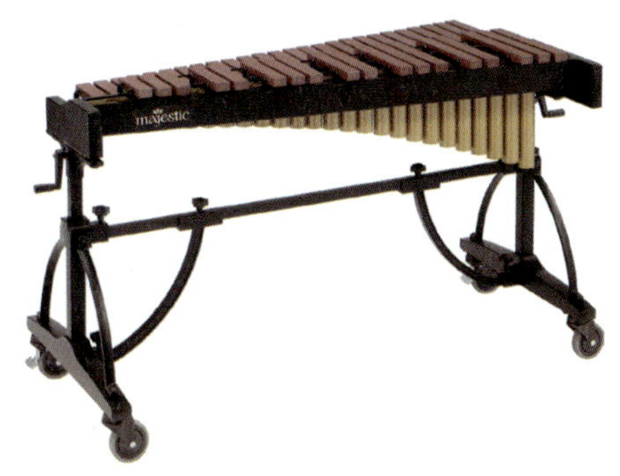

실로폰

이런 타악기는 대체 왜 필요할까요? 시끄럽기만 할 것 같은데 말이에요. 음악은 고운 소리로만 되어 있지는 않기 때문이지요. 더러는 천둥소리나 마귀할멈 소리도 내야 하고, 칼이 부딪치는 소리나 총소리와 같은 굉음도 내야 하지요. 바로 그럴 때 타악기가 아주 좋은 효과를 냅니다. 요한 슈트라우스 1세의 〈라데츠키 행진곡〉은 작은북을 치면서 시작되고, 프로코피예프의 〈피터와 늑대〉에서 사냥꾼 총소리도 작은북으로 냅니다.

타악기 중 실로폰은 역사도 깊고 유래도 다양해요. 세계 각지에서 실로폰이라

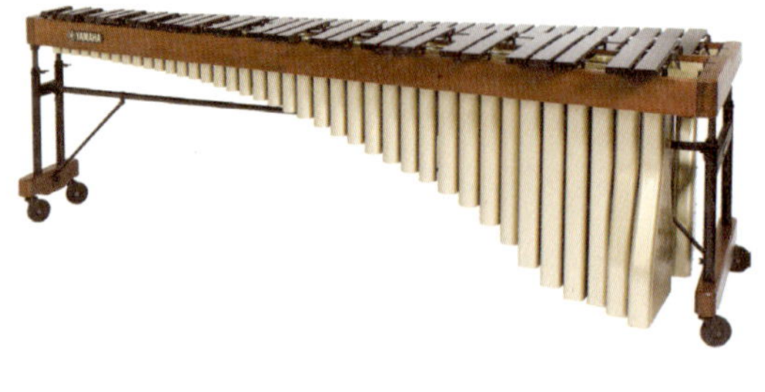

마림바

고 할 수 있는 고대 악기들이 발굴되었지요. 그러나 예술용으로 음악에 쓰인 것은 19세기부터입니다.

실로폰을 개량한 것이 마림바인데, 마림바에는 소리를 내는 공명판이 붙어 있어요. 음이 명확하면서도 맑아 명쾌하면서도 약간 딱딱한 느낌을 주는 소리가 나요. 마림바는 아프리카에서 유래하는 악기예요. 고무나 천으로 만든 구슬이 달린 막대기인 말렛으로 장미나무 조각을 때려서 소리를 냅니다. 1950년대부터 오케스트라에 편입되었지요.

트라이앵글은 고대 아시리아에서 유래하는 악기예요. 밑부분이나 안쪽을 두드려 소리를 내는데, 투명한 소리가 나지요. 리스트의 〈피아노 협주곡〉 1번은 트라이앵글을 잘 사용해 트라이앵글 협주곡이라고도 불립니다.

캐스터네츠도 독특한 악기예요. 이 악기는 본래 에스파냐와 이탈리아에서 춤의 리듬을 잡을 때 쓰던 것이에요. 모양이 꼭 밤을 닮아 에스파냐어로 '밤'을 뜻하는 캐스타노에서 유래한 이름이에요. 본래 고대 이집트나 그리스에도 있었다고 해요.

탬버린도 신 나는 타악기예요. 작은 북처럼 생겼지만 한쪽에는 가죽이 없지요.

요즘에는 아예 양쪽 다 가죽이 없는 것도 많아요. 대신 딸랑이나 작은 종 들이 테두리에 여러 개 달려 있어요. 이 악기는 십자군 원정 후인 13세기에 유럽으로 전파된 것으로 보여요. 전에는 주로 여성들이 연주했는데, 노래나 춤에 반주를 하기 위한 악기입니다.

탬버린이 클래식 음악에 쓰이게 된 것은 터키 군악대가 유럽에 소개된 이후부터라고 해요. 베를리오즈와 림스키코르사코프와 같은 음악가들이 곡에 탬버린 연주를 표시했지요.

이 밖에도 타악기는 헤아릴 수조차 없이 많답니다.

마림바

본래 아프리카 악기로, 흑인 노예들이 미국에 전파했다고 한다. 이후 멕시코와 라틴아메리카에 널리 퍼졌고, 라틴아메리카에서는 민속악기로 자리를 잡았다. 오늘날에는 독주용으로도 많이 이용된다.

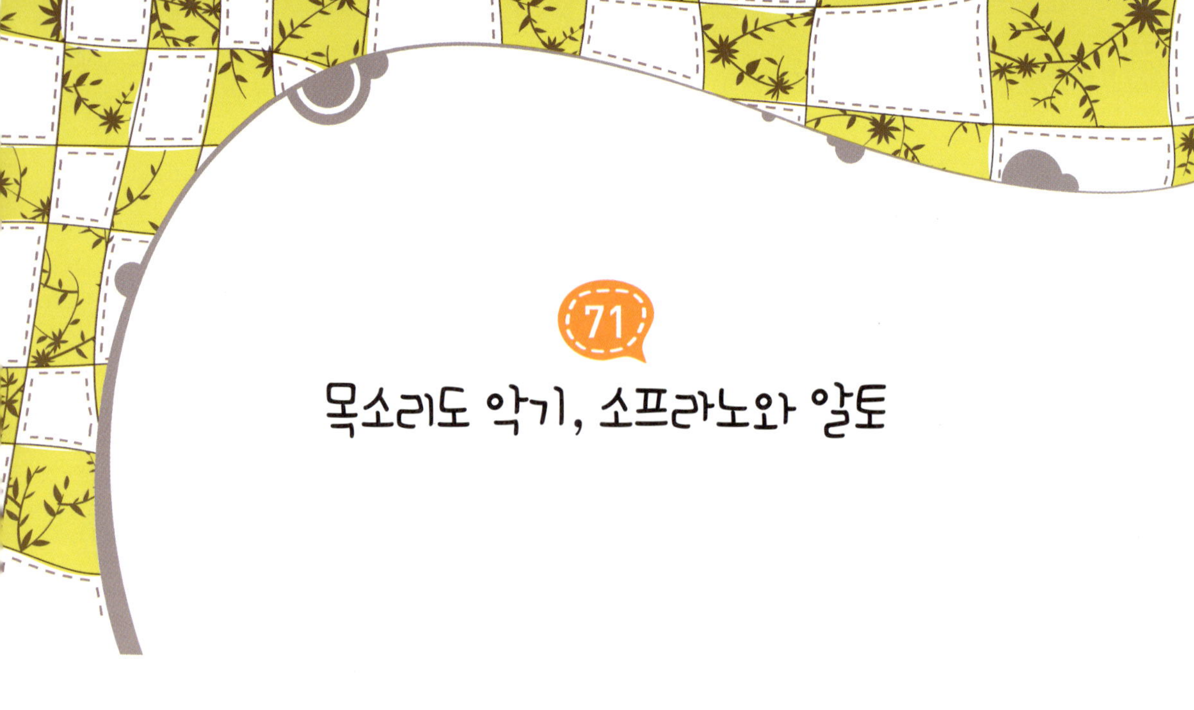

목소리도 악기, 소프라노와 알토

　지금까지 여러 악기에 대해서 알아봤어요. 물론 빠진 것도 있긴 하지만 이 정도만 알아도 음악상식은 꽤 깊어졌을 거예요. 그런데 한 가지 중요한 악기를 빠트렸군요. 그건 바로 인간의 목소리입니다.

　"아니 왜 목소리가 악기야?"

　그런 의문이 생길 거예요. 성악은 바로 인간의 목소리로 연주하는 음악이라고 보면 됩니다. 음악의 기원도 사실은 인간의 목소리에서 찾을 수 있지요. 옛날 원시적인 예술은 대부분 인간의 목소리와 몸짓으로 이루어졌거든요.

　인간의 목소리는 악기에 비해 월등한 부분이 있어요. 악기로는 표현하기 어려운 구체적인 감정을 표현할 수가 있거든요. 고민이나 기쁨, 슬픔, 사랑하는 마음 같은 것들은 악기보다는 사람의 목소리로 들려줄 때 훨씬 더 정확하게 제대로 전달이 되지요.

　음악의 역사에서 성악은 르네상스 시대까지 음악의 중심이었습니다. 특히 교

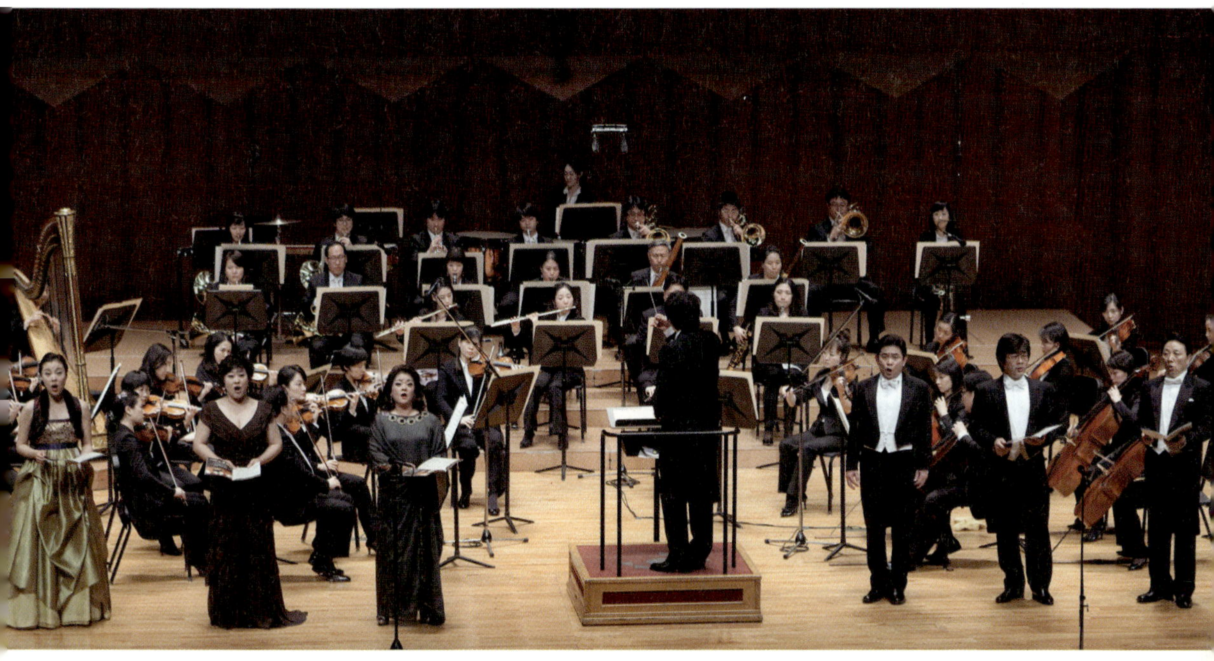

클래식 가수들의 공연

회를 중심으로 한 음악은 성악이 위주가 되고 악기는 성악을 받쳐주는 기능에 불과했지요. 이후에 악기가 발달하고 종류도 늘어나면서 기악 부분도 음악의 중심에 섰습니다.

그런데 인간의 소리는 남성인가 여성인가, 또 음이 높은가 낮은가에 따라 몇 가지 성부로 구분됩니다. 보통 여성은 소프라노와 알토, 남성은 테너와 베이스, 바리톤 등으로 나뉘지요. 독창이냐 합창이냐 하는 것은 다들 알겠지요? 혼자서 부르면 독창, 여러 명이서 함께 부르면 합창입니다.

그럼 제창은 뭐지? 이런 의문이 생길 거예요. '애국가 제창'처럼 제창이라고 할 때도 있으니까요. 제창은 여럿이 하나의 가락을 함께 부르는 것이에요. 많은 사람들이 똑같은 가락을 같이 부르는 겁니다.

"어, 그거 합창이잖아요?"

이렇게 말할지도 모르겠네요. 합창과 제창, 도대체 어떤 점이 다를까요? 합창은 소프라노와 알토, 테너와 베이스 등이 모여 화음을 이루며 노래하는 것이고, 제창은 그런 구분 없이 그냥 한 가지 가락으로만 함께 부르는 것이랍니다.

먼저 소프라노에 대해 알아볼까요? 가장 밝으면서도 높은 목소리, 여성의 고음이 소프라노예요. 사랑스러움이나 유쾌함을 표현하기 쉽지만 더러는 아주 슬픈 감정을 전달하는 데 효과가 큰 소리예요. 그런 까닭에 오페라에서 여주인공은 거의 소프라노 차지입니다. 즉 프리마돈나는 대부분 소프라노이지요.

소프라노도 여러 가지가 있어요. 음색이나 창법에 따라 달리 부르는 것이지요. 리리코 소프라노는 서정적이며 아름다운 선율에 어울리고, 드라마티코 소프라노는 극적인 상황에 잘 어울립니다. 폭이 넓으면서도 변화 있는 소리지요.

소프라노에 버금가는 목소리를 메조소프라노라고 해요. 메조는 중간이라는 뜻인데, 소프라노와 알토의 중간쯤 되는 목소리라는 뜻이지요. 그러니까 오페라에서는 여주인공과 갈등관계에 있는 여성이 주로 메조소프라노입니다. 여주인공의 엄마나 여주인공을 시기하는 여성, 또는 여주인공과 사랑하는 사이인 남주인공에게 사랑받지 못하는 여성, 산전수전 다 겪은 여인 등에게 잘 어울리지요.

그러니까 메조소프라노는 조연이에요. 드라마를 보면 연기를 잘하고 개성이 뚜렷한 조연들이 드라마의 재미를 더욱 살려주는 것을 볼 수 있듯, 오페라에서도 조연이 매우 중요하지요.

하지만 메조소프라노가 더러 주인공 역할을 하는 경우도 있어요. 비제의 오페라 《카르멘》에서 여주인공 카르멘은 메조소프라노로, 〈아바네라〉라는 아리아를 멋지게 부릅니다.

오페라에서 알토는 거의 등장하지 않아요. 여성의 낮은 소리가 알토인데, 알토가 소리를 내면 분위기가 착 가라앉지요. 하지만 힘이 있으면서도 깊이가 있는 열정을 표현하는 데는 좋습니다.

남자와 여자 목소리

남자와 여자의 목소리 중 가장 흔한 것은 무엇일까? 남자의 경우는 바리톤이 가장 많고, 여자는 소프라노가 가장 많다고 한다. 그러나 그렇다고 해서 저절로 소프라노나 바리톤으로 노래할 수 있는 것은 아니며 노래를 하기 위해서는 부단한 노력이 필요하다.

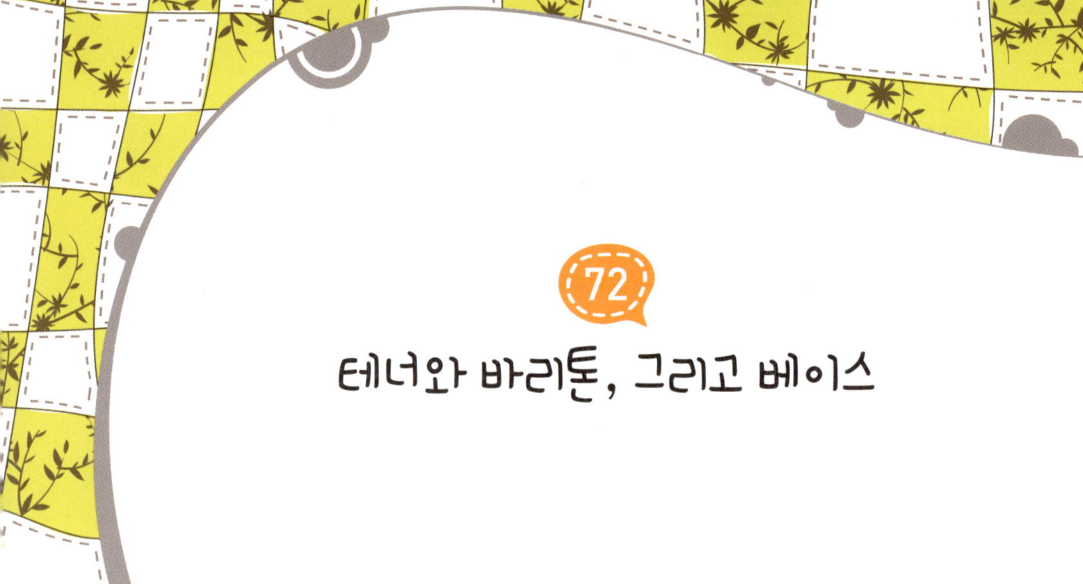

테너와 바리톤, 그리고 베이스

오페라에서 소프라노가 여자 주인공을 맡는다면 남자 주인공은 테너가 주로 맡습니다. 테너는 남자 목소리 중 가장 높은 소리예요. 음이 밝으면서도 탄력이 있어서 감미롭고도 멋이 있지요. 테너는 오페라에서 왕자님이나 멋쟁이 등 소프라노의 상대역으로 등장합니다. 그래서 테너를 맡는 사람은 마치 영웅과도 같은 느낌이에요.

일반적으로 테너는 남자의 평상시 목소리보다 높은 편이에요. 그런 까닭에 훌륭한 테너가 되기 위해서는 노력을 많이 해야 하지요.

테너도 몇 가지로 구분됩니다. 레지에로는 가볍고 섬세한 목소리의 테너이고, 리리코는 서정적이면서도 낭만적인 테너입니다. 로부스트는 극적이지요. 강렬하면서도 표정이 짙어요.

이탈리아 가곡 중 〈오 솔레 미오〉와 〈돌아오라 소렌토로〉라는 명곡은 테너가 불러야 제격입니다. 오페라《리골레토》의 만토바 공작이 부르는 〈여자의 마음〉은 소름이 돋도록 멋진 테너 곡이지요.

참, 남자 가수 중 카스트라토와 카운터테너가 있다고 한 것 기억나나요? 카운터테너는 남자가 가성으로 노래하는 것을 말하고, 카스트라토는 변성기가 지나지 않은 남자를 여성 가수처럼 만든 것을 말해요. 카운터테너는 요즘에도 많이 활약하지만 카스트라토는 현재 존재하지 않지요.

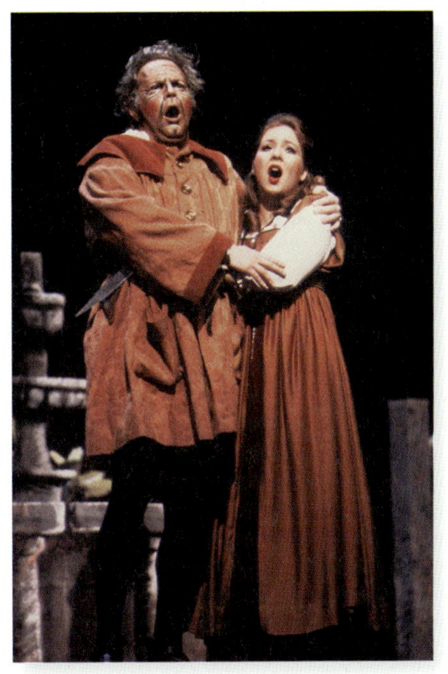

오페라 《리골레토》 공연 모습

테너에 비해 바리톤은 낮은 목소리의 멋을 풍깁니다. 소리의 폭이 넓으면서도 정열적이고 안정적이에요. 오페라에서 바리톤은 노련한 중장년층의 배역을 맡습니다. 용기와 강직함을 갖추었고, 자신감이 가득한 남자역을 많이 맡지요. 그러나 가끔은 악역을 맡기도 한답니다.

모차르트의 오페라 《돈 조반니》의 돈 조반니는 뻔뻔스럽고도 교활한 바람둥이로, 바리톤과 잘 어울립니다. 비제의 《카르멘》에서 〈투우사의 노래〉도 멋진 바리톤 곡이며, 《피가로의 결혼》에서 피가로는 유머와 재치를 바리톤으로 잘 표현하지요.

바리톤은 음색이 차분한 가운데 내면의 정서를 잘 표현할 수 있어서 조용하고 로맨틱한 노래를 부를 때 가슴 깊이 파고드는 매력이 있어요. 탄호이저의 아리아 〈저녁별의 노래〉를 부르는 볼프람이 대표적입니다.

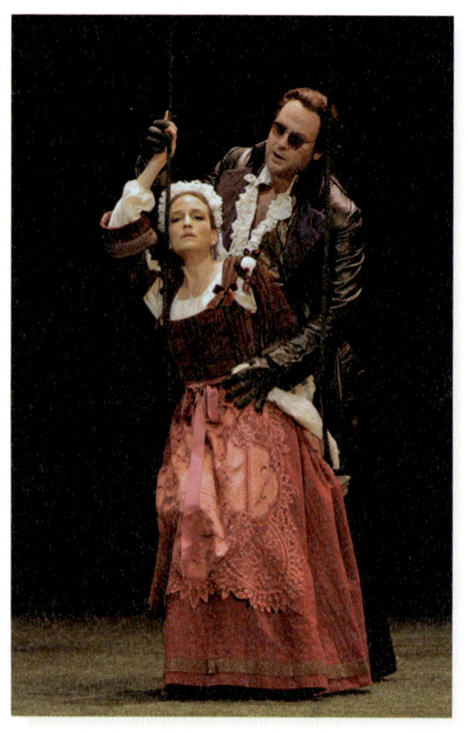

오페라 《돈 조반니》 공연 모습

소프라노와 알토, 테너와 바리톤이 주요 성부를 이루지만 그 소리들을 받쳐주는 역할을 하는 소리도 있어요. 바로 베이스가 그것이지요. 베이스는 어둡기도 하고 침울하기도 하며 음흉하면서도 푸근한 다중적인 매력이 있답니다. 바리톤보다도 낮은 목소리로 가슴 저 속에 있는 느낌을 전달하기 때문이지요. 그런데 이 소리는 일상생활에서는 듣기가 거의 어렵습니다.

오페라에서는 철학자나 종교가, 신비감을 주는 사람이 베이스를 맡아요. 《투란도트》의 국왕, 《라 보엠》의 철학자 콜리네 등이 베이스 목소리를 냅니다.

베이스는 때로는 공포심을 자극하는 목소리를 내기도 하고 끔찍한 상황을 표현하는 목소리로도 사용되지요. 《리골레토》의 스파라푸칠레, 《사랑의 묘약》에 등장하는 약장수, 악마나 마법사 등이 바로 그 예입니다.

베이스는 오페라에서 조연 역을 맡고 합창에서도 다른 소리들을 받쳐주는 역을 해요. 그렇지만 합창에서는 아주 중요하지요. 모든 소리의 바탕을 이루고 있기 때문에 잘못해서 음 이탈이 나면 노래를 망치거든요.

한 가지 더 독특한 성부를 소개하자면 테리톤이라는 게 있어요. 테리톤이란 테너 + 바리톤인데, 테너가 부르기에는 좀 낮고 바리톤이 부르기에는 약간 높은 곡에 알맞아요. 슈베르트의 친구인 성악가가 그 영역의 목소리를 지녀서 슈베르트의 곡을 대부분 처음 불렀대요. 슈베르트 역시 그의 목소리에 맞춰서 작곡을 했고요. 그래서 슈베르트의 곡은 테너도 약간 어렵고 바리톤도 신경을 써야 하는 곡들이 대부분이라고 합니다. 테리톤은 하이바리톤이라고도 하지요.

성악에는 주로 4가지 성부만을 다루지만 주변을 돌아보면 목소리는 아주 다양해요. 그래서 같은 소프라노라도 가수에 따라 들리는 소리가 다르고 느낌도 다르답니다. 그 다른 느낌이 얼마나 매력적인가가 중요하지요.

캐릭터테너

성부는 역할에 따라 다른 수식어를 붙이기도 한다. 예를 들어 이탈리아 오페라에는 없는 영웅적인 테너가 바그너의 악극에 많이 등장하는데, 그래서 이를 바그너테너라고 한다. 또 연기에 더 몰입해야 하는 테너도 있는데, 이를 캐릭터테너라고 한다.

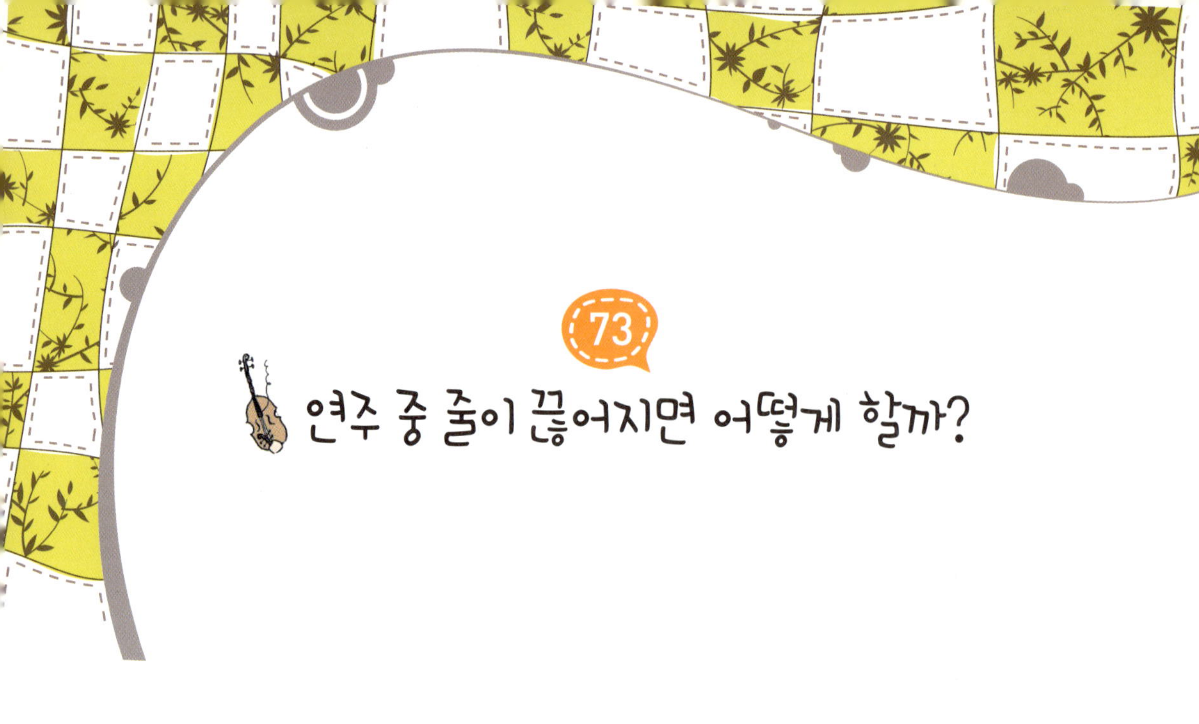

연주 중 줄이 끊어지면 어떻게 할까?

연주회 중간에 돌발 상황이 발생할 수 있어요. 악기의 줄이 끊어지는 일도 있지요. 과연 이럴 땐 어떻게 할까요? 음악가들은 좋은 음악을 청중들에게 들려주기 위해 노력해요. 그래서 줄이 끊어지면 교체한 뒤 연주를 계속하는 것이 상식입니다.

아주 드문 일이라 별로 예가 없으나 한국에서 공연한 외국 음악가들의 예는 몇 차례 있었어요. 러시아의 한 피아니스트가 서울에서 공연할 때였어요. 그 피아니스트는 연주를 하다가 어쩐 일인지 갑자기 피아노 뚜껑을 휙 하고 열더니 선 하나를 빼냈어요. 청중들은 도대체 무슨 일인가 궁금했지요. 잠시 뒤 그는 연주를 계속했습니다.

나중에 알고 보니 피아노선이 하나 끊어졌고, 음악가는 그것을 제거하고 연주를 계속한 거였어요. 피아노 안에는 100개가 넘는 선이 있는데, 건반을 두드리면 망치가 선을 때려서 소리가 나는 원리이지요. 그 음악가가 제거한 것은 G선이었습니다.

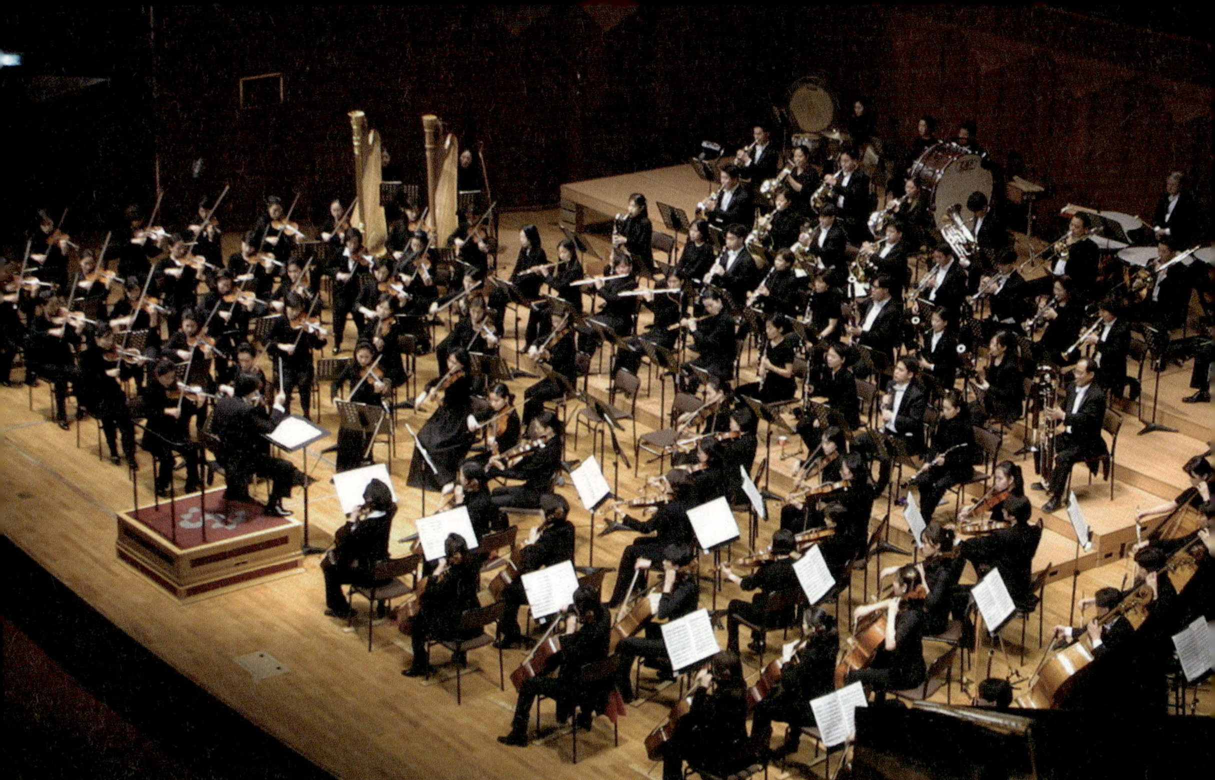

오케스트라 연주 모습

'피아노의 선을 제거하면 연주를 어떻게 하지?' 이런 의문이 들지요? 걱정할 필요는 없습니다. 보통 하나의 음에는 피아노선 세 개가 있어서 하나쯤 끊어져도 소리를 낼 수 있답니다. 소리 차이가 크지 않아 일반인은 거의 알기 어렵지요. 그러나 두 개가 끊어지면 소리가 약해서 일반 사람들도 눈치를 챈다고 해요.

그런데 또 한 가지 의문이 생기지 않나요? 그렇다면 하나 끊어졌어도 그냥 연주를 하지, 왜 피아노 뚜껑까지 열어서 사람들을 놀라게 하느냐는 말입니다. 일반인은 알 수 없지만 피아니스트는 선이 끊어졌다는 사실에 마음이 편할 리가 없지요. 잡음도 약간 있고요. 그래서 아예 선 하나를 빼내고 깔끔하게 연주를 하는 겁니다.

피아노선은 아주 강해서 웬만하면 끊어지지 않아요. 보통 200번 연주하면 줄 하나가 끊어질까 말까 할 정도지요. 그런데 러시아 음악가들이 치는 피아노의 선은 끊어질 확률이 더 높다고 하네요. 러시아 출신 음악가들은 건반을 좀 세게 두드리는 경향이 있거든요.

피아노선은 여분이 있어서 하나가 끊어져도 그냥 연주하면 됩니다만 바이올린 줄이 끊어지면 어떻게 할까요? 바이올린 줄은 겨우 네 개뿐이니 소리가 제대로 날 리가 없지요. 만일 오케스트라에서 바이올린 줄이 끊어지면 조용히 줄을 갈아줍니다. 다른 사람들이 계속 연주하니까 방해되지 않도록 침착하게 행동해야 해요.

물론 연주를 하는 시늉만 할 수도 있겠지요. 바이올린을 켜는 사람은 여러 명이니까 티가 나지 않아요. 그리고 한 곡이 끝난 뒤 쉬는 시간을 이용해서 무대 뒤에서 줄을 갈면 됩니다.

그런데 더 중요한 게 있지요. 제1 바이올린의 수석 연주자는 가장 중요한 역할인데, 그가 연주하는 바이올린 줄이 끊어질 수도 있잖아요. 이럴 때에는 바로 옆에 있는 연주자가 바이올린을 주어서 연주를 계속하게 합니다.

연주 중 실수를 하면 어떻게 해야 하는지도 궁금할 거예요. 실수를 하더라도 재빨리 곡을 따라가도록 해야 해요. 그 실수 하나로 음악 전체를 망칠 수는 없으니까요. 오케스트라는 수십 명의 연주자가 모여서 연주하기 때문에 실수가 더러 나옵니다. 일반인들은 거의 모르고 지나가는 것이 대부분이지요.

하지만 가끔 보면 삑, 하고 이상한 소리를 내는 악기가 있기도 해요. 특히 호른에서 그런 소리가 나는 경우가 있지요. 악기 소개할 때 다뤘듯 호른은 연주하기에 가장 까다롭고 실수도 자주 나오는 악기예요. 그래서 오케스트라에서 삑, 하는 소리가 나면 "호른이잖아."라면서 너그럽게 지나가기도 합니다. 물론 요즘은 호른 연주자들도 실력이 대단해서 웬만해서는 실수하지 않습니다.

악기 연주에서 실수는 있을 수 있어요. 성악에서도 실수할 수 있고요. 문제는 연주를 계속 성실하게 하느냐, 노래를 진정성 있게 부르느냐이지요. 실수는 있을 수 있지만 실패하지는 말아야 하겠지요?

피아노선은 어떤 선일까?

피아노선은 고탄소 강선이다. 약 300킬로그램의 압력에도 견딜 수 있도록 만들어진다. 피아노 이외에도 밸브 스프링이나 코일 스프링 등 다른 산업재로도 쓰인다.

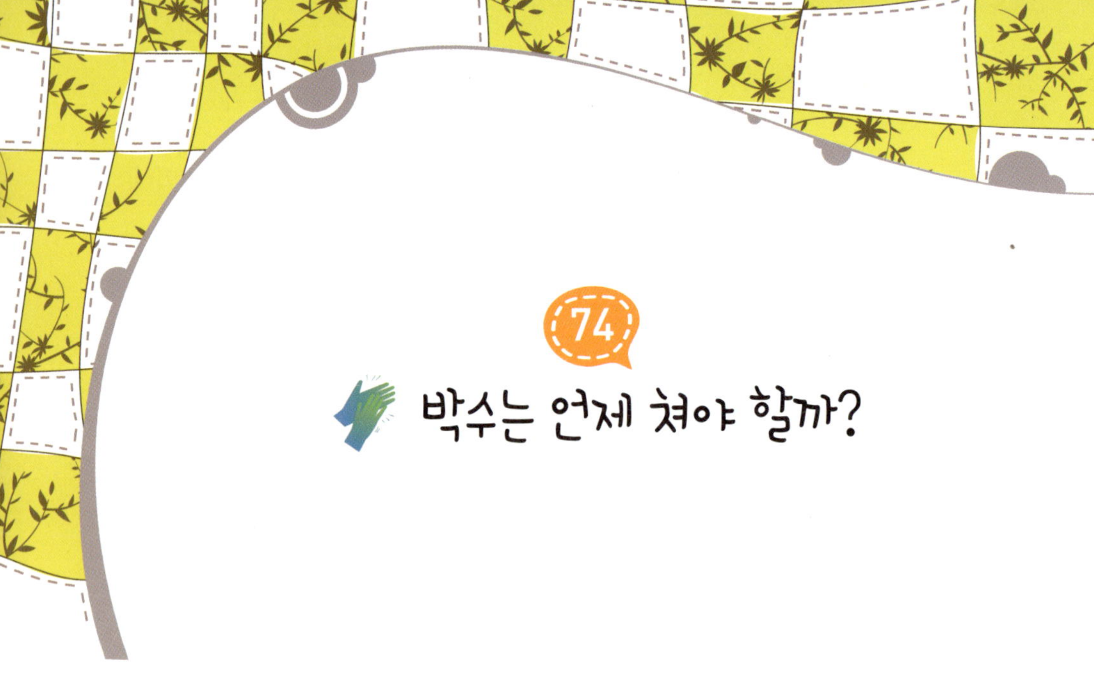

박수는 언제 쳐야 할까?

음악회에 처음 가는 사람들이 실수하는 것 하나가 박수예요. 끝난 것 같아서 박수를 짝짝 하고 쳤는데, 혼자만 치고 있으면 얼마나 민망할까요? 박수는 감동을 받았다는 표시이지만 아무 때나 치면 실례를 범할 수 있어요. 과연 음악회에서는 언제 박수를 쳐야 할까요?

박수 치는 데에 원래 규칙이 있던 것은 아니에요. 그런데 1930년대에 푸르트벵글러(1886~1954)가 베를린 필하모닉 상임지휘자로 있을 때 오케스트라가 연주하는 동안 어느 부분에서는 박수를 치지 말아 달라고 요청한 뒤 규칙이 생겼지요.

음악회나 공연에서 박수를 치는 것은 자연스러운 현상이에요. 고대 로마의 네로 황제(재위 54~68년) 시절에도 오빠부대라고 할 만한 청중들이 있었다고 해요. 그때는 박수를 아낌없이 쳤고, 환호성도 대단했답니다. 아마도 요즘 음악회에서보다도 더 요란했던 것 같아요.

요새는 박수를 쳐야 할 때가 거의 정해져 있어요. 출연하는 사람들이 등장할 때

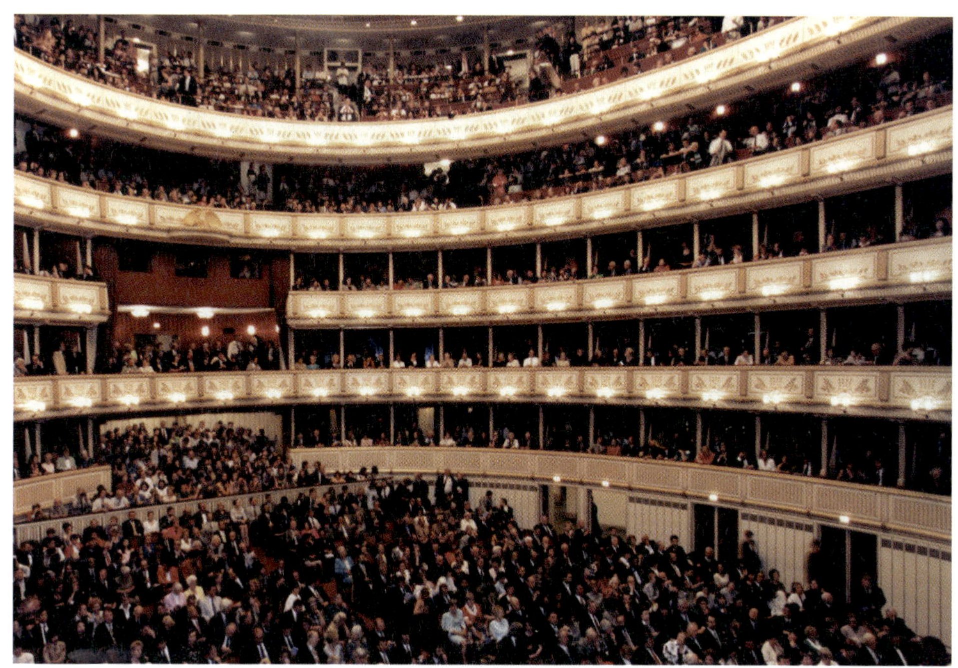

클래식 공연장의 청중

와 퇴장할 때가 대표적이지요. 그리고 연주가 끝난 뒤 앙코르를 청하기 위해 박수를 치기도 해요.

그런데 교향곡은 중간중간에 쉬는 순간이 있어요. 한 악장이 끝날 때인데, 이때 박수를 치면 됩니다. 협주곡이나 실내악곡 역시 몇 개의 악장으로 이루어져 있으니 악장이 끝나면 박수를 칩니다. 성악은 보통 두세 곡이 끝나면 박수를 치고, 오페라는 막이 오를 때와 내릴 때, 그리고 아리아나 중창 후에 박수를 치는 것이 보통이에요.

물론 이런 것은 미리 음악에 대해 알아야 가능하지요. 음악회에 처음 갔는데 완벽하게 박수를 제때 치기는 어려운 일이에요. 이럴 때 가장 확실한 것은 다른 사

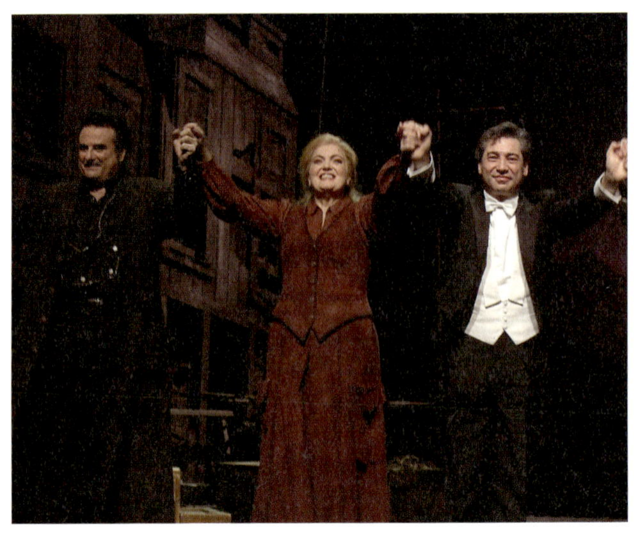

커튼콜을 받은 가수

람들이 박수 칠 때 따라 치는 거예요. 처음엔 다 그렇게 합니다. 그러나 좀 익숙해지면 박수를 먼저 칠 수 있게 될 거예요.

그런데 오케스트라 연주회에 가보면 연주가 끝난 뒤 지휘자가 무대 뒤로 갔다가 다시 나와서 인사를 반복하는 것을 볼 수 있어요. 빨리 들어가거나 그냥 서 있지 왜 자꾸 그럴까 하는 생각이 들기도 해요. 그것은 청중들의 박수와 환호에 답을 해주는 것이에요. 이것을 커튼콜(curtain call)이라고 하지요. 커튼콜을 몇 번 하느냐는 그 연주회가 성공적인지 아닌지를 가늠하는 기준이 되기도 해요. 디바 마리아 칼라스는 1956년 뉴욕 메트로폴리탄 오페라 컴백 무대에서 커튼콜을 무려 16회나 받았다는 전설 같은 일화가 전해지지요.

커튼콜은 연주자들을 다시 무대로 불러내기 위한 것이에요. 여러 번의 커튼콜을 받으면 이에 대한 답례로 연주를 하나 더 하지요. 이것을 앙코르라고 해요. 앙코르는 프랑스어인데, '한 번 더', '다시'라는 뜻이에요. 그러나 정작 프랑스에서는 앙코르 대신 '비스'를 외친답니다.

앙코르 습관은 17세기 이탈리아에서 처음 생겼어요. 당시 이탈리아에서 오페라가 발달하기 시작했는데, 명가수가 나오면 꼭 다시 불러내곤 했지요. 이후에 전 세계에 널리 퍼졌으며 오늘날에는 음악회의 예절처럼 자리를 잡았어요. 그러나 오페라에서는 앙코르 공연을 하지 않는다는 것을 알아두세요.

커튼콜은 음악 이외 분야에서도 합니다. 프로야구 선수가 멋진 플레이를 했을 때 관중들의 환호와 박수에 다시 인사를 하는 경우도 커튼콜이라고 부르지요.

박수는 음악가들에게 큰 힘이 됩니다. 그래서 '박수는 예술가의 빵'이라는 말도 있지요. 음악가들이 더 힘을 낼 수 있게 박수는 길게, 그리고 많이 쳐주기 바랍니다.

디바가 뭘까?

보통 최고의 여가수를 말한다. 본래 이탈리아어로는 여신을 뜻하며, 오페라에서는 최고의 소프라노 가수를 의미한다. 요즘에는 대중가요에서도 최고의 여가수를 디바라고 부른다.

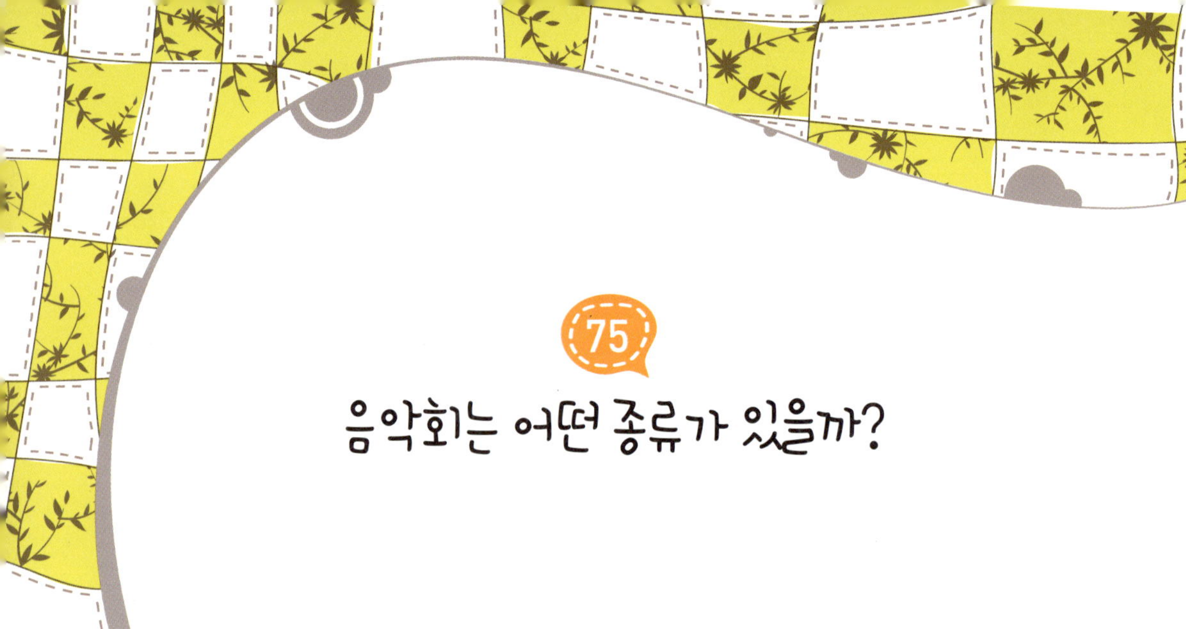

음악회는 어떤 종류가 있을까?

음악회도 여러 가지가 있어요. 성악 위주의 독창회나 합창회를 비롯해 기악 위주의 관현악, 실내악, 그리고 성악과 기악이 어울리는 오페라 등등 아주 많아요. 그중 몇 가지를 알아보기로 해요.

먼저 실내악이 있어요. 실내악이란 실내에서 하는 음악을 말하지요. 2~9개의 악기로 구성되는 앙상블이나 작은 규모의 공간에서 연주하는 음악이 여기에 해당합니다. 옛날에는 음악이 주로 귀족들 집에서 연주되었는데 그것이 바로 실내악이에요. 그때만 해도 현악기를 중심으로 하는 아마추어 연주 정도였지요.

그러나 고전파 시대에 들어와 하이든이 현악 4중주를 중요한 음악으로 자리 잡게 했고, 베토벤이 이를 더욱 발전시켜 실내악이 중요한 음악회로 떠올랐어요.

실내악의 장점은 가까이에서 듣는다는 점이에요. 그래서 악기 소리를 제대로 감상할 수가 있어요. 그러나 그만큼 작곡가와 연주자에게는 부담감이 따르기도 하지요.

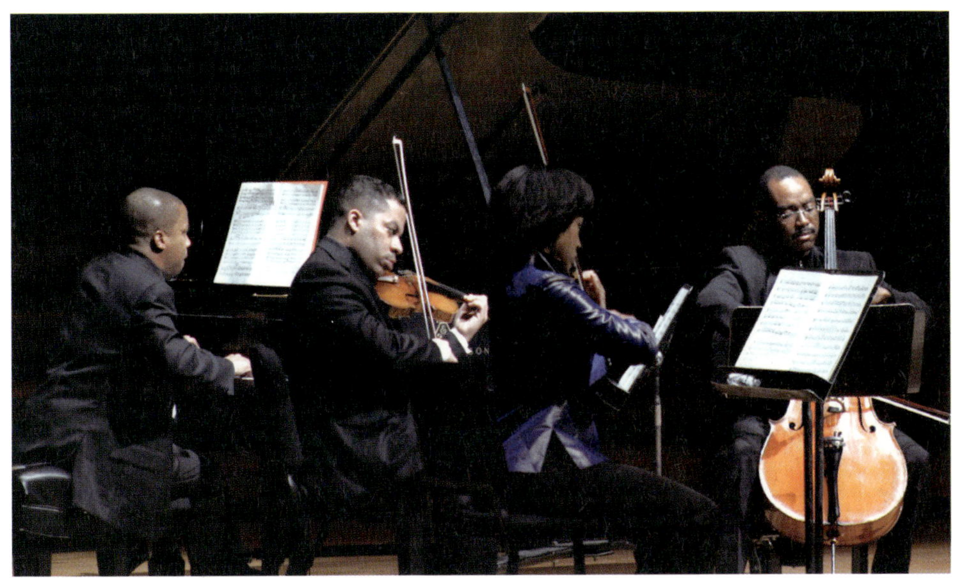

피아노 4중주

실내악에서는 연주자들의 호흡이 아주 중요해요. 세세한 실수도 금세 드러날 수 있기 때문에 자신만의 연주뿐 아니라 같이 연주하는 사람들의 연주도 잘 살펴야 하지요. 그래서 실내악을 하는 사람들을 보면 의상도 맞춰서 입고 단합을 발휘합니다.

실내악도 몇 명이 참가하는가에 따라서 몇 가지로 구분할 수 있어요. 세 명이 모여 연주하면 3중주(트리오), 네 명은 4중주(콰르텟), 다섯 명은 5중주(퀸텟)라고 하지요. 피아노가 포함될 경우에는 피아노 트리오, 피아노 콰르텟, 피아노 퀸텟이라고 해요. 현악 4중주는 앞에서도 많이 다루었는데, 5중주, 8중주 등도 있어요. 이 밖에도 목관 5중주, 금관 5중주 등도 많이 연주되는 실내악입니다.

이 중 가장 기본이 되는 것은 3중주예요. 3중주는 실내악 편성에서 가장 작은 편성이라고 할 수 있지요. 옛날에는 바이올린과 비올라, 첼로가 3중주를 이루었지만 베토벤 시대 이후로는 피아노가 중심이 되어 피아노, 바이올린, 첼로가 3중주의 대표로 자리 잡았어요. 첼로의 경우 초반에는 피아노와 바이올린을 받쳐주는 정도였으나 나중에는 비중이 커져 함께 화음을 이루는 악기로 발전했지요.

그런데 꼭 이 세 가지만 3중주를 이루는 것은 아닙니다. 하이든은 첼로 대신 플루트를 사용하기도 했고, 글린카는 클라리넷과 바순을 연주에 넣기도 했어요.

현악 4중주는 많이 들어보았지요? 실내악 중에는 가장 완벽한 음악 구성이라고 할 수 있습니다. 그래서 괴테는 "현악 4중주는 네 명의 지성인들이 서로 이야기하는 것이다"라고 말하기도 했어요. 바이올린이 두 개, 비올라와 첼로가 각각 1개 참가합니다.

현악 4중주에 등장하는 악기들은 각각 역할이 분명해요. 제1 바이올린은 독주로 전체를 이끄는 역할을 하고, 제2 바이올린은 화음을 만들거나 반주부를 이끕니다. 비올라는 중간 역할을 맡고, 첼로는 전체의 통일성을 유지할 수 있게 해줍

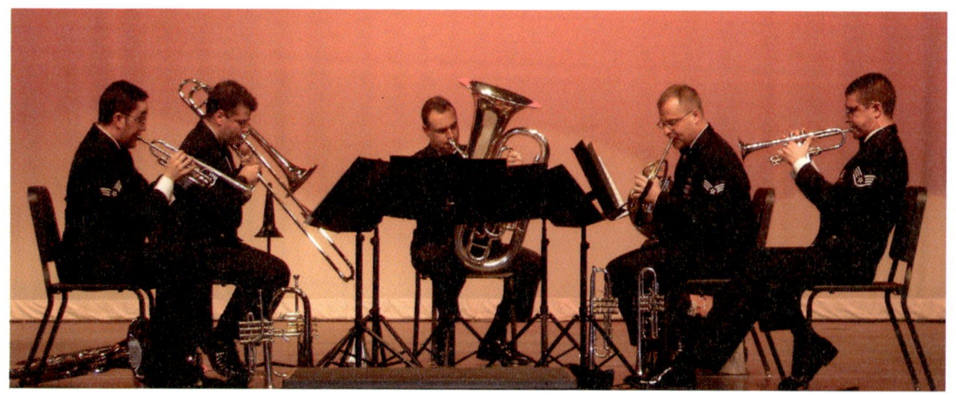

금관 5중주

니다.

　만일 제2 바이올린 대신 피아노를 넣는다면 피아노 4중주라고 해요. 그리고 현악 4중주에 피아노를 첨가할 경우에도 피아노 5중주라고 합니다. 이와 비슷하게 현악 4중주에 플루트나 클라리넷이 첨가되면 관악 5중주라고 해요. 그러나 관악기로만 구성된 편성은 구체적으로 표시하지요. 예를 들어 플루트와 오보에, 클라리넷, 바순, 호른과 같이 목관악기로만 구성되면 목관 5중주라고 하며, 2대의 트럼펫과 호른, 트롬본, 튜바로 구성되면 금관 5중주라고 부릅니다.

　이보다 많은 악기들이 참가해서 연주하는 경우도 많습니다. 6중주, 7중주, 8중주, 12중주 등 다양한 구성의 연주가 가능하고, 악기가 많이 첨가될수록 더 세밀하고 다양한 표현이 가능하지요.

현악 4중주

현악 4중주는 가장 간결하면서도 음악 구성의 완벽성을 나타낼 수 있어 작곡가들이 교향곡과 마찬가지로 심혈을 기울여 작곡했다. 특히 주로 소규모의 공연장에서 연주되기 때문에 연주자들도 굉장히 공을 들여 연습하고 연주 무대에 선다.

심포니 오케스트라와 필하모닉 오케스트라

오케스트라 명칭에는 흔히 심포니니 필하모닉이니 하는 말을 붙입니다. 미국의 뉴욕 필하모닉 오케스트라가 북한에서 역사적인 공연을 갖기도 했는데, 어떨 때 심포니라고 하고 어떨 때 필하모닉이라고 하는 것일까요?

이 명칭의 차이는 의견이 아주 많아요. 후원자나 결성 목적, 사용하는 악기에 따라 다르게 부른다는 설도 있고, 어떤 사람은 특별한 기준이 없다고도 하지요. 가장 좋은 방법은 말의 뜻을 살펴보는 것이에요.

먼저 심포니(symphony)는 그리스어 신포니아(sinfonia)에서 유래합니다. 이는 '함께 내는 소리'라는 뜻이에요. 오케스트라 악단은 여러 악기들이 모여 소리를 내는 것이니까요. 이에 비해 필하모닉(philharmonic)은 매우 감성적인 표현입니다. 조화를 뜻하는 그리스어 하모니아(harmonia)에 사랑을 의미하는 필(phil)을 붙인 것이지요. 곧 필하모닉은 음악애호가라고 할 수 있습니다. 이 두 말은 음악의 특성을 나타냈다고 할 수 있어요. 우리말로는 둘 다 교향악단이라고 합니다.

신포니아는 본래 교향곡의 전신으로, 이탈리아 오페라의 서곡을 말했어요. 3부

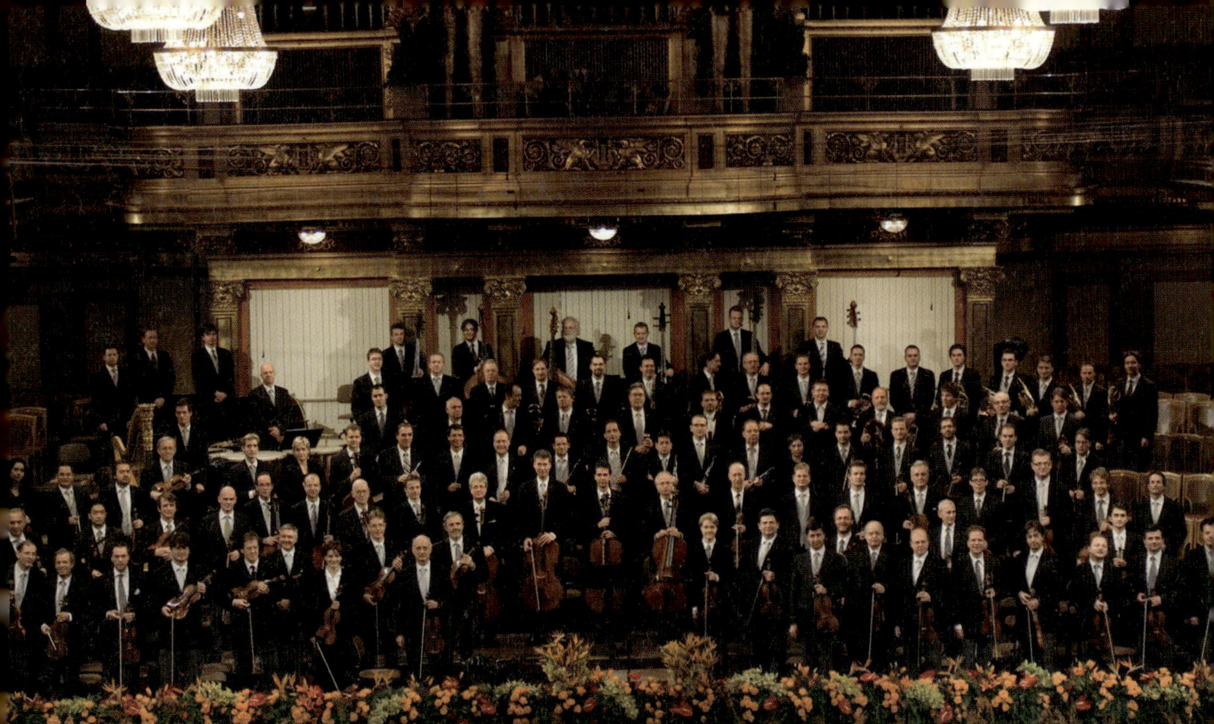

빈 필하모닉 오케스트라

로 구성된 악곡인데, 막이 오르기 전에 시끄러운 실내를 정돈하면서 오페라의 시작을 알려주는 역할이지요. 그래서 예전에는 시끄러운 상황에서 연주해야 했고, 음악도 중요하게 여기지는 않았답니다.

그렇지만 신포니아는 교향곡이 등장하는 데 큰 기여를 했어요. 만하임이나 함부르크, 빈 등 음악의 도시를 중심으로 신포니아의 3부 구성에 미뉴에트를 첨가한 새로운 장르의 교향곡이 탄생한 것이지요. 특히 하이든은 교향곡의 창시자로, '빠름-느림-미뉴에트-빠름'의 4악장 형식을 만들고, 각 악장의 특징을 표준화했습니다.

오케스트라가 시작된 것도 바로 하이든과 모차르트 시대였어요. 교향곡을 만들고 현악기와 관악기, 타악기로 구성해 음악회를 연 것이지요. 그 뒤 베토벤이나

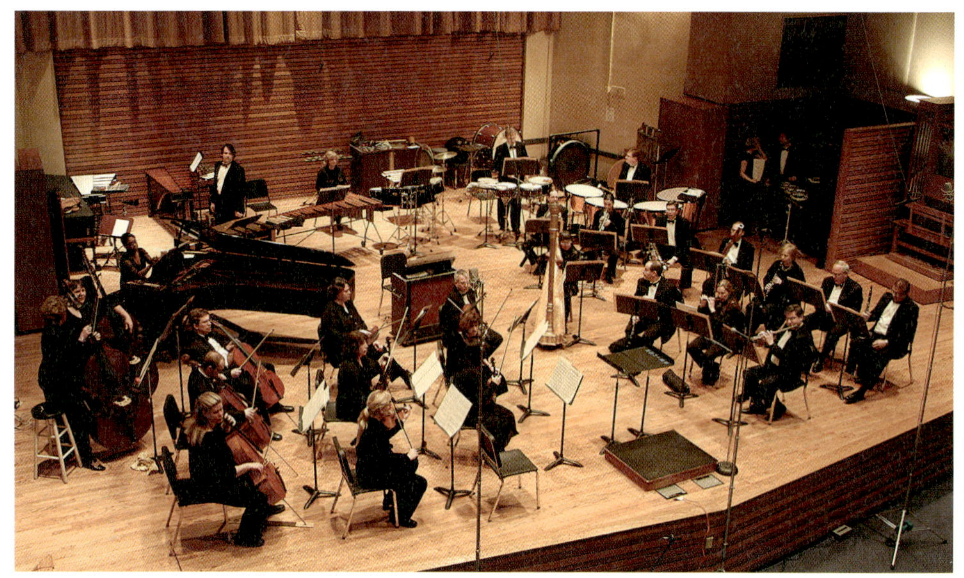

챔버 오케스트라

슈베르트, 슈만 등이 교향곡의 전통을 이었는데, 당시 오케스트라는 행사나 잔치 때 초청받으며 널리 퍼졌답니다. 1700년대 약 100년 간 오케스트라를 위한 교향곡이 무려 1만 2천 곡이나 만들어졌을 정도지요.

그런데 오케스트라를 누가 지원했느냐에 따라 달리 불렀다는 의견이 조금 더 설득력이 있어요. 심포니는 국가나 기관 등 특정 단체가 지원하는 오케스트라에 많이 붙였고, 필하모닉은 개인 자선가들에게 지원을 받는 오케스트라에 붙였지요. 그래서 국립단체에서 오케스트라를 조직하면 필하모닉이라는 명칭은 붙이지 않는 것이 보통입니다.

단, 예외는 있어요. 빈 필하모닉 오케스트라는 국립단체이지만 필하모닉이라는 이름을 붙였지요. 다만 여성은 참가할 수 없다는 이상한(?) 규정이 있긴 합니다. 참가자들은 국립 단원이지만 여성을 제외하면서 사설 단체처럼 운영한다는 의미를 두고 있기 때문이라고 해요.

그리고 연주되는 악기로 달리 부르기도 해요. 스트링은 현악기로만 구성될 때 부르는 것이고, 챔버는 소규모로 편성된 현악기 오케스트라를 말해요. 스트링 오케스트라는 피아노가 반주로 참여하며, 챔버 오케스트라는 30~60명으로 구성되고 악기는 바이올린 8대, 비올라 4대, 첼로 2대, 더블베이스 1대가 참가합니다.

이 밖에도 살론 오케스트라와 가극 오케스트라 등이 있어요. 살론 오케스트라는 무도 오케스트라라고도 하는데, 춤을 추는 사람이 등장해요. 그리고 가극 오케스트라는 오페라 무대 앞의 푹 파인 오케스트라 박스 혹은 오케스트라 피트라고 하는 좁은 공간에서 연주하는 것을 말해요. 규모가 작을 수밖에 없는 구성이지요.

살론의 뜻

살론이란 춤추는 장소를 뜻하는 그리스어이다. 옛날 그리스 극장에는 무대와 관객 사이에 춤추는 장소가 있어서 무희가 춤을 추면서 노래를 불렀고, 악기 연주자들이 그에 맞춰 연주했다.

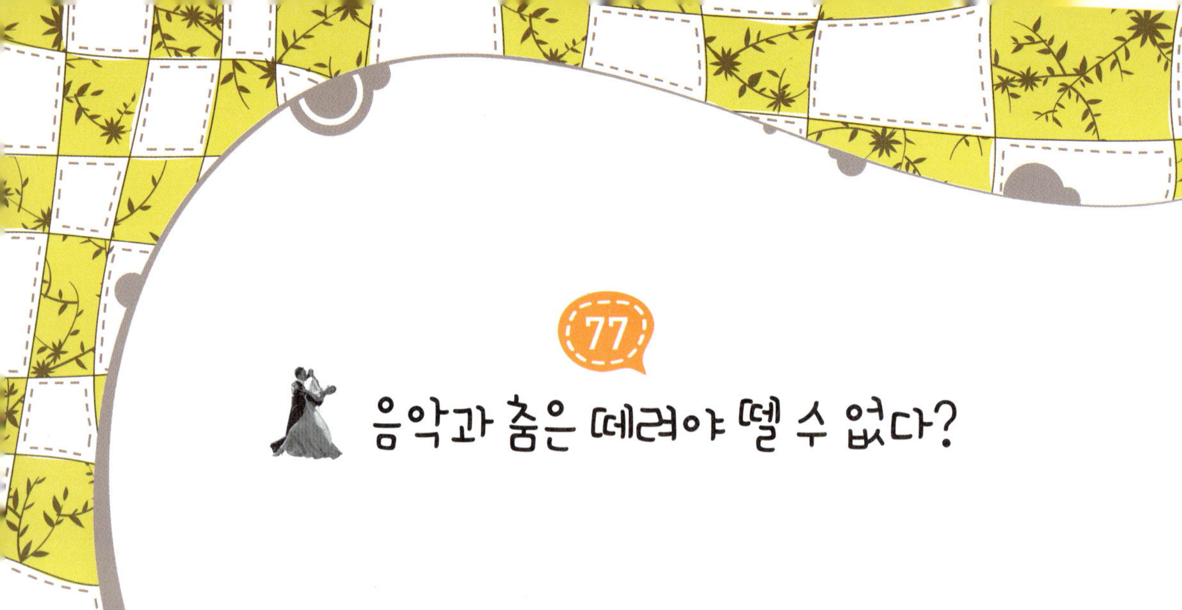

음악과 춤은 떼려야 뗄 수 없다?

음악이 있는 곳에 춤이 있다고 하지요? 이번에는 음악과 관련된 춤 이야기입니다. 아마도 춤은 음악이 처음 생겨났을 때부터 함께했다고 볼 수 있어요. 동서양의 고대 벽화에도 악사와 무용수가 등장하는 게 많지요.

춤은 기분이나 느낌을 리듬에 실어서 표현하는 몸짓입니다. 이것은 소리로 표현하지 못하는 독특한 방법이에요. 그래서 춤과 음악은 서로를 보완해주는 역할을 합니다.

춤의 역사가 음악 못지않게 오래되긴 했지만 오늘날과 같이 일정한 형식을 갖춘 춤이 유행하기 시작한 것은 15~6세기부터라고 해요. 즉 춤은 르네상스를 거치면서 하나의 예술 분야로 자리 잡은 것이지요.

중세 시대는 기독교가 세상을 지배하던 때라서 신체적 접촉이 발생할 수 있는 춤이 유행하지는 않았어요.

그런데 르네상스 시대에는 남녀가 손을 잡고 허리를 감싸고 쌍을 이루어 춤을 추는 것이 보통이었어요. 특히 파티에서는 수십 쌍이 함께 군무(무리 지어 추는 춤)를 추었고, 농촌에서도 일을 마친 뒤 함께 어울려 춤을 추었대요. 춤을 추다 짝을 만나 결혼하는 일도 흔한 일이었지요.

그러나 귀족들의 춤은 좀 달랐어요. 특히 의상이 문제였지요. 여자는 뒤가 끌리는 긴 치마를 입어야 하고, 남자는 꽉 끼는 바지에 가발을 쓰고 앞코가 바짝 올라간 구두를 신어야 해서 날렵한 춤을 추기에는 적당하지 않았다고 해요.

그럼에도 불구하고 춤은 서서히 사람들 사이에 파고들어 바로크 시대에는 미뉴에트가 매우 유행했어요. 위에서 말한 의상을 입고 귀족들이 되도록 우아하게 춤을 추었던 것이지요. 지금 생각해보면 아주 우스운 일인데, 당시 귀족들에게 춤은 일상과 같았다고 해요. 귀족, 특히 명문 가문 출신이라면 누구나 춤을 출 줄 알아야 했거든요. 즉 당시 미뉴에트는 그 자체를 즐기기 위한 춤이라기보다는 신분의 지위와 위엄을 표시하려는 장치라고도 할 수 있지요.

이 때문에 작곡가들은 미뉴에트에 매달렸어요. 당시 음악가들은 대개 궁정이나 귀족 가문에 소속되어 일했기 때문입니다.

그런 음악들은 춤을 위한 보조 역할을 했지만 의외로 성과가 컸어요. 점차 기악 음악으로 커지며 독립적인 연주가 가능해졌거든요. 작곡가들은 춤곡을 바탕으로 쳄발로와 바이올린, 플루트, 첼로 독주용의 모음곡을 만들었고, 또 실내악과 관현악 모음곡도 만들었어요. 이때 악기 독주용으로 만든 것을 특별히 '파르티타'라고 했습니다. 파르티타라는 말은 모음곡이라는 뜻이지요.

바로크 시대의 모음곡에는 춤곡이 네 개 포함됩니다. 독일의 알망드와 프랑스의 쿠랑트, 에스파냐의 사라방드, 영국의 지그가 그것이지요. 한 가지 흥미로운 것은, 그런 춤곡은 본래 실제로 춤을 출 때 연주되었으나 모음곡은 춤을 추기보다

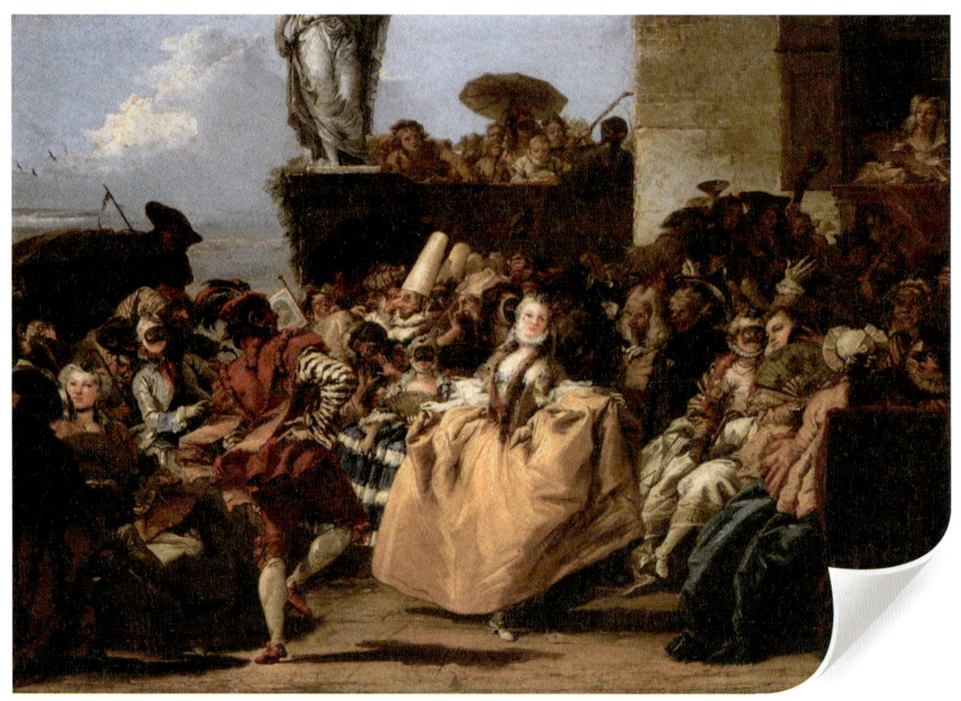

도메니코 티에폴로의 〈미뉴에트〉

는 춤추는 분위기를 담고 있는 음악들이라는 것이에요.

모음곡을 많이 남긴 대표적인 작곡가는 바흐와 헨델입니다. 둘은 음악의 역사에서 아버지와 어머니로 불리는데, 모음곡을 통해 음악 발달에 지대한 역할을 했기 때문이랍니다.

고전파 시대에 들어와 하이든은 교향곡에 미뉴에트를 추가했으며, 모차르트도 미뉴에트 130여 곡을 남겼어요. 베토벤도 활동 초기에 미뉴에트를 여러 편 작곡했습니다.

그러나 후기에는 스케르초라는 곡이 미뉴에트를 대신했지요. 스케르초는 템포가 빠른 3박자, 격렬한 리듬, 기분의 급격한 변화 등이 특징입니다. 교향곡에서 주로 3악장에 쓰이지요.

이후 19세기에 들어와서는 쇼팽의 폴로네즈와 마주르카, 브람스의 왈츠와 같은 춤곡이 등장하면서 춤곡이 음악 감상에 중요한 부분으로 떠올랐어요. 폴로네즈는 폴란드의 춤곡으로, 기악곡에 쓰이는 악곡의 형식이기도 해요. 또 마주르카는 폴란드의 민속무용을 말해요.

스케르초에 대하여

스케르초란 본래 해학 또는 희롱을 뜻하는 말이다. 바로크 시대의 경쾌하고 오락적인 성악곡에서 유래한다. 베토벤이 처음으로 소나타와 교향곡에 사용한 뒤 쇼팽과 브람스에 이르러 널리 작곡되었다.

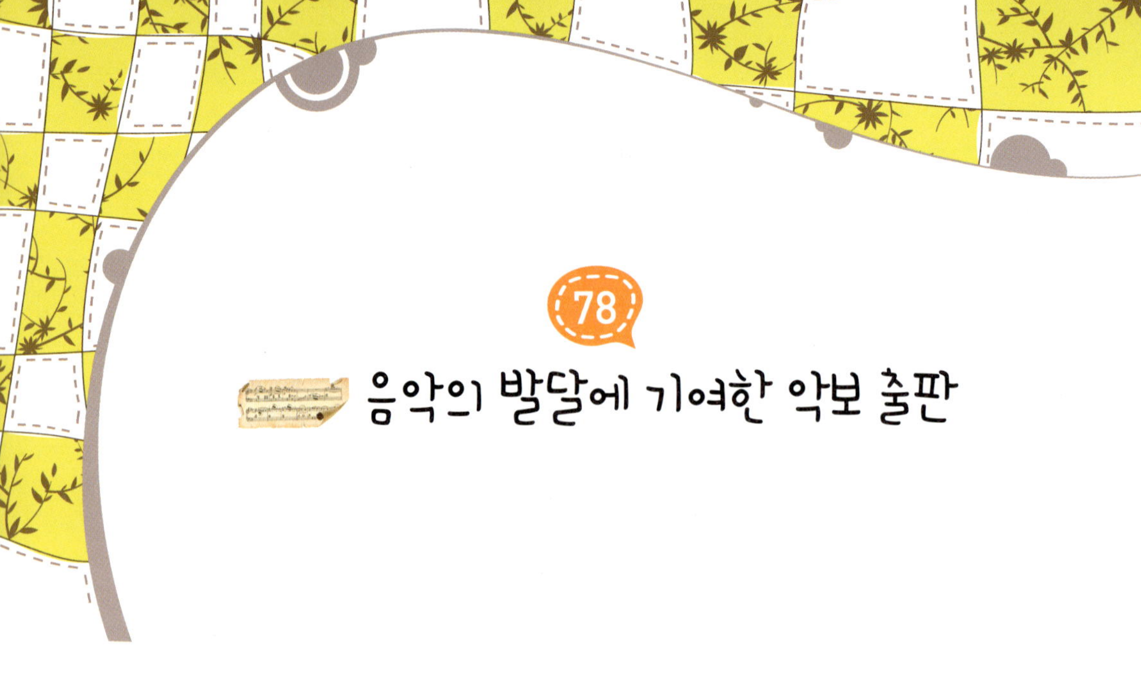

78
음악의 발달에 기여한 악보 출판

인쇄술의 발명은 문화가 발달하는 데 엄청난 영향을 주었어요. 특히 우리나라는 세계 최초로 금속활자를 만든 국가로 유명하지요. 그런데 인쇄술이 음악의 발달에도 중요했다는 것 아시나요? 우리가 옛 명곡들을 고스란히 다시 들을 수 있게 된 것은 바로 인쇄술 덕분입니다. 인쇄술로 악보를 출판할 수 있었으니까요.

악보는 8세기경 네우마라고 해서 기호로 표시하는 것이 시초였어요. 이는 가사 위에 점이나 선을 표시해 노래의 높낮이 정도만 표시한 것이었지요. 1025년경 이탈리아 수도사 구이도 다레초는 보표 위에 음을 기록하는 획기적인 악보를 생각해냈어요. 여기에는 연주에 필요한 여러 정보도 표시해서 비로소 기억에만 머물던 음악을 기보를 통해 전할 수 있게 되었지요.

오늘날과 같은 악보는 1600년 이후, 그러니까 클래식 음악부터 시작된 것으로 봅니다. 그 전까지는 4선으로 되어 있던 것이 5선으로 바뀌었고, 마디가 생겨났으며, 보표 위에 음자리표와 조표, 박자가 표시되었지요. 또 음의 길이나 성격에 따라 다른 표시를 해놓아 악보만 봐도 누구나 그 곡을 연주할 수 있게 되었어요.

이때 함께 발달한 것이 바로 악보 출판입니다. 서양에서 인쇄술은 1450년 구텐베르크가 금속활자를 발명한 이후 눈부시게 발달했는데, 이로부터 50년 후부터는 악보도 출판하게 되었어요. 인쇄술은 악보를 대량으로 만들어낼 수 있게 해서 음악 발달에 큰 영향을 끼쳤지요. 그 전까지는 몇몇 사람들이 일일이 손으로 베껴서 음악을 전했거든요.

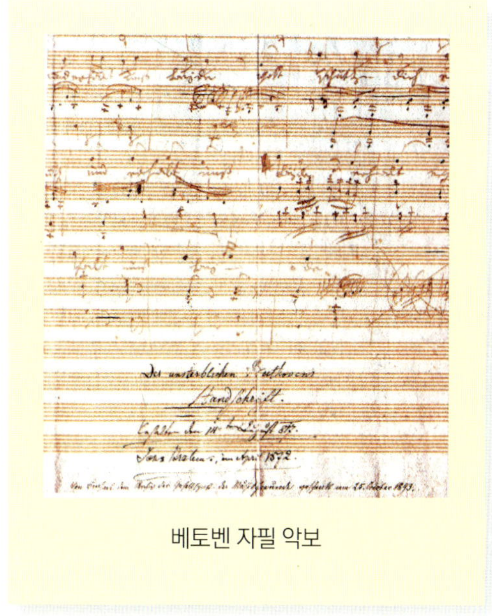

베토벤 자필 악보

인쇄술이 발명된 이후 산업이 발달하면서 일반인들도 음악을 즐기게 되었으며, 악보는 더욱 많이 출판되었습니다. 특히 베토벤은 악보 출판 수입으로 생활을 할 수 있었지요. 베토벤이 누군가에게 고용되지 않고 음악을 할 수 있었던 것이 바로 악보 출판을 통한 수입 때문이었다고 합니다.

또 출판업자가 작곡가에게 곡을 의뢰해 만들도록 하기도 했어요. 드보르자크의 〈슬라브 무곡〉은 바로 그런 경우에 해당합니다. 빈에 있던 짐로크 출판사가 드보르자크에게 브람스의 〈헝가리 무곡〉과 같은 작품을 써 달라고 의뢰한 것이 〈슬라브 무곡〉이 탄생한 배경이지요.

악보 출판과 함께 전문 연주자들도 많이 나타났으며 음악 선생도 중요한 직업으로 자리 잡았어요. 당시는 오디오도 없을 때이니만큼 음악은 오로지 직접 연주하는 것만 있었는데, 악보가 존재해서 누구나 음악을 쉽게 배울 수 있었기 때문에 음악 관련 산업이 발달하게 된 것이지요.

악보는 일반인이 보기에는 아주 복잡합니다. 악보 때문에 아주 어려운 음악도 생겼고, 더욱 정교한 음의 효과를 낼 수 있게 되었다고도 할 수 있지요. 작곡가가 의도적으로 빠르게와 느리게를 악보에 적절하게 넣을 수도 있게 되었고요. 악보가 복잡하긴 하지만 음악을 하는 사람들은 한눈에 알아볼 수 있지요.

악보 출판이 인기를 끌면서 문제점도 나타났어요. 어느 분야나 마찬가지겠지만 지나치게 인기가 많아지면 부작용이 나지요. 악보에 유명 음악가의 이름을 몰래 넣기도 했고, 원래의 악보를 출판사에서 임의대로 고치기도 했어요. 어떤 악보는 원본과 너무나 다르게 손질을 하는 바람에 원곡을 수소문해서 겨우 찾는 일도 많았어요.

오늘날 연주되는 대부분의 클래식 음악은 2~300년 전에 만들어졌는데, 녹음도 할 수 없었던 그 시절의 명곡들이 고스란히 우리에게 전해지니 참 좋지요? 게다가 작곡가와 연주자가 다른 경우가 많은데 원곡이 어느 것인지 알 수 있는 것도 바로 악보 때문입니다. 그러므로 악보 출판은 음악의 역사를 바꾼 일대 사건이라고 할 만합니다.

네우마 표기법

중세 서양의 성가 악보에 쓰던 기호이다. 주로 그레고리오 성가를 기록하는 데 쓰였다. 8세기경부터 사용되어 15세기경에 완성되었으며, 근대 악보의 모체가 되었다.

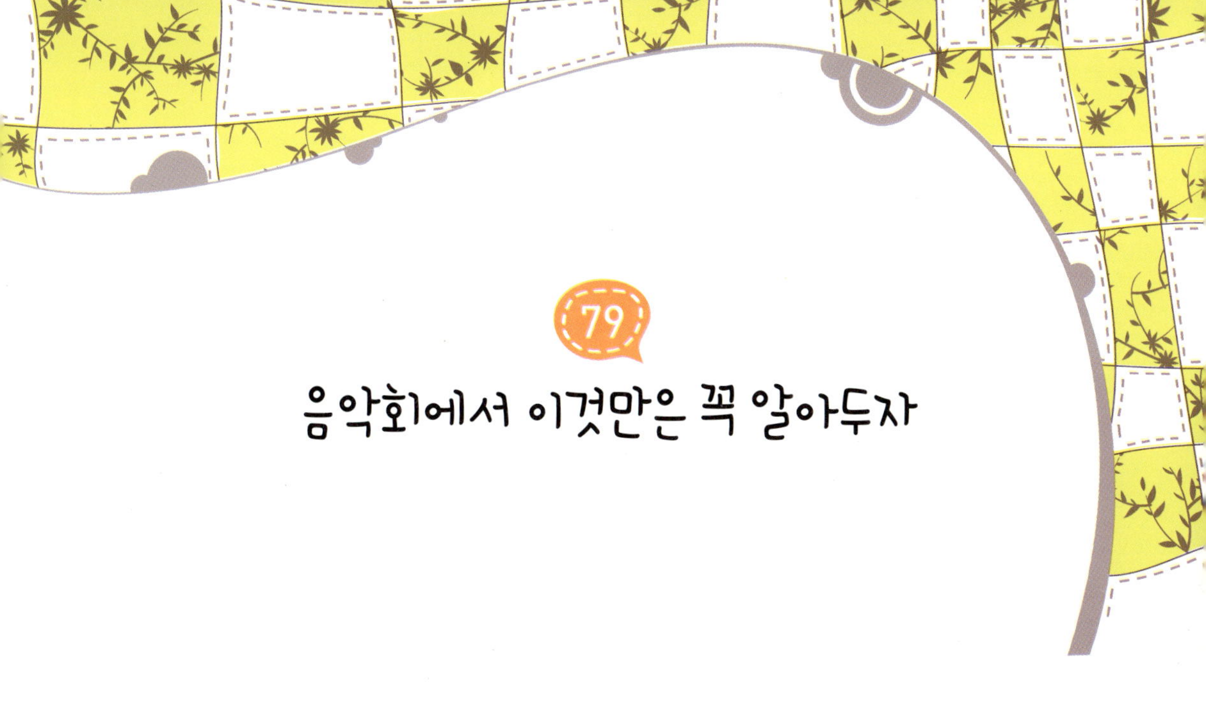

음악회에서 이것만은 꼭 알아두자

공연장에 가보면 안내 팸플릿이 있어요. 무료로 주기도 하지만 요즘에는 대부분 판매합니다. 이 팸플릿을 대수롭지 않게 생각하는 사람이 많아요. 그러나 이것을 잘 활용하면 좋은 정보가 됩니다. 팸플릿에는 연주곡과 순서, 작곡가와 작품에 대한 정보와 개요, 출연자 안내 등이 나와 있거든요. 특히 연주곡에 대한 내용은 음악을 이해하는 데 꽤 좋습니다. 누가 작곡한 곡이며 어떤 내용인지를 알 수 있거든요.

교향곡의 경우 각 악장마다 적정한 빠르기와 느낌을 담고 있기도 해요. 같은 노래도 어떻게 연주하느냐에 따라 느낌이 다른데, 팸플릿을 보면 대강 알 수 있어요. 흥미로운 것은 작곡가가 사용하는 셈여림이나 빠르기말, 나타냄말 들은 바로 우리의 모습을 보여주는 것이라는 점입니다. 청중이 느끼는 여러 감정과 기분, 분위기는 물론이고 미처 알지 못하던 것까지 포함하고 있지요.

음악회가 시작되기 전에 제목이나 작곡가의 이야기를 살펴보는 습관이 필요해요. 그렇게 하면 작곡가의 심정을 이해할 수 있습니다. 또 연주자의 표현력도

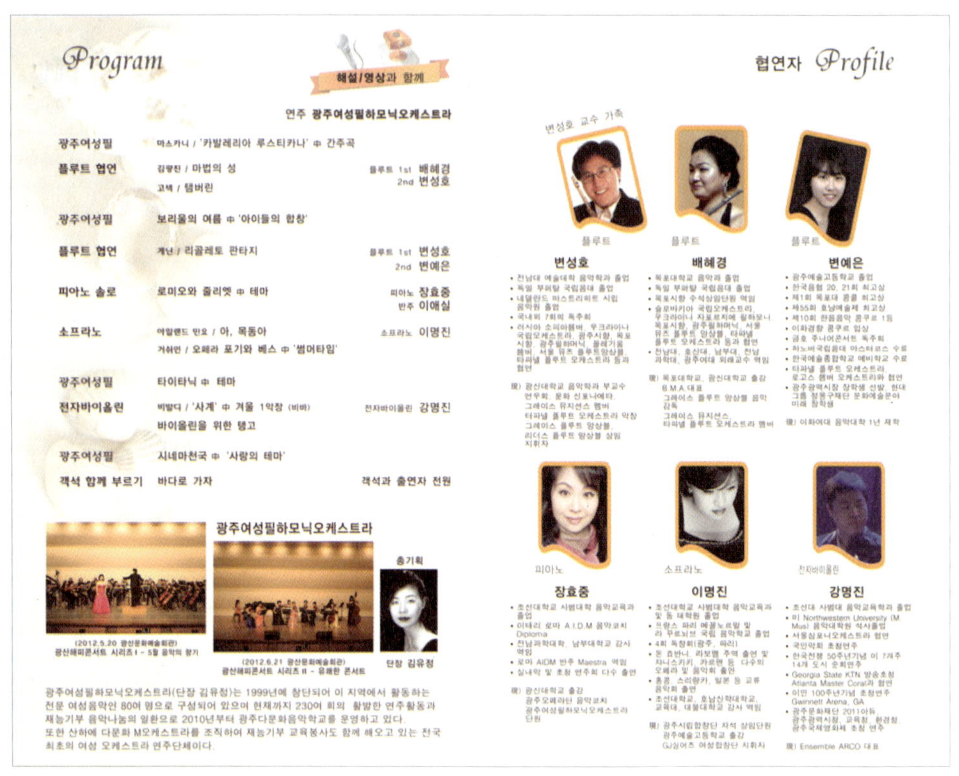

음악회 팸플릿

느낄 수가 있지요. 이렇게 보면 음악은 우리의 모습을 쏙 빼닮았습니다.

어떤 옷을 입을까?

음악회는 왠지 근사한 옷을 입고 가야 할 것 같지요. 그러나 되도록 간소한 복장이 좋아요. 너무 형식적인 면에 치우치면 음악을 들으러 가는 것인지 내 자랑하러 가는 것인지 모를 수도 있지요. 연주자들도 전에는 드레스나 턱시도를 꼭 입고 연주했지만 요즘에는 간소한 정장 차림으로 바뀌었습니다.

음악을 먼저 듣고 가야 할까?

가능하면 그렇게 하는 것이 좋아요. 연주곡을 확인한 뒤 가면 훨씬 더 소리가 잘 들리게 되어 있지요. 그럴 여유가 없다면 음악회 안내 팸플릿을 잘 활용하면 훨씬 좋아요. 알고 듣는 것은 더 큰 감동을 줍니다.

예매는 어떻게 할까?

음악회는 물론 모든 공연은 예매를 하는 것이 좋아요. 미리 예매하면 좋은 자리를 고를 수도 있고, 당일 서두르지 않아도 되지요. 인터넷이나 공연장, 또는 일정 장소에서 예매하면 됩니다.

한 번 들은 곡을 다시 감상할 필요가 있을까?

같은 음악이라도 악기와 편성, 편곡, 연주자, 지휘자에 따라 표현은 달라집니다. 여러 번 들어보는 것이 좋아요. 다른 느낌을 알 수 있게 되면 어느 정도 음악을 듣는 감이 생겼다고 할 수 있습니다. 또 음악에 대한 개인적인 견해와 안목도 생깁니다.

어떤 공연을 선택해야 할까?

음악회도 종류가 여러 가지 있지요. 독주와 실내악, 관현악, 오페라 등 다양합니다. 이 중 어떤 음악을 들어야 하나 고민할 수 있어요. 그냥 자신이 가장 좋아하는 것을 먼저 들으면 됩니다. 음악 감상은 개인의 취향이니까요.

어떤 자리에 앉을까?

독주와 실내악, 오페라는 대체로 중간에서 앞쪽이 좋고, 관현악 연주는 중간 뒤

쪽이 좋다고 해요. 음향효과를 생각한다면 중간쯤이며 위에서 비스듬히 내려다 볼 수 있는 자리면 좋은 자리고요.

그런데 이것도 취향에 따라 달라요. 출연하는 사람들을 자세히 보고 싶다면 맨 앞이 낫지요. 입장할 때와 퇴장할 때의 모습도 자세히 볼 수 있어요. 전체적인 분위기를 느끼고 싶다면 중간에서 약간 뒤쪽이 좋습니다. 그리고 지휘자의 모습이나 피아노 연주자의 모습을 자세히 보고 싶으면 합창석도 특별한 경험이 될 겁니다.

턱시도의 유래

턱시도는 본래 미국 뉴욕에 있는 공원 이름이다. 1880년경 이 공원 근처 컨트리클럽 신사들이 입기 시작한 뒤 예식 정장으로 사용되어 턱시도라는 이름이 붙었다고 한다.

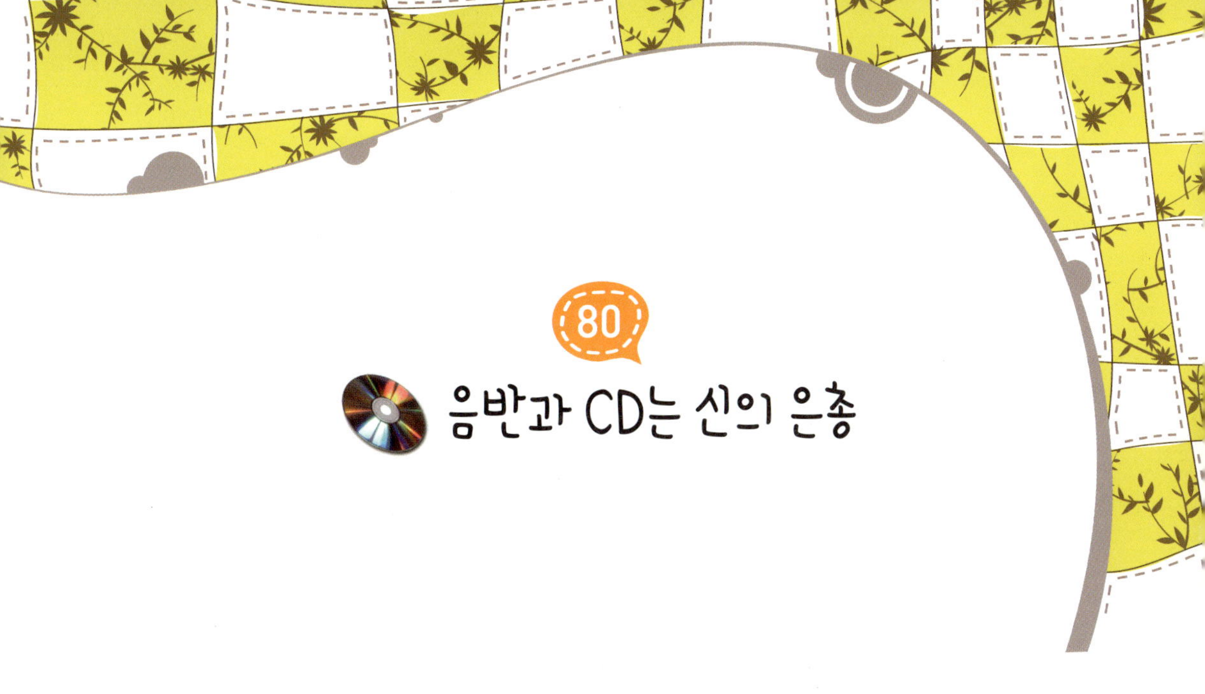

음반과 CD는 신의 은총

악보가 음악의 발달에 큰 영향을 끼쳤다면 음반은 음악을 듣는 우리들에게 축복을 내린 것이나 다름없어요. 원하는 곳 어디에서든 명곡을 들을 수 있게 되었으니까요. 우리가 음반을 통해 음악을 쉽게 들을 수 있게 된 것은 축음기를 만든 에디슨 때문이지요.

그런데 에디슨이 처음 축음기를 발명했을 당시에는 겨우 5분 정도만 녹음이 되었어요. 그래서 음악 한 곡을 들으려면 음반이 여러 장 필요했지요. 예를 들어 30분짜리 한 곡을 들으려면 음반이 대여섯 장이나 필요했던 거예요.

음반이 나타나기 전에는 음악을 들으려면 음악회에 가야 했어요. 평생 베토벤을 존경했던 브람스도 베토벤의 〈합창 교향곡〉은 단 두 번밖에 듣지 못했대요. 우리는 날마다 들을 수도 있는데 말이에요. 브람스는 겨우 두 번밖에 듣지 못했으면서도 직접 베토벤의 음악을 들었던 것을 '신의 은총'이라고까지 했다니 우리는 정말 축복받은 사람들입니다.

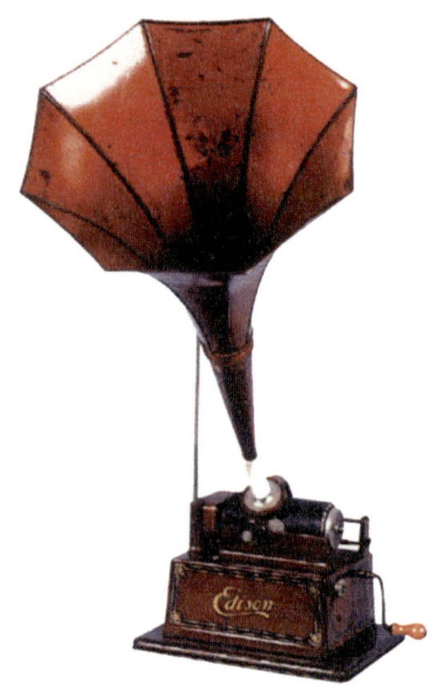

1905년 에디슨사가 제작한 축음기

여기에서 한 가지 궁금한 것은 그렇다면 옛날 사람들은 어떻게 음악을 기억할 수 있었을까, 하는 점이에요. 자주 듣지도 못하면 어느 음악이 베토벤 것이고 모차르트 것인지 알기도 어렵잖아요. 이것을 해소하기 위한 것이 같은 선율을 여러 번 반복하는 '다 카포' 형식입니다.

대표적인 것이 헨델의 오페라 《리날도》에 나오는 아리아 〈울게 하소서〉입니다. 이 노래는 요즘 광고와 드라마, 영화 등에 삽입되어 아주 유명한데, 음반이 없던 시절에도 널리 불렸어요. 특히 공연을 본 사람들이 금세 기억했지요. 바로 다 카포 형식이었기 때문이에요.

다 카포 형식은 당시 작곡가들에게 매우 필요한 것이었어요. 적은 분량을 쓰면서도 많은 이들이 따라 부르기 좋아 곡을 알리기에 좋았지요. 하지만 문제가 전혀 없는 것은 아니었어요. 너무 자주 사용하다 보면 본래 작품이 가진 품격을 훼손할 수도 있고 음악 자체가 지루할 수도 있답니다.

아무튼 음반의 개발로 음악이 새로운 시대를 맞이하게 되었어요. 그런데 한 음반에 5분 정도밖에 담을 수 없었으므로 그에 맞는 음악이 발달했습니다. 전설적인 테너 카루소와 바이올리니스트 크라이슬러는 바로 5분짜리 소품으로 명성을

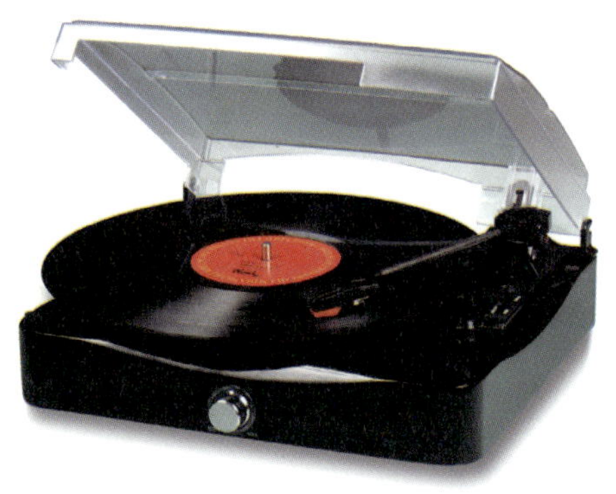

LP판

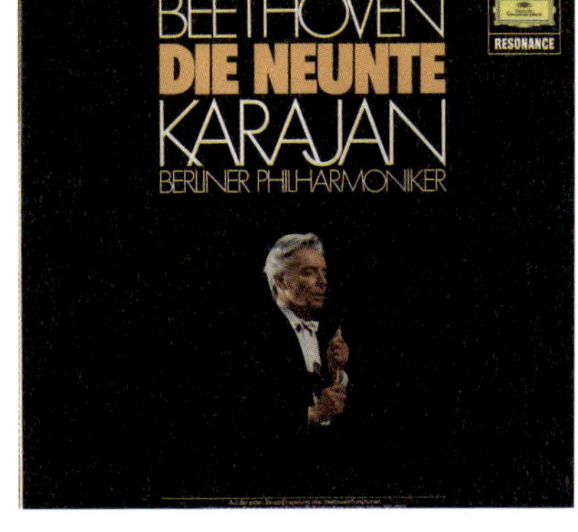

베토벤 9번 교향곡 CD

날린 음악가들이에요. 짤막한 이탈리아 가곡을 부른 카루소는 그 이전의 수많은 명가수를 제치고 최고의 가수로 아직도 입에 오르내립니다.

음반은 이후 LP판으로 바뀌며 일대 혁명을 몰고 왔어요. 웬만한 곡을 한 장에 다 담을 수가 있게 된 겁니다. 녹음시간이 60분 정도로 대폭 늘어났거든요.

그러나 이것도 CD에 비하면 아무것도 아니지요. CD는 LP판과는 달리 음질이 깨끗하고 또 보관하기도 좋아 음악애호가들에게 큰 기쁨을 선사했어요. 물론 아직도 LP판의 생생한 원음을 더 좋아하는 사람도 있긴 합니다. 하지만 요즘에는 LP판이 거의 사라지고 CD가 대세입니다.

그런데 CD 발명 당시 재미있는 일화가 있어요. CD 자체가 음악 때문에 발명되었는데, 한 장의 음반에 많은 곡을 넣을 수 있었죠. 결국 한 장에 얼마만큼 넣는 것이 좋을까가 문제였어요. 너무 짧으면 작품을 다 담을 수가 없고 너무 길면 제작사가 경제적인 이득을 거의 볼 수 없게 되기 때문입니다. 이것을 해결한 사람이

지휘자로 유명한 카라얀이었어요.

카라얀은 베를린 필하모닉 오케스트라를 지휘했는데, 베토벤의 〈합창 교향곡〉을 끊지 않고 다 담을 수 있는 시간이 필요하다고 제안했어요. 〈합창 교향곡〉은 74분짜리입니다. 그래서 초기 CD의 재생 시간은 80분 전후입니다. 카라얀은 이후 음반 제작과 연주 영상 제작에 총력을 기울여 미디어 시대의 새로운 우상으로 부와 명예를 다 얻었지요.

오늘날의 음악 환경은 그야말로 놀라움 그 자체입니다. DVD는 물론 다양한 음악 재생 기기들이 등장했으며, 인터넷을 통해 언제 어디서든 클래식 음악을 골라서 들을 수 있게 되었으니까요. 음반을 거쳐 CD, 그리고 인터넷에 이르기까지 우리 시대의 음악은 마치 신이 내리는 은총 같습니다.

지휘자 카라얀(1908~1989)

오스트리아의 지휘자로, 잘츠부르크 출신이다. 피아노로 데뷔하여 죽기 전까지 연주회를 3,524회나 열었다. 특히 음반 509종, 영상물 78종을 남겨 현대 음악계의 황제로 불린다.